LES ORIGINES DU MAL

DU MÊME AUTEUR

Histoire de la vieillesse de l'Antiquité à la Renaissance, Fayard, 1987.
La Bretagne des prêtres en Trégor d'Ancien Régime, Les Bibliophiles de Bretagne, 1987.
Le Confesseur du roi. Les directeurs de conscience de la monarchie française, Fayard, 1988.
Henri VIII, Fayard, 1989.
Les Religieux en Bretagne sous l'Ancien Régime, Ouest-France, 1989.
L'Église et la science. Histoire d'un malentendu, t. I : *De saint Augustin à Galilée*, Fayard, 1990 ; t. II : *De Galilée à Jean-Paul II*, Fayard, 1991.
Histoire religieuse de la Bretagne, éd. Gisserot, 1991.
Histoire des enfers, Fayard, 1991.
Nouvelle Histoire de la Bretagne, Fayard, 1992.
Du Guesclin, Fayard, 1993.
Histoire de l'enfer, Presses Universitaires de France, 1994.
L'Église et la guerre. De la Bible à l'ère atomique, Fayard, 1994.
Censure et culture sous l'Ancien Régime, Fayard, 1995.
Histoire du suicide. La société occidentale face à la mort volontaire, Fayard, 1995.
Les Stuarts, Presses Universitaires de France, 1996.
Les Tudors, Presses Universitaires de France, 1996.
Histoire de l'avenir. Des prophètes à la prospective, Fayard, 1996.
L'Angleterre georgienne, Presses Universitaires de France, 1997.
Le Couteau et le poison. L'assassinat en Europe (1400-1800), Fayard, 1997.
Le Diable, Presses Universitaires de France, 1998.
Histoire de l'athéisme. Les incroyants dans le monde occidental des origines à nos jours, Fayard, 1999.
Anne de Bretagne, Fayard, 1999.
Galilée, Presses Universitaires de France, 2000.
Histoire du rire et de la dérision, Fayard, 2000.

Participation à :

Répertoire des visites pastorales de la France, CNRS, 1re série, *Anciens Diocèses*, t. IV, 1985.
Les Bretons et Dieu. Atlas d'histoire religieuse, Presses universitaires de Rennes-II, 1985.
Les Côtes-du-Nord de la préhistoire à nos jours, Bordessoules, 1987.
Le Trégor, Autrement, 1988.
Foi chrétienne et milieux maritimes, Publisud, 1989.
Histoire de Saint-Brieuc et du pays briochin, Privat, 1991.
Science et foi, Centurion, 1992.
Breizh. Die Bretagne und ihre kulturelle Identität, Kassel, 1993.
L'Historien et la foi, Fayard, 1996.
Les Jésuites, Desclée de Brouwer, 1996.
Dictionnaire de l'Ancien Régime, Presses Universitaires de France, 1996.
Guide encyclopédique des religions, Bayard-Centurion, 1996.
Bretagnes. Art, négoce et société de l'Antiquité à nos jours. Mélanges offerts au professeur Jean Tanguy, Brest, 1996.
Homo religiosus. Autour de Jean Delumeau, Fayard, 1997.
Église, éducation, Lumières. Histoires culturelles de la France (1500-1830), Presses universitaires de Rennes, 1999.

Georges Minois

LES ORIGINES DU MAL

une histoire du péché originel

Fayard

Pour Yves et Marion

« Did I request thee, Maker, from my clay
To mould me Man ? Did I solicit thee
From darkness to promote me ? »

(T'ai-je demandé, Créateur, d'argile que
j'étais, de me faire Homme ? T'ai-je sollicité
de me faire sortir du néant ?)

John Milton,
Le Paradis perdu, X, 743-745.

INTRODUCTION

Depuis qu'il est capable de réfléchir, l'homme n'a cessé de s'interroger : pourquoi le mal ? Souffrance des enfants, maladies, vieillesse, mort, cataclysmes, famines, guerres : depuis des millénaires, l'humanité a cherché un coupable. À qui la faute ? À Dieu ou au diable ? À un autre dieu, aux anges, aux hommes ? D'où viennent donc les cavaliers de l'Apocalypse ? Les religions, convaincues que le monde tel qu'il est ne peut correspondre à la volonté délibérée d'un créateur, ont envisagé toutes sortes de solutions. Dans la conception manichéenne, qui comprend de nombreuses variantes, le monde est le terrain d'affrontement entre deux forces cosmiques d'importance égale, le bien et le mal, ce dernier étant capable de tenir en échec le dieu bon. Pour la pensée judéo-chrétienne au contraire, le dieu unique est sans rival et, comme il est en même temps infiniment bon, il ne peut être à l'origine du mal.

Mais comment ce dieu infiniment bon et infiniment puissant peut-il assister à la victoire quotidienne du mal dans le monde ? Cette question a été un véritable casse-tête pour les théologiens. Pendant les premiers siècles de l'ère chrétienne, ils ont élaboré d'ingénieuses constructions pour y répondre ; puis, après bien des hésitations, ils sont allés chercher l'explication dans le vieux mythe biblique d'Adam et Ève, coupables d'avoir croqué la pomme de l'arbre de la connaissance du bien et du mal. Jésus, d'après les Évangiles, ne s'est jamais prononcé sur le péché originel. C'est saint Paul, et surtout saint Augustin – le premier à employer l'expression –, qui en ont fait le fondement du christianisme, le fait primordial d'où découle le salut. Devenu un dogme à partir d'un décret du concile de Trente, le péché originel a dès lors été présenté comme une tache indélébile, transmise de génération en génération, qui fait de l'homme un être enclin au mal, porteur d'une nature corrompue ou blessée.

Ainsi commence une vaste entreprise de culpabilisation collective, la maladie, la souffrance et la mort étant les châtiments de la faute du premier couple. Ce dogme, qui innocente Dieu de toute responsabilité dans l'existence du mal, est en même temps une épée de Damoclès qui permet de tenir les fidèles. Tous les hommes méritent l'enfer ; le baptême leur évite certes la damnation, mais il n'efface pas la concupiscence : ceux qui lui cèdent sont des esclaves de Satan et iront le rejoindre. Les chrétiens doivent donc combattre par la pénitence et l'ascèse la sexualité, qui n'est que la manifestation du désordre des passions. Mais les conséquences du péché originel vont bien au-delà de la morale et imprègnent toute la culture occidentale. Le serpent, la belle Ève, ingénue et curieuse, le superbe Adam, qui cède par amour pour sa femme, la pomme, l'accusation, l'expulsion du paradis, la découverte de la nudité, tous ces épisodes donnent des arguments pour justifier aussi bien la supériorité de l'homme sur la femme que la résignation à la souffrance ou le caractère pénible du travail.

Les évêques du concile de Trente avaient tranché en quelques jours la question vieille comme le monde : « D'où vient le mal ? », car ils avaient surtout cherché à réfuter les thèses des protestants. Mais l'imprécision des décrets permet des interprétations parfois divergentes. Dès le XVIIᵉ siècle, le péché originel est l'objet de controverses entre jansénistes et jésuites, et Pascal y voit la preuve par l'absurde de l'existence de Dieu. C'est au siècle des Lumières que les philosophes, au nom de la raison, commencent à contester le dogme. L'idée de la diversité des origines humaines remet bientôt en cause l'ancêtre commun et du même coup la faute originelle, et cela alors qu'une exégèse audacieuse conteste l'authenticité des récits bibliques.

À travers l'existence d'Adam, c'est une vision globale de l'humanité qui est en jeu. Croire en un Adam historique, c'est croire en l'impossibilité d'éradiquer le mal en raison du péché originel. C'est aussi affirmer l'unité de l'espèce et l'impossibilité de la modifier en raison de son origine divine. Le péché originel s'est donc trouvé au cœur des malentendus entre l'Église et la science depuis Darwin, les autorités catholiques s'étant longtemps crispées sur une lecture littérale et historique du récit de la chute pour refuser aussi bien l'évolutionnisme que le polygénisme. Si Rome y est encore très attachée, comme le montre le *Catéchisme de l'Église catholique* de 1997, les théologiens s'efforcent de rajeunir les interprétations. Mais leur tâche n'est pas facile, puisque le Christ est venu sur terre pour racheter le péché originel.

Adam et Ève, ainsi que la pomme, ont été depuis longtemps adoptés par le monde sécularisé, à des fins contradictoires : Adam a fait figure de porte-parole révolutionnaire dans les mouvements millénaristes, alors qu'en politique le péché originel a été un argument efficace pour les contre-révolutionnaires et les penseurs traditionalistes comme Joseph de Maistre. De Kant à Sartre, les grands philosophes ont adapté le mythe de la chute et de la corruption de l'espèce. Aujourd'hui, les débats sur la bioéthique, qui tournent autour de la nature humaine, lui redonnent de l'actualité au moment où l'on envisage l'apparition d'un nouvel Adam, qui serait une version génétiquement modifiée du premier : un homme revu, corrigé et amélioré par lui-même, guéri des blessures infligées par le péché originel.

À qui la faute ?

Mythes et écrits apocryphes
face au problème du mal

À peine l'homme s'est-il posé la question : « Qui suis-je ? », qu'il a enchaîné avec une seconde : « Pourquoi suis-je si malheureux ? », « Pourquoi le mal est-il omniprésent ? » Depuis les débuts de la pensée, l'homme tente de répondre, oscillant entre deux explications : soit il est victime de forces et d'enjeux qui le dépassent – hasard, destin ou dieux mauvais –, soit il est responsable en raison d'une faute qui a entraîné sa chute définitive. En d'autres termes, le responsable est-il le Grand Architecte créateur de l'univers, qui a surestimé ses forces, comme dirait Oscar Wilde, ou la créature, qui a fait librement le mauvais choix ?

Depuis saint Augustin, les chrétiens plaident coupables. Tous les malheurs de l'homme sont la conséquence du péché d'Adam, qui a souillé notre nature et déréglé notre raison. C'est ce qu'affirme encore le très officiel *Catéchisme de l'Église catholique* (1997)[1] : « À la suite de saint Paul, l'Église a toujours enseigné que l'immense misère qui opprime les hommes et leur inclination au mal et à la mort ne sont pas compréhensibles sans leur lien avec le péché d'Adam et le fait qu'il nous a transmis un péché dont nous naissons tous affectés et qui est "mort de l'âme" » (art. 403). « Depuis ce premier péché, une véritable "invasion" du péché inonde le monde » (art. 401). « Ignorer que l'homme a une nature blessée, inclinée au mal, donne lieu à de graves erreurs dans le domaine de l'éducation, de la politique, de l'action sociale et des mœurs » (art. 407).

Mais, comme le rappelle le même *Catéchisme*, ce péché d'origine n'aurait pas été commis si Satan ne s'en était pas mêlé :

« L'homme, tenté par le diable, a laissé mourir dans son cœur la confiance envers son Créateur et, en abusant de sa liberté, a désobéi au commandement de Dieu. C'est en cela qu'a consisté le premier péché de l'homme » (art. 396). Qui est ce diable ? La tentation est grande de l'ériger en puissance égale et rivale de Dieu. En dépit de tous ses efforts, le christianisme n'a pu éviter un manichéisme larvé, car il est pris au piège du fameux dilemme : si Dieu est tout-puissant, il n'est pas bon ; ou s'il est infiniment bon, il n'est pas tout-puissant puisqu'il laisse subsister le mal. Bien que d'innombrables théologiens aient voulu laver Dieu de tout soupçon, le problème du mal reste la principale pierre d'achoppement de la doctrine chrétienne.

CES DIEUX QUI ONT INTRODUIT LE MAL

Les origines du mal préoccupaient déjà les Babyloniens. Selon ce que nous savons de leurs mythes élaborés au milieu du IIIe millénaire sous la dynastie d'Akkad, ils croyaient que l'homme avait été fabriqué à partir du sang d'un dieu révolté et déchu, Kingu, et qu'il avait donc été créé mauvais. « Dans ses veines coule sans doute le sang d'un dieu, mais d'un dieu coupable et condamné. [...] L'homme, en définitive, assume le châtiment d'un crime qu'il n'a pas commis. [...] C'est bien par les dieux que le mal est entré dans le monde[2]. » Cette croyance se retrouve dans le poème babylonien de la Création : Éa a fait l'homme en mélangeant de la terre et du sang pourri d'un dieu déchu ; l'homme a ainsi été « pourri » dès l'origine. Et dans l'épopée de Gilgamesh, Sidouri, la cabaretière divine, attribue les souffrances et la mort à un décret arbitraire des dieux jaloux : « Quand les dieux ont créé l'humanité, c'est la mort qu'ils allouèrent à l'humanité, et ils retinrent la vie entre leurs mains[3]. »

À la différence de la Genèse, les textes de Babylone ne suggèrent pas que le premier homme ait commis une faute qui aurait entraîné la déchéance de l'homme. Conscients de leur faiblesse, de leur ignorance, de leur méchanceté, les Babyloniens s'interrogeaient : « La faute que j'ai commise, je ne la connais pas : les hommes sont stupides, ils ne savent rien. » Un hymne babylonien attribue la responsabilité du mal aux dieux, ces apprentis sorciers qui ont fait le monde à leur image, plus ou moins mauvais et imparfait :

> Le roi des dieux Narru, créateur des humains,
> la magnifique Zulummaru qui a pincé leur argile,
> la reine qui les a façonnés, la Dame Mami,
> ont donné à l'humanité un discours pervers,
> ils lui ont donné mensonge et déloyauté pour toujours[4].

Le mythe le plus élaboré de cette civilisation, celui de Gilgamesh, reconnaît au mal une existence primordiale[5]. Rappelons l'histoire. Gilgamesh, roi d'Ourouk, s'est lié d'amitié avec Enkidou. Ce dernier a rencontré une femme qui lui a dit : « Tu es comme un dieu. » Enkidou s'est alors « épanoui, plus vaste d'intelligence[6] ». Mais peu à peu ses forces l'abandonnent, il vieillit et meurt. Ne voulant pas subir le même sort, Gilgamesh décide d'aller trouver Outanapishtim, le sage qui connaît le secret de l'immortalité. Celui-ci réside dans un « paradis », au centre du monde, près de « l'embouchure des fleuves ». La route est longue et jalonnée d'obstacles. Gilgamesh, qui doit veiller six jours et six nuits, ne réussit pas à surmonter cette épreuve. Il lui reste cependant un espoir, car au fond de l'océan se trouve une « plante de vie » qui assure la jeunesse éternelle à celui qui en mange. Gilgamesh parvient à s'en emparer, mais sur le chemin du retour, pendant qu'il se baigne près d'une source, un serpent lui dérobe la plante, l'avale et devient lui-même immortel.

Gilgamesh veut acquérir le savoir qui sauve, échapper à la mort et au mal. Dans le mythe babylonien, le mal n'est pas le résultat d'une chute de l'homme. Au contraire, l'homme semble être sur terre pour réparer un défaut dans la création – au début de l'épopée, lorsque Gilgamesh et Enkidou veulent s'attaquer au monstre Houmbaba qui garde la forêt de cèdres, lieu de vie éternelle, ils s'écrient : « Tuons-le ensemble pour détruire le mal sur la terre ! » Le mal existe avant l'homme, qui s'efforce, sans succès, de l'éliminer. Le mythe biblique renversera la perspective[7].

Le monde grec et indo-européen a lui aussi tenté d'expliquer l'origine du mal, mais en suggérant une faute originelle. Datant du VIᵉ siècle avant J.-C., un fragment d'Anaximandre fait allusion à un crime primitif, à la suite duquel l'humanité aurait été punie par la destruction de l'unité. Zagreus-Dionysos est le fils de Zeus et de sa fille Perséphone. Héra, qui hait ce rejeton incestueux de son mari, le fait tuer, dépecer, cuire et dévorer par les Titans. Zeus, furieux, foudroie ces derniers et ressuscite son fils. Des cendres des Titans naissent des hommes qui ont en eux une étincelle divine, puisque les Titans ont absorbé Zagreus, mais qui héritent d'une tare originelle – le meurtre d'un dieu[8]. Cette idée de la transmission de la faute originelle à toute l'humanité s'accorde avec les notions de responsabilité collective et de solidarité entre les générations qui caractérisent la civilisation grecque archaïque, dans laquelle, écrit Gustave Glotz, « les descendants sont liés à l'ancêtre par une chaîne que rien ne saurait briser[9] ». C'est ainsi que « les Grecs arrivèrent à la doctrine du péché originel. Puisque tout homme est exposé par le seul fait de sa naissance au crime et au malheur, il faut bien que l'acte de génération, qui crée un être responsable de plus, soit en même temps une souillure capable de motiver cette responsabilité nouvelle[10] ». Mais s'il y a bien faute originelle dans le mythe de Zagreus – ici un déicide –, cette faute remonte à une période antérieure à l'humanité, une idée que reprendront certains penseurs chrétiens comme Origène.

La plupart des mythes grecs illustrent la méfiance des dieux à l'égard de l'humanité. Ni libres, ni responsables, ni coupables, les hommes subissent la vengeance des dieux ou sont victimes de leurs règlements de comptes. Cette conception du mal transparaît dans le mythe de Prométhée, qui reprend plusieurs thèmes récurrents dans les mythes d'origine : la connaissance, la curiosité, la femme. Les dieux de l'Olympe veulent maintenir les hommes dans l'ignorance et la dépendance : ici, Zeus décide de se venger parce que Prométhée leur a transmis le feu, qui leur a permis de développer la technique grâce à laquelle ils pourront devenir eux-mêmes un jour de véritables dieux. Sa vengeance prend les traits de la séduisante Pandore qui réussit à se faire épouser par Épiméthée, frère de Prométhée, et trouve chez lui la jarre, autrefois dérobée à Zeus, contenant tous les maux possibles. « Il y a, sur le seuil du palais de Zeus, deux jarres de tous les dons qu'il nous donne, l'une de maux, l'autre de biens[11] », précise l'*Iliade*. Ces deux jarres font évidemment songer à l'arbre biblique « de la connaissance du bien et du mal ». Et Pandore, soulevant par simple curiosité le couvercle de la jarre, n'est-elle pas comme Ève qui, en croquant la pomme, a libéré tous les malheurs de l'humanité ?

Plusieurs traditions africaines illustrent les efforts des hommes pour percer le mystère du mal et leur désir d'accéder à un savoir interdit. Un mythe du Rwanda[12] rapporte qu'un dieu habitait autrefois près des hommes, dans une grande case, mais que ceux-ci n'avaient pas le droit de chercher à le voir. Or, un soir, la jeune femme qui avait l'habitude de lui apporter de l'eau et du bois, poussée par la curiosité, se cache pour voir le bras du dieu saisir la calebasse remplie d'eau. Elle voit, mais le dieu sait tout et annonce aussitôt qu'il va s'en aller définitivement et emporter avec lui le bonheur. Alors « la mort fit son entrée, et [avec elle] d'autres misères ». Beaucoup d'autres histoires traditionnelles venues de diverses contrées africaines racontent que la mort et le mal ont pénétré dans le monde à la suite d'une faute humaine originelle. « Ces mythes attribuant la mort de l'espèce humaine au hasard ou à la négligence semblent surtout faits pour disculper un ou des créateurs généralement présentés comme bien intentionnés à l'égard de cet homme qui [...] se trouve être leur progéniture. Cette "bonté" fut cependant interrompue, presque partout, par une erreur ou une transgression dont l'humanité serait responsable[13]. »

LA FEMME, LE SERPENT ET L'ARBRE

De Gilgamesh aux derniers mythes animistes, la façon dont les sociétés traditionnelles ont imaginé l'origine des malheurs qui accablent l'humanité présente de nombreuses similitudes. Presque toujours, au centre du drame, il y a une femme, c'est-à-dire le mystère de la sexualité, vécue souvent comme culpabilisante. Inférieure à l'homme, la femme a été créée après lui, comme à regret, parce que les tentatives de création monosexuée ont été des échecs. La Bible ne fait pas exception. Ève, en effet, semble ne pas avoir fait partie du plan initial du Créateur. Yahveh l'appelle *Ishsha*, « femme », terme dérivé de *Ish*, « homme », car elle vient d'une côte de l'homme (Gn 2, 23). Adam lui donne son nom, *Hawwah*, Ève (Gn 3, 20), c'est-à-dire « la vivante », comme il a donné un nom à tous les animaux – signe, selon les exégètes, de la supériorité de l'homme. L'homme commande à la nature, aux animaux et à la femme. Cette dépendance est à nouveau précisée après la faute : « Il te dominera », dit Yahveh à Ève (Gn 3, 16). C'est ainsi que la tradition chrétienne l'a compris pendant des siècles, jusqu'à ce que plusieurs théologiens aient tenté d'adapter le sens de l'Écriture à l'éthique contemporaine[14].

Bien que physiquement faible, la femme trouve cependant moyen de dominer l'homme par la séduction sexuelle, étrange pouvoir qui suffit à la rendre suspecte lorsque l'on cherche la cause du mal dans une faute originelle. C'est ici que le serpent entre en scène. De nombreux mythes l'associent à la femme : par exemple, Alexandre le Grand, Scipion, Auguste sont les fruits de l'union de leur mère avec un dieu qui a pris la forme d'un serpent. « On croit dans tout l'Orient que les femmes ont leur premier contact sexuel avec un serpent », écrit Mircea Eliade[15]. En Inde, « les serpents ont été regardés dès l'époque du bouddhisme comme les distributeurs de la fertilité universelle[16] ».

À la fois symbole de phallus, de pénétration dans les orifices de la Terre-mère, de fécondité, de régénération et de longévité par ses mues, le serpent, comme la femme, fascine et inquiète[17]. Selon Alain Marchadour, « ce que suggère l'insinuation du serpent, c'est la possibilité d'expansion dans la nature humaine au-delà des limites que Dieu lui a fixées lors de sa création, une intensification de la vie non seulement dans le sens d'un enrichissement intellectuel, mais d'une pénétration, d'une maîtrise des secrets qui dépassent l'homme[18] ». Nous touchons là un troisième élément fréquemment avancé dans les mythes sur l'origine du mal : le désir de l'être humain de dépasser sa condition en maîtrisant les secrets de l'univers réservés aux dieux.

Curiosité et volonté de puissance : nos malheurs ne viendraient-ils pas de là ? C'est ce que suggère l'arbre de la connaissance du bien et du mal de la Genèse. La symbolique de l'arbre est d'une richesse infinie. Dans les mythes indien, mésopotamien et même scandinave, l'arbre est une image du cosmos. Centre et axe du monde, symbole de création, de vie, de longévité, de force, de régénération, il peut être réceptacle des âmes. Un très ancien texte mésopotamien, l'inscription de Gudea, mentionne la présence de deux arbres à l'entrée orientale du ciel : l'arbre de vie et l'arbre de vérité[19].

La littérature hébraïque contient une riche symbolique de l'arbre : l'arbre de Jessé, l'arbre miraculeux d'Abraham et, surtout, l'arbre de vie et l'arbre de la connaissance du bien et du mal, les deux arbres du paradis. Dans le récit biblique, l'« arbre de vie » est mentionné au début de l'épisode du jardin d'Éden, dont il marque le centre, puis il est remplacé par l'« arbre de la connaissance ». Cet arbre a suscité l'imagination des théologiens des siècles passés. En voici quelques exemples, cités par Louis Ligier dans *Péché d'Adam et péché du monde* : pour un courant rabbinique qui considérait Adam et Ève comme des enfants, l'arbre de la connaissance était le symbole de la raison et du savoir dont le premier couple ne disposait pas encore ; de nombreux Pères de l'Église y ont ensuite vu le symbole de l'obéissance ; au XVIIIe siècle, pour dom Calmet, l'arbre représentait la « science universelle des choses morales et naturelles, et même surnaturelles, dont la connaissance convenait à l'homme » ; pour le judaïsme alexandrin, prolongé jusqu'au XXe siècle par H. Gunkel et H. Schmidt, il symbolisait la connaissance sexuelle (Adam et Ève vont manger ensemble le fruit défendu) ; pour P. Humbert, en 1940, il désigne l'omniscience ; pour J. Coppens, en 1948, il signifie la « science cumulative du bien et du mal » ; pour d'autres, le fruit de cet arbre donne accès au choix moral ou encore à la maîtrise du monde, prérogatives divines. Pour Louis Ligier, l'arbre de la connaissance du bien et du mal symbolise « le discernement de la valeur élue par Dieu », c'est-à-dire le pouvoir de décider de la valeur des choses[20].

Les mythes d'origine que nous avons évoqués font donc intervenir une femme, un serpent, un arbre. Certains, comme le récit biblique, mentionnent aussi une désobéissance, ce qui implique la transgression d'un interdit. Pour Salomon Reinach, l'interdit fondamental, celui dont la violation entraîne l'existence du mal, relève du « tabou ». « L'Éternel place l'homme dans le jardin d'Éden et commence par lui imposer un tabou alimentaire : "Tu ne mangeras point de l'arbre de la connaissance du bien et du mal, car au jour que tu en mangeras, tu mourras de mort." Cette interdiction est un tabou caractérisé, car l'Éternel énonce simplement le tabou avec sa conséquence : "Si tu en manges, tu mourras[21]." »

Signalons au passage que la fameuse pomme est un ajout apocryphe tardif. Nulle part dans la Bible il n'est dit que le fruit défendu était une pomme, le pommier étant probablement inconnu en Orient à cette époque. Dans la mythologie grecque, la pomme a déjà une connotation sexuelle, puisque c'est Dionysos qui l'a créée pour l'offrir à Aphrodite, et que Gaïa en donne une à Héra comme symbole de fécondité. Cette symbolique se retrouve à Athènes, où les jeunes mariés se partageaient une pomme avant

d'entrer dans la chambre nuptiale. Mais la pomme symbolise aussi
l'éternelle jeunesse, surtout chez les Celtes : dans les îles aux
Pommiers, qui font partie des îles Fortunées, on jouit de l'immortalité en compagnie de belles femmes, et Arthur, après sa mort,
rejoint l'île d'Avallon (francisation du gallois *Ynis Afallah*, équivalent britannique de l'île aux Pommiers). Chez les Scandinaves,
la déesse Idunn distribue des pommes qui assurent l'éternelle
jeunesse, comme les pommes d'or du jardin des Hespérides. Dans
la mythologie grecque, la pomme symbolise également la discorde,
depuis que la déesse Éris en a jeté une, en or, dans l'assemblée des
dieux, ou la vengeance – c'est pourquoi Némésis en offre aux
héros. Les Celtes l'associent au pouvoir de prophétiser : les devins
celtes en mangent avant de vaticiner, et Merlin enseigne sous un
pommier. Origène, dans un commentaire sur le Cantique des
cantiques, en fait pour sa part un symbole de vie, d'amour, de
connaissance, d'immortalité ; et quand il la coupe, il y voit un
alvéole à cinq branches, symbole de l'esprit enfermé dans la chair.
La pomme du jardin d'Éden tient peut-être plus prosaïquement
d'une homonymie de la langue latine, dans laquelle *malum* désigne
à la fois le mal et la pomme.

L'agencement de ces différents thèmes que l'on retrouve dans
les mythes traitant des origines du mal varie, selon qu'ils voient le
mal comme résultant d'une force extérieure, ce qui lui donne une
dimension cosmique, ontologique, irrémédiable, ou comme la
conséquence d'une faute, d'une chute originelle qui engage la
responsabilité humaine. En fait, la plupart des religions anciennes
tendent à mêler les deux théories, tout en chargeant davantage les
divinités. En Mésopotamie, notamment, prédomine l'idée que les
êtres humains n'ont rien à espérer, ni dans ce monde ni dans
l'autre. Le mal est présent depuis toujours, consubstantiel à la
création, dans une vision manichéenne avant la lettre. Et, face à
lui, l'homme est impuissant.

« VOUS NE MANGEREZ PAS DE TOUT ARBRE DU JARDIN »
(GENÈSE 2-3)

L'histoire d'Adam et Ève et du péché originel est si célèbre
qu'on en oublie que le récit de la Genèse n'a eu aucun écho
pendant plus d'un demi-millénaire. Selon l'exégèse actuelle, le récit

aurait été mis en forme entre le VIIIᵉ et le VIᵉ siècle, et remanié par la suite. Les rédacteurs ont puisé dans le fonds des mythes du Proche-Orient et dans les traditions locales pour fixer peu à peu une histoire dans laquelle ils ont donné, après bien d'autres, leur version de l'origine du mal. Le texte définitif de la Genèse juxtapose deux récits – celui de la création et celui du péché – qu'il n'est pas toujours facile de distinguer, car leur fusion s'est opérée sur une longue période[22]. Et précisément parce qu'il a un caractère composite, on peut y trouver des arguments pour en tirer les théories les plus opposées.

Dans *Le Problème du mal*, Étienne Borne a mis en évidence l'opposition entre les deux traditions dont se nourrit le début de la Genèse : d'un côté, un dieu bon, généreux, créateur d'un univers grandiose et splendide, inspirant confiance et optimisme ; de l'autre, un dieu jaloux, rancunier, machiavélique, qui tend une sorte de piège dans lequel il sait que l'homme va tomber, car il veut le punir éternellement[23]. Cette vision, selon le philosophe, serait engendrée par un sentiment inné de culpabilité collective :

> Le récit de la Genèse est un mythe, mais qui avoue sa nature de mythe : une conscience – et elle pourrait être la conscience humaine en général – qui se sait coupable y raconte et y dissimule sa culpabilité, elle y exprime un sentiment profond du mystère du mal et un ressentiment contre ce mystère. [...] Le mythe est l'apaisement imaginaire d'une passion et plus particulièrement de cette passion inséparable de la pensée qu'est l'angoisse du mal[24].

Le texte de la Genèse n'en reste pas moins ambigu puisque, tout en accusant l'homme d'être l'auteur du mal, il sous-entend que celui-ci lui préexistait, ce qui ne fait que repousser le problème de son origine. C'est là l'opinion d'un philosophe. Le théologien se doit, lui, de laver Dieu de tout soupçon, tout en écartant l'hypo-thèse manichéenne et gnostique du mal comme puissance indépen-dante et rivale. Tâche difficile, admet Pierre Grelot[25], pour qui le récit biblique de la faute est certes un mythe, mais un mythe philosophique mûrement réfléchi avant d'être compilé : « Il relève de la littérature savante, profondément marquée par les préoc-cupations, le langage et les procédés littéraires d'une Sagesse qui précisément se développe en Israël à partir de l'époque salo-monienne[26]. » Allant plus loin, Pierre Grelot affirme que « le récit prend une densité existentielle que les psychologues modernes n'auraient pas à renier » ; pour lui, le « tact psychologique de l'écrivain », la « fermeté de son anthropologie sexuelle » donnent à l'histoire d'Adam et Ève une profondeur exceptionnelle. Mais cette profondeur ne tiendrait-elle pas moins au récit lui-même qu'aux innombrables commentaires qu'ont suscités ces quelques lignes de la Genèse ?

Chaque époque a proposé son interprétation du péché originel en fonction de ses propres outils culturels, et selon les avancées des sciences humaines, de la philosophie et de l'épistémologie. Un exemple. En 1958, le dominicain André-Marie Dubarle publie *Le Péché originel dans l'Écriture*. Nous sommes un siècle après Darwin, un demi-siècle après Freud, à un moment où l'archéologie et l'exégèse font de formidables progrès. Mais une partie de l'institution ecclésiale a encore du mal à se défaire d'une lecture littérale de la Genèse : huit ans plus tôt, l'encyclique *Humani generis* a interdit formellement toute recherche dans le sens du polygénisme, et en 1957 les livres de Teilhard de Chardin ont été retirés des bibliothèques catholiques. Dans ce contexte, proposer une vision scientifique du récit biblique est un exercice de haute voltige. Le théologien s'y illustre avec dextérité en expliquant que le récit de la Genèse résulte de la mise en forme de diverses traditions par un auteur inspiré qui voulait répondre aux interrogations du peuple confronté à l'existence du mal. C'est en réfléchissant sur la Loi et sur ses prescriptions méticuleuses que les prêtres se seraient convaincus que celles-ci ne pouvaient s'expliquer que par une faute originelle et qu'ils auraient élaboré l'idée d'une responsabilité collective sous forme de transmission héréditaire du péché, responsabilité qui s'inscrivait dans les mentalités hébraïques de cette époque.

À part une poignée d'irréductibles créationnistes, aucun théologien ne soutient plus aujourd'hui l'historicité du jardin d'Éden et de la pomme. Mais le caractère intouchable longtemps conféré au mythe d'Adam et Ève a paralysé les études de la Genèse. En 1977, Louis Derousseaux multipliait encore les précautions :

> Si l'on appelle mythe un récit qui exprime les structures fonda-
> mentales de l'existence humaine, on pourrait soutenir que
> Genèse 2-3 relève de ce genre mythique au sens large ; pourtant, il
> vaut mieux parler alors de réflexion sapientielle [...]. L'originalité

biblique est éclatante : l'existence humaine est faite par une histoire de l'« homme » (Adam), une histoire humaine primordiale, et non par une fatalité ou des décisions divines arbitraires. Certes, des ressemblances existent entre Gilgamesh et Genèse 2-3 dans la description de l'avènement de l'homme, mais la Bible a plus de profondeur : l'homme devient lui-même par le travail du jardin, par la domination sur les animaux et la constitution du monde humain, par le langage qui donne des noms, par la rencontre de la femme qui est l'être autre et pourtant semblable (quelle différence entre cela et la rencontre d'Enkidou et de la fille de joie !)[27].

À l'heure actuelle, si la formulation du *Catéchisme de l'Église catholique* reste figée sur des conceptions traditionnelles, la recherche exégétique est beaucoup plus hardie. Parmi les hypothèses les plus récentes et les plus originales, signalons celle de Jean-Marie Husser, publiée en 2000 dans la *Revue biblique*[28]. L'auteur reprend la thèse, désormais acquise, de la combinaison de deux traditions, fusionnées dans un seul texte peu après le retour d'exil du peuple hébreu, donc vers la fin du VIᵉ siècle avant notre ère. Mais il y ajoute l'hypothèse séduisante d'un dernier remaniement, sous forme d'interpolations, à l'époque de la littérature de sagesse – époque influencée par la philosophie grecque de relecture et de sécularisation des mythes, qui transparaît en particulier dans Job ou dans le Qohélet. Ce remaniement aurait donné au récit du péché originel un sens philosophique et anthropocentriste, au détriment du sens théologique et moral.

L'idée d'une altération des mythes par des rédacteurs de l'époque des livres de sagesse était dans l'air des années 1990, mais les exégètes en donnent alors des interprétations différentes. Pour D. Carr, les modifications viendraient d'une réaction *contre* l'esprit de sagesse, marqué par le scepticisme et l'intellectualisation : réaction en quelque sorte traditionaliste, se recentrant sur Dieu et la morale[29]. Pour E. Otto, en revanche, la relecture des vieux mythes dans un esprit philosophique pourrait renverser les perspectives[30]. C'est dans ce courant que se situe Jean-Marie Husser, pour qui la « chute originelle » serait en réalité un récit symbolique de l'accession de l'homme à sa véritable nature et à sa dignité, et le péché une bienheureuse faute, une *felix culpa*, mais comprise dans un sens humain, anthropologique : « Cette ligne d'interprétation prend le contre-pied de l'exégèse traditionnelle et lit dans ces chapitres, plutôt que la chute de l'humanité dans le

péché, le récit de sa maturation, de son émergence et de son éman-
cipation d'une tutelle divine l'empêchant d'accéder à son plein
épanouissement[31]. »

Rappelons que le récit de Genèse 2-3 décrit d'abord les six
jours de la création (chap. 1), puis revient sur l'homme. Après avoir
façonné un *adâm* en soufflant sur de la poussière du sol (*adâmâ*),
Dieu le place dans le jardin d'Éden, au centre duquel se trouve
l'arbre de vie et où, à un endroit indéterminé, il y a l'arbre de la
connaissance du bien et du mal (la traduction œcuménique de la
Bible dit « arbre de la connaissance du bonheur et du malheur »).
Dieu assigne à Adam pour mission de « cultiver le sol et le garder »
– il ne précise pas contre qui –, et l'avertit : « Tu pourras manger
de tout arbre du jardin, mais tu ne mangeras pas de l'arbre de la
connaissance du bonheur et du malheur car, du jour où tu en
mangeras, tu devras mourir. » Puis Dieu fait les animaux (dans le
chapitre 1, il les avait créés *avant* l'homme) et les présente à Adam,
qui leur donne leurs noms. Mais Adam n'est pas satisfait : « Pour
lui-même, l'homme ne trouva pas l'aide qui lui soit accordée. »
Alors Dieu l'endort et, d'une côte d'Adam, il crée la femme, Ève.
Adam est émerveillé. « Tous deux étaient nus, l'homme et sa
femme, sans se faire mutuellement honte. »

Au chapitre 3 arrive le serpent, « le plus astucieux de toutes les
bêtes des champs que Dieu a faites ». La suite est dramatique, on
le sait. En voici les termes, selon la traduction œcuménique de
la Bible :

> Il dit à la femme : « Vraiment, Dieu vous a dit : "Vous ne
> mangerez pas de tout arbre du jardin" ? » La femme répondit au
> serpent : « Nous pouvons manger du fruit des arbres du jardin,
> mais du fruit de l'arbre qui est au milieu du jardin, Dieu a dit :
> "Vous n'en mangerez pas et vous n'y toucherez pas afin de ne pas
> mourir." » Le serpent dit à la femme : « Non, vous ne mourrez
> pas, mais Dieu sait que le jour où vous en mangerez, vos yeux
> s'ouvriront et vous serez comme des dieux possédant la connais-
> sance du bonheur et du malheur. »
> La femme vit que l'arbre était bon à manger, séduisant à
> regarder, précieux pour agir avec clairvoyance. Elle en prit un fruit
> dont elle mangea, elle en donna aussi à son mari qui était avec elle
> et il en mangea. Leurs yeux à tous deux s'ouvrirent et ils surent
> qu'ils étaient nus. Ayant cousu des feuilles de figuier, ils s'en firent
> des pagnes.

Or ils entendirent la voix du Seigneur qui se promenait dans le jardin au souffle du jour. L'homme et la femme se cachèrent devant le Seigneur Dieu au milieu des arbres du jardin. Le Seigneur Dieu appela l'homme et lui dit : « Où es-tu ? » Il répondit : « J'ai entendu ta voix dans le jardin, j'ai pris peur car j'étais nu, et je me suis caché. – Qui t'a révélé, dit-il, que tu étais nu ? Est-ce que tu as mangé de l'arbre dont je t'avais prescrit de ne pas manger ? » L'homme répondit : « La femme que tu as mise auprès de moi, c'est elle qui m'a donné du fruit de l'arbre, et j'en ai mangé. » Le Seigneur Dieu dit à la femme : « Qu'as-tu fait là ! » La femme répondit : « Le serpent m'a trompé et j'ai mangé. »

Le Seigneur Dieu dit au serpent : « Parce que tu as fait cela, tu seras maudit entre tous les bestiaux et toutes les bêtes des champs ; tu marcheras sur ton ventre et tu mangeras de la poussière tous les jours de ta vie. Je mettrai l'hostilité entre toi et la femme, entre ta descendance et sa descendance. Celle-ci te meurtrira à la tête et toi, tu la meurtriras au talon. »

Il dit à la femme : « Je ferai qu'enceinte, tu sois dans de grandes souffrances ; c'est péniblement que tu enfanteras des fils. Tu seras avide de ton homme et lui te dominera. »

Il dit à Adam : « Parce que tu as écouté la voix de ta femme et que tu as mangé de l'arbre dont je t'avais formellement prescrit de ne pas manger, le sol sera maudit à cause de toi. C'est dans la peine que tu t'en nourriras tous les jours de ta vie, il fera germer pour toi l'épine et le chardon et tu mangeras l'herbe des champs. À la sueur de ton visage tu mangeras du pain jusqu'à ce que tu retournes au sol, car c'est de lui que tu as été pris. Oui, tu es poussière et à la poussière tu retourneras. »

L'homme appela sa femme du nom d'Ève – c'est-à-dire la Vivante –, car c'est elle qui a été la mère de tout vivant. Le Seigneur Dieu fit pour Adam et sa femme des tuniques de peau dont il les revêtit.

Le Seigneur Dieu dit : « Voici que l'homme est devenu comme l'un de nous par la connaissance du bonheur et du malheur. Maintenant, qu'il ne tende pas la main pour prendre aussi de l'arbre de vie, en manger et vivre à jamais ! »

Le Seigneur Dieu l'expulsa du jardin d'Éden pour cultiver le sol d'où il avait été pris. Ayant chassé l'homme, il posta les chérubins à l'orient du jardin d'Éden avec la flamme de l'épée foudroyante pour garder le chemin de l'arbre de vie.

L'homme connut Ève, sa femme. Elle devint enceinte, enfanta Caïn et dit : « J'ai procréé un homme avec le Seigneur. » Elle enfanta encore son frère Abel.

Ève disparaît alors de la scène. On peut supposer qu'elle vécut encore longtemps, puisque à cent trente ans Adam a un troisième fils, Seth, et puis encore des fils et des filles pendant huit cents ans, avant de mourir à l'âge de neuf cent trente ans. A-t-il conçu cette progéniture avec Ève, qu'une tradition fait mourir après lui, ou avec ses filles et petites-filles ? La Genèse ne dit rien là-dessus.

Pendant des siècles, des générations de théologiens, de philosophes, d'exégètes ont glosé sur ce court récit pour bâtir la théorie de la faute : « La doctrine du péché originel, telle que nous la connaissons, est plutôt un produit de la lecture de ce récit », a écrit récemment Louis Panier, pour qui le mythe d'origine doit sans cesse être relu et réinterprété, sa « vérité » étant, comme toute vérité, liée au milieu culturel qui l'élabore[32]. Or l'homme construit toujours en fonction de ses besoins. Le péché originel n'échappe pas à la règle : utilisé et adapté depuis des siècles, il a servi des causes diverses – son dernier avatar, en cette époque où les sciences humaines ont détrôné la théologie, étant son assimilation par la philosophie et l'anthropologie.

Jean-Marie Husser considère aujourd'hui que le récit biblique garde sa valeur symbolique dans la perspective de l'histoire d'Israël, puisque de nombreux parallèles peuvent être établis : paradis/terre promise, exil d'Adam et Ève/exil du peuple hébreu en Babylonie, jardin d'Éden clos/temple de Jérusalem, interdit divin/pacte d'alliance entre Yahveh et son peuple, désobéissance d'Adam/infidélité du peuple, séduction d'Ève par le serpent/séduction des Hébreux par les cultes cananéens, faiblesse d'Ève/méfiance à l'égard de la femme et de ses infidélités. Mais, dit-il, « la forme mythique du récit du paradis n'est qu'une fiction littéraire, un habile procédé stylistique au service d'une théologie narrative ». Il propose ainsi de remplacer la vieille interprétation de saint Augustin, selon laquelle le monde est irrémédiablement condamné à être une vallée de larmes, par une conception à la fois humaniste et optimiste, « car la connaissance dérobée dans le jardin d'Éden est gage d'un progrès qui conduira à la civilisation[33] ».

L'arbre de la connaissance du bien et du mal, on l'a dit, est un ajout de l'époque de la littérature de sagesse. D'après le serpent, son fruit permet d'accéder à la vie éternelle et de devenir dieu ; d'après Ève, il permet d'acquérir la connaissance universelle. En réalité, le rédacteur nous fait comprendre que ce qui est ici en jeu, c'est la connaissance de soi-même, la conscience de soi, que signifie la découverte de la nudité ; par la pomme de la connaissance, l'homme accède à la maturité psychologique, qui est aussi la découverte de sa faiblesse et de sa condition mortelle. Par là, il devient vraiment homme, autonome. La perspective est donc renversée : Dieu avait créé une espèce de grand benêt naïf et candide, mais par le péché celui-ci s'est affirmé en tant qu'homme. Ce qui pose la question du plan divin : « Pourquoi Yahveh a-t-il interdit l'accès à cette connaissance qui le constitue véritablement comme être humain ? Sans le conseil ambigu du serpent, et sans sa propre désobéissance, l'être humain serait resté un être inachevé. [...] Le serpent apparaît comme celui qui achève la création de l'humanité[34]. » Toute une anthropologie de l'évolution est ici en jeu.

LE PÉCHÉ ORIGINEL : UNE IDÉE TARDIVE

Le péché originel, dont le christianisme fera tant de cas au point d'y voir à certaines époques le fondement de l'histoire du salut, est quasiment absent des écrits bibliques après le chapitre 3 de la Genèse, et ne réapparaît qu'à l'extrême fin de l'Ancien Testament. Les livres des Prophètes n'en disent pas un mot, pas plus que les livres historiques. Le livre de Job, qui pose directement la question du mal, reste silencieux sur le jardin d'Éden, l'expression « fils d'Adam » désignant la collectivité humaine, sans faire allusion au péché. Seuls deux livres de l'Ancien Testament, parmi les plus tardifs, semblent se souvenir de la faute originelle. Le Siracide, composé vers 180 avant notre ère, rappelle la responsabilité d'Ève : « La femme est à l'origine du péché et c'est à cause d'elle que nous mourons » (25, 24). Mais cette remarque fait partie d'un long paragraphe contre les femmes, et n'a sans doute rien à voir avec la faute[35]. Le livre de la Sagesse, daté des années – 50 à – 20, ce qui en fait chronologiquement le dernier livre de l'Ancien Testament, évoque de façon vague le péché originel, mais sans y voir le responsable des maux universels, l'allusion la plus nette étant cette phrase, susceptible d'interprétations diverses : « Par la jalousie du diable, la mort est entrée dans le monde » (2, 24).

Les Évangiles se montrent tout aussi discrets sur un éventuel péché originel. Matthieu, Marc, Jean et Luc sont au moins d'accord sur ce point : jamais le Christ n'en a parlé. Les exégètes

actuels l'admettent, y compris les plus orthodoxes, d'André-Marie
Dubarle à Henri Rondet qui constate : « Si étrange que cela
paraisse, il n'est pas question dans l'Évangile du péché d'Adam[36]. »
Étrange, en effet, au point de déconcerter certains prêtres. Dès
1931, l'un d'eux avait écrit à la revue *L'Ami du clergé* pour
demander la raison de cette omission : c'est parce que les contemporains n'étaient pas prêts à entendre cette vérité, lui avait-on
répondu. Les Évangiles présentent bien l'homme sous l'emprise du
mal dont le Christ vient le délivrer, mais le responsable est Satan,
et non pas une quelconque faute commise par le premier homme.
La seule mention d'Adam dans les Évangiles est neutre : elle se
trouve dans la généalogie du Christ donnée par Luc (3, 38), qui
fait de Jésus le descendant direct du premier homme.

Jusqu'au début de notre ère, l'idée de péché originel n'appartient pas à la culture hébraïque. L'histoire d'Éden et du fruit
défendu est connue, mais sa portée est limitée et n'engage pas
l'espèce humaine. Adam est simplement considéré comme le
premier homme ; il a vécu une mésaventure fâcheuse, mais il n'est
nullement le personnage maudit qu'en fera la tradition chrétienne.
Lorsque son nom revient, il désigne toujours l'ancêtre, et non pas
le coupable. Il est vu à travers sa descendance, les « fils d'Adam »,
comme le montrent les *Tables pastorales de la Bible*. Dans les mentalités de l'époque, le mal, la mort s'expliquent par les péchés des
hommes, qui ont déjà entraîné le déluge, l'exil et autres punitions
divines.

C'est à partir du IIe siècle avant J.-C. que la recherche d'une
cause extérieure du mal se développe dans les courants philosophiques et religieux. Ces réflexions ont très longtemps été
oubliées, ou occultées, car elles n'apparaissent dans aucun texte
canonique. On les trouve en revanche dans les textes *apocryphes*,
énorme ensemble dédaigné jusqu'à une date récente par les théologiens, car ils n'avaient pas été retenus parmi les écrits « inspirés »,
soigneusement sélectionnés par les premiers conciles. Cette masse
d'évangiles, d'actes, d'épîtres attribués à des personnages célèbres
de l'Ancien Testament, qui commence à être publiée[37], fait
resurgir tout un monde perdu, tout un univers d'idées oubliées
par la littérature officielle, qui témoignent des féroces débats qu'a
suscités la doctrine sur l'origine du mal pendant quatre à cinq
siècles, de 200 avant J.-C. à 300 après J.-C. Ces évangiles
apocryphes révèlent en effet qu'un grand combat s'est livré entre

les partisans d'un dualisme manichéen à l'échelle cosmique, faisant du mal une entité indépendante égale au bien, et les tenants d'une création entièrement bonne, gâchée par une faute originelle. Le premier courant semblait devoir l'emporter, mais l'idée d'une faute originelle a finalement triomphé.

Adam et Ève sont au centre de ces débats oubliés. Un ensemble de textes est même placé sous le patronyme du premier homme, les *Livres d'Adam*. Composés à partir du Iᵉʳ siècle avant notre ère, ils ont largement circulé dans les milieux sectaires juifs de Palestine et de la diaspora. Ceux qui sont arrivés jusqu'à nous sont des versions syriaques, arméniennes, slavoniques, éthiopiques et arabiques. Parmi eux, signalons en particulier le *Testament d'Adam*, qui viendrait peut-être de Qumran[38], une *Apocalypse d'Adam*, une *Vie d'Adam et Ève*, une *Apocalypse de Moïse*, en fait un « livre d'Adam », qui relate la vie d'Adam et Ève après leur expulsion du jardin d'Éden. Cette littérature a été précédée, aux IIᵉ et Iᵉʳ siècles avant notre ère, par de nombreux récits, tels le *Livre des jubilés*, le *Livre d'Énoch*, l'*Apocalypse d'Abraham*, tous centrés sur l'origine du mal.

Si la chronologie de ces livres et leurs rapports restent très confus, les doctrines qu'ils soutiennent peuvent se ranger schématiquement en trois catégories. Pour les uns, Adam est le seul responsable : « Il aurait mieux valu que la terre ne produise pas Adam, ou, l'ayant produit, ait rendu son péché impossible. Car quel avantage avons-nous de vivre ici dans le chagrin, et d'envisager les châtiments après la mort ? » demande l'*Apocalypse d'Esdras* (ou deuxième livre d'Esdras). « Ô toi, Adam, qu'as-tu fait ? Car c'est toi qui as péché, mais la chute n'est pas seulement la tienne, c'est aussi la nôtre, nous qui sommes tes descendants. Car à quoi nous sert la promesse d'éternité, si nous avons fait les œuvres qui apportent la mort[39] ? »

Une deuxième tradition, issue de la littérature d'Énoch (*Livre des gardiens*, *Livre des géants*, *Vision d'Énoch*, *Livre d'Énoch*), datant des années − 210 à − 60, influencée par les mythes babyloniens de combat, explique l'existence du mal par une révolte des anges, ou des « fils de Dieu ». Ces « anges gardiens », chargés de gouverner le monde, ont enfreint la séparation entre le divin et l'humain : subjugués par la beauté des femmes, ils se sont unis à elles et ont donné naissance à la race maléfique des géants, qui ont répandu le mal sur terre. Ces anges rebelles ont aussi appris à l'humanité la métallurgie, l'art des bijoux et des cosmétiques. Les livres d'Énoch établissent un lien entre le sexe, le mal et la maîtrise par l'homme de la technique, qui, comme dans l'histoire de Prométhée, lui a été transmise contre la volonté de Dieu. Un autre ouvrage apocryphe, le *Livre des jubilés*, composé entre – 135 et – 105 dans une secte juive et lui aussi retrouvé à Qumran, apporte des variantes sur l'histoire des anges rebelles.

La tradition gnostique affirme quant à elle l'existence éternelle de deux principes contraires, bien et mal. Pendant longtemps, le gnosticisme a été considéré comme une hérésie d'origine chrétienne, mais la découverte en 1945 près de Nag Hammadi, en Égypte, d'une bibliothèque gnostique antérieure à l'ère chrétienne prouve qu'il s'agit d'un courant de pensée indépendant, né, comme le christianisme, dans des sectes juives. Il joue un rôle important dans l'histoire du péché originel. Comme l'a montré Henri-Charles Puech[40], la gnose est une attitude existentielle, découlant d'une réaction contre la condition humaine, nos limites, nos souffrances, nos angoisses. Il y a chez les gnostiques un sentiment très moderne du « mal de vivre » qui n'est pas sans évoquer Schopenhauer : « Le monde est mauvais, et à ce titre condamné, parce qu'en lui l'homme a mal, parce que le mal, au premier chef, c'est d'exister, et d'exister dans le monde[41]. »

Aux yeux des premiers auteurs chrétiens, cette conscience aiguë du mal est la marque distinctive des gnostiques. Des obsédés du mal, dit Tertullien à leur propos, qui, à force de se demander d'où vient le mal, finissent par tomber eux-mêmes dedans. Les gnostiques sont fustigés de la même façon par Irénée dans sa *Critique et réfutation de ce qu'on nomme faussement la gnose*, vers 185, par Hippolyte dans son *Elenchos* et ses *Philosophumena*, vers 225, par Épiphane de Chypre dans son *Panarion* de 375, par Origène, par Clément d'Alexandrie, et même par des non-chrétiens comme Plotin, Porphyre ou encore Celse.

En fait, le mouvement gnostique ne peut être réduit à une pensée unique cohérente[42]. Il s'est d'abord développé dans des sectes juives qui utilisaient les données bibliques, mais en les réinterprétant dans un sens antijudaïque selon lequel Yahveh, créateur de ce monde raté ou imparfait, ne pouvait être qu'un dieu mauvais, un démiurge. Selon un courant gnostique, il y avait à l'origine deux principes éternels, le Père et la Mère. Tantôt la Mère est la Sagesse, Sophia : victime d'une chute dans la matière au commencement des temps, elle est retenue prisonnière par deux anges ou archontes, créateurs de ce monde et de l'homme, et elle sera sauvée par le Père. Tantôt la Mère engendre l'homme avec le Père, et c'est alors l'homme qui est emprisonné dans la matière jusqu'à la venue du sauveur, le Christos métaphysique, dont Jésus est l'incarnation. Dans le christianisme, comme l'indique Henri-Charles Puech,

> le drame du salut se joue dans le temps de l'histoire, un temps que l'apparition historique de Jésus partage en deux. Or le drame de la chute est, dans la conception gnostique, pour ainsi dire joué de toute éternité. La déchéance et les malheurs de Sophia, l'intervention de Kristos sont choses intemporelles, hors du temps ou au commencement du temps. À des spirituels pour qui la résurrection est déjà accomplie, la prédication du dieu inconnu attribuée à Jésus devient, une fois faite, inutile. Au reste, le Jésus historique n'était pour la gnose qu'un fantôme : l'essentiel était le Sauveur préexistant [43].

En fin de compte, pour Numérius d'Apamée, au début du IIᵉ siècle, l'homme est un accident ; il ne peut être que le résultat d'une catastrophe originelle, et seule l'accession à la « connaissance » – la « gnose » – de son origine peut le sauver. Le mal existe depuis toujours, la chute s'étant produite le jour où le démiurge, le Yahveh de la Bible, a créé le monde matériel et enfermé les esprits dans un corps. Depuis, le bien et le mal, l'esprit et la matière se livrent un combat à l'échelle cosmique. Le dieu bon, le Père, totalement indépendant de la matière et du temps, enverra l'« Illuminateur », qui révélera la gnose nécessaire au salut. Dans ce schéma général, Adam et Ève occupent une place de premier plan, mais en tant qu'instruments et non comme acteurs, puisque le vrai drame se situe dans un cosmos intemporel.

Les gnostiques ont certainement été les artisans du retour du vieux mythe d'Éden, plus ou moins tombé dans l'oubli, mais ils lui ont donné une interprétation particulière. Selon certains d'entre eux, les deux premiers enfants d'Ève, Caïn et Abel, ont été engendrés par le dieu mauvais, et leurs descendants forment la race inférieure de l'humanité, les « hyliques » ou « psychiques ». Le vrai fils d'Adam et Ève est Seth, ancêtre des « sethiens », race supérieure par laquelle se transmettent la lumière et la vérité dans un monde hostile. Le rôle d'Adam est pour le moins obscur ; dans certaines traditions, le serpent aurait eu des rapports sexuels avec Ève et aurait enseigné à Adam l'homosexualité (mais avec qui ?) [44].

Au IIe siècle, quelques gnostiques élaborent des synthèses plus structurées. Selon Basilide, qui enseigne à Alexandrie sous le règne d'Hadrien, les deux principes d'origine sont la lumière et les ténèbres. La « chute » s'est produite lorsqu'un reflet de lumière est tombé dans les ténèbres ; ainsi est né le monde, où rien n'est parfait, où même le bien n'est qu'une illusion, puisque c'est un reflet de lumière qui est tombé et non la lumière elle-même. Pour Valentin, qui vit à Rome dans les années 135-165, les êtres spirituels, les éons, se seraient succédé jusqu'au trentième couple, lequel aurait failli ; cette chute des éons a donné le monde, l'homme, le mal, mais les êtres inférieurs, nés de la chute, ont en eux un germe spirituel. Marcion du Pont, enfin, oppose le dieu de l'Ancien Testament, jaloux et borné, responsable du mal qu'il n'a pas su prévenir et qu'il entretient par sa faiblesse, au dieu apparu en Jésus-Christ, qui révèle la vérité. Le monde dans lequel nous vivons est l'œuvre du démiurge ; il a créé Adam, mais, incapable de le protéger contre Satan, il l'a chassé injustement du paradis et se repent même de l'avoir créé. Adam a bien connu ce démiurge, mais ses descendants l'ont oublié [45].

Dans toutes ces croyances d'apparence variée, la chute initiale coïncide avec la création. Chute radicale, puisqu'elle est due à une volonté délibérée d'un dieu mauvais. « En s'appropriant le mythe de chute, les gnostiques, sur deux points essentiels, procèdent à sa révision : d'une part, la chute se confond avec la création tout entière ; d'autre part, elle est l'effet non de la liberté humaine, mais de la puissance extérieure du démiurge [46]. » Le mal, c'est le monde lui-même. Seule peut y échapper une petite minorité ayant accès à la gnose.

ADAM, VICTIME DU DÉMIURGE

Ce sont donc ces trois traditions que l'on trouve confusément mélangées dans la littérature apocryphe, les livres d'Adam et les écrits apocalyptiques rédigés du IIe siècle avant notre ère au IIe siècle après J.-C. Les responsables sont, suivant les cas, Adam et Ève, les anges révoltés ou le dieu mauvais, toutes les combinaisons étant également possibles. La confusion de ces textes est à

la mesure des hésitations, mais aussi de la gravité de la question :
le monde est mauvais, à qui la faute ? Désigner le coupable, c'est
aussi indiquer un recours ; connaître l'auteur du mal, c'est en
même temps suggérer un possible sauveur. Nous sommes à un
tournant de la pensée religieuse. La crise des religions officielles
et l'inquiétude concernant l'au-delà expliquent la prolifération des
religions de salut que toute cette littérature s'efforce d'expliquer
dans un climat généralement gnostique.

Selon Paul Ricœur, c'est sous l'influence des gnostiques que
les milieux juifs et chrétiens ont affirmé l'existence d'un principe
du mal : « Ce sont les gnostiques qui ont tenté de faire de cette
question une question spéculative et de lui apporter une réponse
qui soit science, savoir, gnose. C'est pour des raisons apologétiques
– pour combattre la gnose – que la théologie chrétienne a été
amenée à s'aligner sur le mode de pensée gnostique. Foncièrement
antignostique, la théologie du mal s'est laissé entraîner sur le
terrain même de la gnose et a ainsi élaboré une conceptualisation
comparable à la sienne[47]. » Le philosophe démontre que c'est la
pression gnostique qui a poussé les milieux chrétiens, par réaction,
à élaborer le concept d'un péché originel dont Adam serait seul
responsable : « Le concept de péché originel est antignostique dans
son fond, mais quasi gnostique dans son énoncé [...]. Je voudrais
très précisément contribuer à ce que j'appellerai une herméneutique du soi-disant dogme du péché originel[48]. »

L'hypothèse philosophique rejoint l'analyse des textes et leur
chronologie, qui font nettement apparaître l'influence gnostique
dans les débats sur le mal. Attribué jusque-là à une banale punition
des péchés du peuple, le mal prend une nouvelle dimension qui
met en jeu cette fois l'Être lui-même : la création est-elle foncièrement bonne ou mauvaise ? Si elle est bonne, comme le prétendent les chrétiens, il faut un coupable qui innocente Dieu tout
en ayant une stature suffisante pour représenter la création : Adam
est tout désigné, et c'est pourquoi le vieux mythe du drame d'Éden,
plus ou moins oublié, resurgit.

Mais cela ne va pas sans d'âpres discussions, car les gnostiques
estiment qu'Adam n'a été que la victime de forces qui le dépas-
saient. De nombreux écrits apocryphes le disent, ou du moins le
suggèrent fortement. Ainsi l'*Apocalypse d'Esdras* :

Le prophète dit : « Qui a fait le premier homme, Adam, le protoplaste ? »

Dieu dit : « Mes mains, qui ne sont pas souillées. Puis je l'ai mis dans le paradis, pour garder le lieu de l'arbre de vie. Mais il a acquis la désobéissance et agi dans la transgression. »

Le prophète dit : « N'était-il pas veillé par un ange ? Et la vie n'était-elle pas, pour l'éternité, gardée par les chérubins ? Comment donc a-t-il été trompé, celui qui gardait les anges ? Tu as en tout cas ordonné que cela survienne. Sois donc attentif à mes paroles : si Toi tu n'avais pas fait don d'Ève en personne, assurément le serpent ne l'aurait pas trompée. Mais si tu sauves qui tu veux, tu perds aussi qui tu veux[49]. »

Plus catégorique, l'*Apocalypse de Sedrach* affirme qu'Adam a été victime d'une véritable machination. Face à cette accusation, Dieu se défend bien maladroitement :

Sedrach lui dit : « Toi, maître, tu as façonné l'homme. Tu sais d'où provient sa volonté, d'où provient notre connaissance, et tu cherches des prétextes au châtiment de l'homme... C'est parce que tu le voulais, Seigneur, qu'il a péché, l'homme digne de pitié. »

Dieu dit : « Pourquoi m'assailles-tu de paroles, Sedrach ? Moi, j'ai façonné Adam, et sa femme, et le soleil, et j'ai dit : regardez, parmi vous, qui est luminescent. Le soleil et Adam étaient d'un seul caractère, mais la femme d'Adam est plus lumineuse en beauté que la lune, et il a partagé sa vie. »

Sedrach dit : « Quelle est l'utilité des belles choses, si elles se consument en poussière ? Comment dis-tu, Seigneur, "ne rends pas le mal pour le mal" ? Comment donc, maître ? La parole de ta divinité ne ment jamais, mais alors, pourquoi rends-tu la pareille à l'homme ? Ne veux-tu pas le mal pour le mal ?... Toi, tu as des anges. Envoie-les surveiller, et, toutes les fois où l'homme se met en mouvement vers le péché, empare-toi de son pied, d'un seul, et il ne s'avancera assurément pas là où il voudrait. »

Dieu lui dit : « Si je m'empare de son pied, il dit : "Tu ne m'as pas fait grâce dans le monde." Mais je l'ai laissé aller à son gré parce que je l'aimais[50]. »

De nombreux ouvrages apocryphes s'attardent sur l'épisode du jardin d'Éden, sur les circonstances de la faute d'Adam et Ève et sur ses conséquences, ajoutant une foule de détails pittoresques. Dans le *Livre des jubilés*, dès le IIe siècle avant notre ère, se fait jour un souci de cohérence : Adam est entré au paradis le quarantième jour après la création, et Ève le quatre-vingtième ; ils y sont restés sept ans et six mois, cultivant et gardant le jardin, conversant avec les animaux, qui en ce temps-là avaient le même langage que les hommes – ce qui explique que le serpent ait pu parler. Une des conséquences de la faute a justement été de leur ôter la parole : « Et ce jour-là où il [Adam] couvrit sa honte, fut fermée la bouche de tous les animaux, de sorte qu'ils ne purent plus parler ; car ils avaient tous parlé l'un à l'autre avec un seul idiome. » La création tout entière a donc subi la déchéance. Et si Adam n'est mort qu'à neuf cent trente ans alors que Dieu lui avait dit : *le jour même* où tu mangeras de ce fruit, tu mourras, c'est que pour Dieu, dit la Bible, « mille ans sont comme un jour ». La vraie chute est attribuée à la désobéissance des anges gardiens ou veilleurs, qui ont couché avec les femmes.

Dans les écrits apocryphes, le péché d'Ève est très souvent un péché sexuel. Dans le livre éthiopien d'*Énoch*, Gadreel, un des anges veilleurs, la séduit ; dans l'*Apocalypse d'Abraham*, c'est l'ange Azazel qui s'unit à elle. Dans l'*Apocalypse de Moïse*, la fusion des deux traditions de la pomme et de la séduction est accomplie : Ève raconte comment, alors qu'elle était seule, en train de surveiller sa partie du jardin, Satan l'a persuadée de lui ouvrir la porte et lui a fait jurer de faire manger la pomme à Adam, sur quoi « il versa sur le fruit le poison de sa méchanceté, qui est le désir charnel, racine et commencement de tout péché, et il courba la branche jusqu'au sol, et je pris un fruit et le mangeai[51] ». Le fruit défendu est ici l'acte sexuel, et non pas l'accès à la connaissance. Comme l'écrit Neil Forsyth, « pour un esprit philosophe, l'ignorance n'était pas une situation convenable pour le premier couple humain. Le désir sexuel [...], avec sa signification conventionnelle d'opposition entre corps et esprit, était une explication plus séduisante de la chute dans un contexte sectaire, ascétique et pro-gnostique[52] ». Caïn devient ainsi le fils de l'union primordiale entre Satan et Ève, tout comme les géants étaient le fruit de l'union des anges veilleurs et des filles des hommes. Selon le *Protévangile de Jacques*, « Adam était à l'heure de la prière, et le serpent vint, trouva Ève seule, la séduisit et la souilla[53] ». Dans l'*Évangile d'Ève*, d'esprit très gnostique, le reptile révèle à la première femme la vérité sur Dieu et sur le monde[54].

La littérature apocryphe brode sur les relations entre Satan et Ève. Adam aurait ainsi été le premier cocu de l'histoire, alors qu'il était le seul homme sur terre, ce qui est un comble. Il n'est plus qu'un prête-nom, comme le sera Joseph. Tous deux sont les instruments de manœuvres qui les dépassent, leurs épouses étant engrossées l'une par le diable, l'autre par Dieu. Dans l'*Évangile de Thomas*, le péché originel est précisément la première union sexuelle d'Adam et Ève ; dans d'autres textes apocryphes, Adam était au départ un androgyne, la séparation des sexes étant une conséquence de la chute[55].

Ailleurs, Ève est désignée comme principale responsable, en raison de sa faiblesse et de son pouvoir de séduction. Dans les *Actes de Philippe*, Dieu dit : « Tu sais que, dès l'origine, l'inimitié a surgi entre Ève et Adam. Ce fut le début de la rébellion du serpent contre cet homme et de son amitié pour la femme ; si bien qu'Adam fut abusé par sa femme Ève ; et la mue du serpent, c'est-à-dire son venin, il l'a revêtue par Ève ; et, au moyen de cette dépouille, l'ennemi original a trouvé à se loger en Caïn, le fils d'Ève, pour qu'il tue Abel, son frère[56]. » Dans la *Vie d'Adam et Ève*, Ève, après la chute, n'est même pas capable de respecter son vœu de jeûner pendant quarante jours. Dans l'*Apocalypse de Moïse*, elle se lamente : « Malheur à moi quand viendra le jour de la résurrection ; tous les pécheurs me maudiront en disant : Ève n'a pas gardé le commandement divin », tandis qu'Adam l'accuse : « Quelle colère n'as-tu pas attirée sur nous en amenant la mort sur le genre humain ! » Le même ouvrage la fait vivre plus longtemps qu'Adam, à la mort duquel elle gémit : « J'ai péché, et tous les péchés sont venus par moi dans la création. »

UNE SOMBRE HISTOIRE

Quelle est l'étendue du désastre provoqué par la chute ? Les textes apocryphes hésitent. Pour le *Livre des jubilés*, la chute a entraîné le désordre dans la nature, faisant perdre, entre autres, la parole aux animaux. Selon l'*Apocalypse de Moïse*, la mort est la punition que Dieu a infligée à Adam après la faute : « Tu ne dois plus en goûter [du fruit de l'arbre de vie], afin que tu ne vives pas éternellement. » On trouve également dans les livres d'Adam une curieuse histoire, très populaire au Moyen Âge, qui laisse un espoir de rédemption. Adam, alors âgé de huit ou neuf cents ans, perclus de rhumatismes, réunit ses enfants. Il demande à Ève et à son fils

Seth, le « spirituel », le père des Justes, d'aller chercher l'arbre d'où coule l'huile de miséricorde. Seth est attaqué en chemin par une bête sauvage, qui se calme en voyant en lui l'image de Dieu. Au bout du voyage, Seth trouve l'archange Michel, qui lui refuse l'huile, au nom de Dieu ; mais ce dernier promet de la donner à son peuple à la fin des temps.

D'autres livres rattachent la mort ainsi que le mal moral et physique au péché d'Adam et Ève. Dans le *Livre des secrets d'Énoch* (début du Ier siècle avant notre ère), Énoch a une vision au cours de laquelle il fait le lien entre la faute originelle et les misères de la foule qui se presse dans le shéol :

> Et je vis tous les ancêtres de tous les temps avec Adam et Ève, et je sanglotai et je fondis en larmes, et je dis sur la ruine occasionnée par leur déchéance : malheur à moi à cause de ma faiblesse et de celle de mes pères. Et je pensai dans mon cœur et je dis : heureux l'homme qui n'est pas né, ou qui, après sa naissance, n'a pas péché, afin qu'il ne vienne pas ici et qu'il ne porte pas le joug de ces lieux[57].

Le péché originel semble avoir entraîné une faiblesse dans la nature humaine, qui explique la multitude des péchés personnels. Mais l'idée d'une transmission héréditaire de la culpabilité n'apparaît pas encore.

L'*Apocalypse de Baruch*, quant à elle, attribue au péché d'Adam bien d'autres conséquences :

> Une mort prématurée vint, le deuil fut nommé et la tristesse fut préparée, et la douleur fut créée, et le labeur accablant fut fait, et la jactance commença à s'établir, et le shéol demanda à être renouvelé par le sang, et la procréation des enfants vint, et l'ardeur des parents fut créée, et la majesté de l'homme s'abaissa, et la bonté languit. [...] Et de ces eaux noires le noir est dérivé, et les ténèbres des ténèbres ont été produites. L'homme est devenu un danger pour sa propre âme ; il est même devenu un danger pour les autres[58].

Après l'expulsion du jardin d'Éden, la durée de la vie humaine est donc raccourcie (personne n'atteindra mille ans, pas même Mathusalem). Hommes et femmes, poussés par de mauvais instincts, se mettent à copuler et à se battre ; ils doivent travailler et souffrir, mais tous leurs péchés ne sont qu'une imitation des péchés d'Adam, et non un héritage.

Selon le *Quatrième livre d'Esdras*, Adam a chuté parce qu'il avait déjà le cœur mauvais : « Un grain de semence mauvaise avait été semé dès le commencement dans le cœur d'Adam » (IV, 30). Cette interprétation repousse en amont l'origine du mal et contredit quelque peu les conséquences attribuées à l'épisode du jardin, le mal physique et la mort : « C'est en ta faveur que j'ai fait le monde, dit Dieu ; mais quand Adam transgressa mes commandements, alors ce qui avait été fait fut jugé ; et alors les voies du monde devinrent étroites, pleines de chagrins et de peines, remplies de dangers et de fatigues » (VII, 11-12).

D'après certains textes, la désobéissance originelle a une autre conséquence : Adam diminue en taille, peut-être en application du psaume 139 : « Tu me serres de près, tu mets la main sur moi », comme s'il avait pris conscience du caractère écrasant de sa faute. Sa diminution est spectaculaire : d'après le *Livre de la résurrection de Barthélemy*, lorsque Jésus descend aux enfers y chercher Adam et Ève pour la grande réconciliation, ceux-ci retrouvent leur taille d'origine, soit respectivement quarante et vingt-cinq mètres de haut : « Le Père ordonna qu'Adam fût amené au milieu avec Ève sa femme. Et aussitôt Michel courut au paradis, amena Adam et Ève, et les fit se tenir debout en présence du Père. Or Adam faisait quatre-vingts coudées de hauteur ; Ève, quant à elle, faisait cinquante coudées[59]. » Dieu pardonne alors au bon géant : « Je me suis réconcilié avec mon image », dont la face est étincelante. Les commentaires rabbiniques n'évoquent évidemment pas cette scène, mais, d'après rabbi Jehuda, Adam, qui avant la faute était si grand que sa tête touchait le ciel, est réduit à la taille d'un homme actuel et devient très fragile. Rabbi Acha Bar Chanina s'efforce de reconstituer la chronologie de l'affaire : Adam a reçu une âme à la quatrième heure du jour ; Ève a été faite à la septième ; à la huitième, coït originel, suivi immédiatement de la naissance de jumeaux, Caïn et une fille ; manducation de la pomme à la dixième heure, jugement à la onzième, expulsion à la douzième – tout se déroule à un train d'enfer, sous l'œil satisfait de Satan[60].

D'après les *Questions de Barthélemy*, cependant, Adam a gardé une taille respectable après la faute, car lorsque Jésus vient le chercher en enfer, Barthélemy lui demande :

« Qui était cet homme très grand que les hommes emportaient dans leurs bras ? Et que lui as-tu dit pour qu'ensuite il ait poussé un soupir ? »

Jésus répondit et lui dit : « Cet homme, c'était Adam, le premier créé, à cause de qui je suis descendu des cieux sur la terre. Et je lui ai dit : "C'est à cause de toi et de tes enfants que moi, je suis pendu à la croix." Lui, alors, ayant entendu cela, a poussé un gémissement et a dit : "Ainsi l'as-tu jugé bon, Seigneur[61] !" »

Outre sa taille, le degré de responsabilité d'Adam suscite beaucoup d'hésitations. Très nettement influencées par les gnostiques, les versions arméniennes et latines du *Livre d'Adam* font remonter la faute fondamentale à la jalousie de Satan. Tout un scénario est mis sur pied : Adam et Ève, expulsés du paradis, se séparent. Mais Satan, déguisé en ange, persuade Ève de retourner vers son mari ; elle est mal reçue : « Tu t'es encore laissé tromper », lui dit Adam. Ève demande alors au diable pourquoi il les persécute ainsi. Satan raconte qu'il n'a pas accepté que Dieu crée l'homme et lui enjoigne de l'adorer. Il a donc déclaré la guerre à Dieu et à l'homme.

Dans ce texte, Satan est l'équivalent du démiurge gnostique, le dieu de l'Ancien Testament, qui tient l'homme prisonnier dans ce monde mortel. Adam, dans l'*Apocalypse d'Adam*, explique à son fils Seth l'origine de tous leurs ennuis :

Écoute, Seth, mon fils. Quand Dieu m'a créé à partir de la terre, ainsi que ta mère Ève, j'allais avec elle comme dans la gloire qu'elle avait vue dans l'éon dont nous venions. Elle m'a enseigné la connaissance du Dieu éternel. Et nous étions semblables aux grands anges éternels, car nous étions plus grands que le Dieu qui nous avait créés et que ses puissances, que nous ne connaissions pas. Puis Dieu, seigneur des éons et des puissances, nous a séparés dans une colère. Alors nous sommes devenus deux éons. Et la gloire a quitté nos cœurs... Après ces jours, la connaissance du Dieu éternel de vérité s'est retirée de moi et de ta mère Ève. Depuis ce temps-là nous avons connu les choses mortelles, comme les hommes. Puis nous avons connu que Dieu nous avait créés. Car nous n'étions pas étrangers à ses pouvoirs. Et nous l'avons servi dans la peur et l'esclavage. Et après cela nos cœurs se sont noircis[62].

Le démiurge, qui, par jalousie a privé l'homme de la connaissance, est donc très nettement responsable. Adam est une victime innocente. Le mal vient d'en haut et maintient l'humanité dans la souffrance par le biais de l'ignorance. La rédemption ne peut venir que de la révélation de la gnose. C'est par le Christ qu'Adam sera sauvé, et plusieurs traditions gnostiques imaginent des liens matériels entre eux : suivant l'une d'elles, Seth revient du paradis avec un rameau qui, planté, deviendra l'arbre dont sera tirée la croix ; d'après une autre, cette croix sera faite du bois de l'arbre de la connaissance ; selon une troisième, le cadavre d'Adam sera emporté par le déluge jusqu'au Golgotha et la croix sera plantée sur son crâne. Saint Paul reprendra l'idée de liens symboliques entre Adam et le Christ.

Un dernier courant gnostique se développe au début de notre ère, réinterprétant les données de la Genèse et innocentant Adam et Ève. Il s'épanouira dans les sectes des caïnites, des ophites et naasènes (du grec *ophis* et de l'hébreu *nahas*, « serpent »). On en trouve les éléments dans l'*Apocalypse de Jean*. Le démiurge a donc créé Adam et Ève. Les archontes, séduits par la beauté d'Ève, ont couché avec elle et lui ont fait deux enfants, Caïn et Abel, qui s'entre-tueront. Pour d'autres, le diable est le véritable père, et cette histoire rappelle la tradition des anges veilleurs, dont les enfants, engendrés avec les femmes, sont de mauvais géants. Quant à Seth, il est à la fois l'enfant d'Adam et l'image du dieu bon. Le démiurge interdit à Adam de manger le fruit de la connaissance, tandis que le serpent, qui pour certains est le Christ, lui conseille au contraire d'y goûter. D'après l'*Épître des apôtres*, Adam, loin d'être coupable, a fait le bon choix. Jésus dit à son propos : « À Adam a été donné le pouvoir de choisir entre ces choses ce qu'il voulait, et il a choisi la lumière, il a tendu les mains et il l'a saisie. Il a délaissé les ténèbres et il s'en est éloigné[63]. » Adam et Ève, chassés du paradis mais conservant une part spirituelle prisonnière de la matière, portent comme châtiment l'instinct sexuel, la concupiscence, qui les pousse à multiplier ces prisons de matière que sont les hommes.

C'est de cet ensemble confus que va naître peu à peu l'idée du péché originel. Le succès de ce mythe est lié en partie à la prolifération de spéculations juives, gnostiques, chrétiennes et païennes du IIe siècle avant notre ère au IIe siècle après J.-C. La fin des cultes civiques, la crise des polythéismes païens et la recherche du salut personnel portent la question du mal au premier plan. Comment expliquer cet extraordinaire désordre, ces souffrances, ce monde dans lequel la seule certitude est la mort ? Le monde juif, puis judéo-chrétien, se souvient donc de la vieille histoire du jardin d'Éden : « une pomme, deux poires, et tous les pépins pour nous », suivant la définition humoristique contemporaine. Mais quelle a été la répartition des rôles ? La tendance est plutôt à disculper Adam, et donc l'humanité, victime d'un règlement de compte entre forces divines et cosmiques du bien et du mal. Dans tous ces récits transparaît une sombre machination originelle, ou un plan qui a mal tourné, mettant en jeu la connaissance, la vie, la mort, le sexe. Les soupçons se portent majoritairement sur Satan ou sur un dieu mauvais, Adam et Ève faisant plutôt figure d'instruments ou de victimes. Or ces deux derniers vont finir par se retrouver accusés principaux. Ce retournement se produit lentement, au cours d'âpres controverses entre intellectuels chrétiens qui, du IIe au Ve siècle, instruisent le procès d'Adam. La cause essentielle de cette évolution réside dans le changement de perspective : à partir de saint Paul, véritable fondateur du christianisme, le point central du débat n'est plus spéculatif – à qui la faute ? –, mais pratique : comment s'en sortir ? Le moyen de sortir de cette situation catastrophique, c'est Jésus, parce que Jésus est le « nouvel Adam », ce qui implique de faire reposer sur le premier Adam l'origine de tous les maux. L'idée de péché originel est lancée.

CHAPITRE II

Le procès d'Adam

De Paul à Augustin

L'idée d'une chute primordiale dont tous les hommes partageraient la culpabilité est donc absente de l'Ancien Testament et des Évangiles. C'est une création tardive des théologiens qui voulaient renforcer l'édifice doctrinal, menacé par des hérésies. Sa gestation fut extrêmement lente et difficile, puisqu'il ne fallut pas moins de quatre siècles d'hésitations pour mettre au point ce dogme essentiel qui sera présenté par la suite comme une évidence.

UN ACTE D'ACCUSATION SUSPECT

Les spéculations sur le péché originel se fondent sur le passage de l'Épître aux Romains (5, 12-21) dans lequel Paul établit un parallèle entre le Christ et Adam. On sait que la vie de Paul de Tarse repose sur des données historiographiques incontestables et que ses lettres, parfaitement authentifiées, sont antérieures de vingt à trente ans aux Évangiles. N'ayant jamais rencontré Jésus, il se fait l'ardent propagateur d'une doctrine qu'il élabore lui-même à partir des souvenirs transmis par les anciens compagnons du Christ au sein de petites communautés sectaires. Il inaugure la religion du Christ, qui est à ses yeux le sauveur universel. Si un seul homme est capable de sauver l'humanité, c'est que l'humanité a été perdue par un seul homme, et cet homme ne peut être qu'Adam. Tel est le raisonnement qui se trouve à l'origine de toutes les spéculations sur le péché originel.

Rappelons le texte de Paul, selon la traduction œcuménique de la Bible :

> Voilà pourquoi, de même que par un seul homme le péché est entré dans le monde et par le péché la mort, et qu'ainsi la mort a atteint tous les hommes parce que tous ont péché... Car, jusqu'à la loi, le péché était dans le monde et, bien que le péché ne puisse être sanctionné quand il n'y a pas de loi, pourtant, d'Adam à Moïse la mort a régné, même sur ceux qui n'avaient pas péché par une transgression identique à celle d'Adam, figure de celui qui devait venir.
>
> Mais il n'en va pas du don de grâce comme de la faute : car, si par la faute d'un seul la multitude a subi la mort, à plus forte raison la grâce de Dieu, grâce accordée en un seul homme, Jésus-Christ, s'est-elle répandue en abondance sur la multitude. Et il n'en va pas non plus du don comme des suites du péché d'un seul : en effet, à partir du péché d'un seul, le jugement aboutit à la condamnation, tandis qu'à partir de nombreuses fautes, le don de grâce aboutit à la justification. Car si par un seul homme, par la faute d'un seul, la mort a régné, à plus forte raison, par le seul Jésus-Christ, régneront-ils dans la vie ceux qui reçoivent l'abondance de la grâce et du don de la justice.
>
> Bref, comme par la faute d'un seul, ce fut pour tous les hommes la condamnation, ainsi par l'œuvre de justice d'un seul, c'est pour tous les hommes la justification qui donne la vie. De même en effet que, par la désobéissance d'un seul homme, la multitude a été rendue pécheresse, de même aussi, par l'obéissance d'un seul, la multitude sera-t-elle rendue juste. La loi, elle, est intervenue pour que prolifère la faute, mais là où le péché a proliféré, la grâce a surabondé, afin que, comme le péché avait régné pour la mort, ainsi, par la justice, la grâce règne pour la vie éternelle par Jésus-Christ notre Seigneur (Romains 5, 12-21).

L'obscurité de ce texte a jeté ses traducteurs dans le désarroi. Plusieurs expressions sont allusives ou mystérieuses, les phrases se télescopent, certaines même restent en suspens, les liens logiques nous paraissent chaotiques, certains mots pouvant être compris comme des conjonctions ou comme des relatifs dont les antécédents ne sont pas clairs. La théologie du péché originel va se bâtir sur quelques lignes de Paul écrites dans un grec qui permet toutes sortes de spéculations.

Au fil des siècles, de nombreux théologiens ont postulé que l'apôtre avait énoncé de façon rigoureuse une vérité intangible. Les théologiens actuels n'en sont plus si sûrs. Dès 1966, le dominicain André-Marie Dubarle exprimait, avec toutes les approbations officielles, les hésitations de l'exégèse contemporaine à propos de Romains 5, 12-21 : « On suppose parfois que la pensée de Paul est d'une cohérence systématique parfaite. Et peut-être cette supposition est-elle inexacte. Sans prêter à l'apôtre des contradictions réelles, on peut penser avec plusieurs exégètes qu'il tâtonne un peu, qu'il avance des idées, non pas fausses, mais secondaires par rapport à son dessein principal. » Le dominicain n'hésitait pas à conclure qu'« il subsiste donc une certaine imprécision dans la pensée de Paul[1] ».

Cette réserve, prudente mais nette, rejoint celle du jésuite Henri Rondet qui, la même année, et avec les mêmes approbations, relativisait la pensée de Paul en s'appuyant sur un exégète anglosaxon, N.P. Williams, d'après qui l'apôtre, « en dictant sa lettre, s'aperçoit soudain qu'il s'engage imprudemment dans une explication dont il ne sortira pas facilement. La mort est le châtiment du péché, mais est-elle directement la sanction du péché d'Adam ou celle des péchés personnels, Adam ayant déchaîné une puissance de péché universelle ? Paul se trouverait ainsi en présence d'explications divergentes et, voulant choisir entre elles, il s'engagerait dans un labyrinthe[2] ».

L'exégèse récente a ainsi trouvé dans le texte de Paul plus de questions que d'affirmations. En témoignent les innombrables commentaires infrapaginaux des Bibles catholiques, et l'immense littérature bâtie autour du sens qu'il faut donner au « parce que » du verset 12 : « Ainsi la mort a atteint tous les hommes *parce que* tous ont péché. » Deux traductions s'opposent qui expriment deux interprétations. Pour les uns, Paul veut dire, de façon elliptique, que tous les hommes ont péché en Adam, et que la mort s'est étendue sur tous à cause du péché d'Adam. Pour les autres, la mort est le châtiment des péchés personnels commis par chacun, et non le résultat d'une faute originelle[3]. Autre problème auquel Paul n'apporte pas de réponse claire : la mort est-elle la conséquence du péché d'Adam ou la conséquence de ce péché sur la nature humaine ? Et comment expliquer les péchés des premiers hommes puisque pécher, c'est transgresser la loi divine et que celle-ci n'a été révélée qu'à l'époque de Moïse ?

Les commentateurs ont souligné que Paul ne se réfère à aucun moment à la Genèse. Il en extrait seulement Adam, qu'il érige en

46   LES ORIGINES DU MAL

bouc émissaire : celui « par qui le péché est entré dans le monde »,
même si, comme il le précise, « ce n'est pas Adam qui a été séduit,
c'est la femme qui, séduite, est tombée dans la transgression »
(1 Tm 2, 14). En fait, les théologiens ont longtemps supposé que
Paul avait eu une conception complète, structurée, logique du
péché originel, et que l'on pouvait la reconstituer à partir d'éléments complémentaires contenus dans les diverses épîtres. Cette
belle construction fait écrire à Louis Ligier : « Paul aperçoit le
drame du péché selon deux perspectives eschatologiques connexes.
L'une, en tonalité et propre à la seconde épître aux Thessaloni-
ciens, manifeste le péché des derniers temps et prédit l'avènement
de l'Adversaire. L'autre, sur un mode eschatologique encore
ouvert, embrasse le péché antérieur au Christ ; c'est la lettre aux
Romains[4]. »

Une telle vision du péché originel nous semble confuse, mais il
ne faut pas oublier qu'il ne nous reste que quatorze lettres de Paul,
écrites en douze ans, et que celles-ci correspondent à un contexte,
à des lecteurs et à des objectifs différents. À un moment où la
communauté est rongée par des dissensions entre judaïsants et
chrétiens d'origine païenne, explique Stanislas Lyonnet, l'apôtre
doit en effet affirmer avec force l'unité de l'espèce humaine, la solidarité des hommes, dans le péché comme dans le salut :

> Le poids de l'affirmation porte donc chez Paul, dans les
> deux seuls passages où il fait explicitement allusion au péché
> d'Adam, sur l'universelle rédemption du Christ. Cette universelle
> rédemption suppose une égale universalité dans le péché. Cette
> universalité dans le péché trouve son explication dans un péché
> initial, tel que Paul en lit le récit dans l'Écriture. Rien ne suggère
> que Paul n'a pas fait sienne cette explication dans un péché initial,
> tel que Paul en lit le récit dans l'Écriture. Rien ne suggère que
> Paul n'a pas fait sienne cette explication, mais il ne la mentionne,
> semble-t-il, que pour faire admettre plus facilement à ses auditeurs
> l'universelle causalité du Christ[5].

Pour souligner le rôle rédempteur universel du Christ, Paul
érige en face de lui la statue colossale de son antithèse, Adam,
père de tous les hommes. Face à face, le Christ et Adam, chacun
rassemblant toute l'humanité, l'un pour la perdre par un acte de
désobéissance, l'autre pour la sauver par un acte de sacrifice. Mais
comment un homme peut-il rassembler en lui tous les autres ?

Comment une culpabilité et son châtiment peuvent-ils se transmettre physiquement de génération en génération ? Il faut au moins admettre, comme le fait le jésuite Louis Renwart, que, « devant la diversité des interprétations données par les Pères et les théologiens, aucune manière déterminée de comprendre le "péché" dont nous héritons et la part éventuelle de chacun de nous dans cet héritage ne s'impose au nom de la foi[6] ».

Pour la plupart des théologiens actuels, la tradition chrétienne a mal interprété les paroles de Paul, en faisant passer le péché originel au premier plan alors que pour l'apôtre l'événement fondateur du christianisme était la mort-résurrection du Christ. C'est ce que constate Paul Guilluy dans l'article « Péché originel » du dictionnaire *Catholicisme* : « Le passage à la dimension universelle du péché du monde n'est opéré, surtout chez Paul et Jean, que pour mieux faire saisir l'universalité de l'appel au salut. On peut donc d'autant plus regretter que ce soit l'itinéraire inverse qui ait été parcouru à partir d'une certaine époque, comme si la mesure de la surabondance de la grâce devait se comprendre, non pas d'abord de la générosité du cœur de Dieu, mais bien de l'ampleur des dégâts à réparer. D'où la tendance à les exagérer pour que la restauration n'en apparaisse que plus remarquable. »

Si la faute ne pouvait être levée que par la mort du Fils de Dieu, c'est qu'en effet elle devait être épouvantable au-delà de toute expression. On serait mal venu d'en faire grief aux théologiens d'autrefois. Dans le cadre du christianisme, le péché originel est une nécessité logique : à partir du moment où l'on admet l'Incarnation et la Rédemption, la mort volontaire du Fils de Dieu, celle-ci doit être justifiée. En dépit des efforts de certains théologiens actuels, il semble impossible de justifier la crucifixion sans la chute. C'est pour cette raison que l'idée de la responsabilité de l'homme s'est peu à peu imposée. Si le mal était dû à une puissance cosmique rivale, ou à un être non humain, la mort du Christ n'y aurait rien changé. L'hypothèse freudienne du meurtre primitif du père comme faute originelle peut paraître gratuite. Elle illustre cependant la logique qui a conduit le christianisme à ériger en dogme l'existence d'un péché originel.

Freud, revenant sur le texte de Paul, écrit dans *Moïse et le monothéisme* :

> Il semble qu'un sentiment croissant de culpabilité se soit emparé du peuple juif et, peut-être même, de tout le monde civilisé de cette époque, sentiment qui lui laissait présager le retour de ce qui avait été refoulé [...]. Paul de Tarse, un Juif romain, s'emparant de ce sentiment de culpabilité, le ramena très justement à sa source préhistorique, en lui donnant le nom de péché originel : un crime avait été commis envers Dieu et la mort seule pouvait le racheter. Par le péché originel, la mort était entrée dans le monde. Il s'agissait en réalité, en ce qui concerne ce crime entraînant la mort, du crime [du meurtre] du Père primitif, ultérieurement déifié. Toutefois il ne fut nullement question de ce meurtre, mais seulement du fantasme de son expiation, et c'est pourquoi ce fantasme put être salué comme un message de délivrance. Un fils de Dieu, innocent de toute faute, avait pris à son compte la responsabilité de tous. Il fallait bien que ce fût un fils, puisque le meurtre avait eu un père pour victime [7].

Le caractère à la fois personnel et collectif de la faute mettra à rude épreuve la sagacité des théologiens, les obligeant à recourir au concept de « personnalité corporative ». À l'époque de Paul, l'idée était sans doute plus concevable, car la faute et le châtiment collectifs font partie des cadres de la pensée hébraïque.

Paul, dans ses écrits, ne parle pas de « péché originel » mais de « péché d'Adam », expression qui prend, par nécessité logique, des proportions universelles. L'apôtre est également conduit à ce constat par le spectacle de la dégradation morale qu'il observe autour de lui, comme en témoigne l'Épître aux Romains, où il fait une description féroce des mœurs de son époque (1, 24-32). Un tel chaos ne peut correspondre au but du Créateur : seul un péché global peut l'expliquer.

LES PREMIERS DÉBATS, D'IRÉNÉE À MANI

Pendant deux siècles, les intellectuels chrétiens font très peu de cas des écrits de Paul. Les premiers Pères de l'Église n'évoquent pas la chute originelle, ou n'y font qu'une brève allusion. Justin considère que nous sommes des pécheurs, à l'imitation d'Adam, ce qui cause notre mort comme cela a provoqué la sienne. Tatien, dans un court et obscur passage du *Discours aux Grecs*, semble mélanger péché des anges et péché des hommes, sans mentionner

Adam et Ève : « Quand les hommes eurent suivi celui qui, en sa qualité de premier-né, avait plus d'intelligence que les autres, quand ils eurent fait un dieu de celui qui s'était révolté contre la loi de Dieu, alors la puissance du Logos exclut de son commerce l'initiateur de cette folle défection et ceux qui l'avaient suivi. Et celui-là donc qui avait été fait à l'image de Dieu, l'esprit le plus puissant s'étant retiré de lui, est devenu mortel ; le premier-né est devenu démon et ceux qui l'ont imité, lui et ses prodiges, ont formé l'armée des démons et, puisqu'ils avaient agi librement, ils ont été abandonnés à leur sottise[8]. » Très influencé par le gnosticisme, Tatien suggère dans un autre passage que le diable – qu'il assimile plus ou moins à l'enfant de la Sagesse, Sophia – a insufflé à Ève le désir sexuel, ce qui a conduit à la première union et à la diffusion de la corruption. Il sera d'ailleurs rapidement excommunié.

Au IIe siècle, Théophile d'Antioche estime que le véritable coupable est Satan. Si Dieu interdit à Adam et Ève de manger le fruit de l'arbre de la connaissance, c'est parce que ceux-ci étaient de petits enfants, et qu'il voulait aussi éprouver leur obéissance : « Adam n'était encore qu'un enfant. Il n'était donc pas apte à recevoir la science [...]. C'est pour cela que Dieu, sans aucun sentiment de jalousie comme d'aucuns le disent, lui interdit de manger du fruit de l'arbre de la science [...]. Il voulait prolonger chez Adam l'état d'innocence et de simplicité [...] Il ne convient pas aux enfants d'avoir plus de science que n'en comporte leur âge[9]. » Pour avoir volé une pomme, Adam a été condamné à la mort. Mais « ce fut là un grand bienfait pour l'homme », car la mort met fin aux souffrances qui l'assaillent depuis qu'il a été chassé du paradis : « Ainsi le châtiment devait permettre à l'homme d'expier la faute dans un temps fixé et, une fois châtié, d'être rappelé. » Mais Théophile n'établit pas de lien entre péché d'Adam et péché des hommes. Le véritable coupable, à ses yeux, c'est Satan : comment pourrait-on rendre responsables deux enfants qui n'avaient même pas l'âge de raison ?

En deux siècles, la littérature chrétienne n'en dit guère plus sur la chute originelle. Aucun auteur ne fait clairement référence au chapitre 5 de l'Épître aux Romains, ce qui conduira l'abbé Joseph Turmel, au début des années 1930, à voir dans ce chapitre une interpolation gnostique. Cette opinion, très contestée, rappelle qu'à cette époque encore Adam n'était pas considéré comme le vrai coupable, celui-ci étant toujours le diable.

Saint Irénée est le premier auteur chrétien qui tente de creuser un peu plus la mystérieuse histoire du jardin. L'évêque de Lyon veut réagir contre l'hérésie gnostique, mais n'échappe pas lui-même à un certain dualisme. À ses yeux aussi, Adam et Ève étaient des enfants innocents, auxquels Dieu avait interdit provisoirement l'arbre de la connaissance, mais Irénée suggère que cette « connaissance » concernait la sexualité : « Adam et Ève étaient nus dans le paradis. Et ils n'en éprouvaient pas de confusion, parce que, récemment créés, ils ne comprenaient rien encore à la génération des enfants. Il leur fallait d'abord atteindre l'âge de la puberté pour faire ensuite œuvre de procréation [10]. » Irénée laisse deviner la faute qu'ils commettent : Adam et Ève se sont aimés avant l'âge. Sans doute est-ce la même idée que reprend Clément d'Alexandrie en rappelant qu'Adam a caché sa nudité avec des feuilles de figuier : « Il s'est fait ce vêtement que sa désobéissance méritait. Il craignait Dieu. Il voulait aussi réprimer l'ardeur de la chair. Car il n'était plus dans l'état de l'enfance : il avait la pensée du mal. Il s'appliqua donc à lui-même et il appliqua à son épouse le frein de la continence [11]. »

Mais pour Irénée cette faute était une étape indispensable vers la grande « récapitulation », lorsque, à la fin des temps, Adam et Ève ressusciteront dans leur intégrité d'adultes. Sur ce point, Irénée semble se contredire. D'un côté, il considère que l'homme a été créé parfait ; de l'autre, il le décrit comme un être perfectible, un enfant faible et ignorant, livré sans défense à la tentation [12]. Adam « fut facilement trompé par le Menteur », admet Irénée, qui ne sépare pas la chute d'Adam de celle du diable, et qui établit un parallèle entre Ève et Marie : « Car, comme Ève fut induite par le discours d'un ange à s'éloigner de Dieu en transgressant sa parole, ainsi Marie par le discours d'un ange reçut les bonnes nouvelles qu'elle porterait Dieu en obéissant à sa parole [13]... » Il continue le parallèle en plaçant la croix à l'emplacement de l'arbre de la connaissance.

Les milieux hérétiques, voire non chrétiens, se livrent de leur côté à des spéculations sur la chute originelle. À la suite de Philon d'Alexandrie au Ier siècle, un courant juif donne une interprétation allégorique de la chute, mais sans suggérer l'idée de transmission d'une nature corrompue : le paradis est l'âme de l'homme ; le fruit de l'arbre de vie est la piété qui assure l'immortalité, et l'arbre de la connaissance du bien et du mal est la sagesse. Le serpent, qui représente la volupté, a d'abord tenté Ève, c'est-à-dire les sens, lesquels à leur tour ont tenté la raison, c'est-à-dire Adam. À l'opposé, des sectes du IIᵉ siècle prennent le récit du jardin dans un sens très matériel, en particulier les adamites. Considérant que la venue du Christ sur terre a effacé la tache originelle et que l'homme a retrouvé son innocence, les adamites se promènent nus, sans honte, dans leurs assemblées, tout en refusant la sexualité, puisque Adam et Ève n'ont copulé qu'après le péché. Ces nudistes illuminés qui font scandale contribuent à alimenter les sarcasmes des païens contre le mythe d'Adam et Ève.

L'explication dualiste de l'origine du mal reçoit une nouvelle impulsion avec Mani, né en Assyrie vers 216 et élevé dans un milieu judéo-christiano-mystique, les elchasites. Le manichéisme repose sur un dualisme absolu : depuis les origines, le bien et le mal ont été séparés, de même que la lumière et les ténèbres. Un jour, sans qu'on en connaisse la raison, les puissances des ténèbres ont aperçu la lumière et, jalouses, l'ont attaquée ; pris au dépourvu, le dieu du bien a produit une hypostase divine, l'Homme primal, Ormazd, pour se protéger. Mais Satan, prince du mal, s'est emparé de lui et l'a dévoré : Ormazd est ainsi devenu un mélange de ténèbres et de lumière. Le dieu du bien a alors envoyé un esprit de lumière qui a sauvé l'Homme primal. En même temps, les satellites de Satan ont absorbé les assistants d'Ormazd, ce qui a abouti à un autre mélange dans lequel *psyché*, l'âme, protège *pneuma*, l'esprit, prisonnier de la matière mauvaise. C'est à ce moment que le dieu bon a créé le cosmos, l'univers, dans le but de séparer la lumière des ténèbres, l'une devenant l'esprit, les autres, la matière. Mais le prince des ténèbres a contre-attaqué en recourant à une ruse vraiment diabolique : il a créé Adam et Ève, à son image, pour mieux emprisonner la lumière, et les a dotés de l'instinct sexuel qui, en assurant la multiplication de l'espèce, dispersera l'esprit dans des milliards de créatures, rendant impossible la récupération intégrale de la lumière. Le dieu bon sort alors sa dernière arme, Jésus, qu'il envoie d'urgence prévenir Adam du danger : surtout, qu'il ne touche pas à Ève ; s'ils s'aiment, c'est le début de la multi-plication, et donc la catastrophe. Mais le dieu mauvais endort Adam, qui ne peut entendre le conseil. Quand celui-ci se réveille, il a devant lui Ève, nue, et il l'étreint. Le mal est fait ; la machine à reproduire est en marche. Jésus, sous les traits d'un serpent, ne peut qu'indiquer à Adam l'arbre de la connaissance du bien et du mal, seul moyen d'assurer le salut de la lumière chez ceux qui y accéderont. Par la suite, cette révélation sera périodiquement rappelée par des messagers du dieu bon : Seth, Énoch, Noé, Bouddha, Zarathoustra, Jésus et... Mani. Depuis, dans chaque homme le bien et le mal se combattent ; il en sera ainsi jusqu'à la fin des temps.

Selon cette doctrine, que les disciples de Mani enrichiront d'épisodes variés, le mal est donc une entité éternelle, qui fait partie de l'Être, c'est-à-dire du monde comme de l'homme. Celui-ci est une création des ténèbres, et sa multiplication ne fait que perpétuer le mal. La chute se situe au moment de la création de l'homme, le psychodrame du jardin n'étant que l'échec de la première tentative pour sauver Adam et l'humanité. On retrouve ici, sous une autre forme, le mythe grec des hommes nés des cendres des Titans, mauvais par nature, mais dotés d'une parcelle de Dionysos. Le salut reste possible, mais il est purement individuel ; il réside dans l'accès à la connaissance, comme le serpent l'a montré à Adam et Ève[14], et commence par la connaissance de soi, ainsi que l'écrit le manichéen Théodore Bar Konaï : « Alors Adam s'examina lui-même et sut qui il était [...]. L'âme du bienheureux redevenue intelligente ressuscita. »

Les conséquences morales sont considérables. Si l'homme fait le mal, c'est que son être est mauvais, dirigé par les forces du mal qui le « possèdent ». Nul ne choisit délibérément le mal. C'était déjà le cas d'Adam : « Adam a péché contre Dieu parce qu'il a récusé la hiérarchie des valeurs instaurée par le Créateur, pour lui substituer une autre hiérarchie des valeurs », écrit André Vergez[15].

LES DÉFENSEURS D'ADAM

Si Adam a péché, pour ses avocats, ce ne peut être que par ignorance. Le fléau n'est pas la méchanceté, mais la bêtise. Les stoïciens ne cessaient de le répéter, à l'instar d'Épictète : « Montre-leur leur erreur, et tu verras comment ils cesseront de mal agir ». « Nul méchant n'est libre » ; « Si actuellement je ne vois pas ce qui est le bien et le mal, n'est-ce pas que je suis fou ? » Socrate et Platon sont du même avis, et Aristote le confirme d'une façon détournée : pour agir en étant responsable de ses actes, l'homme doit connaître la vraie nature des choses et, dans ce cas, il ne peut que choisir le bien. L'homme mauvais est un ignorant ; la vraie liberté exclut le péché. Le libre arbitre, la « liberté d'indifférence » est une illusion. Dans cette perspective, Adam n'a pas « péché », et la notion de péché originel se dissout d'elle-même, comme l'a établi Jules Lequier[16].

Les manichéens remplacent l'idée de chute par celle de faute. Si l'homme fait le mal, c'est à la suite d'une déchéance d'ordre cosmique, conséquence du grand combat entre la lumière et les ténèbres. À cette vision dualiste s'oppose en apparence celle du néoplatonicien Plotin, que le hasard fit combattre en 243 dans l'armée de l'empereur Gordien III en Orient contre les troupes perses du roi Sapor, au sein desquelles se trouvait Mani. Ces deux soldats philosophes, citoyens du monde, cherchent à élucider le problème du mal, témoignant du désarroi spirituel de leur époque face à l'effondrement des structures politiques, sociales, culturelles et à la montée du chaos. Mani avance que si le mal est si répandu, alors que les âmes aspirent à l'harmonie et à la perfection, c'est qu'un événement d'ampleur cosmique s'est produit, qu'il situe dans l'affrontement du bien et du mal.

Plotin estime de son côté que les âmes sont tombées dans les corps : « Joyeuses de leur indépendance, [elles ont usé] de la spontanéité de leurs mouvements pour courir à l'opposé de Dieu[17]. » Contrairement à Mani, il dénie au mal toute existence substantielle, tout statut ontologique. Pour Henri-Charles Puech, « il y aura chez lui comme ailleurs le sentiment vif d'une déchéance de l'âme, d'une dualité entre le monde sensible et le monde de "là-bas", et, par là, un certain pessimisme foncier. Mais il y aura également justification, par la nécessité de l'ordre rationnel, du rôle de chaque âme là où le sort l'a placée, tentative pour surmonter le dualisme par un monisme plus vaste et fondé sur la loi de l'émanation continue, exaltation optimiste d'un monde qui est beau parce qu'il est ce qu'il est[18] ». Plotin ouvre en 244 une école à Rome, où il enseigne jusqu'en 270. Parmi ses disciples figurent des chrétiens, des gnostiques, des néoplatoniciens, qui discutent de la nature de la faute ou de la chute originelle. Cette fermentation des esprits peut aboutir à des synthèses comme celle de Jovinien, au IVe siècle, qui affirme que nul n'est méchant volontairement, car le baptême nous libère de l'esprit du mal.

D'autres poursuivent dans la voie du dualisme, comme un certain Audi, un Syrien, fondateur d'une secte gnostique au

IVe siècle, qui – selon Théodore Bar Konaï, auteur d'un *Livre des scolies* vers 791 – affirme que « le mal est la constitution naturelle des hommes, [...] le mal est mêlé à la nature et notre corps provient du Méchant ». Ce dernier est le chef des « Dominateurs », dieux inférieurs mauvais. Ce « Méchant », aussi appelé « Ténèbre », a créé le corps d'Adam. Réminiscence de la vieille histoire des anges veilleurs. Selon Audi, les Dominateurs ont tous eu des rapports sexuels avec Ève, qui a engendré une race mauvaise. Ève, à qui l'on prête décidément beaucoup de partenaires, a aussi couché avec le Père de la vie, son créateur, et il est sorti de cette femme féconde et de petite vertu une autre race[19].

Les spéculations sur le rôle d'Adam et Ève vont donc bon train dans le drame qui s'est joué dans le jardin d'Éden. Quand ils ne sont pas considérés comme de simples symboles, ils passent pour des instruments, ou pour des victimes manipulées pour les besoins d'une lutte entre le bien et le mal qui les dépasse de très loin. Le mal dont nous souffrons est le résultat d'une chute, sans doute, mais dont les responsables sont au plus haut niveau et dont les hommes subissent les conséquences. Dans cette perspective, l'idée de transmission d'une culpabilité est absente, puisqu'il n'y a pas de culpabilité originelle. Quelle que soit la façon dont on envisage l'épisode du jardin, Adam n'apparaît pas comme l'origine du mal : « Adam, écrit Vladimir Jankélévitch, remarquons-le, est bon troisième dans cette propagation du péché, dans cette responsabilité en chaîne qui commence avec la cueillette d'un fruit attrayant [...]. On ne peut nier [...] que l'inspiration fautive ne soit importée en l'homme du dehors, que quelqu'un n'ait soufflé à l'oreille de l'homme l'idée du délicieux péché[20]. »

La plupart des Pères de l'Église estiment que l'homme a le devoir de lutter contre le mal, mais que ce mal qui est en lui vient d'ailleurs, du diable ou d'un dieu mauvais. Le dualisme n'est jamais loin[21]. Pourtant, l'idée qu'Adam serait responsable mais non coupable est combattue à la fin du IVe et au début du Ve siècle par Pélage. Ce Breton, venu enseigner à Rome vers 390, est un ascète qui pense que l'homme est capable d'arracher son salut avec ses seules forces. Dieu a créé l'homme bon, dit-il, et Adam n'a commis qu'un péché personnel qui n'a nullement altéré la nature humaine. Si les hommes pèchent, c'est qu'ils imitent la désobéissance d'Adam, et non parce qu'ils ont hérité une nature portée au mal à cause d'une faute originelle. La tentation diabolique est grande, bien sûr ; mais l'homme, dont la nature est intacte, peut vaincre le mal avec sa volonté et son libre arbitre. Pélage ne voit dans la grâce que l'ensemble des bons exemples ; à ses yeux, les sacrements et la prière ont une importance limitée, le baptême des enfants étant simplement une coutume qui permet d'effacer les péchés individuels. Le Christ est venu sur terre pour montrer la voie aux hommes, mais non pour racheter la faute d'Adam puisque celui-ci n'a commis qu'un péché personnel. Autrement dit, le péché originel est une fable. Chacun est responsable de ses propres fautes et peut s'en sortir par lui-même, car Dieu lui en a donné dès le départ les moyens. Doctrine optimiste et volontariste, affirmant l'existence d'un libre arbitre absolu, le pélagianisme est un humanisme de combat, propre à séduire les croyants comme les incroyants, jusqu'à Jean-Paul Sartre – bref, tous ceux qui pensent que l'homme se bâtit lui-même, et que cela constitue sa dignité.

LA QUADRATURE DU CERCLE

Les Pères de l'Église tentent d'expliquer comment le mal a pu pénétrer dans un monde créé par un Dieu infiniment bon, mais ils n'en sont pas encore à construire une doctrine cohérente du péché originel. Dans les divers scénarios qu'ils élaborent, les hésitations, les contradictions sont fréquentes puisqu'ils sont en fait confrontés à un problème qui relève de la quadrature du cercle.

1º Il leur faut d'abord rendre compte de l'existence du mal dans un monde créé par un Dieu bon, en sauvegardant la réputation de ce dernier. « C'est la volonté de maîtriser l'origine du mal, alors que dans les Évangiles le mystère restait entier, qui, à nos yeux, sous-tend la doctrine du *peccatum originale* », écrit Lytta Basset[22]. Pour innocenter Dieu, il faut repousser toutes les doctrines qui feraient de la tendance au mal une donnée inéluctable ; pour sauvegarder sa puissance, il faut écarter tout dualisme qui instituerait en face de lui une puissance rivale. La seule solution est donc d'attribuer la faute à la liberté humaine. « La même théologie qui innocente Dieu accuse l'homme », constate Paul Ricœur.

2º Les Pères de l'Église se doivent de suivre le contenu des Écritures, c'est-à-dire le récit de la Genèse. Certains, comme Origène, proposent une interprétation allégorique, mais celle-ci se heurte pendant très longtemps à une forte opposition. La grande majorité des Pères acceptent le sens littéral, en y ajoutant des explications de leur cru.

3º Les Pères doivent aussi justifier la venue du Christ et son sacrifice. Le parallèle bâti par saint Paul devient l'axe fondamental de la théologie : le Christ, comme second Adam, est venu sur terre pour réparer la faute du premier – ce qui, par antithèse, donne à Adam une stature colossale. Si sa faute a eu une telle conséquence, c'est qu'elle ne peut qu'être unique, à l'échelle de l'humanité entière. Des optimistes insisteront sur le fait qu'elle a permis à Dieu de montrer sa bonté, d'envoyer son Fils ; c'est une *felix culpa*, explique Irénée, qui doit être mise en perspective dans l'histoire du salut, une étape nécessaire dans l'accomplissement de l'humanité.

4º Enfin, les Pères, confrontés à la pratique du baptême des enfants, veulent la justifier en même temps qu'ils l'utilisent comme un argument. Si les jeunes enfants sont baptisés, c'est la preuve qu'il y a une faute originelle qui pèse sur chaque homme à la naissance. Mais, dans l'autre sens, les Pères justifient le baptême par la faute originelle : puisqu'il y a un péché originel, il faut baptiser les enfants à la naissance...

LES TURPITUDES D'ADAM ET ÈVE

L'acte d'accusation contre Adam se compose donc de pièces hétéroclites. Le réquisitoire de Tertullien est certainement l'un des plus virulents. Pour le bouillant apologiste africain du début du IIIᵉ siècle, Adam, qui était libre, a désobéi, et sa désobéissance a introduit dans la création la mort, mais aussi des désordres de toutes sortes que l'on a regroupés sous le nom de concupiscence : ses sens n'obéissant plus à la volonté, l'homme a commis le péché de la chair. Ce « crime de désobéissance commis à l'instigation du serpent [...] s'est ensuite enraciné dans l'âme et a passé à l'état de nature, parce qu'il est survenu au début même de la nature [...]. C'est le diable qui a introduit le péché[23] ». Adam a été châtié ; en lui, la nature humaine a été perturbée par la révolte des facultés corporelles. Cet état s'est transmis à toute l'humanité, parce qu'Adam était la « matrice » de toutes les âmes. Ses descendants ont hérité ce penchant au péché, la concupiscence, qui se concrétise lorsqu'ils arrivent à l'âge de raison et à l'usage de la liberté – voilà pourquoi l'on peut repousser le baptême jusqu'à ce moment.

Clément d'Alexandrie, contemporain de Tertullien, avance une autre hypothèse : la faute originelle est d'ordre purement sexuel. Adam et Ève étaient des enfants, créés avant la puberté et qui n'ont pas pu attendre l'âge voulu pour avoir des rapports sexuels, car le serpent avait suscité en eux le désir et leur avait montré prématurément à quoi pouvait servir le sexe. «Notre premier père a devancé le temps, affirme Clément sans ambiguïté. Il a désiré le bienfait du mariage avant que l'heure fût venue. C'est par là qu'il a péché. Car "celui qui regarde une femme pour la convoiter a déjà fait l'adultère avec elle" s'il devance le temps fixé pour cette convoitise. Ce que le Seigneur a condamné, c'est le désir devançant le mariage[24]. » Clément développe la même idée dans la *Cohortatio*[25]. À ses yeux, Dieu avait donc prévu l'union sexuelle d'Adam et Ève, mais le serpent les a poussés à s'unir et l'«on doit tenir pour juste la sentence portée par Dieu contre ceux qui n'ont pas attendu le temps fixé par sa volonté, mais la génération est sainte[26] ». Cependant, ce péché n'est pas transmis aux autres hommes.

Origène, lui aussi d'Alexandrie, présente une explication allégorique plus audacieuse. Montrant l'incohérence du récit de la création dans la Genèse, il explique qu'aucun homme de bon sens ne peut croire à la lettre l'épisode du jardin d'Éden, avec ses arbres fantastiques, son pommier de la connaissance, son premier homme en pâte à modeler et son serpent qui parle. Adam, dit-il en substance, est la figure des hommes pécheurs, Ève la figure de l'Église, et le serpent l'esprit du mal. Il y a bien eu une chute, mais cette chute a eu lieu avant la naissance de ce monde. Tous les esprits se sont révoltés contre Dieu et ont été précipités dans une condition inférieure en fonction de la gravité de leur rébellion : ceux qui avaient le plus lourdement péché sont devenus démons, d'autres anges, d'autres encore archanges. C'est pour la masse des âmes qui avaient modérément péché que Dieu a créé le monde, les enfermant dans un corps : « Dieu donc fit le monde présent et lia l'âme au corps afin de la punir[27]. » On reconnaît là le platonisme.

C'est donc à la suite de la chute que l'âme est tombée dans un corps. La naissance est par conséquent un événement tragique : « Il y a là une chose si importante que nul parmi les saints ne l'a jamais mise en doute ; nul d'entre eux n'a marqué par une fête ou par un grand banquet le jour de son anniversaire, nul n'a éprouvé de la joie au jour de la naissance de son fils ou de sa fille. Les pécheurs sont les seuls à le faire. Ainsi voyons-nous le pharaon dans l'Ancien Testament, Hérode dans le Nouveau, qui célèbrent dans les fêtes le jour de leur anniversaire [...]. Les saints, eux, non seulement ne célèbrent pas le jour de leur anniversaire, mais ils l'ont en horreur[28]. » L'homme naît coupable par son âme qui a péché dans une vie antérieure à la création du monde. C'est pour cette raison que les femmes doivent être purifiées après l'accouchement et que les enfants doivent être baptisés.

Pour Origène, l'histoire d'Adam signifie que tous les hommes ont un corps de péché, issu de celui du premier homme, dont l'expulsion du paradis symbolise notre déchéance. Nous étions tous physiquement présents en Adam : « Si l'on a pu dire que Lévi, descendant d'Abraham à la quatrième génération, était dans les reins de son aïeul, à plus forte raison tous les hommes qui naissent dans ce monde étaient dans les reins d'Adam quand il habitait le paradis. Quand Adam fut chassé du paradis, tous les hommes furent donc chassés avec lui et en lui. La mort à laquelle Adam fut condamné après sa désobéissance passa donc d'Adam à ceux qui étaient dans ses reins. Et l'apôtre a dit à juste titre que tous meurent en Adam[29]. » On retrouvera cette idée au XVIIIᵉ siècle dans la théorie biologique de l'emboîtement des germes. Mais déjà l'on voit poindre des motifs de débat : création individuelle des âmes, ou dérivation de toutes les âmes à partir d'une seule ? Individualité des corps, ou hérédité à partir d'un corps primordial ?

Les théologiens chrétiens sont cependant peu nombreux à suivre les audaces d'Origène. Au IVᵉ siècle par exemple, Méthode d'Olympe, pourtant platonicien, préfère s'en tenir à une histoire de concupiscence : le démon-serpent a éveillé en Adam et Ève le désir qui sommeillait en eux. Bien d'autres théologiens, obsédés par le péché de la chair, sont persuadés que la faute originelle n'a pu être que sexuelle et racontent les turpitudes d'Adam et Ève sous le regard lubrique du voluptueux serpent. Pour Zénon, évêque de Vérone, par exemple, nos premiers parents avaient certes un corps éthéré, mais cela ne les a pas empêchés de faire preuve de lubricité. Poussés par le diable, ils ont fait l'amour, « cet amour qui a enflammé de ses feux le cœur d'Ève. C'est lui qui, de ses traits, a tué Adam ». Le saint évêque, dans une image insolite, évoque l'impressionnant membre viril d'Adam, en érection, gaulant la pomme : « C'est par ce membre qu'Adam cueillit le fruit défendu et qu'il a ainsi soumis le genre humain au droit de mort. » Cette arme du crime, toujours selon le prélat, est punie chez les Juifs par la circoncision[30]. Depuis cet épisode, nous avons un corps physique, qui vieillit et meurt. Là encore, il faut replacer ces interprétations dans le contexte de la littérature spirituelle de l'époque, où de nombreux mythes gnostiques font d'Ève une femme facile et d'une beauté à damner un ange.

Un péché attendu

Les Pères cappadociens proposent des explications moins scabreuses de l'origine du mal. Au milieu du IVe siècle, Basile de Césarée évoque la faute d'Adam, mais sans en tirer une conclusion nette sur la condition de l'homme. Quant à la nature de la faute, il suggère plus qu'il n'affirme : Adam « vivait dans la compagnie des anges ; protégé de Dieu, il jouissait de tous les biens. Mais, comme s'il en avait assez de ce bonheur, il préféra aux beautés spirituelles ce qui séduisait ses yeux de chair, aux joies spirituelles le goût d'une nourriture terrestre. Aussitôt, chassé du paradis, il fut privé de cette vie bienheureuse et devint mauvais ; s'éloignant de la vie, il approcha de la mort, car Dieu est la vie, et la mort est la privation de la vie[31] ». Le vrai mal est d'ordre moral, mais Basile ne parle pas d'une transmission de la faute.

Le frère de Basile, Grégoire de Nysse, élabore au contraire une théorie complète de la faute originelle et de ses conséquences, théorie qu'il présente lui-même comme une « hypothèse » dans laquelle il mêle le platonisme, l'allégorie, à un étonnant réalisme historiciste. Cette vision complexe a donné lieu à toutes sortes d'interprétations, parmi lesquelles nous retiendrons celle de Hans Urs von Balthasar en 1942[32].

Grégoire affirme que l'épisode biblique du péché d'Adam est un événement historique réel, mais il en donne une interprétation très libre. D'abord concernant Adam, en qui il voit le germe de l'humanité : « Le premier homme, Adam, était le premier épi. Mais avec l'arrivée du péché qui partagea la nature humaine en une multiplicité, nous perdons tous la forme de cet épi premier[33]. » Ce sentiment très fort de l'unité de la nature humaine, contenue en

Adam, semble correspondre à l'esprit de la Genèse où, en hébreu, l'« Adam » est un singulier collectif. L'Adam, c'est celui qui est tiré de la terre, qui la travaille et qui y retourne, c'est-à-dire nous tous. Cet Adam éclaté lors du péché retrouvera son unité à la fin des temps, dans le corps mystique du Christ, quand toute la création sera restaurée dans sa splendeur d'origine, ce qui suppose l'apocatastase : la réconciliation générale, qui n'exclura personne, ni les méchants, ni le diable. Le mal n'existera plus.

Voici donc ce qui s'est passé d'après Grégoire de Nysse. Dieu, en créant l'Adam comme un être absolument libre, a prévu qu'il userait de sa liberté pour se détourner de lui et c'est pour cette raison qu'il l'a doté d'un corps, qui est à la fois sa punition anticipée et son futur moyen de salut. Dès la création, l'homme a donc été doté de passions, de sens et d'un sexe, puisque, comme il devait pécher, il ne pourrait plus se reproduire à la manière des anges. Mais ce corps matériel, avec tous ces besoins, était, dans un premier temps, entièrement soumis à la raison. Puis est arrivé le diable qui, jaloux de la beauté humaine, a poussé l'Adam à désobéir. Ce diable était un ange qui avait pour mission de gouverner la terre, et qui est donc tombé par orgueil et jalousie : là se trouve la première véritable faute.

En désobéissant, Adam a péché par l'esprit, et non par le corps. Mais, à partir de là, le mal s'est introduit dans les sphères inférieures de l'homme et l'a contaminé. Le bel ordonnancement du départ s'est désagrégé, le désordre s'est introduit, la raison a perdu le contrôle des passions, et l'esprit la maîtrise de la matière. La nature humaine, atteinte d'un « pathos », s'est enfoncée dans le péché. Désormais, « partout où naît un homme, le péché naît pour ainsi dire avec lui, [car] le mal est pour ainsi dire un élément constituant de notre nature[34] ». Notre corps est un instrument de punition : « La matière est lourde et elle entraîne vers le bas, [...] toute passion porte en elle un désir ardent et irrésistible vers sa satisfaction, [...] il est impossible de s'élever dans une vie sensitive complètement au-dessus des passions et de la sensualité[35]. » La sensualité, devenue instinct tout-puissant, est à la fois un péché et la punition du péché, avec tout « ce que nous avons reçu avec la tunique de peau : c'est-à-dire sexualité, conception, naissance, maculation, allaitement, nourriture, excrétion, croissance de l'enfance à l'âge mûr, la virilité, la vieillesse, la maladie, la mort[36] ». Conduit par ses passions tyranniques, l'homme se désespère de son état présent : « Qui ne passerait sa vie entière en pleurant et en se lamentant, s'il avait pris conscience de lui-même, de ce qu'il est, s'il réalisait personnellement ce qu'il a possédé et ce qu'il a perdu, dans quelles conditions la nature se trouvait au commencement et dans lesquelles elle est maintenant[37] ? »

La théorie de Grégoire de Nysse n'échappe cependant pas à une objection quelque peu embarrassante : le péché originel, présenté comme inévitable puisque Dieu avait prévu la punition en nous infligeant un corps et des passions, est-il vraiment imputable à Adam ? Sachant ce qui allait se passer, et les souffrances qui allaient en découler, Dieu a malgré tout créé l'homme ; il l'a parachuté sur terre et viendra récupérer sa descendance à la fin des temps. Dans cette optique, l'histoire de l'humanité apparaît comme une grande épreuve initiatique, à laquelle aucun être humain ne peut échapper, et le mal semble une nécessité, dont l'homme n'est pas vraiment responsable. Certes, Dieu a envoyé le Christ pour sauver les hommes. Mais pourquoi avoir attendu si longtemps ? Grégoire donne la réponse dans son *Discours catéché-tique*[38] : Dieu a laissé volontairement le mal progresser pour le soigner avec plus d'efficacité, « comme un bon médecin », écrit-il. Mais un bon médecin ne traite-t-il pas le mal le plus tôt possible ? De plus, la grande épreuve de la vie terrestre était-elle vraiment nécessaire, puisque tous les hommes seront sauvés à la fin ? Et avoir chargé l'homme d'un corps et de passions dès le départ, n'était-ce pas l'écraser d'un poids tel qu'il devait nécessairement succomber au péché ? Grégoire semble avoir entrevu le problème : les passions, écrit-il, ne sont pas la cause du péché, « car le Créateur serait lui-même l'auteur des péchés, si la contrainte à la trans-gression émanait d'elles. C'est l'usage qu'en fait notre volonté libre[39] ». Libres, le sommes-nous vraiment ? Nous sommes libres de choisir entre le bien et le mal, mais nous sommes en même temps incapables de choisir le bien sans une aide spéciale de Dieu, puisque nous sommes esclaves du mal depuis le péché originel.

LES HÉSITATIONS ET LES CONTRADICTIONS DES PÈRES

Grégoire de Nazianze a lui aussi son idée sur Adam et le mal, mais il donne de l'histoire du jardin une interprétation spirituelle : Adam, explique-t-il, est l'homme total ; les plantes d'Éden, ce sont les bonnes pensées ; l'arbre de la connaissance du bien et du mal, c'est la contemplation, bonne en soi mais mauvaise pour un esprit non préparé comme celui d'Adam ; les tuniques dont se couvrent Adam et Ève à la sortie d'Éden, c'est la chair, grossière et rebelle. La mort, punition du péché, est aussi une bonne chose, car elle met fin à nos péchés. Enfin, le second Adam est venu réparer les dégâts. Grégoire de Nazianze se refuse à définir ce que pouvait être le paradis terrestre.

Parmi les grands noms de la patrologie, citons encore Jean Chrysostome, qui présente une vue globale de l'histoire du salut, où le Christ joue le rôle central et permet de comprendre le sens du péché d'Adam. Multipliant les parallèles (Adam/Christ, Ève/Marie, arbre de la connaissance/arbre de la croix), il déroule dans ses *Homélies sur la Genèse* une marche majestueuse vers la fin des temps, mais il ne semble pas croire à la transmission du péché d'Adam ; ce qui se transmet, c'est la condition mortelle et l'inclination au péché. Des théologiens lui feront dire par la suite le contraire afin de renforcer le dogme du péché originel[40].

Saint Jérôme paraît hésiter. Prudence, lui, se rapproche d'Origène : les âmes sont souillées par leur contact avec la chair, qui introduit la séduction et la volupté ; cette souillure est à l'image de celle d'Adam, mais elle n'est pas transmise par lui. Saint Athanase se contente de dire que le péché d'Adam a déclenché toutes les catastrophes qui ont suivi, mais sans se hasarder à proposer une explication. Lactance avance une théorie originale dans son *De ira Dei* : le diable, frère cadet du Christ, jaloux, est devenu mauvais et a poussé Adam et Ève au mal ; les anges, créés plus tard, poussés par le diable, se sont laissé séduire par les femmes à l'époque du déluge. Les catastrophes qui ont suivi se sont finalement révélées positives, car « si le mal n'existait pas, il n'y aurait pas de danger, et ainsi aucun fondement pour la sagesse[41] ».

À en croire Méthode, Dieu n'a pas pu créer l'homme mortel ; celui-ci l'est devenu par la faute d'Adam ; si les animaux sont eux aussi mortels, sans avoir péché, c'est qu'ils n'ont pas été créés par Dieu ; la faute d'Adam nous a légué un penchant au péché, et non le péché lui-même. Didyme l'Aveugle semble suivre Origène, tandis que saint Épiphane adopte au contraire une interprétation littérale de la Genèse. Cyrille de Jérusalem considère le péché d'Adam comme faisant partie du péché universel ; Diodore de Tarse évoque rapidement la mort comme conséquence de la chute.

Théodore de Mopsueste, lui, semble nier l'idée de péché originel :
dans les fragments retrouvés de son œuvre, il affirme qu'Adam était
mortel avant même la faute, par simple nécessité naturelle, que
Dieu n'infligerait pas aux enfants une punition pour la faute de
leurs parents, et que si l'homme naissait pécheur, le Christ l'aurait
été aussi. Il se déclare opposé à l'« inventeur et défenseur du péché
de nature », c'est-à-dire à saint Augustin.

Au début du Vᵉ siècle en Orient, la bataille autour du péché
d'Adam fait rage, avec l'arrivée d'un disciple de Pélage, Célestin,
qui soutient que les enfants naissent dans l'état où était Adam
avant le péché, ce qui implique qu'Adam était mortel – position
que condamne le synode de Diospolis en 415. Théodore de
Mopsueste adopte dans un premier temps ce point de vue, en
soutenant Julien d'Eclane, puis se rétracte. Son disciple Nestorius
affirme que la faute d'Adam implique l'humanité entière et qu'elle
se traduit par une quadruple punition : la perte de la ressemblance
divine, les souffrances de la vie et la soumission à Satan, la
damnation pour les non-baptisés, et enfin la double mort, corporelle et spirituelle.

En Occident, l'Ambrosiaster déclare qu'Adam a péché par
idolâtrie, car il voulait devenir l'égal de Dieu, et que ce péché de
l'âme a ensuite corrompu le corps. Adam s'est ainsi placé sous la
domination de Satan, et depuis tous les hommes pèchent en lui.
La conséquence de sa faute est l'infirmité de la chair. Après la
mort, ceux qui ne sont responsables que du péché d'Adam iront
dans l'enfer supérieur ; ceux qui y ont ajouté des péchés personnels
iront dans l'enfer inférieur.

Selon les *Quaestiones Veteris et Novi testamenti*, la mort est la
conséquence du péché d'Adam. Avant sa faute, celui-ci était
mortel, mais le fruit de l'arbre de vie le protégeait ; la vieillesse,
comme les souffrances et la mort, est une conséquence de sa faute.
D'après Éphrem de Nisibe, docteur des Églises de langue syriaque
au IVᵉ siècle, elle est même le châtiment par excellence du péché
originel. Un de ses hymnes dogmatiques, qui étaient chantés par
les fidèles, le proclame :

> Adam au paradis était éternellement jeune et beau,
> mais son mépris de l'ordre en fit un vieillard,
> triste en sa décrépitude,
> portant de la vieillesse le misérable poids.

Par opposition, le paradis est le lieu de l'éternelle jeunesse, où « personne ne vieillit, personne ne meurt ». Depuis le péché originel, l'homme est « harcelé par le double mal de la vieillesse et de la maladie », explique la *Vie des pères du Jura*, une œuvre du VIᵉ siècle, consacrée aux anachorètes de l'époque burgonde. Ces anciens pères, tels saint Lupicin, saint Oyend, saint Romain, ont tous vécu très vieux et considéraient les maux de leur grand âge comme une punition divine.

Les incertitudes et incohérences du IVᵉ siècle au sujet du péché originel se retrouvent chez saint Ambroise, dont Joseph Turmel a pu dire qu'« il fait défiler devant nous les divagations où l'inconscience est à la hauteur de l'incohérence. Ambroise détruit d'une main ce qu'il élève de l'autre [42] ». Opinion confirmée par un auteur plus orthodoxe, le jésuite Henri Rondet, qui écrit à propos de la doctrine ambrosienne du péché originel : « Un lecteur rationaliste ne verra en tout cela que puérilité et incohérence [43]. » Ambroise juxtapose en effet interprétations allégoriques et littérales. S'inspirant de Philon, tout en le rectifiant pour rester dans le cadre chrétien, il parle d'un paradis situé en Orient, mais qui est aussi l'âme, d'un homme qui est la raison, d'une femme qui est la sensibilité, d'un serpent qui est la volupté. Adam a péché par gourmandise, dit-il, et ce péché se transmet à chacun de nous, car nous sommes conçus et nés dans l'impureté :

> Chacun de nous est enfanté dans les délits par sa mère. Ici non plus, David ne dit pas s'il a en vue les péchés de la mère qui enfante ou si l'enfant a déjà des délits quand il vient au monde. Mais voyez si les deux hypothèses ne sont pas toutes deux vraies. La conception n'est pas à l'abri de l'iniquité, parce que les parents, eux aussi, paient leur tribu à la chute. Et si l'enfant d'un seul jour n'est pas sans péché, les jours de la grossesse maternelle ne sont pas, à plus forte raison, exempts de péché. Nous sommes donc conçus dans le péché de nos parents et nous naissons de leurs délits. Mais l'enfantement lui-même a des souillures, et la nature elle-même n'a pas qu'une seule souillure [...]. Le linge de la femme qui a ses règles est souillé, et elle ne peut pendant ce temps offrir le sacrifice de sa purification. Le jour où une femme a enfanté et plusieurs jours après sont sans sacrifice, jusqu'à ce que l'accouchée ait été purifiée [44].

Ambroise estime que la marque du péché d'Adam en nous est la concupiscence, cette révolte de la chair contre l'esprit, contre la raison, contre la volonté. Mais en même temps il pense, comme Origène, que les âmes ont commis une faute dans une vie antérieure. Toutes ces spéculations montrent qu'il n'existe encore aucune doctrine définie du péché originel à la fin du IVe siècle. Entre les mouvements gnostiques et manichéens qui exemptent Adam et accusent les puissances du mal, les pélagiens qui réduisent la portée du péché d'Adam à une simple faute personnelle n'atteignant pas notre libre arbitre, les penseurs chrétiens « orthodoxes » qui chargent Adam sans savoir au juste en quoi a consisté la faute et comment elle peut bien se transmettre, toutes les options sont possibles.

AUGUSTIN : L'INVENTEUR DU PÉCHÉ ORIGINEL

À partir de saint Augustin et du concile de Carthage, en 418, un courant majoritaire se dégage peu à peu dans l'Église latine, au gré des combats et controverses. Le prestige du docteur d'Hippone va peser très lourd dans la balance. Augustin, qui est le premier à employer l'expression « péché originel », se contredit pourtant souvent. Le travail de plusieurs générations ultérieures lui donnera une allure structurée et à peu près cohérente, mais chacun se réclamera de lui parce que chacun en aura une interprétation différente, selon le sort réservé à toute œuvre de grande ampleur.

Que saint Augustin ait inventé le péché originel, beaucoup d'historiens protestants notamment le pensent[45], mais aussi des philosophes comme Paul Ricœur : « C'est Augustin qui est responsable de l'élaboration classique du concept de péché originel et de son introduction dans le dépôt dogmatique de l'Église, sur un pied d'égalité avec la christologie, comme un chapitre de la doctrine de la grâce[46]. » La phrase sonne comme une accusation. S'il est difficile d'apprécier la part personnelle d'Augustin dans l'élaboration du mythe du péché originel, c'est que son œuvre, immense, a été comme enfouie sous une masse de commentaires et d'interprétations. Or sa pensée est largement tributaire de son histoire personnelle, de sa psychologie tourmentée, des événements politiques et des courants spirituels de l'époque troublée où il vivait. Augustin est obsédé par le problème du mal : « une question qui, quand j'étais adolescent, me hanta avec persistance et me jeta dans l'hérésie », confesse-t-il dans son traité *Du libre arbitre*. L'hérésie en question, c'est le manichéisme, qu'il adopte à partir de dix-neuf ans, et pour quelques années – ce qui ne l'empêche pas d'être poursuivi par ces questions :

> Je me disais : qui m'a fait ? N'est-ce pas mon Dieu qui n'est pas seulement bon, mais qui est la bonté même ? Comment donc m'est-il arrivé de vouloir le mal, de ne pas vouloir le bien, et de mériter ainsi de justes châtiments ? Puisque mon être tout entier provient d'un Dieu très doux, par qui cette graine amère a-t-elle été semée en moi ? Si c'est par le diable, d'où vient que lui-même est le diable ? Si c'est sa volonté perverse qui, d'ange, l'a fait diable, d'où lui est venue cette volonté mauvaise, alors que son être tout entier avait été fait bon par un créateur très bon ? Ces pensées m'écrasaient, m'étouffaient[47].

Toute sa vie, Augustin va essayer de trouver une réponse satisfaisante à ces questions. Son expérience de la faiblesse humaine pendant une jeunesse plus ou moins dissolue ; le choc de sa conversion, en 386, avec le poids du remords qu'elle laisse en lui ; sa fréquentation de la littérature stoïcienne, avec son idéal d'ataraxie, de contrôle de la raison sur le corps, tout cela le conduit à réexaminer les positions de ses prédécesseurs chrétiens et à élaborer une théorie du péché originel. Une théorie qui a évolué au gré des critiques et des polémiques, et qui ne semble définitive que dans l'esprit des théologiens.

Augustin reconnaît en effet à plusieurs reprises sa perplexité. Réfléchissant par exemple sur ce qui a bien pu pousser Adam au mal, il s'interroge dans le traité *Du libre arbitre* : « Si le premier homme a été créé sage, pourquoi a-t-il été séduit ? Et s'il a été créé insensé, comment Dieu n'est-il pas l'auteur des vices ? » « Est-ce qu'il y avait déjà en Adam cette folie par laquelle s'est produit son éloignement ? » Il admet franchement : « À une telle question, si je réponds que je n'en sais rien, je t'attristerai peut-être, mais cependant je ne répondrai que la vérité, car on ne peut connaître ce qui n'est pas[48]. »

Évoquant l'époque où il était manichéen, Augustin écrit : « Il me semblait que ce n'était pas nous qui péchons, mais je ne sais quelle nature étrangère qui pèche en nous, et il plaisait à mon orgueil d'être en dehors du péché et, quand je faisais le mal, de ne pas m'en reconnaître coupable devant Vous. J'aimais à m'excuser en accusant je ne sais quoi d'autre qui était en moi[49]. » Augustin considérait alors le mal comme une substance, une réalité. Puis, après sa conversion, il l'envisage comme une absence, une sorte d'erreur de jugement : Adam, parfaitement libre, a choisi le fruit comme un bien différent du bien surnaturel proposé par Dieu : « Le mal ne peut être qu'une sorte de bien », dans une échelle de valeurs différente.

Mais, continue Augustin, « en usant mal de son libre arbitre, l'homme se perdit et le perdit ». Adam a en fait été le seul homme libre. Depuis la chute, la nature humaine est corrompue, et l'homme ne peut éviter le péché que par la grâce. Il ne s'agit plus là d'une véritable liberté, puisque « c'est Dieu qui nous fait vouloir le bien ». On ne peut donc plus parler de libre arbitre : « Quand les hommes ne veulent pas accomplir une œuvre juste, c'est ou bien qu'ils ne savent pas si elle est juste, ou bien qu'ils ne trouvent pas en elle leur joie : car nous voulons d'autant plus ardemment une chose que nous savons mieux comment elle est bonne, et que la délectation que nous y trouvons est plus grande. Le rôle de la grâce est de nous faire vouloir le bien en nous donnant l'intelligence, et en nous le faisant aimer[50]. » Et cette grâce ne dépend que du bon vouloir de Dieu[51].

Cependant, Augustin le sait bien : pour que nous soyons coupables et que nous méritions le châtiment, il faut que nous ayons agi librement. Puisque Adam a été le seul homme libre, il faut en déduire que nous étions tous présents en Adam, et que c'est en lui que nous avons péché librement. Augustin écrit dès 396 : « Depuis que notre nature a péché dans le paradis, nous sommes devenus une pâte unique de boue, c'est-à-dire une pâte de péché. Nous avons perdu le mérite par le péché et, abstraction faite de la miséricorde de Dieu, il n'est rien dû que la damnation éternelle aux pécheurs que nous sommes[52]. » Opinion confirmée beaucoup plus tard dans *La Cité de Dieu* : « La race humaine entière était dans le premier homme, et elle devait passer de lui à sa progéniture par sa femme, quand le couple marié eut reçu la sentence divine de condamnation. Et ce n'était pas l'homme tel qu'il avait été créé, mais ce qu'il était devenu après le péché et la punition, qui fut ainsi engendré, en ce qui concerne l'origine du péché et de la mort[53]. »

Ainsi, la nature humaine d'Adam et Ève était différente avant le péché originel. Nous ne sommes donc plus tels que le Créateur nous avait prévus. Mais, là encore, Augustin se montre hésitant. En 389, dans le *De Genesi contra manichaeos*, il affirme que nos premiers parents avaient un corps éthéré ; puis, en 401, dans le *De bono conjugali*, il n'en est plus si sûr : « Peut-être nos premiers parents n'eurent-ils pas tout d'abord un corps spirituel, mais un corps animal destiné à devenir ensuite spirituel en récompense de son obéissance. » En 405, dans le livre VI du *De Genesi ad litteram*, il se prononce nettement pour des corps matériels, car comment expliquer autrement qu'Adam et Ève se nourrissaient de fruits du jardin d'Éden ? Il reprend cette idée au livre IX : si Dieu a créé deux êtres de sexe différent, c'est bien qu'il prévoyait un contact physique entre eux.

En même temps, Augustin glisse d'une interprétation allégorique à une lecture littérale et historique de la chute. Alors que dans le *De Genesi contra manichaeos* il donne encore une interprétation spirituelle du récit biblique, il en propose en 395 une lecture très réaliste, confirmée dans le *De Genesi ad litteram*, au titre significatif : Adam « fut un homme au sens littéral du mot, un homme qui vécut un certain nombre d'années, et qui, ayant engendré une postérité nombreuse, mourut comme les autres hommes, bien qu'il ne fût pas né comme les autres de parents, mais tiré de la terre[54] ». Les deux arbres, les quatre fleuves du paradis, tout cela est bien réel... et bien embarrassant de nos jours, avoue Henri Rondet : « Chez Augustin, l'origénisme a été assez vite dépassé [...] par un littéralisme qui, pour ne pas exclure les interprétations spirituelles, nous gêne passablement aujourd'hui[55]. »

Dans ses dernières œuvres, Augustin façonne cette image d'Adam avant la chute : « Son corps était animal, et non spirituel, comme le montre le fait qu'il devait boire et manger pour ne pas souffrir de la soif et de la faim ; il était préservé de la mort et conservait la fleur de la jeunesse, non pas grâce à une immortalité ultime, absolue et indissoluble, mais grâce à l'arbre de vie. Cet homme ne serait certainement pas mort s'il n'était, par sa faute, tombé sous le coup de la sentence de Dieu, qui l'avait averti[56]. » Dieu, étant la bonté parfaite, a créé la nature humaine dans un ordre parfait ; cette rectitude, l'état de « justice originelle », réside dans la subordination de l'inférieur au supérieur, du corps à l'âme, de la chair à la volonté et de la volonté à Dieu. Cela pose tout de même un petit problème technique : Adam et Ève, dans l'état de nature originelle, étaient censés se reproduire, avant même le péché, selon l'ordre divin : « Croissez et multipliez. » Mais comment obéir sans tomber dans les désordres de la chair ? Augustin donne la solution dans *La Cité de Dieu* :

> Les organes sexuels auraient été activés par un ordre de la volonté, comme les autres organes. Alors, sans être excité par l'aiguillon de la passion, le mari se serait étendu sur le sein de sa femme, parfaitement calme et sans altération de l'intégrité de son corps [sans érection]. Bien que nous ne puissions pas le prouver expérimentalement, il n'est pas incroyable que ces parties du corps, sans être mues par la turbulente chaleur de la passion, mais activées par une décision délibérée au moment voulu, auraient pu envoyer la semence mâle dans la matrice, sans atteinte à l'intégrité de la femme, tout comme le flux menstruel peut maintenant sortir de la matrice d'une vierge sans perte de la virginité. Car la semence aurait pu être injectée par le même passage emprunté par le flux. Tout comme la matrice aurait pu s'ouvrir pour la parturition par une impulsion naturelle, une fois le temps venu, plutôt que par les gémissements du travail, ainsi les deux sexes auraient pu être unis pour l'imprégnation et la conception par un acte de la volonté, plutôt que par un désir concupiscent[57].

Cette incursion de la théologie dans la biologie révèle l'horreur maladive d'Augustin pour la sexualité. Poursuivi par le remords de ses propres expériences, le vieil évêque est prêt à imaginer les compromis les plus invraisemblables pour diaboliser cette répugnante réalité. Ayant ainsi réduit l'acte sexuel d'avant le péché à un simple rapprochement des corps, à un acte de pure volonté raisonnable, il admet aussitôt que cette solution « n'a en fait pas été expérimentée par ceux à qui elle était destinée, car le péché est apparu d'abord, et ils ont été exilés du paradis avant même de pouvoir s'unir pour la reproduction dans un acte volontaire libre de passion ».

DE LA CONCUPISCENCE ET DE L'ORGUEIL

La nature de la faute originelle est bien le cœur du problème. Dans le *De Genesi ad litteram*, Augustin se moque de ses prédécesseurs qui ont imaginé que la faute d'Adam et Ève avait consisté à faire l'amour avant le temps prescrit[58], mais lui-même hésite constamment entre péché d'orgueil et péché de concupiscence. Dans ses premières œuvres, il évoque un péché d'orgueil, dans une optique semi-allégorique : Adam s'est détourné de Dieu et s'est préféré à lui, cherchant à devenir sa propre plénitude. C'est pourquoi il a désobéi et a mangé du fruit de l'arbre de la connaissance du bien et du mal :

> L'arbre de la connaissance du bien et du mal signifie aussi l'état moyen de l'âme dans sa rectitude intégrale, car cet arbre était planté au milieu du paradis. On l'appelle l'arbre de la connaissance du bien et du mal pour cette raison : si une âme qui devrait se tourner vers ce qui est devant – c'est-à-dire Dieu – et oublier ce qui est derrière – c'est-à-dire les plaisirs du corps – se détourne de Dieu et se tourne vers elle-même, et veut jouir de sa propre puissance, sans Dieu, elle se gonfle d'orgueil, qui est le commencement de tout péché. Et quand arrive le châtiment de ce péché, elle fait l'expérience de la différence entre le bien qu'elle a perdu et le mal dans lequel elle est tombée[59].

Dans ce passage du *De Genesi contra manichaeos*, où il s'inspire de Plotin et du néoplatonisme, Augustin interprète la tentation du serpent comme une insinuation du diable dans la pensée d'Adam et Ève : « Est-ce qu'il leur apparaît de façon visible, ou physiquement, dans un lieu où il puisse agir sur eux ? Pas du tout, mais il suggère à leur pensée tout ce qu'il peut d'une façon merveilleuse[60]. »

Vingt-cinq ans plus tard, dans *La Cité de Dieu*, Augustin revient sur la question et réaffirme la gravité de la faute en s'appuyant sur l'énormité du châtiment. Cette faute a été matérialisée par une désobéissance, « et l'obéissance est d'une certaine façon la mère et la gardienne de toutes les autres vertus dans une créature rationnelle, puisque la création rationnelle a été faite de telle façon qu'il soit dans l'intérêt de l'homme d'être soumis à Dieu, et qu'il soit catastrophique pour lui d'agir suivant sa volonté et de ne pas obéir à celle de son Créateur[61] ». Il aurait pourtant été si facile d'obéir : le jardin regorgeait d'autres fruits ! Mais Adam et Ève ont désobéi parce que le mal était déjà dans leur esprit ; leur volonté a été la première infectée, à la suggestion du diable, « car ils n'auraient jamais commis l'acte mauvais si un mal ne l'avait précédé. Et quoi d'autre que l'orgueil aurait pu engendrer la volonté mauvaise ? Car l'orgueil est l'origine de tout péché. Et qu'est-ce que l'orgueil, sinon le désir d'une exaltation de soi perverse[62] ? »

Si une volonté créée par Dieu peut ainsi faillir, c'est parce que l'homme a été créé du néant. Toujours suspendu entre l'être et le néant, il ne peut conserver la plénitude qu'en restant tourné vers Dieu ; s'il se tourne vers lui-même, il diminue son être. « Voilà donc le mal originel : l'homme se considère comme sa propre lumière, et se détourne de cette lumière qui ferait de lui une lumière si seulement il voulait fixer sur elle son cœur. Le mal est venu le premier, secrètement, et le résultat fut l'autre mal, commis ouvertement. »

Concrètement, c'est Ève qui a été séduite, parce que sa volonté était plus faible. Adam a vu le danger, mais il voulu faire plaisir à sa femme. Il a péché, non pas « parce qu'il croyait que la femme disait la vérité, mais il a cédé à sa suggestion parce qu'ils étaient étroitement liés et associés [...] ; Adam refusa de se séparer de sa seule compagne, même si cela signifiait partager son péché[63] ».

Le péché originel, celui d'Adam et Ève, serait donc un péché d'orgueil. Mais la concupiscence surgit instantanément, si bien que les choses se brouillent : un des points les plus discutés de la théologie sera précisément de savoir si, pour Augustin, la concupiscence est le péché originel ou le châtiment de ce péché. Pour Alfred Vanneste, « il est indéniable que, dans l'optique augustinienne, péché originel et concupiscence sont étroitement liés[64] ». Le terme latin *concupiscientia*, qui signifie « désir ardent », « convoitise », désigne en théologie un désordre dans l'être humain, un renversement des valeurs dû à la domination des sens sur la volonté rationnelle. Mais Augustin réduit essentiellement la concupiscence à la toute-puissance de l'instinct sexuel. Esprit ardent et tempérament doué d'une grande vigueur physique, il est visiblement traumatisé par les souvenirs érotiques de sa jeunesse. Selon Eugen Drewermann, qui a longuement étudié la phobie du sexe qui s'est emparée de l'Église d'alors, cette phobie doit beaucoup à Augustin, qui a fait de la sexualité la « véritable source de toutes les convoitises désordonnées[65] ». De même, le dominicain J.-B. Kors écrit : « Le péché originel selon saint Augustin est d'abord la concupiscence, celle surtout qui se manifeste dans le mouvement des membres génitaux contre l'ordre de la raison[66]. »

L'acte sexuel est la manifestation par excellence de l'incapacité de notre volonté à dominer la chair. Qu'il soit la marque même de notre déchéance, Adam en a immédiatement fait l'expérience ; c'est pourquoi il est si honteux de sa nudité juste après le péché, et cherche à cacher son sexe en érection : Adam et Ève sont « embarrassés par l'insubordination de leur chair, punition qui était comme la preuve de leur désobéissance[67] ». Depuis le péché originel, l'homme a perdu tout contrôle de l'exercice de sa virilité. C'est précisément ce que dit saint Augustin, par exemple dans le *De nuptiis et concupiscientia* : « Quand il s'agit de l'ensemencement des enfants, les membres préposés à cette fonction n'obéissent pas à la volonté. Ils n'agissent que mis en mouvement par la passion dont c'est, en quelque sorte, le droit. Et celle-ci parfois ne les met pas en mouvement alors qu'on le veut. D'autres fois, elle les met en mouvement alors qu'on ne le veut pas[68]. » Il est encore plus explicite dans *La Cité de Dieu* : « Parfois la pulsion est une intruse malvenue, parfois elle laisse tomber l'amoureux zélé, et le désir s'éteint dans le corps tandis qu'il bouillonne dans l'esprit. Ainsi, de façon étrange, le désir sexuel refuse de servir non seulement la volonté, mais même la recherche d'un plaisir lascif ; et tout en étant généralement opposé au contrôle de l'esprit, il est souvent divisé contre lui-même. Il éveille l'esprit, mais n'est pas suivi d'effet physique[69]. » Nous sommes donc punis par là où nous avons péché, et cette idée entretient la confusion entre la faute et la rétribution[70].

Le plus grave, aux yeux d'Augustin, c'est que ce désordre de la sexualité envahit l'être entier et le domine, le désir sexuel étant beaucoup plus puissant que tout autre désir. On comprend, en lisant ce passage de *La Cité de Dieu* où se mêlent fascination et répulsion, que la religion ait vu dans la sexualité sa plus grande rivale pour la domination de l'esprit humain ; comme l'extase mystique, elle s'empare de l'être et étouffe sentiment, raison, volonté. L'empire des sens est la manifestation extrême du renversement des valeurs originelles, le péché par excellence :

> Nous voyons bien qu'il y a une variété de mauvais désirs, mais quand on parle du mauvais désir sans spécifier son objet, on pense tout de suite à celui qui excite les parties indécentes du corps. Ce désir mauvais prend contrôle non seulement de tout le corps, et non seulement de l'extérieur, mais aussi de l'intérieur ; il perturbe la personne entière, l'émotion mentale se combinant et se mélangeant avec le désir physique, pour aboutir à un plaisir qui surpasse

tous les autres plaisirs physiques. Ce plaisir est si intense que lorsqu'il atteint son climax, la conscience est presque totalement submergée, comme si les sentinelles de l'intellect étaient anéanties[71].

Visiblement, les pouvoirs de la passion hantent les souvenirs d'Augustin. Quel contraste avec le paisible et impassible accouplement contrôlé par la volonté et la raison qui caractérisait notre nature originelle ! Le péché originel est un « péché de nature » en ce sens que la nature humaine en a été viciée, déformée, défigurée. L'acte sexuel tel qu'il se déroule désormais est à la fois « naturel » parce que nous ne pouvons plus faire autrement, et « contre nature » si l'on considère la façon dont les choses se seraient passées sans le péché.

« La concupiscence est un mal dont Dieu permet qu'on use pour le bien[72]. » Elle est plus que le châtiment du péché d'Adam : elle en est le moyen de transmission. Tout homme, parce qu'il naît de la concupiscence de ses parents, se trouve à la fois coupable et atteint du mal. De plus, nous héritons les péchés personnels de nos parents, qui nous souillent au moins jusqu'à la quatrième génération[73]. Certes, le baptême efface la culpabilité héritée d'Adam, mais il n'enlève pas le châtiment, c'est-à-dire la concupiscence, par laquelle nous transmettons à notre tour le péché originel à nos enfants. À la fois châtiment d'une faute et moyen de transmission de cette faute, la concupiscence est assimilable à l'état de péché originel : nous naissons en état de péché originel, parce que nous naissons en état de concupiscence.

LES PREUVES DU PÉCHÉ ORIGINEL

Que le péché puisse se transmettre physiquement, d'un corps à un autre, à la manière d'un virus, cela pourrait à la limite se concevoir. Encore que des difficultés vont bientôt être soulevées : des docteurs du Moyen Âge vont en effet se demander si un être issu d'un autre par un processus non sexuel serait contaminé par le péché originel...

Le problème que se pose Augustin est d'un autre ordre : c'est celui de la transmission du péché originel à l'âme. Une fois de plus, il avoue son embarras. De deux choses l'une : ou bien les âmes individuelles, comme les corps, étaient toutes contenues dans l'âme d'Adam, et elles ont donc péché avec elle – c'est le traducianisme ; ou bien Dieu crée une âme nouvelle pour chaque nouveau corps et envoie cette âme pure dans un corps corrompu, et alors Dieu est responsable de la corruption de l'âme – c'est le créatianisme. Augustin est traducianiste jusque vers 410, puis il hésite, demande l'avis de saint Jérôme en 415, de l'évêque de Milan en 418, mais sans pouvoir conclure. En 426, à la fin de sa vie, il écrit : « Pour ce qui regarde l'origine de l'âme, comment il se fait qu'elle soit dans le corps, si elle vient du seul premier homme, lorsque l'homme a été fait chair vivante, ou bien si chaque âme a été créée pour chacun des hommes, je ne le savais pas dans ce temps-là, et aujourd'hui je ne le sais pas davantage [74]. »

La conséquence du péché originel est la mort : « Nous portons dès notre naissance les germes de la mort, ou plutôt de sa victoire, comme résultat de cette première désobéissance [...]. Car nous étions tous dans ce seul homme, nous étions cet homme qui est tombé dans le péché [75]. » La mort de l'âme et du corps, nous la subissons dans toute notre vie par le déluge de maux qui nous accablent,

> ce terrifiant abîme d'ignorance [...] dans les profondeurs duquel tous les fils d'Adam sont engloutis. Quel autre sens pourraient avoir les maux de l'humanité ? L'amour des satisfactions futiles et néfastes, avec ses résultats : les mortelles angoisses, les agitations de l'esprit, les déceptions, les peurs, les joies frénétiques, les querelles, les disputes, les guerres, les traîtrises, les haines, les inimitiés, les tromperies, la flatterie, la fraude, le vol, la rapine, la perfidie, l'orgueil, l'ambition, l'envie, le meurtre, le parricide, la cruauté, la sauvagerie, la méchanceté, le mauvais désir, la promiscuité, l'indécence, l'impudeur, la fornication, l'adultère, l'inceste, le vice contre nature des hommes et des femmes (actes répugnants, trop dégoûtants pour être nommés), le sacrilège, la collusion, le faux témoignage, le jugement injuste, la violence, le cambriolage et tous les autres maux qui ne viennent pas immédiatement à l'esprit, tous ces maux font partie de la méchanceté humaine, et ils viennent tous de cette source d'erreur et d'affection pervertie que tout fils d'Adam apporte avec lui à sa naissance [76].

Cette désespérante avalanche de maux est bien la preuve expérimentale du péché originel. Comment pourrait-on expliquer autrement notre misère ? Les souffrances endurées par les petits enfants, en particulier, seraient incompréhensibles : « Les maux auxquels les petits enfants sont soumis ne pourraient, sous un Dieu juste et tout-puissant, être infligés à ceux qui sont à son image, et cela à un âge où la souffrance ne peut être une occasion de pratiquer la vertu, si les enfants ne recevaient pas de leurs parents un principe mauvais pour lequel ils doivent être punis[77]. » Si les enfants souffrent, c'est qu'ils sont coupables de quelque chose – et c'est pourquoi il faut les baptiser. Augustin en tire la conséquence : tous les enfants qui meurent sans être baptisés vont en enfer. Il l'affirme clairement en 419 dans le traité *Sur la nature et l'origine de l'âme*. À sa pitié pour les souffrances des petits enfants répond sa logique impitoyable qui les envoie dans les douleurs éternelles de l'enfer. Les petits, tant qu'ils ne sont pas baptisés, sont des créatures du diable : la liturgie baptismale ne comporte-t-elle pas des exorcismes ? « Qu'est-ce donc qui les tient enchaînés au pouvoir du diable ? [...] Qu'est-ce, sinon le péché ? [...] Or les petits enfants n'ont commis aucun péché personnel pendant leur vie. Reste donc le péché originel qui les tient captifs sous la puissance du diable, tant qu'ils ne sont pas rachetés par le bain de la régénération et par le sang du Christ[78]. »

Le sang du Christ, voilà une autre preuve du péché originel. Par le baptême, la culpabilité est enlevée, mais la concupiscence subsiste ; dans cet état de nature déchue, il nous est impossible de faire le bien, car la volonté n'a plus de contrôle sur les sens. Nous ne pouvons être que pécheurs, c'est notre nouvelle nature, et notre destin normal, c'est l'enfer. Cependant Dieu, dans sa bonté, décide d'aider quelques-uns d'entre nous en leur envoyant la grâce, que nous devons à la mort du Christ. Mais la grâce n'est accordée qu'à ceux que Dieu choisit ; les autres sont abandonnés à leur triste sort – et il n'y a aucune injustice à cela, puisqu'ils ont irrémédiablement péché en Adam. La prédestination au bien est un geste de pure bonté de Dieu envers quelques-uns : c'est la doctrine du *De praedestinatione sanctorum* de 429. Concrètement, la grâce apporte une possibilité de vivre selon l'esprit, c'est-à-dire d'utiliser nos malheurs pour en faire une cause de salut. Elle ne réduit pas le châtiment en cette vie, elle n'empêche pas de mourir, car alors il n'y aurait plus aucun mérite à croire.

Cette conception profondément pessimiste du péché originel, Augustin affirme la tenir de saint Paul, en particulier du fameux passage de l'Épître aux Romains (5, 9) qu'il traduit dans le sens qui lui est favorable : « Le péché est entré dans le monde par un seul homme, et par le péché, la mort, et ainsi la mort a passé à tous les hommes (par celui) en qui (*in quo*) tous ont péché. » Traduit de cette façon, en effet, tout devient clair : « Quelle précision, quelle exactitude, quelle clarté dans ces mots *in quo omnes peccaverunt* ! » s'émerveille Augustin dans le *De peccatorum meritis*. Dans le sermon 294, il accuse de mauvaise foi ceux qui en font une autre lecture : « Est-il un seul homme qui ne comprenne ces paroles ? En est-il un seul qui ait besoin de se les faire expliquer ? Et pourtant, selon eux, l'apôtre aurait simplement voulu dire qu'Adam a péché le premier, et que ceux qui ont péché dans la suite n'ont été que des imitateurs. Qu'est-ce que cela, sinon envelopper la lumière de ténèbres ? »

Pour Augustin, *in quo* est un relatif dont l'antécédent ne peut être que soit le péché d'Adam, soit Adam lui-même. Il opte d'abord pour la première solution, puis s'aperçoit après 412 que la syntaxe s'y oppose : « péché » étant féminin en grec, *in quo* désigne donc Adam. Que la phrase s'en trouve passablement alambiquée ne trouble pas l'évêque. Pourtant, un de ses adversaires, Julien d'Éclane, lui montrait que la traduction la plus logique consistait à voir dans *in quo* une particule causale, « parce que », ce qui donne : « La mort a passé dans tous les hommes parce que tous ont péché. » Mais Augustin rétorque dans le *Contra Julianum* : « Tu as inventé une interprétation qui en fausse le sens. Tu prétends que ces mots doivent être traduits ainsi : "parce que tous ont péché". » Dans ce cas, il n'est plus question de péché originel, dont l'humanité entière serait coupable en Adam. Augustin fait ainsi reposer sur un problème de grammaire grecque la question de la faute qui condamne l'humanité entière. Mais toutes les traductions actuelles de la Bible lui donnent tort, et se rallient au « parce que ».

Augustin enrôle sous sa bannière saint Jean (3, 5 : « Quiconque ne renaît pas dans l'eau et le Saint-Esprit n'entrera pas dans le royaume des cieux ») et le Deutéronome (5, 9 : « Je suis un Dieu jaloux qui fais retomber l'iniquité des pères sur les enfants jusqu'à la troisième et quatrième génération »). Il met aussi à contribution les Pères latins et même, au prix de quelques accommodements, les Pères grecs. Il tire de leurs propos une assurance inébranlable : « Puisque tant de témoignages divins s'accordent à enseigner qu'il n'y a ni salut ni vie éternelle en dehors du baptême, ainsi que du corps et du sang du Seigneur, c'est en vain qu'on promet cette vie éternelle aux petits enfants. Or le péché seul peut écarter l'homme du salut et de la vie éternelle. Il suit donc de là que ces sacrements enlèvent aux petits enfants une souillure de péché, une souillure dont il est écrit que "personne n'est pur, pas même celui qui n'a qu'un jour[79]". »

AUGUSTIN ET LA BATAILLE DU PÉCHÉ ORIGINEL

Les pélagiens, pourtant, s'opposent farouchement à l'idée de péché originel. Contre eux, Augustin va faire appel à l'autorité politique et réunir un concile qui pour la première fois prend une décision dogmatique et impose de manière irréversible la croyance en une faute originelle.

L'affrontement, riche en rebondissements, dure une dizaine d'années, de 409 à 419 environ, et illustre la façon dont les dogmes résultent d'un rapport de forces mettant en jeu jalousies, rivalités, ambitions, manœuvres politiques, sous couvert d'arguments théologiques. Rappelons-en les principaux épisodes. Le moine Pélage et son disciple Céleste, qui fuient l'Italie envahie par les Goths, arrivent en 410 dans la province d'Afrique où ils prêchent la doctrine suivante : Dieu a créé Adam et Ève bons, libres et naturellement mortels ; le premier couple a certes péché, mais leur péché était personnel et n'a nullement affecté leurs descendants : les enfants qui naissent sont dans l'état où était Adam avant son péché. Si nous commettons des péchés, c'est par simple imitation de la faute d'Adam. D'ailleurs, notre libre arbitre est intact et nous pouvons gagner notre salut par nos propres forces, sans l'aide de la grâce.

Tandis que Pélage passe rapidement en Palestine, Céleste diffuse ces idées en Afrique du Nord. Dénoncé, convoqué devant un concile à Carthage en 411, il est excommunié et s'enfuit à Éphèse. Le problème du péché originel se déplace donc vers l'Orient, où Pélage a de nombreux soutiens, en particulier celui de Jean, évêque de Jérusalem ; il se montre même suffisamment souple pour faire reconnaître son orthodoxie par le concile de Diospolis en 415.

En Afrique, Augustin s'émeut, d'autant qu'il apprend que les idées de Pélage se répandent même en Italie, où le pape

Innocent Ier n'y serait pas indifférent. Dès 413, l'évêque d'Hippone défend le péché originel dans une série de sermons et dans son traité *Sur la rémission des péchés*. En 416, il fait condamner les doctrines de Pélage par les conciles de Carthage et Milève, et envoie au pape le texte de ces décisions. Innocent Ier lui répond favorablement.

En 417, Céleste revient à Rome pour y défendre sa profession de foi dans laquelle on lit : « Quand nous disons que les enfants doivent être baptisés pour la rémission des péchés, nous ne voulons pas affirmer l'existence d'un péché héréditaire. Le sentiment catholique s'oppose, en effet, à une pareille croyance. Le péché ne naît pas avec l'homme, il est l'œuvre de l'homme. Il n'y a pas de péché de nature ; tout péché est produit par la volonté[80]. » Le nouveau pape, Zosime, pense que Céleste a tort d'accorder tant d'importance à de pareilles spéculations, mais, ne trouvant rien de sérieux à lui reprocher, il écrit aux évêques d'Afrique pour les réprimander de l'avoir condamné en leur laissant deux mois pour défendre leur cause.

À l'initiative d'Augustin, un concile rassemblant deux cent quatorze évêques se réunit alors à Carthage en novembre 417, réitère la condamnation de Pélage et de Céleste, et en fait part à Rome au début de 418. Le pape répond en substance qu'il lui revient de trancher, mais qu'il veut bien, par bonté, repousser son jugement. La balle est de nouveau dans le camp des Africains. Augustin recourt alors aux grands moyens : il en appelle à l'empereur Honorius et provoque la tenue d'un nouveau concile à Carthage, réunissant cette fois les évêques de toutes les provinces d'Afrique. L'assemblée, qui s'ouvre le 1er mai 418, adopte une série de canons officialisant en quelque sorte le péché originel et ses conséquences : Adam avant le péché était immortel ; les nouveau-nés doivent être baptisés parce qu'ils contractent le péché originel par la génération ; ceux qui meurent avant d'être baptisés vont en enfer ; la grâce est nécessaire au salut ; il est impossible, même pour ceux qui sont justifiés, d'éviter le péché[81].

Le pouvoir séculier entre en lice : le 30 avril 418, l'empereur expulse de Rome Pélage, Céleste et leurs partisans, et confisque leurs biens. Du coup, le pape se dit convaincu (sans doute estime-t-il qu'il ne vaut pas la peine de risquer sa position pour une question de péché originel) : il anathémise Pélage et Céleste, et approuve les canons de Carthage dans une *Tractoria* dont le texte est perdu. Toutefois, le canon affirmant l'immortalité corporelle d'Adam avant la chute n'est pas explicitement spécifié : l'Église a donc là une porte de sortie, qu'elle n'hésitera pas à utiliser lorsqu'elle changera d'avis sur la question.

Voilà donc le péché originel devenu dogme, par un coup de force de l'évêque d'Hippone avec l'appui du pouvoir séculier, contre l'avis du pape à qui l'on force la main. Augustin triomphe ; il le fait savoir dans une lettre à Sixte. Mais il y a tout de même des récalcitrants : dix-huit évêques, dont le plus virulent est Julien d'Éclane, qui envoie une lettre de protestation à Zosime. Déposés par le pape, expulsés d'Italie par l'empereur, ils se réfugient en Orient, où Julien écrit des traités contre la doctrine d'Augustin, accusant celui-ci de contredire des opinions qu'il a soutenues dans ses propres œuvres antérieures, tel le *De Genesi contra manichaeos*. Augustin est piqué au vif : « Tu prétends que j'ai changé d'opinion et que jadis je pensais comme toi. Tu trompes ou tu te trompes. Tu m'imputes des sentiments que je n'ai pas ; ou bien tu n'as pas compris – peut-être pour ne pas l'avoir lu – ce que j'ai écrit dans le passé. Depuis le commencement de ma conversion, j'ai toujours cru ce que je crois aujourd'hui ; à savoir que, par un seul homme, le péché est entré dans le monde, et par le péché, la mort, et qu'ainsi le péché, dans lequel tous ont péché, a passé à tous les hommes[82]. » De fait, l'examen de ses œuvres antérieures montre que la pensée d'Augustin a été beaucoup plus sinueuse et hésitante qu'il ne le prétend.

Les années 418-420 marquent, avec saint Augustin et le concile de Carthage, la naissance officielle du concept de péché originel. Après des siècles d'hésitation, Adam est reconnu comme le grand coupable, mais nous étions tous en lui quand il est tombé. Dans le langage d'Augustin, ce péché originel a ainsi un double aspect : il est dit *originans* en tant que péché d'Adam, commis au début, et *originatum* en tant qu'état de péché dans lequel naissent tous les enfants. Livrés à la concupiscence, qui met en nous le désordre et par laquelle le péché se transmet, nous sommes devenus une « masse de péché », destinée à l'enfer, auquel n'échapperont que quelques élus à qui Dieu envoie sa grâce. Les autres restent les esclaves du diable par l'invincible concupiscence.

Selon cette vision désespérante, qui cherche à laver Dieu de tout soupçon, Adam, c'est-à-dire l'humanité, est seul responsable du mal. Par un étrange retournement, l'homme, en se chargeant du péché, rachète Dieu de la faute originelle qu'est la création, il l'innocente de tout mal. En inventant le péché originel, la pauvre humanité, accablée de maux, se sacrifie pour que son Dieu soit sans tache. Et Paul Ricœur s'interroge : dans le péché originel, « ne faut-il pas dénoncer l'éternelle théodicée et son projet fou de justifier Dieu – alors que c'est lui qui nous justifie ? N'est-ce pas la ratiocination insensée des avocats de Dieu qui habite maintenant le grand saint Augustin[83] ? »

Si ce dernier éprouve le besoin d'écraser l'homme à ce point, de l'anéantir, c'est par recherche d'absolu, qui ne peut exister qu'en un Dieu infiniment puissant – ce qui exclut l'existence d'une puissance du mal rivale et indépendante – et infiniment bon. Pour répondre à ces deux conditions, il est nécessaire de faire peser toutes les charges sur l'homme : « Le mythe étiologique d'Adam, écrit Paul Ricœur, est la tentative la plus extrême pour dédoubler l'origine du mal et du bien ; l'intention de ce mythe est de donner consistance à une origine radicale du mal, distincte de l'origine plus originaire de l'être-bon des choses. [...] [Ce mythe] fait de l'homme un commencement du mal au sein d'une création qui a déjà son commencement absolu dans l'acte créateur de Dieu[84]. »

La culpabilité d'Adam étant établie, il faut en tirer les conséquences. Plusieurs générations de théologiens médiévaux vont s'y employer.

CHAPITRE III

Théologie et société
Théorie et pratique du péché originel au Moyen Âge

Les spéculations du haut Moyen Âge

La question du péché originel semble réglée au début du
Ve siècle, du moins dans ses grands principes. Durant le haut
Moyen Âge, le débat retombe, marqué seulement par des escar-
mouches de francs-tireurs que les conciles et les papes réduisent
facilement au silence. Vers 430, le pape Célestin Ier réaffirme ainsi
dans une lettre, suivie de neuf *capitulae*, que depuis le péché
d'Adam les hommes ont perdu la possibilité de gagner des mérites
par leur seul libre arbitre, et que les exorcismes du baptême sont
nécessaires pour chasser le démon qui est en nous dès la naissance.

C'est d'abord autour du rôle du libre arbitre qu'un foyer de
résistance à l'augustinisme strict se fait jour, dans les milieux
monastiques du sud de la Gaule, en liaison avec l'abbaye de Lérins.
Ces athlètes de la foi que sont les moines affirment que, si l'homme
ne peut venir à bout de la concupiscence par sa seule volonté, il
peut au moins prendre l'initiative de rechercher le salut. Ce semi-
pélagianisme, comme on l'a appelé, est professé par Cassien,
Vincent de Lérins, Arnobe, Gennade de Marseille, et surtout
Fauste de Riez vers 500. Il est combattu par saint Prosper, saint
Hilaire, saint Fulgence, et surtout saint Césaire d'Arles, qui fait
préciser la doctrine officielle de l'Église au IIe concile d'Orange, en
529, lors duquel il est rappelé que le péché d'Adam a provoqué la
mort du corps et de l'âme, entraînant ainsi la transmission à tous
les hommes de la peine et de la culpabilité. « Quiconque affirme
pouvoir, par les seules forces de la nature et dans l'ordre du salut,

penser et choisir quelque chose de bien, celui-là est trompé par un esprit d'hérésie » (canon VII). L'Église s'oriente ainsi vers l'idée que la nature humaine est foncièrement mauvaise et corrompue, et que l'homme a perdu toute liberté de faire le bien sans le secours de la grâce divine. « Nous devons croire que, par le péché du premier homme, tout le libre arbitre a été tellement porté vers le mal et affaibli que, par la suite, personne ne peut aimer Dieu comme il le doit, ou croire en lui, ou faire le bien pour Dieu, si la grâce de la miséricorde divine ne le prévient. » Cette profession de foi finale, signée par les évêques du concile et approuvée par le pape, a une « autorité définitive », dit le *Dictionnaire de théologie catholique*.

Vers 600, le pape Grégoire le Grand, dont les *Moralia* seront une mine de citations pour le Moyen Âge, affirme, après saint Augustin, que tous les nouveau-nés morts sans baptême sont irrémédiablement damnés. L'enfer éternel attend ces enfants, puisqu'ils sont possédés par Satan, mais ils iront dans l'enfer supérieur, où ils ne subiront que des peines privatives, puisqu'ils ne sont coupables que d'un péché hérité. Cette croyance est partagée par beaucoup d'intellectuels chrétiens du haut Moyen Âge : Fulgence, Césaire d'Arles, Isidore de Séville, Ildefonse, Julien de Tolède, Raban Maur, Amolo, évêque de Lyon...

Deux siècles et demi plus tard, une autre conséquence de la conception augustinienne du péché originel, la prédestination, suscite une controverse. Allant plus loin que saint Augustin, un ancien moine de Fulda, Gottschalk, répand, lors de ses pérégrinations, une doctrine qui revient à accuser Dieu d'injustice. Puisque l'homme, pécheur depuis Adam, ne peut se sauver sans l'aide de la grâce et que Dieu n'accorde celle-ci qu'à quelques-uns, Dieu, conclut-il, ne veut pas sauver tous les hommes ; le Christ n'est donc mort en croix que pour sauver quelques individus. C'est de la bonne logique, mais les évêques du IXe siècle n'y voient que de la mauvaise théologie : la doctrine de Gottschalk est condamnée par une assemblée à Mayence en 848. L'année suivante, le concile de Quierzy précise que seuls les élus sont prédestinés au salut par un effet de la bonté divine ; quant aux autres, ils sont abandonnés à leur juste sort, mais ne sont pas « prédestinés » à la damnation :

Le Dieu tout-puissant créa l'homme sans péché, droit, et le plaça au paradis. Il voulait qu'il y demeurât dans la sainteté de la justice. Mais, par un mauvais usage de son libre arbitre, l'homme tomba et le genre humain devint une masse de perdition. Dans sa prescience, le Dieu juste et bon choisit dans cette masse de perdition ceux qu'il prédestine par grâce à la vie, et à ceux-là il prédestine la vie éternelle. Dans sa justice, il laissa les autres dans la masse de perdition, prédit qu'ils iraient à leur perte, mais sans les prédestiner à périr[1].

En ces âges obscurs, seul Jean Scot Érigène s'élève au-dessus de ces querelles de mots – trop haut sans doute, ce qu'on ne lui pardonnera pas. Par l'ampleur de ses visions, cet Irlandais, qui enseignait à l'école palatine de Charles le Chauve, déconcerte et scandalise à bien des égards ses confrères théologiens. Adversaire de Gottschalk, il replace le péché originel dans un vaste schéma néoplatonicien. Selon la grandiose épopée cosmique qu'il élabore, Dieu a créé les Idées, qui elles-mêmes ont une puissance créatrice ; c'est d'elles que sont venus le monde et l'homme, l'Adam métaphysique, spirituel et immortel, qui contenait tous les hommes. Par un acte d'autosuffisance, l'orgueil, cet Adam s'est détourné du Créateur pour se tourner vers lui-même et s'est alors pulvérisé en une multitude d'êtres humains, l'agent de la séparation étant le corps, avec ses misères. Quand viendra le Christ, le nouvel Adam, toute la nature humaine sera rassemblée par l'Amour et retournera en son Créateur. Mais ce monde théophanique est trop panthéiste pour être acceptable. Et, surtout, il ne fait pas de place à l'enfer. Les damnés seront-ils, eux aussi, rassemblés en Dieu lors de la récapitulation finale ? L'Église ne peut admettre que ceux qui n'ont pas reçu la grâce divine échappent à la damnation. En 855, le synode de Valence condamne le traité *De praedestinatione* de Jean Scot Érigène. L'ensemble de l'œuvre, qui inspirera bien des hérétiques, sera interdit par Honorius III en 1225. L'Église occidentale s'enferme pour longtemps dans une conception pessimiste de la nature humaine viciée par le péché originel.

En Orient, l'Église a adopté depuis longtemps une attitude un peu plus souple. Cependant, les théologiens acceptent globalement l'idée de péché originel et leurs discussions portent surtout sur ses modalités. Au début du VIe siècle, Sévère, patriarche d'Antioche, déclare qu'« il n'est pas vrai que le péché soit une réalité et passe naturellement des parents à leurs enfants » ; Adam porte seul la culpabilité, mais ses descendants subissent la punition. Au VIIe siècle, Jean Climaque pense qu'Adam a commis un péché de gourmandise, qui a entraîné ensuite la nécessité de l'union sexuelle[2]. Vers la fin du même siècle, Anastase le Sinaïte constate qu'une lecture littérale de la Genèse aboutit à des absurdités et qu'il vaut donc mieux considérer Adam et Ève comme des symboles de la nature humaine[3] ; cela ne l'empêche pas de supposer qu'Adam avait un corps terrestre avant la chute, mais qu'il n'avait pas besoin de manger. Dans la première moitié du VIIIe siècle, Jean Damascène estime qu'Adam a bien été créé avec de la terre, mais que son corps était spirituel, incorruptible, immortel. Pour lui aussi, Adam n'avait besoin ni de manger ni de dormir, et n'avait pas non plus de besoins sexuels. Si Dieu a créé la femme, c'est seulement en prévision du péché originel, pour que l'homme déchu puisse se reproduire.

Par la suite, l'Église grecque accorde peu d'importance au péché originel : Photius au IXe siècle, Théophylacte de Bulgarie au XIe, Grégoire Palamas au XIVe, Siméon de Thessalonique et Georges Scholarios au XVe, abordent rapidement la question. On ne trouve chez eux aucun débat comparable aux violentes empoignades occidentales sur le sujet. L'idée que le péché originel se transmet par la concupiscence et est responsable de la corruption de la nature humaine est une spécificité chrétienne, et plus particulièrement occidentale.

L'islam, qui à ses débuts s'inspire fortement du christianisme oriental, lui emprunte l'histoire du jardin et d'Adam et Ève, mais ne fait pas de ce péché une tare ineffaçable. L'épisode est repris trois fois dans le Coran et se termine toujours par la promesse du rachat et de la réhabilitation pour tous les croyants. Satan est présenté comme le principal responsable : il refuse de se prosterner devant Adam et provoque la chute de ce dernier. Dans la sourate 2 (32-38), Dieu interdit à Adam et Ève d'approcher d'un certain arbre, « mais Satan les emmena hors de là et fut cause de leur bannissement ». Dieu a donc chassé Adam et Ève, mais sans les accabler de tous les maux : « "Partez d'ici, et soyez ennemis les uns des autres. La terre vous procurera logement et nourriture." Alors Adam reçut les commandements du Seigneur, et le Seigneur s'apaisa. Il pardonne et est plein de pitié. » Dans une autre sourate, il est dit que « Satan les tenta, afin de leur révéler leur nudité, qu'ils n'avaient pas encore vue. Il dit : "Votre seigneur vous a interdit de s'approcher de cet arbre uniquement pour vous empêcher de devenir des anges ou des immortels." Alors il leur promit de leur donner un conseil amical » (7, 17-29). L'expulsion après la faute s'est accompagnée des mêmes paroles, mais la terre apparaît comme un refuge, un asile, plus que comme un lieu de souffrances. Le troisième passage (20, 115-125) insiste sur la découverte de la nudité. Dieu précise : « Partez d'ici, et que vos descendants soient ennemis les uns des autres. Quand mon chemin vous sera révélé, celui qui le suit ne connaîtra ni l'erreur, ni la détresse, mais celui qui rejette mon avertissement vivra dans la peine et comparaîtra devant moi en aveugle le jour de la résurrection. » Le fidèle peut donc retrouver sa position initiale[4].

JUSTICE ORIGINELLE ET DAMNATION

À partir du XIIe siècle, les théologiens philosophes s'efforcent d'approfondir les dogmes à l'aide d'un nouvel outil, la dialectique, et tentent d'achever l'édifice des croyances, en veillant à la cohérence de l'ensemble. Ils reprennent la réflexion sur le péché originel là où l'avait laissée Augustin, mais en l'intellectualisant. Toute une anthropologie se met alors en place. Qu'est-ce que l'homme ? Est-il libre ? Est-il mauvais ? L'espèce peut-elle s'améliorer, ou est-elle au contraire vouée à une corruption croissante ? Ces questions donnent lieu à des débats où s'expriment diverses sensibilités. Les aspects existentiels et moraux y cèdent la place au raisonnement, à la dissection impassible, à l'inventaire méthodique, chacun examinant toutes les conséquences du péché originel. Bien que déchu, l'homme garde malgré tout confiance dans les capacités de sa raison – certains, d'ailleurs, ne manqueront pas de relever cette contradiction.

Le couple terrible que forment Abélard et saint Bernard illustre bien les divergences qui se font alors jour. Bernard a peu écrit sur le péché originel, qui pour lui est une question réglée dans le sens augustinien. Mais Abélard, en bon logicien, ne saurait accepter l'idée que l'homme est coupable d'un acte qu'il n'a pas commis personnellement. À ses yeux, le coupable est Adam : « Le péché originel avec lequel nous naissons est la dette de damnation que nous devons subir. » Qu'il nous revienne de payer la dette de damnation de nos premiers parents, le *debitum damnationis*, peut paraître injuste, mais la justice divine n'est pas la nôtre. Nous sommes condamnés, mais sans être coupables – opinion que saint Bernard fait condamner en 1141 au concile de Sens.

Pour expliquer nos malheurs, l'archevêque de Canterbury Anselme, mort en 1109, propose une autre voie que celle tracée par saint Augustin[5]. Philosophe et dialecticien, il envisage le problème sous un angle rationnel et replace Adam et Ève dans les catégories du monde féodal. Le péché originel est assimilable à la félonie du vassal envers le suzerain ; Adam a renié son allégeance : par cet acte, il a injurié l'honneur de Dieu, qui lui a retiré les dons surnaturels qu'il lui avait confiés, comme le seigneur retire le fief du vassal félon. À la différence d'Augustin, Anselme pense donc que Dieu n'a pas touché à la nature de l'homme, mais qu'il l'a déchu de l'état de justice originelle, c'est-à-dire de la capacité propre à la volonté humaine de dominer les sens. « Quand Dieu fit Adam, il fit en lui la nature à propager et la soumit à son pouvoir pour qu'il en usât à sa volonté aussi longtemps que lui-même voudrait être soumis à Dieu. Il n'en userait pas par volonté bestiale et irrationnelle, mais par volonté humaine et rationnelle[6]. » Mais, après le péché, la nature d'Adam et Ève s'est trouvée malgré tout corrompue. Et comme toute la nature humaine était en Adam et Ève, chaque individu, du fait qu'il participe de cette nature, naît en état de péché originel :

> Si Adam et Ève avaient gardé la justice originelle, ceux qui naîtraient d'eux seraient comme eux originellement justes. Mais, puisqu'ils ont péché personnellement, alors qu'originellement forts, sans corruption, ils avaient le pouvoir de garder la justice, toujours et sans difficulté, tout ce qu'ils étaient fut affaibli et corrompu. Le corps, parce qu'après le péché il fut tel que sont les corps des brutes animales, soumis à la corruption et aux appétits charnels. L'âme, parce qu'à partir de la corruption du corps, de ces mêmes appétits et de l'absence des biens qu'elle a perdus, elle fut infectée de désirs charnels. Et, parce que toute la nature humaine était en eux, et qu'il n'y avait rien de celle-ci en dehors d'eux, elle fut tout entière affaiblie et corrompue[7].

Ce qui a péché, en Adam et Ève, ce n'est pas le corps, mais la volonté par laquelle se propage l'espèce humaine, l'union des corps n'étant que le moyen de cette propagation. L'état de péché originel qui se transmet n'est pas assimilable à la concupiscence, même si celle-ci est mauvaise :

> De semblable manière on peut entendre que l'homme a été conçu d'une semence impure, dans l'iniquité et le péché, non parce qu'il y aurait dans la semence impureté ou péché, iniquité, mais parce que, depuis cette semence et cette conception mêmes à partir desquelles il commence d'être, l'homme reçoit la nécessité, dès qu'il aura une âme raisonnable, d'avoir l'impureté du péché, laquelle n'est autre qu'iniquité et péché. Car, même si le petit enfant est engendré par une convoitise vicieuse, la faute n'est cependant pas plus dans la semence qu'elle n'est dans le crachat ou le sang si quelqu'un, par volonté mauvaise, crache ou fait couler un peu de son sang. Ce qui est en cause n'est ni le crachat ni le sang, mais la volonté mauvaise[8].

Ce qui se transmet, ce n'est pas un péché personnel, mais la « nécessité de pécher ». Nous naissons nécessairement avec une nature pécheresse : « Par ce péché que je dis originel, je ne peux pas entendre autre chose que cette nudité et absence de la justice due, faite par la désobéissance d'Adam, par laquelle tous sont "fils de la colère", puisque à la fois la nature est accusée par l'abandon spontané de la justice qu'elle fit en Adam, et les personnes non excusées par l'impuissance de recouvrer[9]. »

Nous sommes tous pécheurs. Même les enfants décédés sans baptême sont damnés, car s'ils n'ont pas commis de péché personnel, ils ont hérité un péché de nature :

> Ce jugement par lequel les petits enfants sont condamnés n'est pas, tout bien considéré, fort différent du jugement des hommes. Supposons qu'un homme et sa femme, promus à quelque grande dignité de possession, sans aucun mérite de leur part et par seule grâce, commettent ensemble, et d'inexcusable manière, un crime grave ; qu'ils soient à la fois justement rejetés pour ce crime et réduits en esclavage : qui dira que les fils qu'ils engendrent après leur condamnation ne doivent pas être soumis au même esclavage, mais qu'il faut plutôt les rétablir gracieusement dans les biens que leurs parents ont justement perdus[10] ?

Les péchés de nos plus proches parents s'ajoutent-ils au péché originel ? La question se pose dans un droit féodal qui tient compte de la solidarité du lignage. Ici, Anselme hésite et se contredit. Au chapitre III du traité sur *La Conception virginale et le péché originel*, il écrit : « Ajoutons encore les péchés des parents les plus proches, [dont le compte] est rendu jusqu'à la troisième et la quatrième génération. Bien qu'on puisse se demander si tous sont à entendre, ou non, dans le péché originel, je poserai, en effet, pour ne pas paraître alléger ce péché à cause de ce que je cherche, qu'il en est ainsi afin que nul ne puisse le faire paraître plus lourd. » Mais il soutient le contraire au chapitre XXIV : « Que les péchés des parents les plus proches appartiennent au péché originel, je ne le pense pas », et il ajoute :

> Je ne nie point qu'en raison des mérites des parents soient accordés aux fils maints bienfaits du corps et de l'âme, ni qu'en raison du péché des parents les fils et petits-fils, jusqu'à la troisième et quatrième génération, peut-être même au-delà, soient frappés de diverses afflictions et perdent aussi, en leur âme, les biens que, peut-être, ils obtiendraient si leurs parents étaient justes [...]. Mais je dis que le péché originel est égal chez tous les petits enfants conçus naturellement, de même que le péché d'Adam, cause pour laquelle ils naissent en lui, concerne également tous les hommes.

En un mot, nous sommes condamnés non pas à cause du péché d'Adam, mais parce que, ayant hérité la nature d'Adam, nous sommes voués à pécher. De chaque homme on peut dire qu'« il ne porte pas l'iniquité d'Adam, mais la sienne, quoique, s'il est dit la porter, ce soit parce que l'iniquité d'Adam fut la cause de son péché ».

Comme le péché originel se transmet par la volonté génératrice de l'homme, le Christ, qui n'est pas issu d'une volonté humaine, n'a pas hérité ce péché. Quant à sa mère, elle aussi a été exemptée du péché originel, par un miracle d'un autre ordre que celui qui a permis par exemple aux parents de Jean-Baptiste de concevoir à un âge avancé, car, écrit Anselme, « c'est une chose de faire quelque chose d'inouï, d'inconcevable, d'inconnu de la nature, c'en est une autre de guérir la nature débilitée par l'âge, ou par quelque défaut, et de la rappeler à son œuvre ». L'Immaculée Conception ne fait d'ailleurs pas l'unanimité ; saint Bernard ou saint Thomas d'Aquin, en particulier, restent opposés à cette entorse à la règle de la transmission automatique du péché originel.

Rappelons qu'il faudra attendre 1854 pour que Pie IX décide d'en faire un dogme.

Pour saint Anselme, le péché originel est donc une privation de la grâce surnaturelle que Dieu a ajoutée à notre nature lors de la création. Selon ce raisonnement, l'état de péché originel serait l'état « normal » de l'homme, tandis que l'état d'avant la chute serait exceptionnel, la justice originelle n'étant due qu'à une aide surnaturelle. Anselme relativise ainsi considérablement l'idée de culpabilité. Pour rester dans le vocabulaire de la monarchie féodale, le vassal privé de son fief conserve ses facultés en redevenant un simple homme libre ; au contraire, dans la conception augustinienne, le vassal se trouve mutilé, atteint dans son intégrité, et donc incapable de mener une existence normale.

« LE PÉCHÉ ORIGINEL, C'EST LA CONCUPISCENCE »

Pierre Lombard, qui, après avoir enseigné la théologie, fut nommé évêque de Paris en 1159, se situe dans la continuité de saint Augustin. On lui doit un célèbre *Livre des sentences*, dans lequel il examine la question du péché originel d'un point de vue strictement juridique. Comme tous les hommes étaient matériellement en Adam, explique-t-il, le péché personnel d'orgueil commis par celui-ci a corrompu la nature humaine, laquelle est désormais dominée par la concupiscence. « Le péché originel, c'est, comme on l'a dit plus haut, la concupiscence, non pas en tant qu'acte mais en tant que vice [...]. La chair conçue dans la concupiscence vicieuse est souillée et corrompue ; à son contact l'âme, quand elle est introduite, contracte une tache qui la souille et la rend coupable[11]. » Ève, précise Pierre Lombard, est plus coupable qu'Adam, car ce dernier n'a croqué la pomme que pour complaire à sa femme ; si Ève seule avait péché, l'humanité n'aurait pas connu le péché originel.

Dans un louable souci de clarification, Pierre Lombard écarte les objections du bon sens : si Dieu a permis qu'Adam soit soumis à une tentation dont il connaissait l'issue fatale, c'est parce qu'il est plus glorieux de combattre la tentation que de ne pas l'éprouver. « Pourquoi Dieu a-t-il créé des êtres qu'il prévoyait devoir tomber dans le mal ? » Réponse : parce qu'il savait que cela tournerait à la glorification des justes et à la punition des méchants. « Dieu

n'aurait-il pas dû faire l'homme tel qu'il ne voulût jamais pécher ? »
Réponse : si Dieu n'a pas fait en sorte que les méchants soient
bons, c'est parce qu'il a préféré les laisser libres, pour ensuite les
punir en proportion de leur faute ou les récompenser. « Mais enfin,
Dieu, qui est tout-puissant, pourrait, s'il le voulait, tourner vers le
bien la volonté des méchants ; s'il ne l'a pas fait, c'est qu'il ne
l'a pas voulu : pourquoi ne l'a-t-il pas voulu [12] ? » La rationalité
théologique trouve ici ses limites : « Ceci est le secret de Dieu.
Nous devons arrêter nos investigations devant le mystère. »

Toujours au XIIe siècle, Hugues de Saint-Victor assimile lui
aussi le péché originel à la concupiscence. « Le péché originel est
la corruption, c'est-à-dire le vice que nous contractons à notre naissance par l'ignorance dans l'esprit et par la concupiscence dans la
chair [13] », écrit-il dans son grand ouvrage, *De sacramentis christianae
fidei*, où le théologien introduit des raffinements formels très caractéristiques de cet âge de raisonnement que fut le XIIe siècle. Ne
voulant rien laisser dans l'ombre, il s'efforce de répondre à toutes
les questions : pourquoi le diable s'est-il déguisé en serpent,
pourquoi a-t-il d'abord tenté Ève, pourquoi Ève est-elle plus
coupable, pourquoi Adam a-t-il cédé, etc. ? Pour lui, l'homme
primitif était un être mortel, mais qui échappait à la corruption
grâce à l'arbre de vie ; libre, il était capable de dominer les appétits
inférieurs grâce à un don divin qui lui permettait d'obéir à la fois
au précepte de nature et au précepte de discipline. Depuis la faute,
cet ordre est ruiné, car nous avons hérité à la fois la perversion
des sens, qui entraîne l'ignorance de l'esprit, et la perversion de la
sensualité, qui donne la concupiscence. Hugues de Saint-Victor
n'explique pas le mode de transmission de cette double perversion,
se réfugiant derrière le mystère.

Au début du XIIIe siècle, l'augustinisme continue à être
soutenu, en particulier par Guillaume d'Auxerre et Guillaume
Prévostin. Cependant, les esprits les plus éminents, notamment les
intellectuels des ordres mendiants, se rallient aux idées d'Anselme,
car elles s'adaptent à la philosophie aristotélicienne qui commence
à séduire l'Occident et à la pensée plus humaniste et rationnelle
que colportent les universités naissantes. Dès le XIIe siècle,
Honorius, dit d'Autun, avait repris l'idée de privation de la justice
développée par Anselme :

> Qu'est-ce que le péché originel ? – L'injustice. – Expliquez-vous plus clairement. – Dieu avait fait l'homme juste. Il devait garder cette justice et la transmettre à ses descendants. Tout homme aurait dû naître dans l'état de justice où Adam avait été créé. Mais Adam ayant spontanément abandonné la justice, tous les hommes viennent au monde dans l'injustice. Cette injustice s'appelle le péché originel, et elle mérite la damnation, à moins qu'elle ne soit remise au baptême grâce à la mort du Rédempteur[14].

Les grands théologiens du XIIIe siècle, dans leur souci d'exhaustivité et de classification, formalisent davantage les explications. Le franciscain Alexandre de Hales énumère dans sa *Somme théologique* les preuves expérimentales du péché originel : si Dieu nous inflige une série de peines, telles la peur que nous éprouvons face à certains animaux, les douleurs de l'enfantement, les souffrances des petits enfants, c'est que nous sommes coupables de quelque chose. Alexandre de Hales précise que le péché originel se manifeste en nous de deux façons : la privation de la justice originelle et la concupiscence. « Quand on place le péché originel dans la concupiscence, on en décrit le côté matériel ; quand on le place dans la tache ou la difformité contractée par l'origine des premiers parents, on en décrit le côté formel[15]. » Comme Adam possédait en lui la volonté de la nature universelle, celle-ci a péché en entier, et cette faute se transmet par la concupiscence.

Un autre franciscain, saint Bonaventure, développe le même raisonnement. À l'évidence, écrit-il, Dieu n'a pas pu nous créer dans le triste état où nous nous trouvons. L'expérience et la raison nous conduisent donc à l'idée d'un péché originel. Curieusement, Ève se voit reprocher une faute qui a plus de noblesse que celle d'Adam : elle a voulu s'égaler à Dieu en maîtrisant la science universelle. Adam, lui, a simplement voulu faire plaisir à son épouse. Mais c'est la faute d'Adam qui nous vaut tous nos malheurs :

> La raison pour laquelle Adam a corrompu toute la nature, et l'a rendue coupable, implique trois conditions simultanément réalisées : la première, c'est qu'Adam n'était pas seulement un individu quelconque, mais le premier père de toute la race humaine ; la seconde, c'est que le précepte ne lui fut pas donné comme à une personne singulière, mais comme au chef de toute

la nature humaine ; la troisième, c'est qu'il avait reçu la justice pour la transmettre à tous ses descendants ; Dieu la voulait trouver dans tous les individus de la race humaine ; par le fait qu'il a perdu cette justice pour lui et pour ses descendants, ceux-ci en sont privés. Et cette privation d'une justice requise devient coupable chez eux comme chez lui[16].

LES EFFORTS DE RATIONALISATION PHILOSOPHIQUE

Les grands progrès de la pensée philosophique au XIIIe siècle, sous l'influence de l'aristotélisme, conduisent les théologiens à rationaliser les données de l'Écriture et de la tradition, à les intégrer dans une vision globale de l'homme et de la nature, dont le péché originel devient progressivement l'une des composantes.

Des nuances sur le péché originel subsistent cependant entre Bonaventure, pour qui la concupiscence reste l'élément principal, et d'autres, comme Albert le Grand ou Alexandre de Hales, pour lesquels l'essentiel est la perte de la justice originelle. La question de la culpabilité de chaque homme suscite les mêmes hésitations : Guillaume d'Auxerre, par exemple, affirme que nous sommes coupables parce que nous étions tous en Adam au moment où il a fait le mauvais choix, alors que, selon Alexandre de Hales, notre culpabilité vient du fait que l'interdit divin s'adressait à Adam en tant que représentant du genre humain. Bonaventure ajoute l'idée que nous sommes coupables de n'être plus en possession de la justice originelle.

À propos de l'épineuse question de la transmission du péché, tout repose sur l'origine des âmes individuelles, qui embarrassait tant saint Augustin. Le pape Grégoire le Grand écrit lui-même vers 600 :

Le problème de l'origine de l'âme a soulevé de grandes controverses entre les Pères. On ne sait encore où est la vérité et l'on considère la question comme insoluble. Si l'âme vient d'Adam et est transmise avec la chair, elle doit, semble-t-il, mourir en même temps que cette dernière. Mais aussi, si elle ne naît pas avec la chair, on ne voit pas comment elle peut contracter le péché originel. De part et d'autre, on se trouve donc en face de difficultés inextricables. Mais, si l'origine des âmes est incertaine, il est du moins certain que l'enfant qui vient au monde est souillé par le péché originel jusqu'à ce qu'il soit purifié par le baptême[17].

Isidore de Séville au VIIᵉ siècle, Alcuin au IXᵉ, avouent également leur ignorance. À partir du XIᵉ siècle, l'idée l'emporte que les âmes sont créées une par une à chaque nouvelle conception. Les théologiens s'évertuent à expliquer pourquoi Dieu envoie des âmes immaculées dans des corps corrompus par la concupiscence, puisque les âmes se corrompent à leur tour, la volonté et la raison étant submergées par les sens. Au XIIIᵉ siècle, les plus prudents se réfugient encore derrière le mystère ; d'autres hasardent une hypothèse, tels Guillaume d'Auxerre et Albert le Grand. Il est probable, disent-ils, que Dieu ne veut pas changer l'ordre naturel des choses, selon lequel l'homme naît de l'homme comme cela était prévu au départ. Ces corps sont certes corrompus, mais mieux vaut être dans un état corrompu que de ne pas être du tout[18].

LE SORT DES ENFANTS MORTS SANS BAPTÊME

Saint Augustin, pour qui les enfants morts sans baptême étaient irrémédiablement voués à l'enfer, est suivi sur ce point par Grégoire le Grand, Isidore de Séville, et même Anselme qui écrit : « Leur impuissance à recouvrer la justice ne les excuse pas et cette impuissance a pour conséquence la privation de la félicité. N'ayant pas la justice, ils n'auront pas le bonheur[19]. »

Mais Abélard imagine une solution moins sévère. S'il ne peut nier que les enfants morts sans baptême vont en enfer, il pense que la justice divine n'est pas la même que la nôtre, et que Dieu fait sans doute mourir sans baptême uniquement ceux qui seraient devenus méchants s'ils avaient vécu. Il suggère en outre que la peine qui frappe ces enfants est probablement modérée : « J'estime que cette peine ne consiste pas en autre chose qu'en ce qu'ils souffrent les ténèbres, c'est-à-dire en ce qu'ils sont privés de la vision de la majesté divine, sans aucun espoir de recouvrer cette vision. C'est, si je ne me trompe, ce tourment de la conscience que le bienheureux Augustin a désigné sous le nom de feu perpétuel[20]. »

S'il y a enfer et enfer, il y a aussi feu et feu. Abélard interprète ainsi Augustin à la lettre, mais en changeant l'esprit. Les flammes dont parle l'évêque d'Hippone sont métaphoriques, explique-t-il, elles signifient simplement que ces enfants seront privés de la vision de Dieu. Les théologiens adoptent avec enthousiasme l'idée de cette peine privative : « Les petits enfants ne souffriront, en fait de feu matériel ou de ver de la conscience, d'autre peine que d'être privés pour toujours de la vision de Dieu[21] », écrit Pierre Lombard. De même, Guillaume d'Auvergne : « En disant que la peine du péché originel est le feu éternel, Augustin s'est servi de la métaphore par laquelle toute peine, toute tribulation est désignée sous le nom de feu[22]. » Le pape Innocent III renchérit : « La peine du péché originel est la privation de la vision de Dieu[23]. » Alexandre de Hales précise que les enfants morts sans baptême ne subiront que la peine des ténèbres extérieures, c'est-à-dire qu'ils seront privés de la vision de Dieu, mais qu'ils n'en souffriront pas, car ils ne sauront pas de quoi ils sont privés[24]. Albert le Grand introduit une nuance : ils sauront ce qu'ils manquent, mais ils n'en souffriront pas car ils sauront aussi que cela n'est pas dû au péché personnel[25]. Saint Bonaventure se montre plus pessimiste : ces enfants ne subiront pas le feu, mais ils souffriront d'être privés de la vue de Dieu, et de plus ils seront dans un lieu pénible[26]. Quant à l'augustin Grégoire de Rimini, au XIVᵉ siècle, il reste fidèle à la ligne la plus dure, ce qui lui vaut le surnom de *Tortor infantium*. Protestants, jansénistes, augustiniens intégristes le rejoindront.

Ces doctes distinctions conduisent les théologiens à préciser leur vision de l'au-delà. Aux deux compartiments d'origine, enfer et paradis, on avait ajouté le limbe des patriarches, résidence des justes morts avant la venue du Christ, où ceux-ci bénéficiaient un peu des lumières du ciel. Ce n'est pas là que vont les enfants morts sans baptême, mais à l'étage inférieur, entre l'enfer et le limbe des patriarches, dans le « limbe des enfants », ou *limbus puerorum*, expression qui l'emporte à partir d'Albert le Grand. Pourtant, au XIVᵉ siècle, une tradition perpétuée par Nicolas de Lyre affirme qu'après le jugement dernier les enfants morts sans baptême vivront sur la terre pour l'éternité, sans les adultes, dans des conditions meilleures qu'aujourd'hui. Savonarole, à la fin du XVᵉ siècle, en est convaincu : « Je crois que, après la résurrection, ils habiteront sur la terre purifiée et glorifiée, et qu'ils loueront Dieu éternellement[27]. »

Dans l'entre-deux-guerres, l'abbé Turmel s'est gaussé de ces inventions de théologiens qui décident de la structure de l'au-delà, « pure jonglerie de mots », « mirage métaphysique », dû aux « roueries de l'apologétique[28] » et provenant paradoxalement de la volonté de rationaliser les vérités de foi. Toutes les subtilités des docteurs du Moyen Âge peuvent bien sûr faire sourire, mais elles montrent aussi la force de la croyance au péché originel en un temps où le récit biblique était lu dans un sens littéral. On pourrait dire la même chose des tentatives de localisation du jardin d'Eden, dont Jean Delumeau a récemment retracé l'histoire[29].

THOMAS D'AQUIN ET LA SYSTÉMATISATION DU PÉCHÉ ORIGINEL

Toutes ces spéculations trouvent leur écho chez Thomas d'Aquin. La principale originalité de son œuvre, très influencée par Aristote, réside dans le naturalisme dont il fait preuve au sujet de la condition première d'Adam.

Dieu a créé l'homme en état de « justice originelle », que Thomas appelle « justice naturelle », c'est-à-dire tel qu'en lui les puissances supérieures – volonté et raison – dominent les puissances inférieures – sens et passions. Adam avait donc une parfaite maîtrise de la volonté et de la raison. Son mode de vie était proche du nôtre – il devait manger pour vivre, il connaissait la joie, l'amour, le désir, l'espérance –, mais les passions qui impliquaient un mal, comme la crainte et la douleur, lui étaient inconnues. Adam et Ève se seraient reproduits par l'acte sexuel sans éprouver les désordres de la concupiscence, car ils avaient une sensibilité plus affinée et des sens plus parfaits. Leurs enfants auraient grandi et acquis progressivement le savoir ; au fil des générations, des inégalités sociales se seraient introduites, il y aurait eu des riches et des pauvres, mais cette hiérarchie aurait fonctionné sans heurts, car la raison l'aurait emporté en chaque homme. Adam avait une connaissance claire de toutes les œuvres intelligibles de Dieu. Sa raison ne pouvait pas se tromper et sa volonté commandait « despotiquement » aux passions. Connaissant les vérités surnaturelles, il contemplait Dieu dans ses œuvres ; il voyait aussi le progrès futur de l'humanité vers la divinisation. Sa science de la nature était immédiate et complète, à la différence de celle de ses enfants, qui auraient dû passer par l'apprentissage. Enfin et surtout, il était immortel. Cette situation de « justice naturelle » était due à un don surnaturel, à un privilège dépassant les seules forces de la nature créée : la grâce habituelle.

Mais comment Adam, pourvu de la grâce, a-t-il pu pécher ? Saint Thomas avance une explication : comme les mauvais anges, Adam s'est détourné de Dieu par orgueil, voulant ne devoir qu'à lui la béatitude qu'il tenait de son créateur ; sans doute le diable s'en est-il mêlé puisque le jardin d'Éden était un lieu authentique, et l'arbre de vie un vrai arbre.

L'idée du péché d'orgueil est ancienne. Hugues de Saint-Victor, au XIIe siècle, l'avait reprise et attribuée à Ève qui « désira ressembler à Dieu dans la connaissance du bien et du mal ». Mais Adam était selon lui trop clairvoyant pour avoir cédé à cette illusion ; il n'aurait simplement pas voulu déplaire à Ève, pensant que Dieu lui pardonnerait. Pierre Lombard, Alexandre de Hales, Bonaventure et les franciscains reprennent à peu près cette interprétation. Les dominicains au contraire, à l'exception d'Albert le Grand, pensent qu'Adam et Ève ont commis tous deux un péché d'orgueil. Saint Thomas précise même qu'Adam visait deux choses : la science totale, par la connaissance du bien et du mal, et la puissance, par l'obtention de sa propre béatitude. Quant au péché d'Ève, il lui semble plus grave car elle a péché la première et entraîné Adam. Mais Thomas ne dit pas comment elle a pu engager la conversation avec un serpent. Pierre Lombard avance, lui, une explication : Ève était encore un peu naïve et croyait que ces bêtes-là parlaient.

En tout cas, la conséquence du péché a été de priver Adam et Ève du don surnaturel de justice. Cette conception du péché originel a des répercussions fondamentales sur la vision de l'homme. Après l'irruption du désordre au sein de l'individu et de la nature humaine, l'homme est devenu mortel. Désormais, il est condamné à souffrir. Sa volonté et sa raison ne maîtrisent plus les forces inférieures, car elles sont entravées par l'imagination ; ses sens ne lui permettent que d'atteindre une connaissance imparfaite. La chair se révolte et réclame la satisfaction de ses besoins : c'est la concupiscence. L'acte sexuel est naturel, car nécessaire à la génération. Mais si la concupiscence est naturelle en l'homme déchu, elle est contre nature puisqu'elle ne correspond pas à l'ordre surnaturel auquel l'homme était destiné. De même, mourir est naturel par rapport à la matière de l'homme, mais contre nature par rapport à son âme immortelle. La notion de nature devient donc ambiguë : pour saint Thomas, c'est « l'essence spécifique en tant qu'elle est principe d'opération », c'est-à-dire qu'elle est puissance d'action ordonnée vers un but précis. Cette ambiguïté sur ce qui est « naturel » et « contre nature » est lourde de conséquences. Depuis la chute, le « naturel » est en même temps « contre nature » ; il est licite, mais dans un ordre inférieur. Le naturel nous rapproche de la bête, alors que l'homme est par nature au-dessus de la bête. Faut-il se conformer à la nature, ou bien au contraire chercher à dominer sa nature ? Nous entrevoyons là d'inextricables problèmes d'ordre moral.

D'autant plus que le péché originel, en obscurcissant la raison, rend la connaissance du bien très confuse. Certes, « la volonté ne peut tendre à rien d'autre que ce qui a l'aspect du bien », et les germes de la morale naturelle sont en tout homme, mais les faiblesses de la raison font que nul n'est plus capable de discerner le bien. Implicitement, c'est reconnaître que nul ne fait le mal volontairement. « Comment concevoir que la volonté veuille un bien particulier qu'elle sait constituer un obstacle à la fin qu'elle recherche[30] ? » Chacun, y compris Adam, cherche à s'accomplir et ne peut vouloir le mal. S'il agit mal, c'est parce qu'il s'est trompé. Pour André Vergez, la vision de l'homme que propose saint Thomas aboutit à une contradiction sur le plan moral : formellement, l'homme, qui agit toujours suivant sa nature (déchue), n'est pas libre et n'est pas pécheur, puisqu'il agit dans le sens de ce qu'il croit être le plus grand bien pour lui : « Le péché matériel est possible, même le plus grave qui est de haïr Dieu, mais il n'est possible que sous la condition d'un aveuglement et d'une ignorance qui exténuent la réalité du péché formel jusqu'à le faire disparaître[31]. »

Autre grave question : comment le péché d'Adam est-il le péché de toute l'espèce humaine, et comment se transmet-il à chacun d'entre nous ? Thomas postule l'unité de l'espèce humaine, dont la nature est tout entière contenue en Adam. Nous sommes tous comme les membres d'un même corps, dont Adam est la tête. La volonté d'Adam ayant failli, le corps entier est devenu fautif ; chaque membre a participé au péché d'origine par sa nature, mais non à titre individuel et volontaire. La *Somme théologique* est très claire à ce sujet. Thomas y rejette catégoriquement les théories qui faisaient du péché originel une tare héréditaire :

Les uns, considérant que le péché a son siège dans l'âme raisonnable, ont soutenu que cette âme se transmet avec la semence, de manière que les âmes infectées semblent dériver d'une âme infectée. D'autres, au contraire, rejetant cela comme une erreur, se sont efforcés de montrer qu'une faute affectant l'âme des parents se transmet fort bien aux enfants sans même qu'il y ait transmission d'âme, et par cela seul que les défauts du corps sont transmis par les parents à leurs enfants : de même qu'un lépreux engendre un lépreux, et qu'un goutteux engendre un goutteux. [...] Il n'en reste pas moins que ce fait même d'avoir de race un défaut paraît exclure toute idée de faute, puisqu'il est de l'essence d'une faute d'être volontaire. Par conséquent, supposé même qu'il y eût transmission de l'âme raisonnable, la souillure, dès lors qu'elle ne serait pas dans la volonté de l'enfant, perdrait le caractère spécifique d'une faute obligeant à une peine : personne, dit le Philosophe, ne blâmera un aveugle-né ; on le plaindra plutôt[32].

Thomas propose donc une autre solution :

Tous les hommes qui naissent d'Adam, nous pouvons les tenir pour un seul homme, assortis comme ils sont dans la commune nature reçue du premier père, de même que dans la cité tous les membres d'une même communauté sont considérés comme un seul corps et leur communauté tout entière comme un seul homme. Porphyre lui-même dit qu'en raison de leur participation à l'espèce plusieurs hommes n'en font qu'un ; eh bien, de la même façon les multiples humains dérivés d'Adam sont comme autant de membres d'un seul et unique corps. Or, dans le corps, si l'acte d'un membre, mettons : de la main, est volontaire, ce n'est pas par la volonté de la main elle-même mais par celle de l'âme, de l'âme qui est la première à donner au membre le mouvement. C'est pourquoi l'homicide que commet une main ne lui serait pas imputé à péché si on ne regardait qu'elle et qu'on la tînt pour séparée du corps, tandis qu'il lui est imputé en tant qu'elle est quelque chose de l'homme et qu'elle reçoit le mouvement de ce qui est dans l'homme le premier principe moteur. C'est donc ainsi que le désordre qui se trouve dans tel individu, engendré par Adam, est volontaire non par sa volonté à lui, fils d'Adam, mais par celle de son premier père, lequel imprime le mouvement, dans l'ordre de la génération, à tous ceux de sa race, comme fait la volonté de l'âme à tous les membres dans l'ordre de l'action : aussi appelle-t-on originel ce péché qui rejaillit du premier père sur sa postérité, comme on appelle actuel le péché qui rejaillit de l'âme sur les membres du corps. Et de même que le péché actuel, qui est commis par un membre, n'est le péché de tel membre qu'autant que ce membre est quelque chose de l'homme lui-même (et on le nomme à cause de cela péché de la personne humaine), de même le péché originel n'est péché de telle personne en particulier qu'autant qu'elle reçoit sa nature du premier père, et il est appelé à cause de cela péché de la nature, au sens où l'Apôtre dit que nous étions « par nature fils de colère »[33].

En vertu de la solidarité de l'espèce humaine en Adam, nous sommes tous coupables d'un péché de nature ; Adam, par son péché personnel, a corrompu la nature, et en chacun de nous la nature corrompt la personne. Nous pouvons bien sûr lutter contre ce désordre, mais seule la grâce peut assurer la rectitude de nos actions et nous éviter les péchés personnels : « La justice originelle était d'abord dans l'essence de l'âme ; la grâce était la racine et le principe de toute rectitude, la première source de la constante inclination vers Dieu comme sa fin dernière[34] », écrit le jésuite W.A. Van Roo.

Chacun de nous est engendré par la génération naturelle, un peu à la manière dont les cellules du même corps se renouvellent. La concupiscence est un désordre qui fait partie de notre condition de pécheur ; elle est, dit saint Thomas, « naturelle à l'homme en tant qu'elle est subordonnée à la raison : ce qui est contre nature, c'est qu'elle excède les limites posées par l'esprit[35] ». La concupiscence, en tant que conséquence directe du péché originel, en est la partie en quelque sorte matérielle, tandis que la privation de la justice originelle en est la partie formelle. Pour les scolastiques, la transmission du péché originel par génération naturelle ne faisait pas de doute ; cette idée impliquait qu'un homme qui n'aurait pas été engendré par la semence d'un père échapperait au péché originel. Thomas pensait ici au Christ ; il ne pouvait imaginer qu'un jour l'homme inventerait le clonage. Or, d'après la théologie scolastique, un être cloné ne serait pas en état de péché originel ; il devrait donc être immortel et ne pas connaître la douleur. De même, si Ève seule avait péché, nous n'aurions pas connu le péché originel, ce qui est conforme aux conceptions médicales du Moyen Âge selon lesquelles la femme n'est que le réceptacle où se développe le fœtus ; tout est contenu dans le sperme, à commencer par la nature humaine déchue.

Reprenant la distinction matière/forme, Thomas avance une explication pour éclaircir le mystère de la corruption des âmes qui avait embarrassé ses prédécesseurs. L'âme est la forme du corps ; ce n'est pas un être indépendant, sorti innocent des mains de Dieu, et qui se souille au contact d'un corps corrompu. Dans la nature humaine, l'âme et le corps ne font qu'un. L'âme, qui « informe » le corps, est donc créée en fonction de ce corps, sans la grâce et la rectitude primitive. C'est en s'appuyant sur la même distinction que Thomas explique les effets du baptême : la grâce baptismale efface la partie formelle du péché originel, mais laisse subsister la partie matérielle ; elle fait disparaître la culpabilité qui accompagnait la perte de la justice originelle, mais non les désordres et imperfections qu'elle avait entraînés. Aucune différence, donc, dans l'enfant avant et après le baptême : tout est dans l'esprit. D'autre part, Thomas accorde aux enfants morts sans baptême une situation somme toute assez confortable : le péché originel n'ayant pas été effacé en eux, ils ne bénéficieront pas de l'union béatifique, mais ils seront unis à Dieu par la participation aux biens naturels, et ainsi ils seront dans la joie :

> Quelques-uns disent que les enfants n'éprouveront aucune douleur parce que leur raison sera enténébrée au point qu'ils ne sauront pas ce qu'ils ont perdu : mais ceci n'est pas probable [...]. Selon d'autres, ils ont la notion parfaite des choses accessibles à la connaissance naturelle. Ils connaissent Dieu, ils se savent privés de sa vision et ils en éprouvent quelque douleur, mitigée néanmoins [...]. Mais cela non plus ne me paraît pas probable [...]. C'est pourquoi d'autres disent qu'ils auront la notion parfaite des choses accessibles à la connaissance naturelle ; ils se sauront privés de la vie éternelle, ils sauront pourquoi, et néanmoins ils ne seront pas affligés. Voyons comment cela peut se faire [...]. La vie éternelle n'était pas due aux enfants par les principes de la nature, puisqu'elle dépasse les facultés de la nature [...]. C'est pourquoi ils ne souffriront aucunement de la privation de la vision divine. Bien plus, ils se réjouiront de ce qu'ils participeront abondamment à la bonté divine dans les perfections naturelles [...]. Séparés de Dieu quant à l'union que procure la gloire, ils ne sont pourtant pas complètement séparés de lui. Au contraire, ils sont unis à lui par la participation aux biens naturels. Et ainsi ils pourront se réjouir de lui par la connaissance et l'amour naturels[36].

Cette construction rationnelle qui donne une armature intellectuelle à un dogme dont les bases scripturaires sont des plus ténues va séduire des générations de théologiens. La théorie thomiste du péché originel, qui par ses subtilités aristotéliciennes reste sans doute hermétique aux profanes, va nourrir les réflexions des théologiens professionnels et sera longtemps considérée comme l'expression de la vérité. Ainsi donc, pendant des siècles, cette conception du péché originel triomphe, entraînant avec elle une anthropologie fondée sur l'étroite solidarité de l'espèce humaine, conçue comme un être unique, une humanité dont les différentes personnes seraient comme les membres d'un même corps.

PÉCHÉ ORIGINEL ET INCAPACITÉ DE LA RAISON CHEZ LES NOMINALISTES

L'idée du péché originel comme privation de la justice naturelle transmise par la génération a aussi des conséquences intellectuelles et morales que développe, à l'extrême fin du XIIIᵉ siècle, l'un des esprits les plus subtils de la scolastique, l'Écossais Duns Scot.

Pour ce professeur à Oxford, le péché originel n'est rien d'autre que la privation de la justice primitive, dont la propagation à chacun de nous a été bloquée par la faute d'Adam. Et cela a des conséquences funestes pour nos capacités intellectuelles. Comme nous ne pouvons raisonner qu'à travers des « phantasmes », c'est-à-dire des images, la réalité intelligible nous échappe. « Il a été établi par les lois de la sagesse divine que notre intellect ne conçoive, dans son état présent, que ce dont les espèces brillent dans le phantasme, et cela soit en punition du péché originel, soit à cause de la solidarité naturelle des facultés de l'âme lorsqu'elles opèrent, puisqu'on voit la faculté supérieure s'occuper de la même chose que la faculté inférieure, lorsque l'opération de l'une et de l'autre est parfaite[37]. » L'intellect humain a perdu sa capacité d'avoir des intuitions directes des intelligibles[38], et ne nous permet plus d'atteindre la Vérité.

Thomas d'Aquin estimait que la raison naturelle, avec l'aide de la grâce, est capable d'atteindre au moins les vérités essentielles. Paradoxalement, son rationalisme a ouvert une brèche dans le pouvoir de la raison, dans laquelle Duns Scot s'est engouffré. À partir du moment où l'on postule que le péché originel a privé l'homme de l'indispensable don de la justice qui seul permettait à la volonté et à la raison de se diriger, il semble en effet légitime de dire que nous sommes coupés de toute possibilité de comprendre la nature des choses. Duns Scot en conclut que la loi morale dépend exclusivement du libre arbitre divin, et non d'une droite raison, dont les principes nous sont devenus inaccessibles. Dieu nous a donné des lois morales pour pallier le désordre de notre nature déchue, mais il aurait très bien pu faire des lois différentes.

Ce point de vue est poussé à l'extrême dans la première moitié du XIVe siècle par Guillaume d'Occam, qui est aux antipodes du rationalisme thomiste. Selon Thomas d'Aquin, le péché originel a laissé l'homme dans un état de désordre, mais un désordre ordonné : sa nature le pousse à réaliser un bien – bien particulier sous la forme de la satisfaction d'un besoin, et bien général sous la forme de la réalisation complète de sa nature. Si l'homme agit souvent mal, c'est qu'il donne la priorité aux biens particuliers sur le bien général. Tous les hommes aspirent à devenir en acte ce qu'ils sont en puissance, car il y a une nature humaine, une onto-logie[39]. Et si l'homme est ainsi poussé à se « réaliser », c'est qu'il n'est pas vraiment libre ; un mécanisme aveugle, la nature, nous entraîne : « Dans la conception des ontologistes qui nous pré-sentent la volonté comme mue par un appétit naturel vers le bien, il n'est plus possible de donner un sens au mérite ou au péché, écrit André Vergez. Il faut, pour cela, que la volonté soit une puissance transcendante qui ait la liberté de dire oui ou non, même à la béatitude suprême. À elle de décider d'aimer ou de ne pas aimer le souverain bien[40]. »

Guillaume d'Occam en vient ainsi à nier le mérite et la culpa-bilité, lesquels supposent que l'homme soit doté d'un libre arbitre absolu. Il n'y a pas de morale naturelle, mais simplement la rencontre de deux libertés, celle de Dieu et celle des hommes. Être moral, c'est obéir à la volonté de Dieu. Dans ces conditions, cependant, la différence entre la situation d'avant et d'après le péché originel n'est plus très claire. Adam a désobéi et a été puni, mais nous restons libres. Comme chez Pélage, le péché originel n'a nullement altéré le libre arbitre. Pour André Vergez, « en voulant séparer radicalement l'éthique et l'ontologie, on fait apparaître l'obligation morale arbitraire et absurde. De Dieu même, on fait un diable fou[41] ».

PÉCHÉ ORIGINEL ET ÉVOLUTION DU DROIT FÉODAL

Cette conception volontariste de la faute d'Adam et de la vie morale n'est sans doute pas étrangère à l'évolution politique que connaît l'Europe médiévale au tournant des XIIIᵉ-XIVᵉ siècles. La théorie classique du péché originel porte la marque du monde féodal dans lequel elle s'est mise en place : nous l'avons vu avec saint Anselme. Or, la montée du pouvoir royal n'est pas sans influer sur les perspectives. L'image que l'on se fait de Dieu s'inspire largement de celle de Philippe IV le Bel, dont l'arbitraire croissant donne à la justice des allures de plus en plus formelles : « Les serviteurs du roi de France s'efforçaient d'établir qu'il n'y avait pas de droits particuliers contre le droit royal ; les autonomies féodales devaient disparaître devant le pouvoir central [...]. Duns Scot est le légiste de Dieu. De même que, dans le royaume, il n'y aura qu'un chef à commander, de même il n'existera qu'un Être capable de communiquer par un acte absolument libre, indiscutable et imprévisible ce caractère de sacré qui constitue essentiellement la moralité. Ce que veut le prince sera la loi civile. Ce que Dieu veut sera la loi morale[42]. »

Guillaume d'Occam est précisément le champion du pouvoir royal face à la papauté. Il a pris le parti de Philippe le Bel contre Boniface VIII ; puis, lorsque Jean XXII s'oppose à Louis de Bavière, le franciscain soutient le principe de la séparation des pouvoirs temporel et spirituel, et de l'indépendance des souverains à l'égard du pape, selon la doctrine récemment énoncée par Marsile de Padoue dans le *Défenseur de la paix*. Par la suite, de 1328 à sa mort (en 1349 ou 1350), Guillaume ne cesse de combattre le pouvoir pontifical, dans le *De dogmatibus Johannis XXII papae* par exemple, où il accuse même le pape d'hérésie. Avant de mourir, il assiste aux débuts de la guerre de Cent Ans et aux ravages de la Peste noire. Profondément engagé dans les luttes de son époque, il transpose dans ses œuvres théologiques, philosophiques et scientifiques ce qui a été le combat de sa vie : la séparation entre le spirituel et le temporel. Tout comme l'autorité religieuse et l'autorité civile doivent se limiter à leur domaine propre, la foi et la raison n'ont rien en commun et doivent respecter leur autonomie réciproque. De telles idées ruinent le grand projet thomiste d'unification. Or c'est justement le premier ennemi de Guillaume d'Occam, Jean XXII, qui a canonisé Thomas d'Aquin en 1323, au moment même où le franciscain traitait implicitement le pape d'hérétique. La pensée de Guillaume d'Occam se forme dans la polémique et en porte la marque.

Le courant anselmien et thomiste, lui, se situe en plein accord avec le droit féodal classique, comme le rappelle André-Marie Dubarle : « Les théologiens du Moyen Âge ont défini le péché originel par la perte d'un don gratuit, accordé par Dieu à l'humanité en la personne de son premier père, Adam. Le don avait été perdu à l'origine et, tout naturellement, la privation s'en perpétuait dans l'humanité à l'occasion de la génération. L'analogie était empruntée aux privilèges nobiliaires héréditaires, concédés par le souverain et qui pouvaient être perdus en raison d'une faute : l'institution paraissait toute naturelle dans la société féodale[43]. »

Un autre dominicain, un peu en marge de son ordre, Durand de Saint-Pourçain, explique la solidarité humaine dans le péché originel par un autre trait féodal : la solidarité du lignage. Adam est comme un chef de guerre qui a abandonné son poste ; le déshonneur touche toute sa famille. Cette théorie est dite du « volontaire interprétatif ». Durand de Saint-Pourçain est d'ailleurs au centre d'une très vive polémique sur le péché originel au début du XIVe siècle. Né vers 1270, maître en théologie à Paris en 1312, *lector sacri palatii* à la cour papale d'Avignon de 1313 à 1317, évêque du Puy en 1318 et de Meaux en 1326, il soutient en 1310, dans la *Quaestio de peccato originali in secunda redactione lecture super sententias*, qu'Adam est seul coupable de ce péché, dont nous supportons les conséquences seulement comme une punition. Les nouveau-nés ne sont pas en état de péché, et le baptême n'est pas une rémission de culpabilité, mais une simple non-imputation du châtiment. Un grand nombre des propositions de Durand sont condamnées en 1313 par une commission de dominicains, qui l'accusent notamment de pélagianisme. Il se défend alors dans ses *Excusationes*, ce qui conduit le maître général des dominicains, le Breton Hervé de Nédellec, à intervenir lui-même.

Bon connaisseur du péché originel, Hervé de Nédellec a écrit dès 1307 un traité sur le sujet, la *Quaestio de peccato originali*, en réaction contre la position du chanoine de Tournai Henri de Gand, qui avait exposé son désaccord avec saint Thomas entre 1276 et 1292, dans ses exercices universitaires, les *Quodlibeta*. Selon lui, le péché originel, affection morbide contractée lors de l'union de l'âme et du corps, est transmis soit par génération normale, soit par génération miraculeuse à partir de n'importe quelle partie du corps. En complet désaccord, Hervé de Nédellec rappelle que saint Thomas distinguait entre l'aspect formel du péché originel (privation de la justice) et son aspect matériel (concupiscence), le baptême effaçant la culpabilité. Dans cette controverse, il reçoit le soutien de Robert de Colletorto (ou de Hereford), des dominicains Pierre de La Palu, Jacques de Metz, Jacques de Lausanne, mais aussi de nombreux professeurs de droit. Le péché originel devient ainsi de plus en plus une question juridique, et là encore l'emprise croissante des légistes dans la vie politique se fait sentir. En 1316-1317, le dominicain Jean de Naples dresse une liste de deux cent trente-cinq propositions relevées chez Durand de Saint-Pourçain à propos du péché originel ; et vers 1320, dans ses *Correctiones super dicta Durandi in precedenti quodlibet*, Hervé de Nédellec défend à nouveau la ligne thomiste[44].

Le péché originel est également au centre des discussions des franciscains, mais ceux-ci restent fidèles à la ligne augustinienne : Matthieu d'Aquasparta, général des mineurs de 1287 à 1302, développe l'idée que nos misères sont la preuve expérimentale de la chute, et assimile péché originel et concupiscence. Les franciscains d'Oxford vont dans le même sens, mais acceptent d'exempter la Vierge Marie de cette tache – le cordelier Pierre Auriol rédige même en 1314 un traité *De conceptione immaculata Virginis*, à Toulouse.

PÉCHÉ ORIGINEL ET « NATURE HUMAINE »

Si le péché originel est au premier plan des débats théologiques du Moyen Âge, c'est que les théories développées à son sujet ont des répercussions profondes dans la vie matérielle et la culture des hommes et des femmes de l'époque.

Beaucoup de théologiens, surtout parmi les franciscains, appuient leurs croyances sur les « preuves expérimentales » du péché originel. Tout ce qui ne va pas ici-bas trouve là une explication facile. Et toutes les attitudes que l'on voudrait éliminer sont présentées comme des conséquences de la fameuse chute, à commencer par le rire, que les Pères condamnent vigoureusement[45]. Tous s'accordent à dire qu'Adam et Ève ne riaient pas avant la chute. Parfaits, éternellement beaux, éternellement jeunes, ils évoluaient dans un jardin de délices où tout était harmonie. Le rire est apparu après le péché, lié à l'imperfection, à la corruption et à la déchéance des créatures qui ne coïncident plus avec leur essence idéale. C'est la revanche du diable, qui révèle à l'homme qu'il n'est qu'un être grotesque dans un univers grotesque. Au XIIᵉ siècle, Hildegarde de Bingen s'en prend à cette « folle réjouissance », qu'elle attribue à la faute originelle : le rire, comme le sexe, est le fruit du péché, affirme-t-elle dans *Curae et causae*, car au paradis il n'y avait ni rire ni ricanement, mais seulement la « voix des joies suprêmes ».

Dans le même traité, Hildegarde explique que le péché originel est aussi la cause de la tristesse, de la mélancolie et du désespoir : « Au moment où Adam a désobéi à l'ordre divin, à cet instant même la mélancolie s'est coagulée dans le sang, de même que la clarté s'abolit quand la lumière s'éteint tandis que l'étoupe encore chaude produit une fumée malodorante. Ainsi advint-il pour Adam, car tandis que la lumière s'éteignait en lui, la mélancolie s'est coagulée dans son sang, dont s'élevèrent en lui la tristesse et le désespoir. En effet, lors de la chute d'Adam, le diable a insufflé en lui la mélancolie qui rend l'homme tiède et incrédule[46]. »

Le péché originel pose également l'embarrassante question des limites entre nature et contre-nature. Les Écritures ne sont ici d'aucun secours, puisqu'elles n'évoquent nulle part la « nature » en général ; tout au plus saint Paul mentionne-t-il la nature de telle ou telle chose, c'est-à-dire le but qu'elle est censée poursuivre. « Pour qu'un acte soit sans péché, il ne doit pas violer la nature, la coutume ou la loi[47] », écrit saint Augustin. Mais que signifie « violer la nature », puisque Dieu a créé tout ce qui existe et que toute la création a été faussée par le péché originel ? Augustin est le premier à dire, dans le chapitre de *La Cité de Dieu* consacré aux monstres, que tout ce qui existe fait partie de la nature ; dans ce cas, l'idée même d'un acte contre nature est absurde. Le concept de nature change au gré des sociétés et des cultures. Au Moyen Âge, le débat est centré sur la sexualité, la concupiscence charnelle. La « nature » de l'activité sexuelle est la procréation : masturbation et homosexualité sont « contre nature », mais la continence volontaire et le célibat ecclésiastique ne le sont pas. Pourquoi ? Parce que, depuis le péché originel, l'activité sexuelle ne s'accomplit plus dans l'ordre voulu par Dieu : ce sont les sens en révolte qui commandent, et non plus la volonté et la raison. Le sexe était destiné à être un instrument rationnel de propagation de l'espèce, mais il est devenu un besoin physique. Les clercs doivent s'en abstenir, parce que depuis la chute l'union sexuelle ne s'effectue plus dans les règles. Le péché originel sert ici d'argument contre un instinct considéré comme le seul capable de détourner l'être humain vers la créature. Les théologiens, qui sont des hommes, éprouvent dans leur chair le désespérant rappel de leur faiblesse et en font la preuve même de notre condition déchue. Origène va jusqu'à se châtrer, tandis qu'Abélard cède à la tentation.

Nature, contre-nature : ces mots ont-ils encore un sens depuis le péché originel ? John Boswell, dans son étude sur l'homosexualité au Moyen Âge, a montré l'embarras des théologiens à ce sujet[48], à commencer par le plus prestigieux d'entre eux, saint Thomas. Le modèle de la conduite naturelle est l'animal, et la nature de l'homme est d'être une créature raisonnable, c'est-à-dire capable de dominer la nature. Puisqu'il y a chez les animaux des conduites homosexuelles, celles-ci sont donc naturelles ; mais elles sont contre nature chez l'homme, parce qu'elles ne correspondent pas à la nature de la sexualité, qui est la procréation. Toutes les formes de la sexualité sont dans la « nature », mais la « nature de » la sexualité exclut pourtant tous les actes qui ne visent pas à la procréation. Il y a donc des actes « naturels » qui ne correspondent pas à la « nature de » certains actes. Seul le recours au péché originel peut donner l'illusion de résoudre cette contradiction.

LA RÉVOLTE D'ADAM :
L'ADAMISME RÉVOLUTIONNAIRE (XIIIe-XVIe SIÈCLE)

À l'inverse, ce péché sert à justifier des mouvements de contestation radicale des inégalités à la fin du Moyen Âge. Dans l'atmosphère troublée des XIVe et XVe siècles, au milieu des catastrophes qui déstabilisent les esprits, fleurissent les mouvements millénaristes et illuminés qui s'appuient sur le mythe d'Adam pour réclamer la restauration de l'égalité idéale qui existait avant le péché originel : puisque celui-ci a tout faussé, disent-ils en substance, le système politico-social est foncièrement mauvais.

Les « adamites » prennent les théologiens au mot. Puisque

ceux-ci expliquent que depuis la chute tout va mal, mais qu'avant tout était parfait, ils veulent imiter la façon dont on vivait avant. Et, d'abord, se déshabiller : Adam et Ève étaient tout nus et ils n'en avaient pas honte. Pendant tout le Moyen Âge, de petits groupes de nudistes sont signalés ici et là. Cette forme bénigne d'adamisme n'aura jamais beaucoup d'adeptes, car il faut aussi compter avec le refroidissement du climat depuis le péché originel...

Beaucoup plus dangereux pour l'ordre public est le slogan de John Ball : « Quand Adam bêchait et qu'Ève filait, où étaient alors les gentilshommes ? » Ball revendique une société parfaitement égalitaire au nom d'Adam, à qui il confère le statut de leader révolutionnaire, de libérateur des peuples, de symbole de la justice sociale. Pour ce prêtre, comme pour les lollards, il faut tuer seigneurs et gens de loi, afin de restaurer la situation antérieure au péché originel. Cette utopie anime la révolte de 1381 en Angleterre.

On retrouve la même inspiration sur le continent dans les différentes branches des frères du Libre Esprit. La même année 1381, un adepte, à Eichstätt, en Allemagne, se proclame le second Adam, venu établir le Troisième Âge de l'humanité, un paradis terrestre qui un jour sera élevé jusqu'au ciel. En Europe centrale, d'autres soulèvements ont lieu au nom d'Adam et, au XVIᵉ siècle encore, Calvin parle de groupes qui prétendent avoir retrouvé l'état d'innocence d'avant le péché. Certains, les *Homines intelligentiae*, affirment pratiquer l'union sexuelle à la façon d'Adam et Ève dans le paradis. Gerson, au XVᵉ siècle, mentionne ainsi les Turlupins, qui vont nus comme Adam et Ève. Jamais Adam ne semble avoir été aussi populaire, au point que l'historien Norman Cohn, dans sa grande étude sur les millénarismes, parle du « culte d'Adam » : « Dans le culte d'Adam, le paradis était recréé et en même temps on affirmait l'avènement du millénium. L'innocence et la sainteté primitives étaient restituées au monde par des dieux vivants dans lesquels la création devait atteindre sa perfection et être transcendée[49]. » Les fidèles du Libre Esprit font serment d'obéissance à leurs « dieux vivants », ce qui les délivre de tous les autres serments, y compris les liens du mariage ; désormais, quoi qu'ils fassent, ils ne pèchent pas.

Dans les années 1419-1421, un petit groupe extrémiste d'adamites se distingue en Bohême au sein du mouvement taborite. D'après la *Chronique hussite* du Pragois Laurent de Brezova, ils seraient venus du nord de la France dont ils auraient été chassés en raison de leurs croyances extravagantes, d'où leur surnom de « Pikards ». Adeptes d'une forme de communisme libertaire et de l'amour libre, ils se réclament directement d'Adam – leur chef messianique se fait d'ailleurs appeler Adam-Moïse – et ne voient dans le Christ qu'un simple homme mort en croix. Le futur pape Pie II, l'humaniste Aenea Silvio Piccolomini, dans un chapitre intitulé *De adamitis hereticis*, parle d'eux comme d'abominables fanatiques, entraînés par un Picard qui avait rassemblé « en peu de temps un nombre non négligeable de femmes et d'hommes, auxquels il ordonna de vivre nus et qu'il appela adamites[50] ». Expulsés du mouvement taborite, ils sont exterminés : le chef taborite Jean Zizka en capture et brûle soixante-quinze en avril 1421 ; les autres se réfugient dans une île de la rivière Nezarka, d'où ils mènent des expéditions contre les habitants de la région. Zizka attaque à nouveau ces illuminés qui, convaincus que leurs ennemis seraient aveuglés par Dieu, se jettent furieusement dans la bataille. C'est le massacre. Seul, Adam-Moïse est emmené à Prague pour être interrogé, avant d'être brûlé.

Un demi-siècle plus tard, près de Wurtzbourg, un jeune berger, Hans Böhm, manipulé par un ermite, relance des thèmes adamites qui attirent des foules considérables dans la bourgade de Niklashausen, la « nouvelle Jérusalem ». Lui aussi promet le retour à l'égalité du monde édénique, lorsqu'on aura pris tous les biens des nobles et du clergé. On finit par l'arrêter, la nuit du 12 juillet 1476, alors qu'il prêche, nu, dans une taverne.

Ce thème de l'état de nature d'avant le péché originel réapparaît au début du XVIᵉ siècle, dans le curieux *Livre des cent chapitres*, contenant des prophéties millénaristes. En 1547, Jean Calvin, dans son traité *Contre la secte phantastique et furieuse des libertins*, stigmatise ainsi les descendants des bégards, ces frères du Libre Esprit qui, depuis le XIIIᵉ siècle, se proclament libérés de tout péché : « Voicy le principe qu'ilz prennent : c'est que la régénération est de revenir en l'estat d'innocence auquel estoit Adam devant qu'avoir péché. Mortifier le vieil Adam, c'est de ne plus discerner comme si on avoit connaissance du mal, mais se laisser mener par son sens naturel comme un petit enfant [...]. Quant à l'innocence parfaite qu'ilz imaginent, faisans accroire que l'homme régénéré est exempt et pur de tout péché à qui la régénération est comme un estat angélique : si ainsi estoit, que deviendroit l'oraison que Notre Seigneur nous a demandé de faire[51] ? »

Ces mouvements millénaristes affirment donc qu'il est possible de se libérer sur cette terre des conséquences du péché originel et de retrouver l'innocence du jardin d'Éden. Et cette libération prend la forme de la contestation sociale, comme s'il suffisait d'établir l'égalité pour effacer les traces de la chute. Par là, le péché originel revêt un sens inattendu : la chute d'Adam aurait entraîné l'inégalité, l'exploitation des pauvres par le clergé et les nobles. Ce point de vue ne peut qu'embarrasser les grands de l'époque, qui répètent que la hiérarchie sociale est voulue par Dieu. Si l'on affirme que la faute originelle a tout perturbé, ne peut-on pas dire au contraire que les inégalités sont elles aussi un mal, d'origine diabolique ? Le péché originel est une arme à double tranchant. L'ordre moral et social est-il le résultat du péché originel, ou bien un moyen d'en limiter les effets ?

Le problème de la chute commence également à déborder sur un autre terrain, celui de l'anthropologie. Tandis que la plupart des théologiens sont convaincus de la stricte unité de l'espèce humaine, seule façon de rendre compte de l'universalité de la déchéance, l'idée se fait jour que le péché originel n'aurait touché que certains groupes humains, en particulier les Juifs.

On a longtemps cru que l'antisémitisme médiéval reposait sur l'accusation de déicide et qu'il était donc purement religieux. Or, des études récentes montrent que très tôt l'aspect racial s'y est ajouté[52], puisque la conversion des Juifs au christianisme n'a nullement mis fin à la ségrégation. En Espagne, les descendants des Juifs convertis de force en 613 sont toujours tenus à l'écart en 711. En 1130, l'opposition à l'antipape Innocent II repose en partie sur le fait qu'il a eu des Juifs comme ancêtres, ce qui, aux yeux de saint Bernard, est une insulte à Dieu. Au XVe siècle en Espagne, les *conversos*, Juifs convertis, doivent vivre à l'écart et sont victimes de pogroms (à Tolède en 1449 et 1467, à Cordoue en 1474, à Lisbonne en 1506), tandis que les autorités définissent un nouveau statut, clairement raciste, les « statuts de pureté de sang », qui permettent d'exclure ces convertis de nombreux emplois. En 1547, l'archevêque de Tolède, Juan Martinez Siliceo, leur interdit l'accès aux bénéfices de la cathédrale, mesure approuvée par le pape Paul IV en 1555 et par le roi Philippe II en 1556.

Les indices s'accumulent. En 1604, Prudentio de Sandoval

écrit : « Qui peut nier que chez les descendants des Juifs persiste et se perpétue le mauvais penchant de leur ingratitude et de leur aveuglement [...][53] ? » Il s'agit d'une tare génétique, transmise à la façon du péché originel, répètent encore en 1611 Sebastian de Covarrubias, et en 1637 Juan Escobar del Corro. En 1673, Francisco de Torrejoncillo déclare ouvertement : « Pour qu'il en soit ainsi génération après génération, c'est comme si c'était un péché originel d'être ennemi des chrétiens et du Christ[54]. »

L'idée est donc suggérée d'une coupure de l'humanité en deux, le péché originel touchant uniquement la race maudite des descendants d'Adam, alors que le reste des hommes serait issu d'une souche différente. C'est l'idée des préadamites, hypothèse que soutient au XVIIe siècle Isaac de La Peyrère, et qui s'appuie en particulier sur le passage de la Genèse dans lequel Caïn, errant après son crime, a peur d'être tué si on le trouve (4, 14). Qui peut bien être ce « on » ? Officiellement, il n'y avait encore sur terre qu'Adam, Ève, Caïn et Abel, récemment assassiné. Or il est dit que Caïn non seulement se marie, mais encore construit une ville ! Il devait donc y avoir des hommes pour y loger. D'où venaient-ils ? N'y avait-il pas une humanité déjà présente sur terre avant Adam, qui ne serait alors plus que le premier des Juifs, ceux-ci étant ainsi seuls à porter le poids du péché originel ? Si l'on en croit Photius, l'idée avait déjà été suggérée par Clément d'Alexandrie. Massivement rejetée, elle n'en montre pas moins que la chute peut facilement devenir un instrument idéologique.

L'EXPLOITATION ANTIFÉMINISTE DU PÉCHÉ ORIGINEL

Les moralistes du Moyen Âge, bien qu'ils parlent constamment du péché d'Adam, font peser toute la responsabilité sur Ève. Créée en second, comme un simple auxiliaire, elle s'est laissé berner (et peut-être plus) par un serpent beau parleur, puis a poussé son mari à la faute, et pour cette raison a été condamnée par Dieu à subir la loi du mâle concupiscent. Quelle aubaine pour les prédicateurs élevés dans la méfiance à l'égard du sexe et gardiens d'une Église misogyne où les hommes monopolisent tous les pouvoirs !

Parmi les prédicateurs parisiens du XIIIe siècle, citons Nicolas de Gorran, qui s'en prend à Ève « la chétive ». En succombant à l'orgueil, explique-t-il, Ève a fait tomber son premier seigneur, le

Christ, crucifié à cause d'elle, et son deuxième seigneur, Adam, qui a perdu à cause d'elle tout son héritage[55]. Ce qui l'a perdue, outre son orgueil, son ambition, sa bêtise, sa vanité, ajoute le dominicain, c'est le goût immodéré du bavardage. Depuis, toutes les femmes sont porteuses de ce vice. C'est ce que dit également dans son sermon Guillaume de Bois-Landon :

> Nous avons été condamnés à cause du péché de langue, parce que la femme a sottement parlé avec le serpent, qui était le diable, lui répondant sur ce qui ne la regardait pas. Comme le dit Chrysostome, la femme a enseigné une seule fois au paradis, et tout s'en est trouvé bouleversé. Elle s'en est mêlée de parler, sans avoir de licence d'enseigner et sans y être autorisée par son mari, et elle a mené à la honte et à la mort le monde et elle-même et son mari et tous ceux qui devaient venir après eux. Ce péché ne devait pas rester impuni : c'est pour cela que notre langue est devenue indomptable. N'importe quelle bête, lion, tigre ou oiseau, se laisse plus facilement dompter que la langue de l'homme et de la femme. Et comme le forfait de la femme sur ce point l'a emporté sur celui de l'homme, sa langue est donc plus indomptable. Elles doivent d'autant plus s'attacher à éliminer cet opprobre[56].

Saint Bernard accable Ève qui n'a pas su se taire quand il le fallait[57]. Jacques de Vitry déplore ouvertement la présence d'Ève au paradis terrestre et n'est pas loin de reprocher à Dieu d'avoir inventé cette créature qui a perturbé la vie d'Adam[58]. En revanche, Adam est assez bien considéré dans les sermons médiévaux, la tendance étant surtout de faire de lui une victime – au point que, dans un de ses *exempla*, Jacques de Vitry raconte comment un ermite a été puni pour s'être indigné de la faiblesse du premier homme[59].

Les prédicateurs tirent bien sûr d'autres leçons du récit du péché originel. Ils y voient en particulier l'origine de l'obligation de travailler, de la honte que l'on éprouve à être nu, de toutes les catastrophes. De tout cela, Ève est responsable. Au demeurant, son crime n'est pas tant d'avoir cédé au diable que d'avoir fait tomber Adam, son seigneur et maître. Pour les théologiens, il n'y a pas de doute : le germe de l'humanité se trouvant en Adam, si Ève avait été seule à manger la pomme, le péché ne se serait jamais transmis. Ève seule aurait été chassée du paradis, et l'incident serait oublié.

Saint Anselme s'est demandé pourquoi le péché était imputé à Adam, alors qu'il était dû à Ève :

> Je pense qu'il en est ainsi ou bien parce que le couple tout entier est sous-entendu dans le nom de sa partie principale, comme souvent le tout a l'habitude d'être signifié par la partie, ou bien parce que la côte d'Adam, bien qu'édifiée en femme, pouvait être dite « Adam » [...] ou bien pour cette raison qu'il n'était pas nécessaire, si Adam n'avait pas péché, mais Ève seule, que tout le genre humain pérît, mais Ève seule. Car Dieu pouvait d'Adam, en qui il avait créé la semence de tous les hommes, faire une autre femme par qui fût parfait le propos de Dieu sur Adam[60].

Rappelons que, pour tout un courant issu de la gnose, la paternité d'Adam à l'égard de Caïn et d'Abel est douteuse, Ève ayant couché avec tous les anges déchus, ce qui pourrait faire d'une partie de l'humanité les enfants de Satan. Ève est l'incarnation de tous les dangers. Encore au XVe siècle, on lit dans le célèbre manuel de répression de la sorcellerie, le *Marteau des sorcières* :

> Je trouve la femme plus amère que la mort [...], car même si le diable conduisit Ève au péché, c'est Ève qui séduisit Adam. Et puisque le péché d'Ève ne nous aurait pas conduits à la mort de l'âme et du corps, s'il n'avait pas été suivi de la faute d'Adam à laquelle l'entraîna Ève et non le diable : on peut donc la dire plus amère que la mort. Plus amère que la mort encore : car celle-ci est naturelle et tue seulement le corps ; mais le péché qui a commencé par la femme tue l'âme, la privant de la grâce, et entraîne ainsi le corps dans la peine du péché.

L'exploitation misogyne du péché originel se retrouve dans le théâtre religieux. Adam et Ève sont des personnages fréquents de ces pièces populaires et, dans la scène du jardin, Ève a toujours le mauvais rôle. Ainsi, *Le Jeu d'Adam*, qui date du XIIe siècle, a l'allure d'un drame humain, où une psychologie rudimentaire fait des personnages les incarnations des deux sexes. Adam, l'homme, est fort, volontaire, et Satan, qui tente d'abord de le persuader de manger la pomme, est vigoureusement repoussé, avec des paroles qui ressemblent à celles du Christ : « Hors d'ici, tu es Satan, et tes conseils sont mauvais. » Le diable s'adresse alors à Ève, en la flattant : elle est belle, sage, intelligente, et ce rustaud d'Adam n'est pas digne d'elle : « Le Créateur n'a pas réussi votre couple ; tu es tendre, et il est dur, mais pourtant tu es la plus sage, tu as du courage et du bon sens [...] ; il siérait à ta beauté, à ta silhouette, que tu sois la maîtresse du monde supérieur comme du monde inférieur, que tu saches tout et que tu règnes sur tous. » Ève est faible, vaniteuse, naïve. On connaît la suite. Chassé du paradis, Adam maudit la femme : « Maudite femme, pleine de trahison, tu as causé ma perte, tu m'as fait perdre la raison ; je me repens, mais je ne peux obtenir mon pardon. »

Ainsi le péché originel est-il dans le monde chrétien l'un des principaux arguments de l'antiféminisme. L'épisode d'Adam et Ève est l'un des plus solidement ancrés dans les mentalités médiévales. Indéfiniment repris dans les sermons, représenté dans les mystères, il est sculpté sur les chapiteaux des églises. La culture populaire assimile le récit de la chute, et en fait un des fondements intangibles de la foi, au même titre que les épisodes évangéliques, mais elle en retient surtout les aspects anecdotiques et n'en mesure sans doute pas la portée eschatologique. Les tentatives millénaristes pour réinstaurer sur terre l'état pré-peccamineux en sont la preuve : ces illuminés n'ont pas compris le caractère irrémédiable de la déchéance, et donc l'impossibilité absolue d'effacer les maux et la corruption de la nature humaine en cette vie.

La coupure avec la culture savante théologique est nette. Au fil des siècles, les scolastiques du Moyen Âge ont exploré tous les aspects du péché originel, envisagé toutes les hypothèses, tiré toutes les conséquences. Au-delà de quelques divergences, ils sont convaincus que la nature humaine est irrémédiablement blessée jusqu'à la fin du monde. Individuellement, l'homme, privé de la justice originelle, est incapable de faire le bien ; mais avec l'aide de la grâce, il peut encore espérer son salut personnel après la mort. Pour ce qui est de cette vie et de l'avenir de l'humanité en ce monde, l'affaire est entendue : aucun progrès n'est possible, car notre intelligence est viciée. Les maux dont nous souffrons sont inéluctables et ne disparaîtront jamais, car la nature a perdu définitivement la perfection qu'elle avait à l'origine. L'espèce humaine est une – la théorie des préadamites ne réussira jamais à se développer –, mais aucune amélioration n'est à attendre, ni biologiquement, ni moralement, ni socialement.

La doctrine du péché originel, telle qu'elle a été élaborée depuis Augustin, a donc des conséquences sociales et anthropologiques fondamentales. D'un côté, elle établit l'égalité en dignité – ou en

indignité – de tous les hommes, tous fils d'Adam et tous pécheurs ;
mais de l'autre, elle confirme le caractère inévitable des injustices
entre les hommes, irrémédiablement mauvais. Pour maintenir un
semblant d'ordre dans le monde, les autorités politiques et morales
doivent faire usage de la violence. La conception d'une chute aux
conséquences universelles et irrémédiables a sans doute été le plus
puissant agent d'immobilisme socio-politique en Europe jusqu'au
siècle des Lumières. Pour contester les inégalités et les injustices,
pour affirmer la possibilité d'un progrès, il faudra d'abord remettre
en cause le péché originel, cette malédiction qui pèse sur l'humanité. La meilleure justification de la monarchie absolue, c'est
le péché d'Adam. Théologiens et philosophes vont s'accorder à
le démontrer.

CHAPITRE IV

La chute,
pomme de discorde théologique

XVIe-XVIIe siècle

Le mythe de la chute originelle connaît son apogée aux XVIe et XVIIe siècles. Débordant largement le domaine religieux, il envahit alors l'art, la littérature, la philosophie, la morale, la science et même la politique. « Il n'est pas exagéré d'affirmer, écrit Jean Delumeau, que le débat sur le péché originel avec ses divers sous-produits – problèmes de la grâce, du serf ou du libre arbitre, de la prédestination – devint alors une des préoccupations principales de la civilisation occidentale et qu'il concerna finalement tout le monde, des théologiens aux plus modestes paysans. Car ceux-ci se trouvèrent pris dans le tourbillon des guerres de religion. Jusqu'aux Indiens d'Amérique qu'on se hâtait de baptiser pour qu'à leur mort ils n'aillent pas rejoindre leurs ancêtres en enfer[1]. »

Au Moyen Âge, le péché originel était essentiellement un problème de théologie, discuté en latin entre spécialistes. Au XVIIe siècle, on en parle toujours dans les sermons et les traités théologiques, mais aussi en philosophie, dans les œuvres des moralistes comme dans celles des théoriciens de l'économie et de la politique.

C'est avec l'humanisme et la Réforme que le péché originel devient, sinon l'explication universelle, du moins l'hypothèse obligée dans tout débat intellectuel. Pendant deux siècles, la pomme d'Adam est la pomme de discorde entre luthériens, érasmiens, jansénistes, jésuites, latitudinaires, bérulliens, zwingliens et bien d'autres. Curieusement, les réponses ne coïncident pas avec les confessions religieuses, la différence venant surtout du degré de confiance que les uns et les autres accordent à l'homme : pour les théocentristes absolus, celui-ci est corrompu et irrécupérable ; pour les humanistes, il lui est possible d'espérer une amélioration, par la raison et l'éducation, éclairées par la grâce.

LA RÉVOLTE HUMANISTE

Les humanistes, qui affirment la dignité de l'homme, réhabilitent ses passions, glorifient le pouvoir de sa raison et de sa volonté, sont les premiers à se révolter contre l'idée que l'homme est à la seule merci de Dieu. Ils ne nient pas la puissance divine, ni la chute, mais relativisent les effets du péché originel, voire en renversent des perspectives, en parlant d'une « faute bienheureuse », qui ne nous a pas entièrement corrompus, et surtout qui a été la cause de la Rédemption. L'humanisme chrétien, écrivait l'abbé Brémond, « ne croit pas que le dogme central, c'est le péché originel, mais la Rédemption. Qui dit Rédemption dit faute, mais faute bienheureuse, puisqu'elle nous a valu un tel et si grand et si aimable Rédempteur : *O felix culpa* ! [...] L'homme qu'il exalte n'est pas uniquement ni principalement, mais il est aussi l'homme naturel, avec les dons simplement humains que celui-ci aurait eus dans l'état de pure nature et qu'il garde aujourd'hui encore, plus ou moins blessé depuis cette chute, mais non pas vicié, corrompu dans ses profondeurs et incapable de tout bien[2] ». C'est ce que proclame par exemple l'oratorien Saint-Pé, dans *Le Nouvel Adam*, qui commente le texte de l'Exultet : « Ô l'heureux péché qui a mérité d'avoir un si excellent et si puissant Rédempteur. [...] Ces paroles contiennent en abrégé [...] le fonds de la religion chrétienne et, sans rien diminuer de la malice du péché, comprennent les avantages inestimables de l'état des chrétiens sous Jésus-Christ, par-dessus la condition que devaient avoir les hommes sous Adam, même considéré revêtu de tous les ornements et de tous les privilèges de l'état d'innocence[3]. »

Adam reste donc au sommet de la création, en dépit de sa faute. En 1487, Pic de La Mirandole exalte la position de l'homme dans l'univers, attribuant à Dieu ces paroles : « Toi, qui n'es borné par aucune limite, tu fixeras toi-même les limites de ta nature, par ta libre volonté que j'ai placée entre tes mains. Je t'ai placé au centre du monde pour que tu puisses de là observer plus facilement l'univers. » Folle revendication aux yeux de bien des intellectuels de cette époque, mais qui engage le débat, dans lequel vont intervenir les philosophies antiques au même titre que le christianisme. Les Sommes scolastiques avaient déjà analysé les rapports entre la nature humaine, le bien, les vertus, les passions, la raison, mais sous l'angle purement théologique. La Renaissance entreprend de tout réexaminer, avec des méthodes différentes. Dès le départ, la discussion est vive : face aux tenants de la raison se dressent les témoins de la folie humaine, de Brant à Bosch ; face aux défenseurs du libre arbitre, les avocats du destin, tel Pomponazzi, de la Fortune, tel Machiavel, de l'astrologie, tel Nostradamus ; face à la raison, la passion, et face à la passion, la *virtù*. Un grand travail d'introspection commence, qui suppose que l'homme ait confiance en ses capacités intellectuelles et morales pour regarder le monde avec ses propres yeux, et non plus en s'appuyant sur la seule théologie comme faisaient les docteurs du Moyen Âge. Les humanistes, et en particulier Érasme, vont ainsi minimiser les effets du péché originel, condition même pour que leurs investigations puissent être menées à bien.

ÉRASME : LIBRE ARBITRE ET IMITATION D'ADAM

Dans ses *Annotations* sur le Nouveau Testament, Érasme revient longuement sur l'expression si controversée de l'Épître aux Romains (5, 12) : « dans lequel tous ont péché ». Il s'élève contre l'idée selon laquelle nous avons tous péché en Adam, en avançant plusieurs objections. Objection linguistique : « Je ne sais pas si la langue grecque admet ce sens, consistant à dire que tous ont péché en Adam comme étant en lui à l'état latent[4]. » Objection tirée de la patristique : beaucoup de Pères – Jérôme, par exemple, mais aussi Origène et Ambroise – ont pensé que cela voulait dire que nous avons péché *comme* Adam. Objection d'ordre historique : certes, plusieurs conciles ont par le passé interprété les paroles de Paul dans ce sens, mais que vaut l'autorité de ces conciles ? « Je ne crois pas être à tel point lié par des synodes de ce genre, écrit Érasme. Au reste, si on soutenait qu'il faut respecter toutes leurs décisions, je citerais certains de leurs décrets aujourd'hui condamnés comme hérétiques par l'Église ; je citerais des doctrines aujourd'hui nulle part conservées par l'Église[5]. »
Érasme demande à ses adversaires de relativiser les écrits de

saint Augustin, en leur rappelant que l'évêque d'Hippone avait durci le trait pour réfuter une hérésie. De plus, combien de fois Augustin s'est-il contredit lui-même ? Combien de fois est-il en désaccord avec d'autres Pères ? Combien de ses positions l'Église a-t-elle abandonnées ? En fait, par péché originel, il faut comprendre que nos péchés imitent celui d'Adam. Accusé de péla-gianisme, Érasme s'en défend vigoureusement : « Je ne dis pas cela afin de mettre en doute qu'il existe un péché originel, mais pour faire voir clairement le mensonge de ceux qui disent que je suis le seul à avoir fait mention de cette interprétation et que cette invention m'est particulière ainsi qu'à Pélage[6]. » La vigueur de ses dénégations atteste cependant l'importance accordée à la question, qui va être portée devant le concile de Trente, l'année même de sa mort.

Il est vrai qu'Érasme tire de son interprétation une consé-quence philosophique essentielle : le péché originel n'altère pas en nous la liberté. Dans son *Traité du libre arbitre* (1534), il s'en prend à ceux qui nient la capacité de l'homme à faire le bien et qui ont des difficultés à justifier les peines de l'enfer et les récompenses du paradis.

> Pour soutenir ce paradoxe, ils ont besoin de maints paradoxes auxiliaires, pour que leur ligne de bataille soit en sûreté sur l'autre front. Ils grandissent à l'infini le péché originel qui, selon eux, aurait corrompu même les plus éminentes forces de la nature humaine ; à tel point que par elle-même elle ne peut qu'ignorer et détester Dieu ; même celui qui est justifié par la foi ne peut accomplir aucune œuvre qui ne soit un péché ; et cette inclination au péché elle-même, laissée en nous par suite du péché de nos premiers parents, ils veulent que ce soit un péché et que de plus elle soit invincible à tel point qu'il n'y a aucun précepte de Dieu que l'homme, même justifié par la foi, puisse observer, et tant de préceptes divins ne visent qu'à grandir la grâce divine qui accorde le salut sans égard aux mérites. [...] Ils font Dieu presque cruel, lui qui punirait la totalité du genre humain pour un péché qui lui est étranger, surtout alors que les coupables se sont repentis et qu'ils ont subi un si lourd châtiment pendant toute la durée de leur vie[7].

Érasme admet qu'il y a « une extraordinaire diversité de pensée » au sujet de « la force du libre arbitre après le péché et avant la grâce » : Pélage, explique-t-il, croit qu'« avec les forces du libre arbitre on peut parvenir au salut éternel », et les scotistes que « l'homme, sans avoir encore reçu la grâce qui abolit le péché, peut avec les forces de la nature accomplir des œuvres moralement bonnes ». Visiblement, lui-même incline dans cette direction. Le péché a corrompu à la fois la volonté et la raison, mais s'il subsiste toujours un penchant au mal, l'homme par la grâce divine est capable de retrouver le chemin du bien : « De même que le péché des premiers parents est passé chez leurs descendants, de même le penchant au péché a été transmis à tous ; la grâce qui abolit le péché affaiblit ce penchant au point qu'il peut être vaincu, mais non extirpé[8]. » Avec Érasme, l'homme retrouve donc son pouvoir de faire le bien et le mal, sa responsabilité pleine et entière.

LUTHER ET L'EXPÉRIENCE DU PÉCHÉ ORIGINEL

Contemporain d'Érasme, Luther est de son côté convaincu que nous ne pouvons effacer la culpabilité fondamentale qui est en nous depuis la mésaventure d'Adam. Nos œuvres, qu'elles soient bonnes ou mauvaises, sont inutiles, car si nous n'allons pas tous en enfer, le mérite n'en revient qu'à Dieu. Laissés à nous-mêmes, nous ne pouvons que faire le mal. Luther s'en prend violemment à Érasme à propos du libre arbitre, mais lui rend malgré tout hommage : « Toi, au moins, tu ne me fatigues pas avec des chicanes à côté sur la papauté, le purgatoire, les indulgences et autres niaiseries [...]. Tu es le seul à avoir saisi le nœud de la question, tu as mordu à la gorge. Merci, Érasme[9]. » Cette question est précisément au cœur de la controverse entre protestants et catholiques. Les protagonistes les plus lucides l'ont bien vu, comme le cardinal Bellarmin : « Toute la controverse entre catholiques et luthériens est de savoir si la corruption de la nature et surtout la concupiscence en soi, telle qu'elle demeure dans les baptisés et les justes, est proprement le péché originel[10]. » À la question : « Qu'est-ce que le péché originel ? », Luther répond :

> Selon les subtilités des théologiens, c'est la privation de la justice originelle, mais, selon l'Apôtre et le sens naïf du Christ Jésus, ce n'est pas seulement la privation d'une qualité dans la volonté, ni de la lumière dans l'intelligence, de la vigueur de la

mémoire, mais une privation de toutes les rectitudes dans toutes les puissances, tant du corps que de l'âme, dans tout l'homme, intérieur et extérieur. C'est la promptitude à faire le mal, la nausée du bien, le dégoût de la lumière et de la sagesse, l'amour de l'erreur et des ténèbres, la fuite et le mépris souverain des bonnes œuvres, la course effrénée vers le mal. Les saints Pères l'ont dit : le péché originel, c'est la concupiscence, la loi de la chair, la loi des membres, une langueur de la nature, un tyran, une maladie congénitale. Il en est comme d'un malade dont l'infirmité n'est pas dans tel ou tel membre, mais vient de la privation de la santé dans tous les membres, de la faiblesse de tous les sens et de toutes les puissances [11].

Pour Luther, donc, la nature humaine est totalement corrompue et cette conviction engendre chez lui une véritable angoisse existentielle, que l'on retrouve dans les Articles de Smalkalde :

> Les fruits de ce péché sont les œuvres mauvaises, défendues dans le Décalogue, telles qu'incrédulité, fausse foi, idolâtrie, être dépourvu de crainte de Dieu, présomption, désespoir, aveuglement et, en résumé, ne pas connaître ou ne pas craindre Dieu. C'est, en outre, mentir, jurer par le nom de Dieu, ne pas prier, ne pas invoquer, mépriser la parole de Dieu, désobéir aux parents, commettre un meurtre, mener une vie de débauche, voler, tromper, etc. Ce péché originel est une corruption si pernicieuse et si profonde de la nature humaine qu'aucune raison ne peut le comprendre [12].

Luther ressent le péché originel dans sa chair. Il s'agit d'une réalité psychologique que chacun peut éprouver dans sa conscience. C'est là précisément, selon Paul Guilluy, ce qui distingue l'anthropologie luthérienne de l'anthropologie catholique : la première considère que la nature humaine se limite à la partie consciente dans chaque individu, alors que la seconde prend également en compte l'inconscient, ce qui lui permet d'affirmer par exemple que le baptême nous transforme véritablement de l'intérieur. Pour Luther, seul ce qui affleure dans la conscience est réel : le baptême ne change pas notre nature, qui reste incapable d'atteindre le bien ; il signifie que Dieu ne nous impute plus le péché d'Adam, mais nous laisse dans un état de corruption dont la manifestation la plus nette est la concupiscence.

Là encore, Luther fait appel à l'intime conviction. Personne, dit-il, ne peut affirmer avec certitude qu'il agit conformément à la volonté de Dieu ; or le doute est un péché. Cette conception éminemment subjective et individualiste correspond aux aspirations des hommes de la Renaissance à une foi personnelle, à un rapport direct avec Dieu en relâchant les liens avec une communauté ecclésiale contraignante :

> Interroge donc tous ceux qui s'efforcent en vertu du libre arbitre et tâche de m'en montrer un seul qui puisse dire sérieusement et du fond du cœur, en songeant à son zèle et à ses efforts : « Je sais que cela plaît à Dieu. » Si tu y parviens, je t'accorde la palme du vainqueur. Mais je sais que tu n'en trouveras pas un seul.
>   Si donc cette gloire fait défaut, de sorte que la conscience n'ose pas affirmer avec certitude que telle chose plaît à Dieu, il est certain qu'elle ne plaît pas à Dieu. Car la conscience a ce qu'elle croit. Or, elle ne croit pas avec certitude qu'elle plaît à Dieu, ce qui est pourtant nécessaire ; car le crime de l'incrédulité, c'est de douter de la faveur de Dieu, qui veut que l'on croie d'une foi certaine à sa grâce. Ainsi nous pouvons démontrer, par le témoignage de leur propre conscience, que le libre arbitre, lorsqu'il est privé de la gloire de Dieu, est perpétuellement coupable du crime d'incrédulité, en dépit de tout son zèle et de tous ses efforts [13].

Aux yeux de Luther, le péché originel se transmet par la génération charnelle, qui propage une nature corrompue :

> Car qui n'est pas impie ? Puisque nous sommes tous sortis d'une semence impie, ainsi qu'il est dit au psaume 51 : « Voici, je suis né dans l'iniquité. » Et Job : « Comment d'un être souillé sortira-t-il un homme pur ? » Car si Dieu n'a pas fait le péché, il ne cesse de faire croître et multiplier la nature viciée par le péché à qui l'Esprit a été retiré, de même qu'un artisan fait des statues avec du bois rongé par les vers. Telle est la nature, tels sont aussi les hommes, Dieu les créant et les formant selon cette nature [14].

Cette nature irrémédiablement corrompue, « infectée, empoisonnée par le venin du péché », comme le dira la Formule de concorde de 1580, ne laisse donc aucune place au libre arbitre :

> Si, par l'unique faute d'un seul homme, Adam, nous sommes devenus pécheurs et encourons la condamnation, comment

> pouvons-nous faire une œuvre quelconque qui ne soit pas un péché et n'encoure pas la condamnation ? Lorsque Paul dit « tous », il n'excepte personne, ni la force du libre arbitre, ni aucun homme, qu'il fasse des œuvres ou n'en fasse pas, qu'il s'efforce ou non. Et nous ne pécherions pas ou ne serions pas condamnés pour cette faute unique d'Adam si ce n'était pas aussi *notre* faute. Qui, en effet, serait condamné pour la faute d'un autre, et surtout devant Dieu ? Elle devient nôtre non par imitation ou par action (car alors ce ne serait plus cette faute unique d'Adam, puisque ce serait nous qui la commettrions, et non lui) ; elle devient nôtre par la naissance. [...] Donc, le péché originel ne laisse pas au libre arbitre d'autre possibilité que celle de pécher et d'être damné[15].

Nous sommes en quelque sorte programmés pour pécher ; depuis Adam, la nature humaine est faussée par un virus qui dérègle toutes ses fonctions. C'est l'idée que reprend Melanchthon : « Le péché originel est une propension de nature et une certaine force innée et énergie qui nous pousse à pécher. Il a été propagé par Adam à toute sa postérité. De même qu'il y a, dans le feu, une force naturelle qui le porte vers le haut et, dans l'aimant, une force naturelle qui attire le fer vers elle-même, de même dans l'homme il y a une force innée le conduisant au péché. L'Écriture ne parle pas, d'un côté, d'un péché "originel", de l'autre, d'un péché "actuel", car il est clair que le péché originel est déjà un certain désir dépravé en acte[16]. »

La concupiscence reste la manifestation du péché originel en nous. Le baptême n'y met pas fin et ne met donc pas fin au péché, mais en annule simplement la coulpe. Alors qu'aux yeux de l'Église catholique le baptême efface le péché en nous faisant entrer dans la communauté des chrétiens, pour les luthériens il nous laisse seuls et pécheurs face à Dieu.

DE LA CHUTE D'ADAM À L'ESSOR DU CAPITALISME

Les conséquences morales de la conception luthérienne du péché originel sont évidemment fondamentales. La chute ayant obscurci en l'homme la connaissance des principes moraux naturels, Dieu a promulgué ses lois une nouvelle fois de façon claire dans le Décalogue et dans l'enseignement du Christ. Il nous faut obéir aveuglément à la loi de Dieu. Luther, qui se réfère implicitement à sa propre expérience psychologique, donne deux justifications à la loi. Elle doit d'abord « brider les méchants », tous ces tempéraments excessifs qui, laissés à eux-mêmes, tueraient, violeraient, voleraient s'ils n'étaient pas retenus par la crainte « de la prison, de l'épée et du bourreau ». La loi du Décalogue doit aussi nous convaincre que nous sommes des pécheurs ; face à elle, nous ne pouvons que constater notre impuissance, puisque nous sommes incapables de la respecter. Il nous faut obéir à la volonté divine, bien que le péché originel nous empêche d'en comprendre les fondements.

La doctrine luthérienne du péché originel doit évidemment beaucoup à la personnalité du moine augustinien, à son tempérament violent, porté aux extrêmes et fermé à tout compromis. Un tel homme ne pouvait qu'être habité par un immense sentiment de culpabilité. Pour lui, la corruption est universelle et définitive. L'espèce humaine est perdue. Dieu donne la foi à quelques-uns en leur tendant la main pour les sortir de l'océan d'iniquité qu'est l'humanité : à eux de la saisir. Les autres iront irrémédiablement en enfer. Luther avait à sa disposition tous les matériaux nécessaires pour justifier ces conclusions ; guidé par son tempérament, il a poussé à l'extrême la logique des textes.

Calvin arrive à peu près aux mêmes conclusions, mais par la raison. L'homme corrompu dans sa nature ne peut rien faire de bon. La définition du péché originel qu'il donne dans l'*Institution chrétienne* est on ne peut plus claire :

> Le péché originel est une corruption et perversité héréditaire de nostre nature, laquelle nous faict coulpables, premièrement à l'ire de Dieu puis après produit en nous les œuvres, que l'Escriture appelle œuvres de la chair, et est proprement cela que saint Paul appelle souvente fois péché, sans adjouster originel. Les œuvres qui en sont, comme sont, adultaires, paillardises, larcins, haynes, meurtres et gourmandises, il les appelle selon cette raison fruitz de péché. [...] Nous sommes tellement corrompus en toutes les parties de nostre nature, que pour ceste corruption nous sommes à bonne cause damnables devant Dieu, auquel rien n'est agréable sinon justice, innocence et pureté[17].

En raison de cette corruption intégrale, nous péchons à la fois volontairement et nécessairement : « L'homme après avoir esté corrompu par sa cheute, peche volontairement, et non pas malgré son cœur, ne par contraincte : il peche, dis-je, par une affection très incline, et non pas estant contrainct de violence [...] et neantmoins sa nature est si perverse, qu'il ne peut estre esmeu, poulsé, ou mené, sinon au mal[18]. »

À quoi peut donc servir la loi morale, puisque nous ne pouvons nous empêcher de la violer ? Comme Luther, Calvin lui assigne pour but de nous persuader de notre méchanceté, en nous donnant une liste de commandements que nous sommes incapables de respecter ; en même temps, la loi nous sert de garde-fou, par les menaces qui l'accompagnent contre les contrevenants, et éclaire les élus sur leurs devoirs. Ceux qui sont élus le doivent non pas à leurs mérites, mais à une pure grâce divine.

La morale calviniste, comme la morale luthérienne, est purement volontariste. Plus que Luther cependant, Calvin pense qu'il reste dans notre esprit une vague idée du bien tel que celui-ci existait avant la chute. Quant au libre arbitre, il l'exclut évidemment : ne seront sauvés que ceux que Dieu a décidé de sauver.

Qu'un point de vue aussi extrême ait pu conduire à s'entre-déchirer tant d'hommes en dit long sur la haine qu'avait pu susciter le clergé catholique. En définitive, les premiers protestants se sont révoltés contre un clergé qui s'arrogeait le pouvoir d'intermédiaire obligé entre Dieu et les fidèles, un clergé qui tenait les clés du paradis et qui avait le pouvoir, par les sacrements, de faire le tri entre les damnés et les élus, puisqu'il prétendait neutraliser les effets du péché originel par le baptême et la pénitence. Mais, le clergé éliminé, le fidèle restait seul face à son irrémédiable culpabilité. Dès lors, il n'avait plus d'autre espoir que celui d'une intervention directe de Dieu : d'abord par le Christ, dont l'Incarnation retrouve alors toute sa vigueur, et ensuite par une grâce spéciale. Dans une telle perspective, aucun homme ne peut se porter garant du salut des autres et du pardon divin.

Cette réaffirmation de l'idée que la nature est définitivement corrompue va de pair avec une profonde aspiration à l'égalité de la part d'intellectuels révoltés par la tutelle cléricale. Nous sommes tous coupables, et les prêtres n'y peuvent rien, déclare en 1530 la Confession d'Augsbourg : « Après la chute d'Adam, tous les hommes procréés selon la nature naissent avec le péché, c'est-à-dire sans crainte de Dieu, sans foi-confiance envers Dieu et avec la concupiscence ; et cette maladie ou vice d'origine est vraiment péché qui damne et apporte dès ici-bas aussi la mort éternelle à ceux qui ne renaissent pas par le baptême et par l'Esprit saint. »

Que le péché originel soit le point central de la dispute entre catholiques et protestants, il suffit pour s'en persuader de considérer leurs écrits et prises de position officielles. Du côté protestant, Luther s'est exprimé sur le sujet dans ses *Cours sur l'Épître aux Romains* (1515-1516) et dans son *De servo arbitrio* (1525), tandis que Melanchthon précise sa pensée dans les *Loci communes* (1526). Pour ce dernier, le péché originel a réduit notre savoir intellectuel à ce que nous livrent nos sens ; c'est à partir de ces données chancelantes que nous tentons de construire une philosophie. Malgré tout, Melanchthon conserve une certaine confiance dans notre capacité à discerner le bien et le mal.

Le *Grand* et le *Petit Catéchisme* de Luther, la Confession d'Augsbourg et son *Apologie* par Melanchthon (1536), les Articles de Smalkalde (1537), présentent de façon dogmatique la foi protestante sur le péché originel ; beaucoup plus tard, en 1580, la Formule de concorde tentera de réaliser la synthèse entre les courants réformés. Zwingle en reste toutefois à l'écart. Le Zurichois, repris et prolongé en cela par l'Italien Fausto Socin, nie la réalité du péché originel. À ses yeux, Adam a commis un péché, mais ce péché ne nous est pas transmis. Si nous péchons, c'est à son imitation, et librement. Nous sommes enclins au mal, mais cela est dû en particulier au fait que nous vivons en société, entourés de mauvais exemples et de tentations – on voit poindre ici l'idée rousseauiste de la responsabilité de l'organisation sociale dans l'existence du mal. Dans cette perspective, le baptême devient un simple engagement pris devant Dieu et la confession n'est plus qu'une reconnaissance intime de notre faute.

Zwingle est cependant une exception. L'esprit de la réforme protestante est marqué par le sentiment d'une profonde indignité et par la conscience de l'irrémédiable corruption de l'homme. Dans ce contexte, les croyants recherchent avec anxiété les signes de leur salut par l'élection divine, signes qui peuvent se manifester sous la forme de la réussite matérielle. Suivant la thèse bien connue de Max Weber, l'éthique protestante aurait ainsi joué un rôle déterminant dans l'essor du capitalisme. D'une part, parce que la conscience de notre indignité conduit à valoriser le travail comme moyen ascétique : « La version piétiste caractéristique veut que le zèle dans la profession qui nous a été imposée, en punition du péché originel, serve à mortifier la volonté particulière[19]. » Il faut donc travailler beaucoup, et avec entrain. D'autre part, parce que

> l'exhortation de l'Apôtre d'avoir à « s'affermir » dans sa vocation personnelle est interprétée ici comme le devoir de conquérir dans la lutte quotidienne la certitude subjective de sa propre élection et de sa justification. [...] Afin d'arriver à cette confiance en soi, le travail sans relâche dans un métier est expressément recommandé comme le moyen le meilleur. Cela, et cela seul, dissipe le doute religieux et donne la certitude de la grâce. [...] La communauté des élus avec Dieu ne pouvait se réaliser et ne pouvait être perçue par eux que dans la mesure où Dieu agissait à travers eux et où ils en étaient conscients. Ainsi, leur action naissait de la foi, celle-ci étant due à la grâce divine, et cette foi, en retour, était légitimée par la qualité de leur action. [...] Comme, selon les vues de Calvin, les sentiments, les émotions pures et simples, pour sublimes qu'ils paraissent, sont trompeurs, il faut que la foi soit attestée par des résultats objectifs afin de constituer le sûr fondement de la *certitudo salutis*[20].

Le péché originel est une notion souple et féconde, qui a pu être expliquée au Moyen Âge comme l'équivalent du retrait féodal du bénéfice conféré au vassal, et qui à la Renaissance fournit une justification à l'enrichissement de la bourgeoisie d'affaires. La classe marchande, qui au Moyen Âge calmait sa mauvaise conscience en finançant des fondations pieuses, trouve à présent dans le calvinisme une honorabilité aux yeux mêmes de la religion, et cela grâce à la chute originelle et à la corruption de la nature humaine : elle travaille dur et vit dans l'austérité pour expier la faute ; elle s'enrichit et entasse des profits qu'elle prend pour des signes visibles de l'élection divine. Le péché d'Adam est décidément la *felix culpa*, et le capitalisme naissant s'en accommode fort bien.

Reprise du procès d'Adam au concile de Trente

De leur côté, les catholiques ne peuvent cependant pas accepter l'idée que la nature humaine soit totalement corrompue, car elle ruinerait le rôle de l'Église et du clergé. À partir de la Confession d'Augsbourg, en 1530, plusieurs tentatives de compromis ont lieu en Allemagne. À l'assemblée de Worms, en 1541, Eck, le catholique, et Melanchthon, le protestant, argumentent pendant trois jours. Mais le protestant n'en démord pas : le baptême n'efface pas toute culpabilité, et la concupiscence est un vrai péché. Le cardinal Granvelle, qui dirige l'assemblée, fait rédiger par une commission de théologiens une définition acceptable par tous, laquelle met l'accent sur la concupiscence ; le baptême, suivant la formule médiévale, enlève l'élément formel et laisse subsister l'élément matériel. Mais ce texte est bientôt abandonné, car son ambiguïté permet à chacun d'y mettre ce qu'il veut. La même année, une autre réunion, cette fois à Ratisbonne, tente une conciliation, plus nettement catholique : il y est dit que si le chrétien ne tolère pas en lui la concupiscence, il n'y a pas péché, et que les seules fautes à pardonner seront les péchés réels ; mais le texte est finalement rejeté[21]. L'accord est impossible.

En l'absence de dogme précis, l'Église catholique est embarrassée face à la position protestante, d'autant qu'il y a des divergences importantes entre écoles théologiques. Elle décide donc de définir une fois pour toutes ce qu'est le péché originel, et quels en sont les effets et les modes de transmission. Ce sera la tâche du concile de Trente qui, sur ce point comme sur bien d'autres, va devenir la référence dogmatique.

Il est urgent de terminer le procès d'Adam, qui traîne depuis si longtemps. L'enjeu est essentiel : il s'agit de juger notre premier père et, par lui, de juger l'humanité entière – donc chacun de nous. Sommes-nous coupables, et de quoi ? Quelle peine subissons-nous ?

Les pères du concile de Trente doivent donc trancher une question vieille comme le monde : d'où vient le mal ? Ils vont le faire dans l'urgence, car dans leur esprit il s'agit avant tout de contrer les protestants. Beaucoup d'entre eux ne maîtrisent sans doute pas très bien les données du problème : « En cette matière, il faut bien le reconnaître, les pères ne voyaient pas toujours très clair[22] », écrivait dans les années 1970 un théologien spécialiste du péché originel, Alfred Vanneste, qui rappelle que plusieurs participants au concile défendaient même jusque-là des positions quasiment luthériennes, comme Séripando, le général des augustins, et Bonuci, le général des servites, tandis que le cardinal Pole insistait sur les preuves expérimentales du péché originel.

Les légats, dans une lettre du 4 février 1546, expriment le souhait que le concile règle d'abord ce problème crucial – preuve, s'il en était besoin, de l'importance qu'on lui accorde. Ce n'est finalement que le 28 mai que le cardinal Monte, premier président, saisit la Congrégation générale ; les travaux préparatoires s'achèvent le 5 juin, et le texte définitif voit le jour entre le 7 et le 17 juin. Pour aller plus vite, on reprend les décisions des conciles de Carthage et d'Orange, que l'on adapte aux nouvelles circonstances, en essayant de concilier les divers points de vue catholiques : « Les pères, note Alfred Vanneste, ont donc soigneusement évité de prendre position dans les questions controversées et semblent avoir recherché des formules plutôt inoffensives, ou même vagues[23]. » C'est déjà l'opinion qu'exprimait Sarpi, le premier historien du concile, au début du XVIIe siècle. Telles sont les conditions dans lesquelles le dogme du péché originel a été élaboré. On ne peut que souscrire à la conclusion d'Alfred Vanneste : « Face à tout cela, la présentation classique du dogme du péché originel fait figure d'une fable enfantine que le monde moderne ne peut plus prendre au sérieux[24]. »

Les insuffisances des décrets tridentins sur le péché originel tiennent en grande partie aux consignes données par les légats, qui ont fixé la liste des questions à trancher : essentiellement le baptême et la concupiscence, qui constituent les principaux points de désaccord avec les protestants. Pour le reste, écrivent-ils au cardinal Farnèse le 28 mai, il faudra éviter de discuter sur « l'essence et la définition quidditative du péché originel, les docteurs catholiques étant sur ce sujet d'opinions très diverses[25] ». Ne pas trop préciser ni s'enfermer dans des positions qui risqueraient de devenir sources d'embarras. C'est ce que Paul Guilluy appelle « la règle d'or de l'Église qui est de formuler la foi dans un langage universel, situé au-delà et en dehors de toutes les tendances en présence, si légitimes soient-elles[26] ».

Il faut bien reconnaître que le but est atteint. Les multiples interprétations qui seront données des décrets du concile dans les siècles suivants prouvent qu'en dépit de leur forme péremptoire il reste possible, avec un minimum de subtilité théologique, de leur faire dire ce que l'on veut. Prenons le premier canon, qui semble régler le sort d'Adam :

Si quelqu'un ne confesse pas que le premier homme, Adam, quand il eut transgressé le précepte de Dieu dans le paradis, a perdu aussitôt la sainteté et la justice, dans laquelle il avait été établi, et qu'il a encouru, par l'offense de cette prévarication, la colère et l'indignation de Dieu, et par suite la mort dont Dieu l'avait auparavant menacé, et avec la mort la captivité sous le pouvoir de « celui qui dès lors eut l'empire de la mort », c'est-à-dire le diable, et que, par l'offense de cette prévarication, « Adam tout entier, selon le corps et selon l'âme, a été changé en un état pire », qu'il soit anathème.

Par rapport au canon du concile d'Orange, qui glissait rapidement d'Adam à l'humanité, l'accent est ici très nettement placé sur le caractère historique du personnage et de l'événement. Le péché originel, c'est d'abord le péché personnel du premier homme. C'est bien ainsi que l'entend au XXe siècle le dominicain Labourdette, dans un livre paru en 1953 et dûment approuvé par les autorités catholiques : « Il nous paraît clair qu'une interprétation symbolique est ici absolument impossible : si Adam n'est pas un personnage historique mais un symbole, si son péché n'est pas un événement réel survenu à l'origine de l'humanité, à quoi ce premier canon nous impose-t-il de croire ? Quel est son objet[27] ? » Il ne s'agit ni d'un « type littéraire » ni d'un « personnage mythique », mais d'« un personnage bien réel, qui s'est trouvé engagé dans des événements singuliers, dont la vérité ne peut être qu'historique ».

Quelques années plus tard, Alfred Vanneste relativise : « Il est aujourd'hui possible de formuler la doctrine du péché originel d'une manière cohérente sans recourir à l'hypothèse d'un Adam historique dont le péché nous aurait tous souillés[28]. » Si les pères « ont affirmé cette historicité, ajoute-t-il, c'est qu'ils ne disposaient pas d'autres formes d'expression ; il est donc dénué de sens d'en vouloir faire l'objet formel de leurs définitions dogmatiques ». En 1975, Paul Guilluy, qui enseigne à la faculté catholique de Lille, s'oppose nommément à l'interprétation de Labourdette : « Rien n'oblige un catholique à croire que la reprise par le concile de l'historicité de la faute originelle, telle que le peuple chrétien la comprenait alors en interprétant littéralement la Genèse, implique un engagement formel du magistère en ce qui concerne l'existence d'un personnage historique appelé Adam à l'origine du péché dans le monde[29]. »

En 1996, Louis Panier, dans un ouvrage sur *Le Péché originel* qui reflète la principale tendance de la théologie actuelle, constate simplement : « Avec Adam se trouve posé non seulement un commencement de l'humanité, un début, mais aussi un point où l'origine fait question, un point où se trouve en question ce qui fonde l'humanité des humains, et ce qui fait référence de cette humanité, dès qu'il y a de l'humain et chaque fois qu'il y a de l'humain [30]. » À propos du décret de Trente sur le péché originel, cet auteur note : « Le discours agence des figures qui, certes, pourraient donner lieu à des expansions narratives et descriptives, qui en effet peuvent apparaître comme des citations de constructions théologiques auxquelles elles renvoient, mais en disant ainsi ce qu'il dit, en créant un réseau figuratif particulier, il crée un univers sémantique original, il dessine un horizon propre pour l'interprétation, il s'offre à la lecture [31]. » Or, précise Louis Panier, « c'est à partir de cette expression du magistère de l'Église que l'on parle en général du "dogme" du péché originel [32] ».

FLUCTUATIONS ET INTERPRÉTATIONS CONTRADICTOIRES

Le deuxième canon, reprenant le concile d'Orange, rappelle qu'Adam, par sa faute, a transmis à tous ses descendants non seulement la mort et les peines corporelles, mais aussi le péché :

> Si quelqu'un affirme « que la prévarication d'Adam a nui à lui seul et non à sa descendance », qu'il a perdu pour lui seul, et non aussi pour nous, la justice et la sainteté reçues de Dieu ; ou que, souillé par le péché de la désobéissance, il « n'a transmis à tout le genre humain que la mort et les autres peines corporelles, mais non le péché qui est la mort de l'âme », qu'il soit anathème. Car il contredit l'Apôtre qui dit : « Par un seul homme le péché est entré dans le monde, et par le péché la mort, et ainsi la mort a atteint tous les hommes, tous ayant péché en lui. »

Le troisième canon indique que le péché originel, transmis véritablement par descendance, et non par imitation, ne peut être effacé que par le baptême, et que la nature humaine seule ne peut rien contre lui :

> Si quelqu'un affirme que ce péché d'Adam, un par son origine, transmis à tous par propagation et non par imitation, se trouvant

en chacun comme lui étant propre, est enlevé par les forces de la nature humaine, ou par un autre remède que le mérite de l'unique médiateur N.S.J.C. qui nous a réconciliés avec Dieu par son sang, « étant devenu pour nous justice, sanctification et rédemption », ou s'il nie que ce mérite de Jésus-Christ est appliqué tant aux enfants qu'aux adultes par le sacrement du baptême dûment conféré dans la forme de l'Église, qu'il soit anathème. Car « il n'est pas d'autre nom sous le ciel, donné aux hommes, par lequel nous devions être sauvés ». D'où cette parole : « Voici l'agneau de Dieu, voici celui qui enlève les péchés du monde », et celle-ci : « Vous tous qui êtes baptisés, vous avez revêtu le Christ. »

Le quatrième canon, reprenant le concile de Carthage, insiste sur la nécessité de baptiser les enfants, qui héritent un véritable péché :

> Si quelqu'un nie que les enfants nouveau-nés doivent être baptisés, même s'ils sont nés de parents baptisés pour la rémission des péchés, mais qu'ils ne tirent d'Adam rien qui soit péché originel et qu'il soit nécessaire d'expier par le bain de la régénération pour obtenir la vie éternelle, d'où il suit que pour eux la forme du baptême donné pour la rémission des péchés n'a pas un vrai sens, mais un sens faux, qu'il soit anathème. Car les paroles de l'Apôtre : « Par un seul homme le péché est entré dans le monde, et par le péché la mort, et ainsi la mort a atteint tous les hommes, tous ayant péché en lui », ne doivent pas être comprises autrement que de la manière dont les a toujours comprises l'Église catholique partout répandue. C'est en effet à cause de cette règle de foi que, selon la tradition des apôtres, même les petits enfants, qui n'ont pu commettre encore aucune faute personnelle, sont baptisés en toute vérité pour la rémission des péchés, afin que la régénération purifie en eux ce que la génération leur a fait contracter. Si en effet quelqu'un ne renaît de l'eau et de l'Esprit, il ne peut pas entrer dans le royaume de Dieu.

Le cinquième canon vise expressément Luther, en précisant que le baptême enlève véritablement la faute du péché originel, ce dernier étant effacé en tant que péché. Quant à la concupiscence, elle « provient du péché et incline au péché », mais elle n'est pas elle-même un péché ; « elle est laissée pour le combat », c'est-à-dire pour permettre à ceux qui lui résistent de gagner des mérites.

Si quelqu'un nie que, par la grâce de Jésus-Christ Notre Seigneur conférée au baptême, la faute du péché originel soit remise, ou même s'il affirme que tout ce qui a vraiment et proprement caractère de péché n'est pas enlevé, mais seulement rasé ou non imputé, qu'il soit anathème. En effet, Dieu ne hait rien dans ceux qui sont re-nés, « car il n'y a plus aucune condamnation pour ceux qui ont été vraiment ensevelis avec le Christ dans la mort », qui « ne marchent pas sous l'empire de la chair », mais, dépouillant le vieil homme et revêtant l'homme nouveau créé selon Dieu, sont devenus innocents, immaculés, purs, sans reproches et aimés de Dieu, « héritiers de Dieu et cohéritiers du Christ », de telle sorte que plus rien absolument ne retarde leur entrée au ciel. Que la concupiscence ou le foyer (de péché) demeure dans les baptisés, le saint concile le reconnaît et le pense. Mais cette concupiscence qui nous est laissée pour le combat ne peut nuire à ceux qui n'y consentent pas, mais y résistent courageusement, aidés par la grâce du Christ Jésus. Bien plus, celui qui aura dûment combattu sera couronné. Cette concupiscence que l'Apôtre appelle parfois « péché », le saint concile déclare que l'Église catholique n'a jamais compris qu'on l'appelât péché en un sens vrai et propre dans les baptisés. Elle est appelée péché, parce qu'elle provient du péché et y incline.

Un sixième canon rappelle que la Vierge Marie n'est pas concernée par le péché originel. Enfin, le décret du 15 janvier 1547 sur la justification précise que si le péché originel a affaibli le libre arbitre en l'inclinant au mal, il ne l'a pas détruit.

Tel est le seul document officiel, « magistériel », consacré au péché originel. Ces canons ont suscité bien des commentaires, par exemple sur la nature de la concupiscence, séquelle du péché, qui incline au péché, mais qui n'est pas elle-même un péché. Bien que certains pères du concile, comme Séripando, fassent remarquer que saint Augustin et même saint Thomas qualifiaient parfois la concupiscence de péché, et que saint Paul lui-même allait nettement dans ce sens, le fait que Luther ait adopté cette position suffit à la rejeter. Le concile affirme à trois reprises que le péché originel se transmet par « propagation », par « génération », à partir de la semence d'Adam. Dans l'esprit des pères, cela signifiait certainement par génération charnelle.

L'idée qu'une faute d'ordre spirituel puisse se transmettre physiquement par l'hérédité paraît inconcevable aujourd'hui. De fait, les décrets de Trente sur le péché originel ont embarrassé depuis longtemps les théologiens. Le père Dubarle, dominicain, écrit en 1967 que la doctrine du concile était d'affirmer la transmission du péché par la génération physique :

> En gros, il ne peut y avoir de doute sur son sens. Mais il faut remarquer qu'elle n'est jamais proposée dans la partie proprement définitoire d'un canon, mais dans une proposition relative incise, ou dans une explication placée après l'anathème, ou dans un chapitre d'exposition doctrinale, et là dans une comparaison destinée à éclairer l'objet principal de l'enseignement, qui est la justification. De plus, il n'y a pas de précision très nette ; ce n'est guère plus qu'une formule énoncée en passant en parallèle avec la formule négative « *non imitatione* ». Il est donc légitime de penser qu'il n'y a pas là une définition dogmatique s'imposant strictement à la foi, mais qu'une certaine latitude d'interprétation théologique reste possible[33].

Il est bien évident que les pères du concile de Trente ne l'entendaient pas ainsi. Cette interprétation illustre les revirements doctrinaux de l'Église, qualifiés de « développements du dogme ». Le père Dubarle suggère ainsi dans son livre, revêtu de l'*imprimatur*, du *nihil obstat* et de l'*imprimi potest*, que l'on pourrait envisager, « à côté de l'hérédité physique transmettant déjà certaines tares et certains désordres, des facteurs psychologiques pour expliquer la propagation universelle d'un état de péché dans tous les hommes : il est fatal qu'il y ait des contacts blessants et déformants dans la multitude des relations humaines qui s'offrent à un jeune enfant et dont il a un besoin absolu pour se former[34] ». Une telle interprétation fait évidemment songer à la thèse érasmienne de la transmission par imitation et influence de la société, thèse farouchement condamnée par l'Église au XVIᵉ siècle.

Suffit-il, pour changer la doctrine sans changer la formulation, d'expliquer que les mots n'avaient pas autrefois le même sens qu'aujourd'hui ? C'est ce que fait le père Neusch, jésuite : « Bien des difficultés que suscite le concept de péché originel proviennent d'une formulation héritée du concile de Trente. Il est donc normal de faire une brève relecture de ce que ce concile a réellement dit. Au-delà des formules qu'il utilise, il s'agit ensuite de réexprimer ce qu'il a voulu dire[35]. » « Il est clair que, plutôt que de prétendre expliciter le mode positif de transmission du péché originel, [le concile] est soucieux d'écarter un mode inadéquat, l'"imitation" :

chacun serait pécheur à la manière d'Adam, mais non "par" Adam, ce qui vise la position pélagienne, position inacceptable parce qu'elle limite la culpabilité aux péchés personnels, et interdit de penser la solidarité dans le péché. Autrement dit, le concile exclut plus qu'il n'affirme. [...] Surtout, parlant de *propagatio*, le concile refuse de prendre position sur le mode de transmission, soulignant uniquement le lien du péché originel avec le péché d'Adam[36]. »

Pourtant, les théologiens s'accordent à admettre que les pères de Trente plaçaient la transmission dans le processus de génération sexuelle. Le père Neusch lui-même écrit plus loin que « la thèse traducianiste (transmission héréditaire, sexuelle, du péché originel) était présente dans l'esprit de beaucoup de pères conciliaires ». Il constate aussi que le concile de Trente a opéré avec raison la distinction entre le péché d'Adam et le péché des hommes, ou péché originel. « Le péché originel garde un sens pur s'il est relu dans l'unité de l'histoire du salut. De cette histoire, le Christ venu dans la chair est la pierre angulaire. Le péché originel en est le côté d'ombre. Or l'ombre ne devient visible qu'à partir de la lumière[37]. »

Que les déclarations du concile de Trente sur le péché originel constituent aujourd'hui une source d'embarras pour les théologiens, Alfred Vanneste le dit en toutes lettres : « Nous estimons donc qu'il est assez fâcheux que le concile de Trente ait adopté cette distinction théologiquement si discutable dans un texte officiel du magistère. C'est d'ailleurs parce que les controversistes catholiques n'osèrent pas récuser cette distinction qu'ils ont connu de si grandes difficultés[38]. »

BÉRULLE ET LA SPIRITUALITÉ FRANÇAISE :
LES OBSÉDÉS DU PÉCHÉ ORIGINEL

On aurait pu croire que tout avait été dit entre saint Augustin et le concile de Trente. Nullement. Jansénistes, calvinistes, penseurs de la réforme catholique, tous déçus de l'humanisme, ont une vision très sombre du destin de l'espèce humaine et semblent obsédés par le péché originel. Ignace de Loyola, dans ses *Exercices*, se concentre pour « appliquer les trois facultés au péché d'Adam et Ève. Me remettre en mémoire comment, pour ce péché, ils firent si longtemps pénitence et quelle grande corruption entra dans le genre humain, tant de peuples allant vers l'enfer[39] ». Chef de file de la spiritualité française, le cardinal de Bérulle (1575-1629) ne peut se défaire de l'idée de la tache originelle :

> L'estat auquel nous avons esté réduits par le péché de nostre premier père, est tellement déplorable qu'il a plus besoin de nos larmes que de nos paroles, et d'un abaissement continuel de nos âmes devant Dieu, que de nos discours et pensées prophanes, trop foibles à le représenter. Car en cest estat nous n'avons droict à rien qu'au néant et à l'enfer, et nous n'avons pouvoir de rien que de pécher, et nous ne sommes plus qu'un néant opposé à Dieu, digne de son courroux et de son ire éternelle [...]. Voilà nostre fonds et nostre héritage, voilà nostre puissance : ennemis de Dieu, captifs du diable, esclaves du péché, héritiers de l'enfer, hosties immolées à la mort, et à la mort éternelle[40].

Avant la chute, pense Bérulle, nous n'étions pas grand-chose. Certes, Adam était saint, mais toujours suspendu entre l'être et le néant : « Cette sorte de sainteté est petite, est faible, est facile à perdre, parce que, comme elle est plus proportionnée à la nature, elle est aussi plus proche de son néant et plus éloignée de Dieu[41]. » Le péché originel a fait perdre à l'homme le peu qu'il avait : la connaissance et l'amour, et il est devenu esclave du péché.

> L'homme, établi de Dieu en la terre et constitué seigneur d'icelle, y oublie ses devoirs, et ruine toute sa postérité. Il méconnaît celui duquel il relève et tient tout en fief. Il se rend rebelle à son souverain, au lieu de lui rendre la foi et hommage. Il se soustrait de l'obéissance de son créateur, et il l'offense mortellement ; et par son crime et infidélité, il nous prive tous de la grâce. Naissant, il nous flétrit d'une marque d'ignominie, nous faisant enfants d'ire ; vivant, il nous condamne à mort, par son iniquité qu'il nous communique ; et mourant, il nous rend coupables de damnation éternelle. Et la terre qui devait être à Dieu un temple sacré pour le louer, et à l'homme un paradis de délices pour y vivre en repos, est couverte de ronces et épines, est un cloaque d'ordures et d'abomination, et une vallée de larmes, de mort, de misère, et elle ne porte plus que des pécheurs et ennemis de Dieu au monde[42].

La vie humaine est devenue un perpétuel combat dans lequel nous sommes handicapés par toutes sortes d'obstacles. Notre intelligence est devenue trop faible, si bien que même les philosophes sont incapables de trouver la vérité : « Ils ne savent pas ce que nous avons perdu en Adam, [...] nous ne devons jamais chercher en nous ce que nous avons perdu en Adam[43] » ; « voilà l'état misérable de la nature intelligente depuis sa perte, car elle est incapable d'amour, et éternellement incapable en sa damnation et en sa vie sur la terre[44] ».

Le péché originel a soumis l'homme au pouvoir du temps. Or, non seulement la durée de la vie humaine a été réduite, mais pendant toutes ses premières années l'homme se trouve dans une humiliante situation de débilité. Et quand il atteint enfin l'âge de raison, il lui faut encore gaspiller du temps à dormir, à manger, à se reposer, car sa nature « a besoin de relâche et d'intermission ; et cela nous apporte beaucoup de vide, en ce peu de solide que nous avons, et nous dérobe beaucoup de temps, en ce peu de temps que nous avons à vivre sur terre[45] ».

En une page saisissante de ses *Œuvres de piété*, Bérulle expose sa conception morbide de l'existence, véritable transposition littéraire du *Triomphe de la mort* de Bruegel :

> L'être, la vie et l'ornement que nous recevons d'Adam n'est que *mort* : il ne nous engendre que dans la *mort*, et pour la *mort* [...]. Le monde est l'echaffaud de notre supplice, nous sommes non seulement obligez à la *mort*, mais condamnez à la *mort*. Nous vivons en la terre comme entre nostre sentence et nostre exécution : nos pensées, nos conseils, nos paroles, sont dans l'impuissance, dans l'inutilité, dans la déformité de la *mort*. Il ne suffit pas de reconnaître nostre estat de *mort* en tout cela ; car le diable reconnoist bien qu'il est *mort*, il n'en est pas meilleur, ni plus vertueux. Mais il faut que nous entrions dans l'instinct que Dieu a de traiter tout cela comme *mort*, et nous devons nous traiter en tout cela comme *morts* [...]. Dieu fera mourir Adam et toutes ses œuvres par le feu au dernier jour [...]. Ce que nous venons de dire est la *mort* que porte la nature par le péché : mais il y a la *mort* que nous recevons par la grâce, qui est lorsque nous entrons dans l'inclination de Dieu, voulant faire *mourir* la nature : et il y a la *mort* même aux lumières et sentiments de la grâce, en l'honneur de la *mort* de Jésus, à sa vie qui estoit divinement humaine.
>
> La vérité et la justice de Dieu veut [...] que nous nous conduisions comme *morts* au monde ; et enfin il nous réduira par sa puissance en cette *mort*, sans avoir égard à notre volonté.
>
> La grâce que le Fils de Dieu est venu establir au monde est une grâce de *mort*, et non de vie [...] et il a voulu *mourir* lui-même, luy qui est la vie, pour nous tirer et consommer en cette *mort*.

En Jésus, il y a *mort* et vie, mais la *mort* est manifeste, et la vie est cachée[46].

Les disciples de Bérulle font du péché originel le centre de gravité de la vie chrétienne. Si les moins pessimistes réussissent à contrebalancer la tendance au mal par le recours à l'aide divine, la plupart ne voient pas d'issue et certains basculent dans l'obsession morbide. C'est le cas de Charles de Condren, supérieur de l'Oratoire. « Homme peu équilibré, il est en proie à des tentations d'impureté et à des hallucinations, au point qu'il se livre à des mortifications extrêmes[47] », écrit Yves Krumenacker. Pour Condren, l'idée même de création *ex nihilo* est en cause : tiré du néant, l'homme est naturellement porté à y retourner. Le péché originel ne fait qu'accentuer cette tendance : « Pour lui, adhérer à Jésus grâce à l'action de l'Esprit, c'est s'anéantir : détruire totalement le "vieil Adam" qui est en l'homme, et cesser totalement d'être soi pour devenir un pur instrument de l'esprit divin[48]. » Confesseur de Gaston d'Orléans, un des plus grands débauchés du royaume, le père de Condren sait que la nature humaine est dépravée et conseille au chrétien de se retirer du monde. Partisan de l'examen de conscience général, au lieu de l'examen casuistique du cas par cas qui lui paraît trop indulgent, il n'hésite pas à différer l'absolution des pénitents princiers. En fait, son œuvre spirituelle donne l'impression qu'il en veut plus encore à la création qu'au péché originel.

Le père Jean-Jacques Olier est lui aussi obsédé par le péché originel. Il se livre à d'épuisantes mortifications et, de 1639 à 1641, il cesse pratiquement de s'alimenter. Le caractère irrémédiable de la faute originelle conduit le père Surin, jésuite (1600-1663), à se jeter par la fenêtre ; Condren est poursuivi par la tentation de s'immoler, comme le père Jean Chrysostome (1594-1646), fondateur d'une « Société de la sainte Abjection »[49]. Louise de Marillac est convaincue que la faute d'Adam a anéanti la création. « L'homme, écrit-elle, étant le principal ouvrage de Dieu en sa création, il m'a semblé que le péché l'avait en quelque façon anéanti, le rendant incapable de la jouissance de Dieu[50]. »

L'état de pure nature, c'est-à-dire celui de l'homme avant la chute, incluait-il le don d'intégrité, la justice originelle, par laquelle les sens sont entièrement soumis à la raison, ou ce don était-il sur-ajouté, comme une sorte de cadeau octroyé par Dieu ? La question qui divise jansénistes et jésuites n'est pas simplement académique. Dans le premier cas, cela signifie que la perte de ce don par le péché originel a altéré notre nature même et qu'il ne nous reste plus qu'à nous confier à la miséricorde divine pour notre salut. Dans le second cas, la situation est moins désespérée, car l'homme peut suivre le bon chemin, s'il applique les conseils du divin navigateur.

La question est posée dès les années 1560 par un théologien de Louvain, Michel de Bay, dit Baïus (1513-1589), qui avait participé au concile de Trente. Pour lutter contre les protestants, il se place sur leur propre terrain et affirme avec saint Augustin que l'homme actuel ne peut en aucun cas être dans l'état où Dieu l'a créé. L'Adam d'avant la chute était un être immortel et parfait. Baïus a une très haute idée de ce que devrait être l'homme ; il « naturalise le surnaturel », dit Henri de Lubac[51]. Si l'homme est devenu une créature pécheresse, c'est parce que le péché originel lui a fait perdre sa vraie nature ; il est en état de péché permanent, par la concupiscence dans ses actes comme dans sa disposition d'esprit habituelle, et n'a plus de libre arbitre pour s'en sortir, ce qui exclut toute idée de morale naturelle : « Toutes les œuvres des infidèles sont des péchés », conclut Baïus qui, voulant combattre Luther, finit par défendre le même point de vue que lui.

Cette position est loin de faire l'unanimité dans l'Église. En octobre 1567, Pie V condamne soixante-dix-neuf propositions, dont quatre sont tirées directement de Baïus :

> Pr. 21 : L'élévation de la nature humaine à la participation à la nature divine était due à l'intégrité de la condition primitive ; elle doit donc être considérée comme naturelle et non comme surnaturelle.
>
> Pr. 26 : L'intégrité de l'état primitif ne fut pas une élévation gratuite de la nature humaine, mais sa condition naturelle.
>
> Pr. 55 : Dieu n'aurait pu créer l'homme à l'origine tel qu'il naît maintenant.

Pr. 78 : L'immortalité du premier homme n'était pas un bienfait de la grâce, mais sa condition naturelle.

Deux ans plus tard, Grégoire XIII obtient la condamnation de Baïus. Celui-ci s'incline, mais ses idées sont reprises par d'autres. Elles seront massivement développées en 1640, dans l'*Augustinus* de Cornelius Jansen, évêque d'Ypres, mort deux ans auparavant, et plus connu sous son nom latinisé de Jansénius. L'ignorance de la vraie nature humaine, écrit-il, conduit les stoïciens et les sceptiques à deux erreurs opposées :

> L'état de l'homme à présent diffère de celui de sa création, de sorte que l'un [Épictète], remarquant quelques traces de sa première grandeur et ignorant sa corruption, a traité la nature humaine comme saine et sans besoin de réparation, ce qui le mène au comble de la superbe ; au lieu que l'autre [Montaigne], éprouvant la misère présente et ignorant la première dignité, traite la nature humaine comme nécessairement infirme et irréparable, ce qui le précipite dans le désespoir d'arriver à un véritable bien, et de là dans une extrême lâcheté[52].

Pour Jansénius comme pour Baïus, l'état « normal » de l'homme est celui qui a précédé la chute. L'homme aspire à retrouver sa nature d'origine, mais, corrompu par la concupiscence, il ne peut que traîner son malheur. Le janséniste, désespéré de ne pouvoir atteindre l'absolu, se coupe du monde, rejetant tout compromis. À ses yeux, la grâce habituelle ne permet pas à l'homme de faire le bien ; il lui faut pour cela une grâce exceptionnelle, une grâce efficace. Le libre arbitre est une illusion : dans le bien comme dans le mal, nous ne sommes pas libres.

La querelle janséniste a rempli des milliers de volumes. Prenant des proportions démesurées, elle va détourner les énergies intellectuelles catholiques d'un problème qui nous semble aujourd'hui autrement plus grave : la montée de l'athéisme. Théologiens et moralistes n'en finiront pas de s'affronter sur l'étendue des conséquences du péché. Après la condamnation des cinq propositions de Jansénius en 1653 et la bulle *Unigenitus* (1713) qui condamne le jansénisme, le débat continue : le 28 août 1794, alors que l'Europe est à feu et à sang, à Rome, Pie VI se préoccupe de savoir dans quel état se trouvait Adam avant le péché originel. Dans sa bulle *Auctorem fidei*, le pape condamne l'orientation janséniste du synode de Pistoia qui avait parlé de « fable pélagienne » à propos de la croyance exemptant du feu de l'enfer les enfants morts sans baptême. Dominant le bruit du canon, Pie VI déclare « fausse, téméraire, injurieuse aux oreilles catholiques, la proposition selon laquelle doit être rejetée comme une fable pélagienne l'endroit des enfers appelé vulgairement "limbe des enfants", dans lequel les âmes de ceux qui meurent avec le seul péché originel sont punies de la peine du dam, sans la peine du feu, comme si écarter de ces âmes la peine du feu c'était remettre en honneur la fable pélagienne d'après laquelle il y aurait un lieu et un état intermédiaire exempts de faute et de peine entre le royaume des cieux et la damnation éternelle ».

Tout le mouvement janséniste a été dominé par le péché originel. Nicole croit que nous ne sommes plus capables de contemplation, car celle-ci « tient quelque chose de l'état d'Adam avant le péché » et relève « plutôt de l'état d'innocence[53] ». À un ami qui lui vante l'« oraison de simple regard », il écrit : « Vous êtes un peu trop de la religion de l'état d'innocence, et trop peu de celle des hommes pécheurs[54]. » De son côté, le jansénisme de Quesnel « apparaît assez proche du bérullisme, explique Yves Krumenacker, mais avec une insistance très lourde sur la nature humaine déchue, sur l'impuissance de l'homme en l'état présent, sur l'opposition au monde et à ses distractions[55] ». Les jansénistes exaltent la splendeur d'Adam avant le péché, faisant de lui un être quasiment semblable aux anges. Mais l'homme est devenu foncièrement mauvais. Même lorsqu'il se conduit bien, il n'agit que dans son propre intérêt. S'il fait le vertueux, c'est pour qu'on l'aime, affirme Nicole, qui rejoint les remarques désabusées de son contemporain La Rochefoucauld. En un mot, la société se compose de malhonnêtes et d'hypocrites, et seule une grâce spéciale permet à certains d'orienter leur volonté vers le bien.

PASCAL : LE PÉCHÉ ORIGINEL,
PREUVE PAR L'ABSURDE DE L'EXISTENCE DE DIEU

C'est dans la chute d'Adam que Pascal puise l'inspiration qui lui a dicté ses plus belles pages sur le roseau pensant. Il y exprime, avec une vigueur littéraire inimitable, l'essentiel de la conception tragique que le jansénisme a de l'existence. Sans l'idée du péché originel, Pascal n'aurait été qu'un mathématicien de génie. Pour Denise Leduc-Fayette, « le péché originel est "principe" dans la triple acception du terme : logique (la portée explicative), chronologique (faute première, mais qui, comme elle, se précède toujours elle-même, c'est pourquoi elle renvoie au péché de l'ange), ontologique (même si le mal n'est pas substantiel) : le péché dit le fond sans fond, l'effrayant surgissement de l'insondable, la liberté[56] ».

Le péché originel est la seule clef permettant d'expliquer les contradictions et les souffrances de l'homme, cet être déroutant qui ne cesse d'agir contre ses propres principes : « Pour moi, j'avoue qu'aussitôt que la religion chrétienne découvre ce principe, que la nature des hommes est corrompue et déchue de Dieu, cela ouvre les yeux à voir partout le caractère de cette vérité ; car la nature est telle qu'elle marque partout un Dieu perdu, et dans l'homme, et hors de l'homme, et une nature corrompue[57]. » Le péché originel devient la preuve de la vérité du christianisme, car la raison humaine doit se rendre compte que la seule explication réside dans le mystère. Le péché originel est inacceptable pour la raison, et pourtant la raison y conduit inévitablement. C'est sur ce paradoxe que repose la condition humaine :

> Que deviendrez-vous donc, ô hommes qui cherchez quelle est votre véritable condition, par votre raison naturelle ? Vous ne pouvez fuir une de ces sectes, ni subsister dans aucune.
> Connaissez donc, superbe, quel paradoxe vous êtes à vous-même. Humiliez-vous, raison impuissante, taisez-vous, nature imbécile ; apprenez que l'homme passe infiniment l'homme, et entendez de votre maître votre condition véritable que vous ignorez. Écoutez Dieu.
> Car enfin, si l'homme n'avait jamais été corrompu, il jouirait dans son innocence et de la vérité et de la félicité avec assurance ; et si l'homme n'avait jamais été que corrompu, il n'aurait aucune idée ni de la vérité ni de la béatitude. Mais, malheureux que nous sommes, et plus que s'il n'y avait point de grandeur dans notre condition, nous avons une idée du bonheur, et ne pouvons y arriver ; nous sentons une image de la vérité, et ne possédons que le mensonge : incapables d'ignorer absolument et de savoir certainement, tant il est manifeste que nous avons été dans un degré de perfection dont nous sommes malheureusement déchus !
> Chose étonnante, cependant, que le mystère le plus éloigné de notre connaissance, qui est celui de la transmission du péché, soit

une chose sans laquelle nous ne pouvons avoir aucune connaissance de nous-mêmes. Car il est sans doute qu'il n'y a rien qui
choque plus notre raison que de dire que le péché du premier
homme ait rendu coupables ceux qui, étant si éloignés de cette
source, semblent incapables d'y participer. Cet écoulement ne
nous paraît pas seulement impossible, il nous semble même très
injuste ; car qu'y a-t-il de plus contraire aux règles de notre misérable justice que de damner éternellement un enfant incapable de
volonté, pour un péché auquel il paraît avoir si peu de part, qu'il
est commis six mille ans avant qu'il fût en être ? Certainement rien
ne nous heurte plus rudement que cette doctrine ; et cependant,
sans ce mystère, le plus incompréhensible de tous, nous sommes
incompréhensibles à nous-mêmes. Le nœud de notre condition
prend ses replis et ses tours dans cet abîme ; de sorte que l'homme
est plus inconcevable sans ce mystère que ce mystère n'est
inconcevable à l'homme[58].

Pascal ne cesse de revenir sur cette idée qu'il est « incompréhensible [...] que le péché originel soit et qu'il ne soit pas[59] ».
Preuve par l'absurde, ce raisonnement qui défie la raison rejoint
en fait les preuves existentielles du péché originel présentées au
Moyen Âge par les franciscains. Par là, « Pascal veut ancrer dans
l'esprit de ses interlocuteurs l'idée de la faute première, comme
principe explicatif de cette "réalité du mal" expérimentée, à titre
privilégié, par Job[60] ». Prenant le contre-pied de la logique rationnelle, qui veut que l'on cherche à expliquer l'inconnu par le connu,
il explique le connu, c'est-à-dire notre misère, par l'inconnu, c'est-
à-dire le péché originel.

L'une des conséquences du péché originel est que nous ne
pouvons plus nous représenter Dieu qu'à travers cette faute. Il y a
entre lui et nous cet écran de la chute, qui nous empêche de le
concevoir dans sa toute-puissance. Le péché originel est également
la seule cause de l'Incarnation. En désaccord ici avec Duns Scot
aussi bien qu'avec Bérulle, Pascal pense que le Christ n'est venu
sur terre que pour racheter l'homme de la faute originelle. Enfin,
dans les *Écrits sur la grâce*, il affirme que notre nature, entièrement
corrompue, est désormais victime impuissante du mirage du mal,
et que la liberté n'est donc qu'illusion :

Ce péché ayant passé d'Adam à toute sa postérité, qui fut
corrompue en lui comme un fruit sortant d'une mauvaise semence,
tous les hommes sortis d'Adam naissent dans l'ignorance, dans la

concupiscence, coupables du péché d'Adam et dignes de la mort éternelle.

Le libre arbitre est demeuré flexible au bien et au mal ; mais avec cette différence, qu'au lieu qu'en Adam il n'avait aucun chatouillement au mal, et qu'il lui suffisait de connaître le bien pour s'y pouvoir porter, maintenant il a une suavité et une délectation si puissante dans le mal par la concupiscence qu'infailliblement il s'y porte de lui-même comme à son bien, et qu'il le choisit volontairement et très librement et avec joie comme l'objet où il sent sa béatitude[61].

Pascal confirme que nul n'est méchant volontairement : l'homme agit mal parce qu'il croit qu'il agit bien. Seule une grâce spéciale peut lui révéler où est le bien véritable et l'y incliner infailliblement. Pascal parle encore de libre arbitre, mais ce terme n'a plus grand sens.

DOMINICAINS ET JÉSUITES : UNE CORRUPTION MITIGÉE

Les jésuites ne partagent pas cette vision radicalement tragique des conséquences du péché originel. Reprenant en partie l'héritage humaniste, ils accordent à l'homme déchu une étroite marge de manœuvre qui peut lui permettre d'arracher *in extremis* son salut, à condition qu'il utilise la grâce que Dieu distribue à tous les hommes. Ce relatif optimisme tient au fait que pour les jésuites l'état de perfection dont jouissait Adam avant la chute était un don surajouté à la nature humaine, laquelle se trouve maintenant ramenée à ses propres forces. Dieu aurait pu créer l'homme tel qu'il est à l'heure actuelle, ce qui implique que celui-ci dispose d'un certain libre arbitre ; même s'il n'a pas connaissance de la vraie religion, l'infidèle peut atteindre un certain degré de bonté. C'est le courant de l'humanisme chrétien qui porte le plus loin cet optimisme, avec Salmeron, Sadolet, le cardinal Pole ou François de Sales pour qui, « bien que l'état de notre nature humaine ne soit pas maintenant doué de la sainteté et de la droiture originelle, et qu'au contraire nous soyons grandement dépravés par le péché, est-ce toutefois que la sainte inclination d'aimer Dieu sur toutes choses nous est demeurée, comme aussi la lumière naturelle par laquelle nous connaissons que la souveraine bonté est aimable en toutes choses [...]. Cette inclination ne demeure point pour néant dans nos cœurs, car, quant à Dieu, il s'en sert comme d'une anse pour nous pouvoir plus suavement prendre et retirer à soi ».

Les jésuites se rattachent nettement au courant anselmien, c'est-à-dire à la conception du péché originel comme perte de l'état de justice initial surnaturel. Le cardinal Bellarmin, par exemple, cherche à montrer qu'Augustin lui-même n'était pas aussi radical qu'on l'a présenté. À ses yeux, l'homme en état originel de pure nature aurait été en butte aux mêmes passions et aux mêmes misères qu'aujourd'hui.

Cette idée se retrouve chez François Suarez (1548-1617). Ce jésuite, dont l'influence dépasse les limites de la Compagnie de Jésus, consacre de longs développements de son *De opere sex dierum* à l'examen de l'état de nature et à la façon dont les hommes auraient vécu dans le paradis terrestre s'il n'y avait pas eu le péché originel. Le tableau qui ressort de cet ouvrage est surprenant. Les hommes se seraient reproduits de la même manière ; ils auraient connu l'enfance, la vie adulte, la vieillesse et la mort, vers l'âge de cent ans ; ils se seraient mariés et auraient vécu en société organisée dans une totale liberté individuelle, sans esclavage ni domesticité, chacun étant conduit par sa raison. Les hommes n'auraient pas été exempts du péché, mais ces péchés, purement individuels, auraient été punis d'un exil temporaire hors du paradis terrestre, et les coupables auraient été réintégrés après avoir fait pénitence. Suarez pense que la plupart des exilés ne seraient jamais rentrés, parce qu'ils auraient refusé de faire pénitence – la densité de population du jardin aurait été ainsi supportable. Il ajoute d'ailleurs que les Édéniens n'auraient jamais été tous ensemble au paradis : grands voyageurs, ils auraient visité la terre[62].

Que l'un des plus éminents théologiens du XVIᵉ siècle puisse mêler de telles fables aux plus hautes spéculations illustre la force de l'idée de péché originel à cette époque. Cette utopie montre à quel point est alors solidement ancrée la croyance en la réalité historique du jardin et de l'histoire d'Adam et Ève. La question du péché originel est loin d'être un simple débat théorique et chaque obstacle de l'existence rappelle aux contemporains, de façon bien réelle, les conséquences de la chute fatale. Suarez lui-même ne doute pas de la réalité du serpent beau parleur.

Au début du XVIᵉ siècle encore, le dominicain italien Cajetan

considère que « le péché originel est une maladie de la nature considérée en soi ; car il consiste dans une disposition contraire, non
seulement à la justice originelle, mais encore à la santé naturelle
de l'homme en tant qu'il est un être raisonnable [...]. Comme la
maladie est une manière d'être consistant dans la corruption des
humeurs, ainsi le péché originel est une manière d'être consistant
dans la corruption des parties de l'âme[63] ». Cette maladie de l'âme,
comme les maladies du corps, est une véritable corruption : « Il en
est ainsi du péché originel, qui est une maladie de la nature. » De
même, Estius partage la conception augustinienne de la concupiscence comme partie intégrante du péché originel :

> Dans divers endroits, en effet, Augustin donne à la concupis-
> cence le nom de péché originel et il dit qu'elle est remise dans le
> baptême [...]. Sans doute on ne doit pas nier que le péché originel
> soit l'absence de la justice ou de la rectitude que chacun devrait
> avoir en naissant. Pourtant, il semble que le mot de concupiscence
> exprime plus pleinement sa nature que le mot de privation [...].
> Bien que les pères du concile de Trente n'aient pas voulu définir
> où est l'élément constitutif du péché originel et s'il faut le mettre
> dans la privation de la justice ou dans la concupiscence, pourtant,
> en enseignant que la concupiscence n'est pas un péché dans les
> baptisés, ils semblent bien avoir voulu nous laisser entendre
> qu'elle est un péché chez les non-baptisés[64].

Au milieu du XVIᵉ siècle, cependant, cette opinion est devenue
minoritaire. La conception du péché originel comme privation
l'emporte désormais largement. Privation de la grâce habituelle,
écrit le dominicain Dominique Soto, l'un des grands théologiens
du concile de Trente, dans son traité *De natura et gratia* ; c'est-à-
dire ce don qui était à la base de la justice naturelle, et qui
permettait de contrôler la concupiscence. L'idée est reprise par les
théologiens de Salamanque.

Un autre dominicain, Ambroise Catharin, émet en 1542 une
idée originale dans son *De casu hominis et peccato originali*. Ce théologien non conformiste, qui rejette à la fois les théories augustinienne et anselmienne, définit ainsi le péché originel : « Cet acte
n'est autre que la prévarication commise par notre premier père,
c'est-à-dire la manducation du fruit défendu [...]. C'est cet acte
qui est notre péché, c'est lui qui est en nous par la raison que, aux
yeux de Dieu, nous étions en quelque sorte renfermés dans notre

premier père. » Nous formons avec Adam une unité physique et morale, qui fait que son acte peut nous être juridiquement imputé, même si nous n'en sommes pas personnellement responsables. Cette doctrine séduira plusieurs théologiens, tels Pighi, Salmeron, Lugo ou Tolet, mais Robert Bellarmin la jugera hérétique.

Quelles que soient leurs divergences, les jésuites sont cependant convaincus que, par le libre arbitre et la grâce, chacun peut s'en sortir. C'est ce qu'affirme en 1587 le jeune jésuite belge Lessius dans des thèses controversées, qui accentuent la part de la volonté humaine. Il contredit ainsi ouvertement son compatriote et aîné Baïus, véritable athlète de l'augustinisme, qui assurait avoir lu neuf fois les œuvres complètes de saint Augustin et soixante-dix fois ses écrits sur la grâce. Lessius est renforcé l'année suivante par un autre jésuite, Luis Molina, dont le *De concordia liberi arbitrii cum divinae gratiae donis*, qui paraît à Lisbonne en 1588, va provoquer une violente controverse. Molina est le théoricien de la « grâce suffisante », « qui apporte à l'homme tout ce qui est nécessaire pour faire le bien, mais qui ne peut produire son effet que par la seule décision du libre arbitre », écrit Louis Cognet[65]. Dieu, qui nous connaît intimement, nous accorde une grâce proportionnée à nos capacités, mais qui n'est pas contraignante. Par notre libre arbitre, nous pouvons y adhérer, et ainsi faire le bien et être sauvés. Le molinisme est un humanisme ; il garde une certaine confiance en l'homme en dépit du péché originel. D'abord combattu par les dominicains, il deviendra la cible des jansénistes, qui ne peuvent tolérer que l'homme ait la moindre part dans l'œuvre du salut.

LES ENFANTS MORTS SANS BAPTÊME : PROCÈS EN APPEL

Débattue depuis saint Augustin, la question des enfants morts sans baptême est à nouveau l'objet d'âpres controverses aux XVIe et XVIIe siècles. Les théologiens doivent trancher entre la rigoureuse logique de la justice divine telle qu'ils l'imaginent et le sentiment humain d'une élémentaire pitié. Augustin avait affirmé que les petits païens seraient damnés, et le concile de Florence avait réaffirmé en 1439 : « Les âmes de ceux qui meurent en état de péché mortel ou avec le seul péché originel descendent en enfer, pour y être punies toutefois de peines inégales. » Quelles peines ? Saint Thomas, nous l'avons rappelé, envoyait ces enfants dans les limbes, où ils subissaient la peine du dam, privation de la vision divine, mais échappaient à la peine des sens, c'est-à-dire au feu.

Beaucoup de jésuites inclinent cependant à envisager un sort moins sévère. Lessius écrit ainsi :

> Les enfants morts sans baptême, bien que privés de la vue de Dieu et du royaume du ciel, auront une condition conforme à la dignité de leur nature. Contents et joyeux, ils loueront Dieu pendant l'éternité [...]. Pourquoi, en effet, ne recevraient-ils pas en abondance tous les avantages naturels (à l'exclusion des autres, bien entendu) ? Pourquoi ne pourraient-ils pas connaître, aimer et louer Dieu éternellement ? [...] Quant au lieu de leur séjour, sans vouloir rien affirmer, j'incline fortement à croire qu'ils ne seront pas emprisonnés dans une caverne profonde et ténébreuse [...]. Dieu pourra facilement leur ménager – même sous terre s'il le faut – un séjour qui ne manquera ni de lumière, ni d'agrément, ni d'espace [...]. Aussi, tout en étant damnés, puisqu'ils seront éternellement privés de la gloire du ciel à laquelle ils étaient destinés, ils jouiront vraisemblablement d'un bonheur supérieur à celui de n'importe quel homme parmi nous [66].

Cajetan va plus loin, affirmant que les enfants morts sans baptême sont sauvés par la foi de leurs parents. Oublierait-il le péché originel ? Le dominicain Catharin dénonce son confrère Cajetan devant le concile de Trente, lequel jette l'anathème contre ceux qui « nient la nécessité de baptiser les petits enfants récemment sortis de l'utérus maternel », sous prétexte que les parents sont baptisés. Un demi-siècle plus tard, Robert Bellarmin, qui craint un retour en force des pélagiens, se montre également assez sévère : les petits païens échapperont certes aux flammes, mais ils seront confinés dans les « limbes ténébreux » et seront privés de la vue de Dieu.

Un siècle plus tard, en 1698, le cardinal Sfondrate, avance à nouveau une thèse optimiste. Selon lui, les petits païens morts sont certainement heureux :

> Dieu, bien qu'il ne les admette pas dans la gloire du ciel, leur a néanmoins procuré un autre bienfait beaucoup plus grand qu'ils auraient préféré de beaucoup au ciel et que nous-mêmes, si nous pouvions choisir, nous préférerions au ciel. Ce bienfait consiste en ce que, en les enlevant par une mort prématurée, il les a assurés de leur innocence personnelle et les a préservés des péchés très

nombreux [...] qu'ils auraient, au cours de leur vie, très certainement commis, et qui les auraient condamnés aux flammes éternelles de l'enfer [...]. Ils n'ont donc aucun motif de se plaindre [...]. Au contraire, ils ont un motif puissant de louer Dieu et de lui rendre grâces[67].

Cette fois, c'est Bossuet qui réagit, refusant d'accorder le moindre bonheur à ces enfants qui sont à ses yeux des esclaves du démon. Et, comme Augustin avait dénoncé Pélage, comme Catharin avait dénoncé Cajetan, Bossuet dénonce Sfondrate au pape Innocent XII, auquel il adresse les textes incriminés en lui demandant de punir le coupable. Innocent XII se contente de remercier Bossuet de sa sollicitude.

Quant aux simples fidèles, que peuvent-ils espérer ? Les masses rurales de l'Ancien Régime n'ont certes pas lu Suarez ou Bellarmin, mais la pastorale de la peur prêchée par leurs curés ne se soucie guère des nuances. Les rituels et manuels de casuistique entretiennent l'angoisse : le *Dictionnaire des cas de conscience* de Pontas, composé en 1715, envisage ainsi une multitude de circonstances qui risquent d'invalider le baptême et de priver l'enfant de la béatitude. Exemples :

Cas VIII : Oldrade, jeune écolier, voulant baptiser son frère qui se mouroit, a cru mieux faire que les autres, en disant : *Ego te baptiso in nominibus Patris, et Filii, et Spiritu Sancti.* Ce baptême est-il valide ? Réponse : – Ce baptême est nul, parce que le changement du mot *nomine* en celui de *nominibus* est essentiel, en ce qu'il détruit le sens des paroles de la forme, et qu'il ne signifie pas l'unité d'essence dans les trois personnes divines, dont l'expression n'est pas moins nécessaire pour la validité du baptême que l'invocation des trois personnes de la Sainte Trinité. [...]
Cas X : Clotilde, sage femme mal instruite, a baptisé un enfant, en disant par ignorance : *In nomine Matris*, au lieu de dire : *In nomine Patris*, etc. Ce baptême est-il valide ? Réponse : – Ce baptême est nul, parce que ce changement détruit absolument le sens catholique de la forme de ce sacrement. [...]
Cas XIV : Justin et André, voyant qu'un enfant étoit prêt à expirer, l'ont tous deux baptisé, en disant chacun en particulier les paroles de la forme, et en versant en même temps l'eau sur son corps. Ce baptême est-il valide ? Réponse : – Ce baptême seroit illicite, mais pourvu que les deux ministres ne voulussent pas que l'action de l'un dépendît de celle de l'autre, il seroit valide, parce qu'il n'y manqueroit ni matière, ni forme, ni intention de faire ce

que fait l'Église [...]. Au reste, si l'un des deux achevoit la forme avant l'autre, celui-ci devroit aussitôt s'arrêter[68].

Un tel formalisme ne peut guère rassurer. D'autant plus que s'y ajoutent des conditions strictes concernant les circonstances matérielles. Il suffit qu'un membre du bébé sorte du corps de la mère et qu'il ne soit pas baptisé pour qu'il soit damné ; en revanche, s'il n'a pas commencé à sortir et que la mère et l'enfant meurent, l'enfant est sauvé, comme l'explique le *Rituel de Blois* en 1730 :

> Il n'est pas permis d'ouvrir une femme avant sa mort pour sauver son fruit et lui donner le baptême. Que si elle mouroit avant d'être délivrée, il faudroit lui tenir la bouche ouverte, crainte que l'enfant ne soit suffoqué, et avoir promptement recours à un chirurgien ou autre pour ouvrir le sein de la mère, l'en tirer adroitement et le baptiser s'il donne le moindre signe de vie. Que si on le tire mort sans qu'il ait pu être baptisé, on ne doit pas l'inhumer en terre sainte ; mais dans un lieu non béni et destiné pour enterrer les enfants morts sans baptême. S'il restoit dans le sein de la mère, il faudroit l'inhumer avec elle, sans crainte que le lieu saint fût pollu, parce que en cet état il est comme partie de la mère[69].

Ces croyances se sont perpétuées jusqu'en plein XIXe siècle dans l'ouest de la France, où l'on signale des cas d'hystérotomies (section du muscle utérin) opérées par des religieuses, voire par des curés, pour dégager le crâne de l'enfant en cas de difficultés, afin de lui administrer le baptême. En 1831, en Ille-et-Vilaine, le sous-préfet déclare que de telles opérations sont « fréquentes dans l'arrondissement ». L'évêque de Rennes refuse de les interdire, car, dit-il, il « se rendrait responsable de la perte d'un enfant mort ainsi sans secours ». Dans son ouvrage, *Solis presbyteris et diaconibus*, l'évêque du Mans, Mgr Bouvier, recommandait, en cas d'accouchement difficile, d'ouvrir la mère, morte ou vive, en se servant de préférence d'un rasoir, mais de garder le fait secret. En 1847, au Grand-Oisseau, dans la Mayenne, une sage-femme ayant refusé de faire une césarienne, le prêtre en chargea deux religieuses, afin de baptiser le fœtus. Les sœurs furent condamnées à une amende, ce qui suscita les protestations de l'évêque. Dans ces conditions, l'utilisation par les médecins belges d'une sonde permettant les baptêmes intra-utérins fut un grand progrès, car la nécessité de baptiser l'embryon était réaffirmée par Pie IX en 1857 et 1860[70].

L'Église a longtemps enseigné aux parents que leur bébé était un « enfant de Satan », et c'est pour cette raison que, rappelle le *Rituel de Toul* en 1760, les réjouissances avant le baptême étaient proscrites : « Les curés doivent absolument empêcher de conduire avec des violons ou autres instruments les enfants au baptême. Qu'on se souvienne que ce sont des criminels et des enfants de colère qu'on va présenter à la miséricorde de Dieu ; que dans cet état ils sont les captifs du démon ; qu'ainsi rien ne convient moins à leur condition que ces folles réjouissances[71]. » Les pièces populaires ne se montrent guère optimistes sur le sort des enfants morts sans baptême : dans le *Mystère des Rameaux*, joué à Embrun en 1529, on assure qu'ils « ne descendent pas au grand abîme, là où sont les autres damnés. Mais ils sont privés du vrai Dieu et de sa divine essence » ; tout aussi inquiétant, si les parents sont jugés responsables de ce sort, leurs enfants viendront témoigner contre eux le jour du jugement dernier[72].

Certains redoutent que les petites âmes malheureuses ne reviennent tourmenter les vivants. Pour éviter leur errance, on cloue parfois les petits corps en terre avec un pieu dans la poitrine, dans ces lieux – situés hors des cimetières consacrés – où l'on enterrait les excommuniés et les gens morts sans baptême. Depuis le XVe siècle également, beaucoup de parents dont le nouveau-né vient de mourir avant d'avoir reçu le baptême le portent à un « sanctuaire à répit », le plus souvent une chapelle où l'enfant est déposé dans le chœur ou sur l'autel dans l'espoir du moindre signe miraculeux d'un court retour à la vie, permettant de lui administrer le baptême avant qu'il retombe dans la mort. Or, signe révélateur de la montée de l'obsession du péché originel, cette pratique superstitieuse, condamnée par l'Église, se développe au XVIIe siècle comme l'a montré la belle étude de Jacques Gélis[73].

Vers 1700, le protestant Gabriel d'Émiliane rapporte ce qu'il a vu à Dijon :

> Nous allâmes vers les dix heures du matin à cette église, où était la miraculeuse image de la Vierge appelée communément la petite Notre-Dame de Saint-Bénigne, et nous vîmes deux enfants mort-nés qui étaient depuis deux jours tout livides et noirs, et presque tout corrompus. Les parents, qui étaient des meilleures

familles de Dijon, avaient pendant ces deux jours fait célébrer dans cette église plus de deux cents messes à un écu pièce, pour obtenir de Dieu, par l'intercession de cette statue, et par les prières de ces religieux, autant de vie qu'il serait nécessaire à ces pauvres enfants pour recevoir le saint baptême[74].

Il raconte comment le clergé laissa les deux cadavres le plus longtemps possible, pour augmenter les offrandes, jusqu'au moment où l'odeur devint insupportable. Alors un moine heurta discrètement l'autel, ce qui fit bouger les corps, signe d'un retour à la vie pour qui sait voir ; on les baptisa, puis on les enterra.

Au XVIIIe siècle, le pape Benoît XIV, esprit éclairé, dénonce en vain ces abus et superstitions :

> Les signes par lesquels on prétend déclarer la résurrection de ces enfants sont très ambigus et [...] les témoins qui attestent ces faits sont pour la plupart peu crédibles et de peu d'autorité. Car on tient pour signes certains de la reviviscence ou bien le changement de la couleur pâle en couleur rouge, ou bien la flexibilité des membres qui étaient auparavant rigides, ou bien le sang qui coule des narines ou quelque goutte de sueur apparaissant sur le front ou sur le ventre [...]. Lesdits effets physiques peuvent facilement être attribués à la chaleur qui provient des flambeaux allumés autour des cadavres des enfants et d'autres feux allumés pour réchauffer ces sanctuaires[75].

En l'absence de doctrine précise sur le sort des enfants morts en état de péché originel, la position augustinienne rigoureuse a longtemps eu de farouches défenseurs, même chez les jésuites, comme Denis Petau, qui écrit au milieu du XVIIe siècle : « La peine de l'enfer est la même pour ceux qui meurent avec le seul péché originel et ceux qui meurent avec des péchés actuels. Cette peine, c'est, comme le dit Augustin, la peine du feu. Encore donc que la peine ne soit pas identique pour les uns et les autres, c'est néanmoins pour les uns et les autres la peine torturante de la flamme[76]. » Le plus illustre de ces théologiens est Bossuet, pour qui la pratique du baptême est une preuve du péché originel[77], et qui déclare approuver la position de Petau, « condamnant la fausse pitié de ceux qui, pour témoigner à des enfants morts une affection qui ne leur profite de rien, s'opposent aux Écritures, aux conciles et aux Pères[78] ».

Bossuet et la renaissance de la concupiscence

Dans la *Défense de la tradition et des saints Pères*, Bossuet consacre des dizaines de pages à promouvoir la tradition augustinienne de la chute contre Richard Simon, qu'il accuse de ressusciter le pélagianisme. « Il faut savoir, écrit-il, qu'il se répand une opinion parmi les critiques modernes, que le péché originel n'est pas ce qu'on pense ; que saint Augustin, et après lui les Occidentaux, l'ont poussé trop loin[79]. » C'est une erreur, affirme l'Aigle de Meaux, et « cette nouvelle doctrine sur le péché originel a pour principal auteur dans ce siècle Grotius, qui l'a prise des sociniens, et pour principal défenseur, même de nos jours, M. Simon ». Récapitulant alors toutes les décisions des conciles, des papes et des Pères, pourfendant les avis, erreurs et hérésies sur le sujet, il aboutit à cette conclusion : c'est saint Augustin qui a raison, en particulier lorsqu'il place le péché originel dans la concupiscence.

Bossuet consacre un traité à la concupiscence, distinguant celle de la chair et des sens, celle des yeux et de la curiosité, et celle de l'orgueil. La révolte de la chair, explique-t-il, est la preuve de la chute originelle, l'origine de tous nos maux. Comment, autrement, pourrions-nous expliquer ce honteux désir sexuel ?

> Il suffit présentement que vous remarquiez que nous naissons tous, pour notre malheur, de ces passions honteuses, qui étant suscitées par le péché, s'élèvent dans la chair, à la confusion de l'esprit [...]. Ô vous, hommes misérables, qui naissez de cette révolte, vous naissez par conséquent rebelles contre Dieu, et ses ennemis [...] et la masse dont vous êtes formés, étant infectée dans sa source, le péché s'attache et s'incorpore à votre nature. De là cette profonde ignorance ; de là ces chutes continuelles ; de là ces cupidités effrénées qui font tout le trouble et toutes les tempêtes de la vie humaine[80].

La honteuse concupiscence de la chair est née dès qu'Adam a mangé de la pomme, et depuis lors elle est notre péché :

> Vous le savez, fidèles, qu'Adam notre premier père s'étant élevé contre Dieu, il perdit aussitôt l'empire naturel qu'il avoit sur ses appétits. La désobéissance fut vengée par une autre désobéissance. Il sentit une rébellion à laquelle il ne s'attendoit pas ; et la

partie inférieure s'étant inopinément soulevée contre la raison, il resta tout confus de ce qu'il ne pouvoit la réduire. Mais, ce qui est de plus déplorable, c'est que ces convoitises brutales qui s'élèvent dans nos sens, à la confusion de l'esprit, aient si grande part à notre naissance. De là vient qu'elle a je ne sais quoi de honteux, à cause que nous venons tous de ces appétits déréglés qui firent rougir notre premier père. Comprenez, s'il vous plaît, ces vérités, et épargnez-moi la pudeur de repasser encore une fois sur des choses si pleines d'ignominie, et toutefois sans lesquelles il est impossible que vous entendiez ce que c'est que le péché d'origine : car c'est par ces canaux que le venin et la peste se coulent dans notre nature. Qui nous engendre, nous tue[81].

Dans sa correspondance, Bossuet recommande donc à ses protégés de se méfier de la concupiscence. En 1691, il écrit à la sœur Cornuau de Saint-Bénigne : « Nous sommes devenus une race maudite, enfants malheureux, et coupables, d'un père malheureux de qui Dieu a retiré la grâce qu'il vouloit transmettre à tous les hommes [...]. Souillés dès notre naissance, et conçus dans l'iniquité, conçus parmi les ardeurs d'une concupiscence brutale, dans la révolte des sens, et dans l'extinction de la raison, nous devons combattre jusqu'à la mort le mal que nous avons contracté en naissant[82]. » Il aurait pourtant été si facile à Adam de résister à la tentation : « Qu'y avoit-il de plus doux, dans une si grande abondance de toutes sortes de fruits, que de n'en réserver qu'un seul[83] ? » C'est bien pourquoi « les esprits superbes qui dédaignent la simplicité de l'Écriture, et se perdent dans sa profondeur, traitent cette histoire de vaine, et presque de puérile. Un serpent qui parle ; un arbre d'où l'on espère la science du bien et du mal ; les yeux ouverts tout à coup, en mangeant son fruit ; la perte du genre humain attachée à une action si peu importante ; quelle fable moins croyable trouve-t-on dans les poètes ? C'est ainsi que parlent les impies[84]. »

Bossuet reprend donc toute l'histoire de la chute dans ses *Élévations sur les mystères de la religion chrétienne*, où il s'en tient à une interprétation littérale du récit de la Genèse – ce qui ne l'empêche pas de combler les lacunes afin de lui donner une allure rigoureusement logique. Comment expliquer ce serpent qui parle ? En ce temps-là, dit Bossuet, « les animaux, soumis à l'empire de l'homme, n'avoient rien d'affreux » et « Ève donc ne fut point surprise d'entendre parler un serpent ». Il est aussi logique que le

diable ait choisi de tenter la femme, car celle-ci est l'élément faible
du couple : « La première femme [...] n'étoit selon le corps qu'une
portion d'Adam, et une espèce de diminutif. Il en étoit à proportion à peu près de même de l'esprit[85]. » Dès l'origine, Adam
était le patron : « Il demeuroit à l'homme une primauté qu'il ne
pouvoit perdre que par sa faute et par un excès de complaisance.
Il avoit donné le nom à Ève comme il l'avoit donné à tous les
animaux, et la nature vouloit qu'elle lui fût en quelque sorte
sujette. » Et l'intelligence de ce bel animal de compagnie qu'est la
femme n'était évidemment pas de taille à résister au démon. « Le
diable, en attaquant Ève, se préparait dans la femme un des instruments les plus dangereux pour perdre le genre humain[86]. »

Bossuet nous met en garde : la méthode de Satan consiste à
faire naître en nous le désir de connaître la raison des choses :
« Pourquoi le Seigneur vous a-t-il défendu ? » Toutes les erreurs
commencent par « ce malheureux *pourquoi* ». Dès que le désir de
savoir apparaît en nous, il faut donc fuir : « Fuyons, fuyons, et dès
le premier *pourquoi*, dès le premier doute qui commence à se
former dans notre esprit, bouchons l'oreille ; car pour peu que nous
chancelions, nous périrons[87]. »

Ève a donc cédé à l'orgueil, et immédiatement elle a senti
« entrer jusque dans la moelle des os l'amour du plaisir des sens ».
Quant à Adam, il « céda plutôt à Ève par complaisance que
convaincu par ses raisons ». La suite de l'histoire embarrasse
davantage Bossuet, qui recourt à une série de périphrases pour
rendre compte pudiquement de la première érection et du premier
coït de l'histoire : « Il commence à nous paroître quelque chose
qu'une bouche pudique ne peut exprimer, et que de chastes oreilles
ne peuvent entendre. L'Écriture s'enveloppe ici elle-même, et ne
nous dit qu'à demi-mot ce que sentirent en eux-mêmes nos
premiers parents[88]. » À peine la pomme avalée, Adam regarde Ève
d'une étrange façon : « Qui sait si alors, déjà corrompu, Ève ne
commence pas à lui paraître trop agréable ? [...] Jusqu'ici leur
nudité innocente ne leur faisoit point de peine. Voulez-vous savoir
ce qui leur en fait ? [...] En un mot, leur esprit, qui s'est soulevé
contre Dieu, ne peut plus contenir le corps auquel il devoit
commander. » Ils cherchent des feuilles pour se couvrir, et « ce n'est
point contre les injures de l'air qu'ils se couvrent [...] ils n'ont
besoin que de feuilles, seulement ils en choisissent des plus larges
et des plus épaisses [...]. Achevons, pour ne pas revenir à ce

désordre honteux. Nous en naissons tous, et c'est par là que notre naissance et notre conception, c'est-à-dire la source même de notre être, est infectée par le péché originel. Ô Dieu ! Où en sommes-nous, et de quel état sommes-nous déchus[89] ! »

Pour finir, Bossuet évoque « l'énormité du péché d'Adam », « un si grand crime qui comprend en soi tous les crimes en répandant dans le genre humain la concupiscence qui les produit tous ». Adam « a égorgé sa propre femme, puisqu'au lieu de la porter à la pénitence qui l'aurait sauvée, il achève de la tuer par sa complaisance ». Ce n'est pas un hasard, ajoute Bossuet, si plus tard on décide dans le peuple hébreu de mutiler tous les garçons sur ce membre responsable du mal : « Ce fut la circoncision ; et ce ne fut pas en vain que cette marque fut imprimée où l'on sait, en témoignage immortel de la malédiction des générations humaines, et du retranchement qu'il falloit faire des passions sensuelles que le péché avoit introduites, et desquelles nous avions à naître[90]. »

Bossuet énumère alors toutes les conséquences de notre déchéance : obligation du travail, hostilité de la nature, qui rend les récoltes aléatoires, nécessité de s'abriter dans des maisons et de se couvrir le corps de vêtements – l'évêque en profite pour fustiger leur luxe, avec des accents prérousseauistes : « Ô homme, reviens à ton origine ! pourquoi t'enorgueillir dans tes habits ? Dieu ne te donne d'abord que des peaux pour te vêtir[91]. » Et puis, l'homme étant devenu faible, il doit « soulager le travail par le sommeil ; il y faut tous les jours aller mourir, et passer dans ce néant une si grande partie de notre vie ». La condition humaine est en tous points lamentable : « Nos misères commencent avec la vie et durent jusqu'à la mort ; nul n'en est exempt. »

Nous sommes tous égaux dans la corruption, car « Dieu a voulu que, tant que nous sommes d'hommes répandus par toute la terre, dans les îles comme dans les continents, nous sortissions tous d'un seul mariage, dont l'homme étant le chef, un seul homme par conséquent est la source de tout le genre humain[92] ». L'insistance sur le péché originel débouche inévitablement sur une anthropologie de l'unité humaine, sur un sentiment de solidarité et d'égalité, mais ce sentiment d'égalité est bien sûr très théorique, et semble surtout servir à justifier l'inégalité sociale. Nous sommes tous mauvais, mais l'ordre social hiérarchisé permet d'éviter le chaos.

Les grands débats théologiques des XVIe et XVIIe siècles n'incitent guère à l'optimisme. On pourrait les résumer en une

phrase : l'homme est incapable de faire le moindre bien s'il ne
reçoit pas l'aide de Dieu. Certes, les théologiens divergent sur la
gravité de notre état, les jésuites nous accordant un peu plus d'initiative et de liberté que les jansénistes. Mais, à l'évidence, l'espèce
humaine passe pour être incapable de progresser. L'homme est un
loup pour l'homme : voilà bien l'opinion des moralistes du
XVIIᵉ siècle. Le *Léviathan* traduit la pensée politique d'une société
marquée par le péché originel. Que la théorie en ait été faite par
un quasi-athée, Hobbes, ne change rien à l'affaire : au milieu du
XVIIIᵉ siècle, l'idée de péché originel commence à envahir la philosophie, qui, sous une forme sécularisée, va aboutir au même moralisme rigoureux.

CHAPITRE V

Le péché originel,
fondement de la culture classique

La nature humaine est-elle bonne ou mauvaise ? Pour l'Europe classique, la réponse est sans ambiguïté : l'homme est toujours incliné au mal parce qu'il descend d'Adam, l'ancêtre commun par qui la création a été faussée. Cette désespérante certitude marque toute la civilisation classique. L'homme doit se méfier de ses passions, et les sujets doivent se laisser guider par le clergé et l'État.

CATÉCHISMES, SERMONS ET MANUELS DE MORALE

Dès leur plus jeune âge, les enfants apprennent par le catéchisme, dont les formules indélébiles programment les esprits, qu'ils naissent « mauvais et pécheurs ». C'est ce que leur enseigne par exemple le *Catéchisme de Meaux*, composé par Bossuet :

— Comment donc naissons-nous pécheurs ?
— C'est par le péché de notre premier père.
— Comment est-ce que nous sommes pécheurs par le péché de notre père ?
— Il ne faut pas demander comment, il suffit que Dieu l'ait révélé.
— Comment appelez-vous ce péché que nous apportons en naissant ?
— On l'appelle péché originel, c'est-à-dire péché qu'on apporte dès son origine ou dès sa naissance.
— Quel a été le péché d'Adam ?

— C'est d'avoir mangé le fruit défendu.

[...]

— Quels effets ressentons-nous du péché d'Adam ?

— De très malheureux effets dans le corps et dans l'âme.

— Quels effets en ressentons-nous dans le corps ?

— La mort et toutes ses suites, comme sont les maladies et toutes les incommodités de la vie.

— Quels effets du péché ressentons-nous dans nos âmes ?

— Deux malheureux effets, l'ignorance et la convoitise ou concupiscence.

— Qu'appelez-vous la concupiscence ou la convoitise ?

— C'est l'inclination au mal.

— Sommes-nous enclins au mal ?

— Oui, nous sommes enclins au mal.

— Comment ?

— En ce que nous sommes portés à nous attacher aux plaisirs sensibles et à nous aimer nous-mêmes plus que Dieu [1].

Le *Catéchisme de Bourges*, œuvre de La Chétardie, curé de Saint-Sulpice, est beaucoup plus explicite. À propos de l'interdiction faite à Adam, il pose la question :

— Quel fut ce précepte ?

— De ne pas manger du fruit d'un seul arbre sous peine de mort.

— Pourquoi ce commandement ?

— 1. Pour lui faire sentir sa dépendance et lui apprendre qu'il avoit un maître. 2. Pour éprouver et couronner son obéissance, et lui apprendre à rejeter la superfluité.

— Pourquoi un seul commandement ?

— N'ayant ni l'entendement obscurci par l'ignorance, ni la convoitise, il n'étoit pas besoin de lui ordonner ou de lui défendre beaucoup de choses.

— Pourquoi un commandement si aisé ?

— Il vouloit lui rendre la vie commode, tandis qu'elle seroit innocente [2].

Arrive le démon-serpent, qui parle à Ève :

— Que fit-elle ?

— Elle écouta trop le tentateur, qui la flatta d'une grandeur imaginaire, elle raisonna sur le précepte, elle douta, elle s'enfla d'orgueil, elle se laissa aller à la vanité, à la curiosité, à la sensualité ; elle désobéit, elle mangea de cette pomme, ou plutôt de ce poison funeste, et elle en donna à son mari qui en mangea par complaisance pour elle.

Le rapprochement de la pomme et du poison était parfois poussé jusqu'à l'assimilation. La fameuse pomme d'Adam aurait même été empoisonnée, comme celle de Blanche-Neige, soutient en 1617 le docteur Robert Fludd dans son *Tractatus theologo-philosophicus*.

Mais reprenons la leçon de catéchisme pour écouter la liste des conséquences de la désobéissance d'Adam :

> — Qu'arriva-t-il de cette transgression ?
> — Aussitôt, tout changea pour eux. 1. Ils perdirent l'innocence et la justice originelle, et avec elle leur bonheur, et l'empire qu'ils avoient sur eux-mêmes, et sur les animaux qui se révoltèrent ou s'enfuirent [...]. 2. Ils furent dépouillés de la grâce, chassés honteusement du paradis, renvoyés au lieu triste, solitaire, inculte, agreste, de leur basse origine. 3. Et atterrés par cet arrêt foudroyant : « Vous mangerez le pain à la sueur de votre front, jusqu'à ce que vous retourniez dans la terre dont vous avez été » [...]. De cette sorte, nos premiers parents, assez aveugles pour ne s'être pas maintenus dans la gloire de leur première formation, devinrent semblables aux brutes privées de raison. 4. Et condamnés aux mêmes misères, et à plus de misères, au travail, à la pauvreté, à la faim, à la soif, au chaud, au froid, aux maladies, à la vieillesse et enfin à la mort temporelle, figure de la mort spirituelle et éternelle qu'ils avoient encourue. 5. La lumière de leur esprit s'obscurcit, leur volonté se porta au mal, leur liberté s'affaiblit, leurs passions se révoltèrent, ils déchurent du droit qu'ils avoient à la vie éternelle.

Conséquence du péché d'Adam : « Nous venons tous en ce monde dégradés, criminels, enfants d'ire et de malédiction, ennemis de Dieu, esclaves du diable qui les avoit séduits, condamnés à la mort, et infectés du péché originel, ainsi que les serpents du venin de leur père : chaque homme qui naît n'étant qu'un Adam reproduit, ou une extension d'Adam criminel[3]. »

Devenu adulte, le fidèle ne cesse de s'entendre répéter par les prédicateurs qu'il est un misérable, que la concupiscence est partout. Voici le jésuite Vincent Houdry dans un sermon *Sur l'intempérance dans le boire et le manger*, peu avant 1700 :

C'est, Messieurs, une vérité constante, et qui fait un des
premiers principes de notre religion, que le péché du premier
homme n'a pas seulement engagé tous les hommes dans son
malheur, mais encore que ce péché a tellement déréglé la nature
de l'homme même, que ce désordre s'est glissé dans toutes les
parties qui le composent, dans son esprit et dans son corps, et
généralement dans toutes ses puissances, qu'il a corrompues,
affaiblies et déréglées. C'est pour cela que l'entendement, auparavant éclairé de si vives lumières, est demeuré obscurci et aveuglé,
que sa volonté, au lieu de cette droiture qui lui étoit naturelle, sent
maintenant un penchant étrange aux biens sensibles, ce que nous
appelons concupiscence [4].

Le péché d'Adam est censé expliquer tout ce qui ne va pas dans
le monde. C'est de la gourmandise que vient tout le mal, affirme
Vincent Houdry : « Ce péché a été l'intempérance, en mangeant
du fruit défendu, [...] ce qui me fait dire que ce péché considéré
dans sa nature et dans ses effets est le plus honteux et le plus
indigne d'un homme, quand nous n'aurions pour règle de notre
conduite que la loy naturelle, et les seules lumières de la raison [5]. »
L'homme doit se méfier de tout, car le diable est partout. Plus
que tout autre, le prêtre doit s'en souvenir, lui qui est le modèle de
l'homme régénéré. Dans ses *Examens particuliers*, Louis Tronson,
supérieur du séminaire de Saint-Sulpice, le rappelle à ses séminaristes : Adam et Ève, après avoir désobéi, ont découvert avec
horreur leur nudité ; comme eux, nous devons avoir honte de notre
corps et ne jamais le regarder, surtout les « parties honteuses » – la
modestie « souhaiterait même que l'on ne couchât jamais sans
caleçon, pour prévenir les surprises qui pourraient la blesser
pendant la nuit ». Il convient de dissimuler le plus possible son
corps, et de le contrôler : avec la concupiscence, il n'échappe que
trop facilement à la domination de l'esprit. Tronson consacre donc
de longs passages à la façon de se tenir, de regarder, de sourire,
de marcher. « Cela suppose, bien entendu, une anthropologie qui
dévalorise radicalement ce qu'il peut y avoir de trop humain dans
l'homme », écrit Yves Krumenacker, qui remarque combien la
« naissance de l'homme moderne » est d'une certaine manière une
tentative pour camoufler sa misère après qu'il a pris conscience des
effets ravageurs du péché originel [6].
Certes, il faut faire des concessions à notre faiblesse, admet le
curé Jean-Baptiste Thiers, pour qui « l'homme n'auroit point eu

besoin de jeux ni de divertissements, s'il se fût conservé dans le bienheureux état d'innocence où Dieu l'avoit créé. Car quoiqu'il eût été de son devoir de travailler dans le paradis terrestre, son travail lui eût été agréable ». Ici, la punition du péché originel n'est pas le travail, mais le divertissement. Dans l'idéal, l'homme devrait pouvoir travailler continuellement, sans avoir besoin de se reposer ni de rire. Mais sa faiblesse « est si grande depuis le péché que, ne pouvant s'occuper sans cesse à des choses sérieuses, il est obligé de fois à autre de prendre quelque divertissement ». Le rire n'est donc utile qu'en vue « de se rendre capable des occupations sérieuses[7] ». Toutes ces « momeries » sont aussi des conséquences du péché originel.

L'HUMILIANTE CONDITION HUMAINE

La littérature grotesque et le picaresque espagnol expriment de façon plus grinçante le dépit de l'homme orgueilleux qui se voit réduit à un état humiliant par le péché originel. Ainsi *La Vie de Lazare*, en 1554, farce ascétique, presque mystique, où l'homme est un ridicule pantin. De *Guzman de Alfarache* (1599) de Mateo Aleman au *Buscon* (1626) de Quevedo, le *picaro* descend dans l'immonde et le répugnant. Guzman mange des œufs pourris et du mulet crevé ; un porc le fait tomber dans le fumier ; il est enfermé une nuit avec des charognes. Quant au héros du *Buscon*, il est couvert d'excréments, de crachats, de bave. Les auteurs picaresques ravalent l'homme à l'état d'« automate physiologique, défécateur et sputateur », écrit Maurice Molho. Inversion des hauteurs sublimes de la mystique espagnole ? Disons plutôt complément : pour Thérèse d'Avila et Jean de la Croix, l'homme ne vaut pas mieux que pour Aleman et Quevedo. Chez les uns et chez les autres, il est irrémédiablement maudit, et chacun exprime à sa façon son désir d'en finir avec la condition humaine, en perdant son identité dans la fusion avec le divin ou en l'écrasant dans l'infamie sous un rire diabolique[8].

Et d'abord, quoi de plus humiliant que d'être un enfant ? Cette étape dégradante, nous la devons bien entendu au péché originel. Saint Thomas pensait que même sans la chute l'homme serait né naturellement dans l'état d'enfance, mais cette opinion est largement contestée aux XVIe et XVIIe siècles, tant l'image de l'enfant est négative. Tous sont d'accord avec Bérulle pour qui, nous l'avons vu, l'enfance est « l'état le plus vil et le plus abject de la nature humaine, après celui de la mort ». Le père de Condren acquiesce : l'enfance « est un état où l'esprit est enseveli dans la faiblesse, et où les sens de la nature corrompue règnent sur la raison. Dans cet état, la grâce même de notre adoption divine et l'esprit de Jésus sont captifs de l'impuissance et réduits à un anéantissement[9] ». Pour François de Sales, « nous naissons au monde en la plus grande misère qui se puisse imaginer, car non seulement en notre naissance, mais encore pendant notre enfance, nous sommes comme des bêtes privées de raison, de discours et de jugement[10] ». Pour Claude de Sainte-Marthe, lorsque nous sommes enfants, « la corruption naturelle de notre cœur l'attache à tous les vices qui nous peuvent perdre et nous fait haïr toutes les vertus[11] ». Bossuet renchérit : les enfants sont des criminels.

Dans ces conditions, on conçoit que le métier d'enseignant rebute les meilleures volontés. Ce métier ingrat, dont on se décharge sur les jeunes membres des congrégations, est lui aussi une conséquence du péché originel, assure en 1693 le père Jouvency, jésuite :

> Je n'ignore pas qu'il est pénible et fatigant de passer le plus beau temps de sa jeunesse et de compromettre quelquefois sa santé dans la poussière des classes ; de tourner cette meule quelquefois pendant longtemps ; de supporter les sottises et les méchancetés des enfants ; mais tout le monde comprend aussi que nous sommes nés pour travailler, et que nous y sommes condamnés non moins à cause de nos fautes qu'à cause de la faute de nos premiers parents. Le travail est ce qu'il y a de plus utile pour nous ; nous devons même le demander. Ce travail est pénible, il est vrai ; mais quelque pénible qu'il soit, considérez la récompense éternelle qui vous attend : ne faut-il pas pour cela dévorer bien des ennuis[12] ? »

Conséquence plus inattendue du péché originel : la rhétorique. Depuis la faute d'Adam, l'intelligence, la compréhension passent par les sens ; pour convaincre, la raison pure est désormais insuffisante et il nous faut recourir à des ornements du langage, à des artifices qui soutiennent le raisonnement, explique George Wither au milieu du XVIIe siècle. Un autre Anglais, Robert Burton, montre dans son *Anatomie de la mélancolie* que le péché originel nous rend sujets à cette humeur sombre, à toutes sortes de craintes et à la neurasthénie.

La nécessité de dormir est une autre de ces faiblesses honteuses qui nous handicapent depuis la chute. En 1644, dans *L'Homme criminel*, l'oratorien Senault écrit : « Le sommeil n'est guère moins honteux que la maladie : car il égale la condition des vivants à celle des morts, et pour nous conserver la vie, il nous ôte l'usage de la raison. Pour moi, je ne saurais m'imaginer que le sommeil nous fît cette injure avant le péché. »

ADAM, L'ORDRE ET LA SUBVERSION

Les hérésies sont évidemment une conséquence du péché originel, puisque celui-ci a brouillé notre raison et nous a inclinés au mal. Adam n'est-il pas le premier hérétique, lui qui a préféré croire sa femme plutôt que Dieu ? C'est ce qu'affirme en 1597 un prédicateur en 1597, Simon Vigor : lorsque Ève lui a présenté la pomme, « Adam s'est laissé embabouïner par sa femme et en a mangé : tellement que le premier péché du monde a été hérésie (je le dis d'après Tertullien), pour autant que l'homme a mieux aimé croire sa femme et le diable qui lui disoient mensonge, que non pas Dieu qui lui avoit dit la vérité[13] ». Opinion confirmée un siècle plus tard par le protestant Jacques Basnage, en 1699 : Adam « aurait dû entretenir la succession de la doctrine [...]. Mais quoiqu'il ait [eu] au paradis terrestre une lumière pure et une sainteté suffisante pour se conduire, il ne laissa pas de changer la religion qui lui avoit été confiée[14] ».

Mais le péché originel est aussi la cause indirecte de toutes les révoltes. De l'assassinat d'Henri IV à celui des frères de Witt, de la Fronde à la révolution anglaise de 1649, des soulèvements antifiscaux du règne de Louis XIII à la deuxième révolution anglaise de 1688, le XVIIe siècle a été obsédé par le culte de l'ordre et a vu dans la désobéissance d'Adam le principe de la subversion : « La désobéissance du premier homme a mis le désordre et la mort dans le monde, explique Robert Mentet de Salmonet en 1649. Toutes les créatures alors se révoltèrent contre luy et ne le reconnurent plus. Il sentit encore aussi tost une révolte plus dangereuse dans soy-mesme [...] ; les éléments dont son corps est composé et qui en sa faveur avaient oublié leur inimitié naturelle reprirent leur haine première et ne cessèrent de se faire la guerre jusque ce que cet édifice admirable fust réduit en poussière. C'est de cette révolte intestine que les hommes sont devenus comme des loups qui se mangent les uns les autres[15]. »

Pour Vincent de Paul, le péché originel impose une stricte hiérarchie sociale, qui comprend, il en convient, des aspects despotiques. Si Adam n'avait pas péché, il y aurait certes une hiérarchie, avec des supérieurs et des inférieurs, mais pas d'abus de pouvoir. « L'homme ne s'est attiré ce nom [de serviteur] que par sa faute. En sorte que si l'homme n'eût point péché, vous n'auriez point d'autorité sur lui [...]. Par conséquent, si vous commandez à ce serviteur, c'est le péché qui vous en donne le droit. "Vos serviteurs sont hommes comme vous et vous êtes pécheurs comme eux[16]." »

L'héritage du péché originel sert donc à justifier les pouvoirs absolus. La nature humaine est corrompue, répètent les théoriciens de l'absolutisme : pour organiser une vie collective stable entre des hommes foncièrement mauvais, il faut une stricte hiérarchie sociale et un gouvernement autoritaire ne tolérant aucune critique. Sur le plan économique et social, la dépravation universelle exige la propriété privée, agent de responsabilisation, de sélection des élus, et épreuve salutaire face à l'attrait pour les biens matériels.

L'argument est développé d'une façon très ambiguë lors des guerres civiles anglaises. Les anglicans comme les calvinistes classiques renversent parfois la perspective, expliquant que la propriété privée prouve la corruption, donc la chute originelle, car elle déclenche l'envie et l'orgueil, lesquels n'existeraient pas si les biens étaient collectivisés. Ainsi, la propriété privée entretient la tentation, qui permet de prouver l'existence du péché originel, tandis que le péché originel entretient la nécessité de la propriété privée et de la hiérarchie des classes.

Le chef révolutionnaire des *Diggers*, Gerald Winstanley, a bien perçu le sophisme. En 1649, dans *The New Law of Righteousness*, il rejette le mythe d'Adam et de la pomme, dans lequel il voit une simple allégorie : « Ne dites plus jamais au peuple qu'il y eut un homme du nom d'Adam qui, désobéissant il y a environ six mille ans, fut l'homme qui remplit tous les autres de péché et de souillure, en mangeant une pomme [...]. Soyez-en sûrs, c'est en chaque homme et femme que cet Adam existe. Quant à la pomme, elle n'est pas un simple fruit de ce nom, [...] elle représente les objets de la création [...] tels que richesse, honneurs, plaisirs [...].

C'est pourquoi, lorsqu'un homme tombe, qu'il n'aille pas blâmer un homme qui mourut il y a six mille ans, mais qu'il se blâme lui-même[17]. » En fait, Winstanley préfigure ici Rousseau, transférant le mythe biblique sur le plan économique et social : la chute, la faute originelle, c'est l'apparition de la propriété privée. C'est cela, écrit-il, qui « déshonore l'œuvre de la création », la « malédiction » ; par la collectivisation, « l'esclavage sera aboli, toutes larmes seront essuyées, tous les hommes seront secourus et libérés de la pauvreté et de la détresse ».

Les idées de Winstanley vont donc à contre-courant. « Sans une doctrine du péché et de la dépravation humaine, il est évident que le christianisme n'aurait eu aucun sens pour les hommes et les femmes qui pensaient au XVIIe siècle », écrit W.M. Spellman, auteur d'une étude récente sur les collusions entre religion, économie et politique dans l'Angleterre du XVIIe siècle[18]. « Les dures épreuves des années 1640, quand des radicaux tels que Gerald Winstanley répudièrent l'idée de péché originel et profitèrent de l'effondrement de la censure pour contester le prédestinianisme des calvinistes "respectables", choquèrent les élus. Les dangereuses implications sociales d'une telle pensée apparurent rapidement [...]. Si la propriété n'était pas collectivisée, alors la chute d'Adam devait être associée avec l'envie et l'orgueil[19]. » Le péché originel, qui rend nécessaires des lois divines et humaines fortes afin de maintenir l'ordre, est « le legs d'Adam au XVIIe siècle », écrit Spellman, et cela explique le retour en force de l'idée de chute et de corruption universelle avec la restauration monarchique anglaise de 1660 comme avec la Restauration française de 1814. La monarchie de droit divin a besoin d'une humanité déchue pour pouvoir justifier son rôle providentiel[20].

MORALE DU SOUPÇON ET LOIS NATURELLES

Les penseurs du siècle de Louis XIV n'ont pas attendu l'« ère du soupçon » pour débusquer derrière toutes nos actions des motifs intéressés. Protestantisme et jansénisme ont montré qu'il n'est pas de bonne action qu'on ne puisse soupçonner d'être viciée à la racine. Les moralistes mondains, de La Bruyère à La Roche-foucauld, glissent dans le cynisme désabusé qui éclate dans chacune des *Maximes* de 1678 : « Ce qui rend la vanité des autres insupportable, c'est qu'elle blesse la nôtre » ; « On aime mieux dire du mal de soi-même que de n'en point parler ». Amère lucidité, qui traduit la noirceur indélébile de l'âme humaine, incapable d'atteindre le bien en raison du péché originel.

Chez les moralistes ecclésiastiques, le constat se double de la mise en place d'un réseau d'observations et de mesures palliatives sous la forme de manuels de casuistique destinés aux confesseurs. Les sommes et manuels de confesseurs sont apparus au XIIIᵉ siècle, mais connaissent une véritable explosion aux XVIᵉ et XVIIᵉ siècles : plus de six cents titres ont été recensés entre 1564 et 1663. De plus en plus techniques et juridiques, ils se veulent exhaustifs, imaginant même les cas les plus invraisemblables, dans le but de débusquer le mal sous ses aspects les plus anodins. Ces catalogues de cas artificiels au caractère de plus en plus formel répondent au souci affiché de fournir au chrétien le guide indispensable dont a besoin son esprit aveuglé par le péché originel. Un seul exemple, parmi des milliers, pris dans le classique *Dictionnaire des cas de conscience* de Pontas :

> Godart, aubergiste, loge chez lui plusieurs personnes qui veulent qu'il leur prépare à souper les jours de jeûne ; ce qu'il fait, quoiqu'il soit moralement assuré qu'ils ne s'exemptent du jeûne que par leur peu de religion. Les raisons qui lui font croire qu'il ne pèche point en cela sont 1º que s'il refuse de le faire, ils iront loger ailleurs, et il n'aura plus le moyen de subsister avec sa famille. 2º que les autres aubergistes n'en font aucune difficulté. 3º que souvent il s'en trouve à la même table plusieurs qui ne sont pas obligés de jeûne, et que, comme il ne sert qu'une table, il n'est pas dans son pouvoir d'empêcher de souper ceux qui y sont tenus, et qui d'ailleurs lui diront qu'ils ne sont pas en état d'observer le jeûne. Ces raisons suffisent-elles pour l'excuser de péché ?
>
> Réponse : – La décision de ce cas est facile, en supposant avec saint Raymond que ceux-là pèchent, qui vendent des choses à ceux qui les achètent pour pécher. Or, Godart sait bien que ces personnes ne lui demandent à souper que contre la défense de l'Église, à laquelle ils sont tenus d'obéir sous peine de péché mortel. Donc il ne peut leur donner à souper ces jours-là sans participer à leur péché [...] et les raisons qu'apporte Godart ne suffisent pas pour l'excuser de péché. Car il ne peut en conscience pourvoir à sa subsistance par le péché, ni suivre le mauvais exemple de ceux de sa profession, qui violent en cela la loi de l'Église[21].

Ainsi, les actes les plus ordinaires de la vie quotidienne deviennent des cas de conscience dont les conséquences peuvent être catastrophiques pour le salut éternel. Chacun est poussé à se méfier de lui en permanence et à se dénoncer lui-même au tribunal de la confession. Ce retournement de l'agressivité contre soi engendre une névrose de culpabilité, que Freud a définie comme « la déviation religieuse et pathologique d'un christianisme qui focalise son message sur le rappel du péché et qui se rétrécit en dispositif de lutte contre lui[22] ». Cette culpabilisation multiséculaire à l'échelle du continent européen, magnifiquement étudiée par Jean Delumeau[23], est le résultat le plus dévastateur de l'obsession du péché originel sur la masse des fidèles.

L'élite intellectuelle n'y échappe pas. Dès le XVIe siècle, beaucoup s'interrogent sur la capacité de l'homme à connaître les principes du bien et du mal. Tous admettent l'axiome de base – le péché originel a obscurci notre raison et notre sens moral –, mais si les uns croient que la seule solution est d'obéir à la loi imposée par les autorités religieuses et politiques parce que le péché originel a effacé en nous la connaissance du bien et du mal, les autres pensent que le péché originel laisse subsister en nous les grands principes de distinction du bien et du mal, qui permettent même aux païens d'avoir une morale naturelle.

Montaigne, qui ne fait aucune allusion à un quelconque péché originel, est évidemment du côté de ces derniers. La loi divine est une loi de pure obéissance dont nous n'avons pas à connaître les raisons. Ce que nous appelons loi naturelle n'est en fait que la coutume, et le plus sûr est de la suivre ; le sage s'en inspire et se fait ses propres maximes, acceptant sa condition sans céder au désespoir ou au repentir.

Hugo Grotius, qui ne fait pas non plus mention du péché, pousse plus loin la sécularisation. L'objet de la morale est d'assurer la paix sociale, affirme le juriste hollandais qui s'efforce de mettre Dieu et la religion entre parenthèses. Prenant acte de la nature humaine, qui est portée à la querelle, mais qui est également sociable, il estime qu'il suffit de suivre la loi de nature et, en cas de doute, qu'il faut utiliser notre raison. Cette attitude individualiste rompt avec la vision communautaire religieuse : il y a une nature humaine fondée sur l'instinct de conservation ; il y a aussi des lois naturelles – Grotius est très influencé par les découvertes de Galilée – dans chaque domaine, physique comme moral. C'est là-dessus qu'il faut s'appuyer pour fonder le droit.

Beaucoup moins moderne, son contemporain Francis Bacon reste convaincu que toute morale s'enracine en Dieu, parce que le péché originel a précisément consisté pour l'homme à rechercher en dehors de Dieu le principe du bien et du mal. C'est ainsi qu'il faut comprendre l'interdiction de manger du fruit de l'arbre de la connaissance. Bacon croit, écrit-il,

> que Dieu a créé l'homme à son image, qu'il lui a donné une loi et un commandement, que l'homme s'est détourné de Dieu, en s'imaginant que les commandements et les interdictions de Dieu n'étaient pas les lois du bien et du mal, mais que le bien et le mal avaient leurs propres principes et leurs propres commencements, et il a recherché le savoir de ces origines imaginaires, afin de ne plus avoir à dépendre de la volonté révélée de Dieu, mais uniquement de lui-même et de ses lumières, comme un Dieu ; il ne pouvait pas y avoir de péché plus opposé à la loi divine[24].

Pour Spinoza, le mal vient également d'un malentendu entre la loi et la vérité. Quand Dieu a interdit à Adam et Ève de manger la pomme parce qu'elle entraînerait leur mort, ils ont pris cette interdiction pour une loi, un commandement avec le châtiment qui serait imposé en cas de désobéissance, mais laissant espérer qu'il pourrait y avoir un avantage dans cette désobéissance. En fait, il s'agit d'une vérité :

> Les affirmations et les négations de Dieu enveloppent toujours une nécessité. Si donc, par exemple, Dieu dit à Adam : je ne veux pas que tu manges le fruit de l'arbre de la science du bien et du mal, il impliquerait contradiction qu'Adam pût en manger, et il serait par suite impossible qu'Adam en mangeât : ce décret divin en effet devrait impliquer une vérité et une nécessité éternelles. Puisque cependant l'Écriture raconte que Dieu l'a interdit à Adam et que néanmoins Adam en a mangé, on devra dire nécessairement que Dieu a révélé à Adam le mal qui serait pour lui la conséquence nécessaire de cette action, mais non la nécessité de la conséquence de ce mal. Par là, il arriva qu'Adam a perçu cette révélation [...] comme une loi, c'est-à-dire comme une règle instituant qu'un certain profit ou un certain dommage sera la conséquence d'une certaine action, non par la nécessité inhérente à la nature même de l'action, mais en vertu du bon plaisir et du commandement

absolu d'un prince. Ainsi, pour Adam seul et seulement par suite de son défaut de connaissance, cette révélation devint une loi et Dieu se posa en législateur et en prince[25].

L'histoire de la pomme, explique Spinoza, est un mythe qui associe le mal à une question d'erreur. Puisque l'on ne peut désobéir à la volonté divine, qui est inéluctable, il ne peut y avoir faute qu'à partir du moment où il y a loi : « Dans l'état de nature, aucune action ne saurait être qualifiée : faute. Du moins, nul ne saurait y commettre de faute qu'envers soi-même, jamais envers un autre [...]. La faute se définit : toute action que la loi interdit d'accomplir. [...] Le droit de nature n'oblige donc pas plus l'homme dépourvu d'intelligence et de caractère à régler sa vie avec sagesse qu'il n'oblige le malade à être en bonne santé[26]. » Il en est de même des lois du Décalogue : en tant que telles, elles sont intangibles ; si nous désobéissons, c'est que nous ne comprenons pas qu'elles sont en fait des vérités, et qu'en croyant désobéir nous nous mettons en réalité dans l'erreur, le non-être, la contradiction – on ne peut pas désobéir à une vérité. « L'homme peut, tout au plus, agir à l'encontre des vouloirs divins, sous l'aspect qu'ils prennent et en notre esprit et en celui des prophètes, c'est-à-dire sous les termes d'une législation. Mais il ne saurait, en aucun cas, aller à l'encontre du vouloir éternel de Dieu tel que, inscrit dans l'univers naturel, il exprime l'ordonnance de la nature entière[27]. »

Les tenants de la loi naturelle sont convaincus que celle-ci a besoin d'être renforcée par la loi divine du Décalogue, car le péché originel a obscurci la connaissance des lois naturelles dans l'esprit de la plupart des hommes. Ainsi Suarez, pour qui les dix commandements sont des lois de la nature, pense qu'il a fallu promulguer une nouvelle fois pour la multitude, en les raccrochant explicitement à la volonté divine. C'est à peu près l'explication aussi de l'évêque anglican de Peterborough, Richard Cumberland, qui, dans son *De legibus naturae* (1672), relativise les dégâts causés par le péché originel. Nous agissons tous en vue du plus grand bien, mais nous n'arrivons pas toujours à discerner où se trouve ce bien, et c'est pourquoi Dieu nous a donné le Décalogue. Les lois de la nature ne suffisent pas, car notre égoïsme nous incline à les négliger ; il faut donc des lois positives précises pour les soutenir.

Plus optimiste, James Harrington pense que la raison est capable de corriger les effets pervers du péché originel. En 1656, dans son utopie d'*Oceana*, il explique que, depuis la chute, la passion conduit au vice, tandis que la raison conduit à la vertu, et qu'une communauté dotée de lois raisonnables peut subsister de façon acceptable en éliminant la corruption. Il n'est pas le seul à croire que la similitude entre l'esprit divin et l'esprit humain doit permettre à l'homme de trouver les principes de la morale. En 1584, l'évêque français Guillaume du Vair, dans sa *Sainte Philosophie*, et l'humaniste belge Justus Lipsius, dans son *De constantia*, expriment cette croyance en un possible progrès. Lord Herbert de Cherbury pousse plus loin encore ce perfectionnisme, au prix d'une quasi-annihilation du péché originel. Considéré comme un précurseur du déisme, il pense que la raison permet à l'homme d'améliorer son sens moral.

Le groupe des platoniciens de Cambridge – Smith, More, Whichcote, Cudworth et quelques autres – a lui aussi tendance à minimiser le péché originel. Les ecclésiastiques anglicans expliquent que le sentiment de culpabilité que nous ressentons est dû à la chute, qui engendre en nous une inquiétude diffuse. Mais, précisent-ils, nous serions tous capables de voir où se trouve le bien, même si Dieu ne nous avait pas donné les commandements. Ceux-ci ont une utilité « médicinale » ; ils nous aident à supporter le sentiment de faute en nous fournissant des certitudes. Car la morale est une science exacte : « En morale, nous avons autant de certitude qu'en mathématiques », déclare Benjamin Whichcote, et Henry More énonce vingt-trois « axiomes et noèmes moraux », qui « s'imposent dès qu'on les entend », comme des axiomes mathématiques.

Les platoniciens de Cambridge réfléchissent également sur le libre arbitre et sur ce qu'il en reste depuis le péché originel. La véritable liberté n'est pas de pouvoir choisir entre le bien et le mal, mais de toujours choisir ce qui est le mieux, en accord avec sa propre nature. Le péché d'Adam a détruit en nous cette liberté suprême et l'a remplacée par la liberté d'indifférence, l'équilibre entre le bien et le mal, qui nous rend capables de choisir même ce qui est mauvais pour nous. Cette fausse liberté est ce que nous appelons le libre arbitre, qui est donc vu ici comme un élément négatif.

Un autre groupe d'ecclésiastiques anglicans, les latitudinaires, a aussi une vision moins sévère du péché originel et de ses conséquences sur la vie morale. L'archevêque de Canterbury, John

Tillotson, dans la seconde moitié du XVIIᵉ siècle, est représentatif de cette position équilibrée, raisonnable, modérée, d'une Église d'État. Maintenir les exigences morales sans désespérer les individus, c'est la tâche que se fixe l'Église anglicane, pour laquelle le devoir d'État, le devoir civil, ne fait qu'un avec les obligations de chrétien. Tillotson, dans les deux cent cinquante-quatre sermons qui nous restent de lui, se montre conscient de notre « inclination au mal et impuissance concernant le bien ». La cause en est le péché d'Adam et Ève, qui ont transgressé un commandement « simple et facile » ; ils n'avaient à lutter que contre une tentation extérieure, alors que nous avons aussi à lutter contre de mauvais penchants internes, et « il y a en nous une grande dégénérescence et corruption de la nature humaine, par rapport à ce qu'elle était quand elle est sortie des mains de Dieu[28] ». De même, pour le prédicateur modéré Isaac Barrow, tous les hommes sont des « pécheurs mauvais, dénués de toute valeur et de tout mérite, tombés dans un état misérable, à la fois impuissants, abandonnés, dénués de toute capacité à se relever et à se racheter[29] ». Mais l'éducation, fondée sur la raison, permet d'effacer une partie des dommages causés en nous par le péché originel. Tillotson, qui est un ami de Locke, fait donc preuve d'un optimisme modéré sur la possibilité d'améliorer la nature humaine, mais au prix d'une discipline de fer : les *public schools* anglaises témoignent de cet effort surhumain pour former une élite capable de dominer les faiblesses de la nature corrompue par le péché.

Tous ces courants affirment donc plus ou moins que le péché originel laisse subsister en nous une morale naturelle, et que ces bonnes dispositions viendraient de notre nature originelle. Ces traces sont plus ou moins conscientes suivant notre degré d'ignorance, et c'est pourquoi Dieu a dû préciser ses exigences par la loi des dix commandements, qui ne sont qu'une explicitation de la loi naturelle.

LA MORALE VOLONTARISTE

Beaucoup moins confiants dans les capacités humaines à retrouver par la raison les principes du bien et du mal, certains pensent que la loi doit être suivie simplement parce qu'elle est la loi. La volonté divine est arbitraire, car Dieu est la justification ultime. On reconnaît là la position des nominalistes médiévaux, mais une telle position ne nécessite nullement une référence à Dieu ou au péché originel. Ainsi, pour Thomas Hobbes, il n'y a pas de morale naturelle. Ce qui est naturel, c'est la recherche du plaisir et le désir de fuir la douleur. Les hommes sont comme les atomes de la physique : ils sont mus par des forces d'attraction et de répulsion ; dans l'état de nature, c'est « la guerre de tous contre tous ». L'homme n'est pas un être sociable ; il se met en société parce qu'il y trouve son intérêt, aliénant sa liberté au profit du grand être social, le Léviathan, qui lui assure la sécurité et lui impose des lois. Ce sont ces seules lois positives qui déterminent le bien et le mal.

Hobbes ne parle pas du péché originel, mais sa vision pessimiste de l'homme rejoint celle des protestants et des jansénistes. Faut-il supposer qu'il croit implicitement à l'idée d'une chute originelle ? On ne peut que constater de troublantes similitudes. Son point de départ semble très influencé par l'idée générale d'une corruption de l'humanité, comme le remarque très justement J.B. Schneewind : « Les lois de la nature, pour Hobbes comme pour Grotius, montrent comment échapper, ou plus exactement comment éviter cette terrible condition. Il est frappant de constater qu'en dépit d'une image de la nature et de ses effets sociaux d'un pessimisme aussi flagrant que les tableaux de saint Augustin, de Luther et de Calvin, son diagnostic diffère des leurs. Pour Hobbes, notre monde n'est pas celui de la chute. Il se refuse à dire que notre nature est pécheresse. Il rend simplement compte, scientifiquement, des facteurs qui causent le problème que nous devons résoudre. C'est le problème de Grotius, poussé jusqu'à la limite du résolvable[30]. » C'est-à-dire le problème de faire vivre ensemble des individus mus par leur intérêt personnel.

Un autre atomiste, qui a d'ailleurs beaucoup fréquenté Hobbes, Pierre Gassendi (1592-1655), se range dans le même camp. Si l'homme est mauvais et se laisse gouverner par ses passions, c'est parce que son intellect est incapable de discerner le vrai. « Ceci nous amène à nous demander pourquoi Dieu nous a donné des facultés incertaines, confuses, inadéquates même pour les quelques tâches laissées à notre discrétion. » Gassendi n'en appelle pas à un péché originel, mais tout dans sa façon de penser l'implique. Puisque le monde est incompréhensible, il faut obéir à la loi.

Descartes ne se réfère pas non plus au péché originel. Sa position, en ce qui concerne la loi morale, est d'un extrême volontarisme. Il y a des vérités éternelles, mais elles ne sont telles que parce que Dieu l'a voulu – et celui-ci aurait très bien pu vouloir autrement, exigeant par exemple que nous le haïssions, comme l'avait déjà dit Guillaume d'Occam. Prudent, Descartes ne s'aventure pas sur le terrain des théologiens. Cependant, son strict dualisme laisse penser que s'il y a eu une chute originelle, celle-ci a affecté le corps, et non l'esprit. L'âme garde toutes ses capacités ; si elle paraît souvent impuissante, c'est parce que son instrument, le corps, est faussé. Les maladies de l'âme sont en réalité des maladies du corps. La folie, par exemple, est un accident physique qui s'est produit au niveau du cerveau, et non pas une affection de l'esprit. Les passions, phénomènes physiques, perturbent l'âme, et si nous faisons le mal, c'est que nos capacités physiques renseignent mal notre âme sur le vrai et le bien : « Les péchés en effet résultent généralement de l'ignorance, parce que personne ne peut désirer le mal en tant que mal. » Nous ne sommes pas vraiment libres, car le libre choix exige la connaissance de la vérité : « Si je connaissais toujours clairement ce qui est vrai et ce qui est bon, je ne serais jamais en peine de délibérer quel jugement et quel choix je devrais faire ; et ainsi je serais entièrement libre sans être jamais indifférent. » Les capacités de l'âme restent donc intactes, mais quelque chose ne va plus dans la machine du corps.

Explicitement ou implicitement, les philosophes moralistes du XVIIe siècle partent du constat d'un dérèglement initial qui nous rend incapables de connaître la vérité et d'atteindre la perfection morale. Chacun cherche à s'accommoder de la situation en faisant appel à la raison, avec plus ou moins d'espoir. L'homme qui résume peut-être le mieux la philosophie morale de ce siècle du péché originel est Samuel Pufendorf (1632-1694), professeur de droit, allemand et protestant. « Sa théorie, écrit J.B. Schneewind, a exercé une influence si vaste et si durable sur la pensée européenne du droit naturel qu'on peut la considérer comme le paradigme de la version moderne de ce type de doctrine[31]. »

C'est en 1672 que Pufendorf publie son volumineux *De jure naturae et gentium*. La morale ne vient pas de principes éternels du bien et du mal qui s'imposeraient à Dieu lui-même, mais de la volonté divine. Dieu a fait l'homme avec une nature sociable et a créé des normes, des entités et des lois morales afin de guider son action en vue de la sociabilité. L'homme était au départ parfaitement adapté à cette fin, mais le péché originel a tout perturbé, et il a perdu la connaissance claire des lois morales. Cependant, Pufendorf, bien que luthérien, ne pense pas que notre nature soit totalement corrompue, car nous conservons une « rectitude naturelle, qui nous permet de ne pas nous tromper dans les questions morales ». Aucun homme de capacité moyenne n'est donc « trop stupide pour comprendre au moins les préceptes généraux de la loi naturelle[32] ». En bon représentant d'un âge aristocratique, Pufendorf estime que seule une élite est capable de retrouver les lois morales précises, sans l'aide de la révélation : « Cela peut être étudié et dûment prouvé, même sans une telle aide, par le pouvoir de la raison[33]. » Les gens du commun, eux, ne peuvent concevoir que les grands principes ; les détails, les lois précises doivent leur être imposés.

Toute la morale du Grand Siècle s'appuie ainsi sur l'idée d'une chute originelle aux conséquences plus ou moins catastrophiques, qui rend très difficile la vie en société. Le but de la morale est donc double : d'une part, limiter les frictions entre les individus poussés par leurs tendances mauvaises ; d'autre part, retrouver les principes de départ qui devraient guider la nature humaine. Morale de l'effort, conçue comme un ensemble de règles absolues qui doivent contraindre notre nature pervertie. Faire le bien est pénible, car cela entraîne une contrainte à l'égard de nos sens en révolte. Le péché originel a tout mis à l'envers, si bien que tous les plaisirs terrestres sont désormais des illusions diaboliques, comme l'illustre *Le Jardin des délices* de Jérôme Bosch. Morale de l'austérité : faire le bien, c'est nécessairement souffrir, en vue du bien éternel, et cela à cause du péché originel.

LES EXPLICATIONS DE JAKOB BOEHME

Pour accéder à la vérité malgré le péché originel, trois voies sont ouvertes, pleines d'embûches : la révélation directe, la raison et l'expérience. La première, évidemment la plus rapide et la plus efficace, est réservée à quelques esprits privilégiés et ouvre la porte à toutes sortes de divagations mystiques et ésotériques. Au XVIe siècle, un certain nombre d'illuminés ou d'esprits exaltés par les conflits religieux ont ainsi prétendu renouer avec le savoir adamique du jardin d'Éden avant la faute.

Pour Jakob Boehme (1575-1624), dont Hegel a fait « le premier philosophe allemand » et dont la pensée a été récemment remise en honneur par Basarab Nicolescu[34], la chute originelle a obscurci la connaissance de Dieu et du monde : « Puisque dans le temps où Dieu a créé le ciel et la terre, il n'y avait encore aucun homme qui en eût été témoin, il faut en conclure qu'Adam avant sa chute, lorsqu'il était encore dans la profonde connaissance de Dieu, a connu ceci en esprit. Mais lorsqu'il déchut et qu'il fut établi dans l'engendrement le plus extérieur, il ne connut plus ceci, mais il n'en conserva qu'un souvenir obscur, comme d'une histoire voilée, et il le transmit à ses descendants[35]. » La faute originelle réside dans la recherche vaniteuse du savoir : « C'est pourquoi les enfants des ténèbres aussi bien que les enfants de ce monde sont plus rusés que ceux de la lumière, ainsi que le dit l'Écriture. Que si tu dis : Pourquoi ? C'est que s'est manifestée en eux la racine de l'origine de tous les êtres. C'est précisément ce que désira également Adam ; le diable les ayant persuadés qu'ils deviendraient plus savants, que leurs yeux s'ouvriraient et qu'ils seraient semblables à Dieu lui-même[36]. »

Dans un style pour nous très obscur, Boehme s'efforce d'expliquer ce qui, d'après lui, s'est passé. L'Adam primitif était constitué de deux éléments : « Deux êtres immuables et constants constituaient Adam : c'est-à-dire le corps spirituel issu de l'essence d'amour du ciel intérieur, lequel était le temple de Dieu, et le corps extérieur, matière de la terre, qui était la demeure et le réceptacle du corps intérieur spirituel et qui ne se révélait en aucune manière selon la vanité de la terre, car il était un limon, un extrait de la bonne partie de la terre qui, dans la terre, doit être séparé au jugement dernier de la vanité, de la malédiction et de la corruption du démon[37]. » Mais, d'après ce que l'on peut comprendre – car la pensée de Boehme est un défi à toute rationalité –, le diable était déjà dans le limon dont l'homme a été fait, ce qui a tout de suite corrompu l'ensemble et abouti au jugement divin. Il y a donc eu un péché originel, et l'homme n'a plus eu accès à la vérité. Mais Boehme, lui, a bénéficié de révélations, dont il essaie de nous faire part. Malgré tout, la vérité nous reste inaccessible, en raison de la pluralité des langues. Au départ, « l'intelligence s'exprimait par un son unique ». Avec le péché originel, « la roue humaine du son ou de l'intelligence était retournée et dans chaque forme de la nature apparurent les dix formes du feu dans lesquelles résident le temps et l'éternité, c'est-à-dire que sept fois dix font soixante-dix, ce à quoi s'ajoute le principe central avec les sept formes invariables de la nature éternelle, ce qui fait en tout soixante-dix-sept parties[38] ». Boehme en appelle ensuite à ceux qu'il ne peut « instruire davantage », car ils sont « revêtus de la tunique des langues discordantes » : « Vous êtes tous encore prisonniers de Babel et vous vous querellez pour l'esprit de la lettre, et pour cette raison que vous n'avez pas d'intelligence et pourtant vous voulez être docteurs et savants, tout en ignorant votre langue maternelle[39]. »

Boehme touche ici un problème qui a beaucoup intrigué les intellectuels des XVIe et XVIIe siècles : la langue parlée au paradis terrestre. Presque tous penchent pour l'hébreu, y compris le très savant Joseph-Juste Scaliger, contemporain de Boehme, qui exprime l'avis général en affirmant que l'hébreu, « la plus vieille de toutes les langues, est celle en laquelle furent écrits les livres sacrés ». L'*Encyclopédie* reprendra cette opinion. Quelques esprits chauvins affirment cependant qu'Adam et Ève s'exprimaient dans une autre langue : l'allemand selon Goropius, le suédois selon Rudebeck, le danois d'après Kempe, qui sous-entend qu'Ève comprenait le français, car le serpent s'est exprimé dans la langue de Molière[40].

Plus sérieusement, plusieurs théologiens, surtout protestants, pensent qu'avant le péché originel il y avait une correspondance étroite entre les mots et les choses, qui permettait d'avoir une connaissance immédiate de la nature de celles-ci. Adam, qui avait selon la Bible donné un nom à chaque espèce vivante, en avait aussi une connaissance intime en même temps qu'un pouvoir sur elle. La chute a provoqué l'oubli de ce langage, que s'efforcent de retrouver, à travers l'hébreu, de nombreux humanistes. Descartes, Mersenne, Hobbes s'intéressent au problème, car retrouver le langage d'avant la chute, ce serait aussi mettre fin aux incompréhensions qui sont à l'origine des guerres depuis Babel. En 1668, John Wilkins, de Wadham College, Oxford, un des fondateurs de la Royal Society, lance dans cet esprit un programme de création de langue universelle, dans son *Essay towards a Real Character and a Philosophical Language*. Toujours, il s'agit de réparer ce que le péché originel a brisé.

MALEBRANCHE : UN PÉCHÉ INDISPENSABLE
À LA PERFECTION DE LA CRÉATION

La plupart des philosophes du XVIIᵉ siècle acceptent l'idée de péché originel et l'intègrent dans leur recherche de la vérité comme une donnée fondamentale, un handicap ou un stimulant selon les cas. Malebranche y voit même l'élément clé. L'austère oratorien affirme que « nous ne sommes plus tels que Dieu nous a faits ». Puisque Dieu est juste, si nous souffrons, c'est donc que nous avons péché. Nos misères sont la preuve du péché originel : « Si on nous pique, nous en souffrons, quelque effort que nous fassions pour n'y point penser. Cela est vrai. Mais [...] il n'est pas juste qu'il y ait en faveur d'un rebelle des exceptions dans les lois de la nature, ou plutôt que nous ayons sur notre corps un pouvoir que nous ne méritons pas[41]. » Dans notre condition présente, faire le bien nous coûte, alors que le mal nous procure du plaisir. Tout semble nous pousser vers des actes contraires à l'accomplissement de notre nature : « N'est-ce pas un désordre que Dieu, qui n'a fait les esprits que pour lui, qui ne leur donne du mouvement que vers lui, les repousse et les maltraite lorsqu'ils s'approchent de lui et leur fasse sentir du plaisir lorsqu'ils lui tournent le dos et qu'ils s'arrêtent à des biens particuliers ? [...] Ce n'est pas seulement un désordre, c'est une contradiction. Cela ne peut être. Dieu ne se contredit pas, Dieu ne combat pas contre lui-même[42]. »

Le but de la philosophie est précisément d'expliquer cette énigme : « Un enfant d'Adam sent toujours un poids qui le porte vers la terre et qui contrebalance l'effort que le poids de la grâce fait sur son esprit[43]. » À cela, une seule raison possible : « L'homme souffre : donc il n'est point innocent. L'esprit dépend du corps : donc l'homme est corrompu, il n'est point tel que Dieu l'a fait. Dieu ne peut soumettre le plus noble au moins noble, car l'Ordre ne le permet pas[44]. » Tout semble fait pour nous humilier et nous rendre la vie difficile. Dans bien des domaines, les animaux nous sont supérieurs, mais ce sont de pures machines, qui n'éprouvent ni honte ni douleur, car ils n'ont point d'âme. « La honte de l'homme est une preuve naturelle de la noblesse de sa nature et de sa dégradation. Dieu, par ce sentiment qu'il excita dans les premiers hommes d'abord après leur péché, et qu'il produit encore en nous malgré nous, marque aux esprits attentifs à sa conduite la vérité fondamentale de notre religion, la nécessité d'un réparateur[45]. »

Comment expliquer que le monde dans lequel nous vivons soit une sorte d'enfer terrestre, où tout est destiné à nous faire du mal, depuis les loups et les ours jusqu'aux puces ?

> S'il [Dieu] a fait les puces pour l'homme, c'est assurément pour le mordre et pour le punir. La plupart des animaux ont leur vermine particulière. Mais l'homme a sur eux cet avantage, qu'il en a pour lui seul de plusieurs espèces : tant il est vrai que Dieu a tout fait pour lui [...]. Il a prévu que l'homme dans telles et telles circonstances pécherait, et que son péché se communiquerait à toute sa postérité en conséquence des lois de l'union de l'âme et du corps. Donc, puisqu'il a voulu le permettre, ce funeste péché, il a dû faire usage de sa prescience, et combiner si sagement le physique avec le moral, que tous ses ouvrages fissent entre eux, et pour tous les siècles, le plus bel accord qui soit possible. Et cet accord merveilleux consiste en partie dans cet ordre de justice, que l'homme s'étant révolté contre le Créateur, ce que Dieu prévoyait devoir arriver, les créatures se révoltent, pour ainsi dire, contre lui, et le punissent de sa désobéissance. Voilà pourquoi il y a tant de différents animaux qui nous font la guerre[46].

La puce, agent de la justice divine, est donc une punition du péché originel. « Mais pourquoi tant de petits insectes qui ne nous font ni bien ni mal ? » se demande Aristide, l'interlocuteur de Théodore dans les *Entretiens sur la métaphysique et la religion*. C'est pour « orner l'univers par des ouvrages dignes de sa sagesse et de ses autres attributs que Dieu les a faits ». Quant aux catastrophes naturelles et aux monstres, ils sont dus au fait que Dieu a mis au point les grandes lois générales de l'univers, dont le chevauchement peut entraîner des effets de turbulence : « C'est la simplicité de ces lois générales qui en certaines rencontres particulières, et à cause de la disposition du sujet, produit des mouvements irréguliers, ou plutôt des arrangements monstrueux, et par conséquent c'est à cause que Dieu veut l'ordre qu'il y a des monstres. »

Que Dieu ait créé le monde matériel et animal avant l'homme, et ait donc mis en place les instruments de la punition du péché originel avant que celui-ci soit commis, scandalise Aristide. Théodore s'empresse de lui répondre que le péché originel fait lui-même partie du plan divin :

Aristide : – Quoi ! Avant que l'homme eût péché, Dieu avait déjà préparé les instruments de sa vengeance ? Car vous savez que l'homme n'a été créé qu'après tout le reste. Cela me paraît bien dur. [...]

Théodore : – Encore un coup, Aristide, Dieu a prévu que l'homme dans telles et telles circonstances se révolterait. Après avoir tout comparé, il a cru devoir permettre le péché. Je dis permettre. Car il n'a pas mis l'homme dans la nécessité de le commettre. Donc il a dû, par une sage combinaison du physique avec le moral, faire porter à sa conduite des marques de sa prescience. Mais, dites-vous, il a donc préparé avant le péché des instruments de sa vengeance. Pourquoi non, puisqu'il l'a prévu, ce péché, et qu'il a voulu le punir ? Si Dieu avait rendu malheureux l'homme innocent, s'il s'était servi de ces instruments avant le péché, on aurait sujet de se plaindre [...]. Mais si vous trouvez mauvais que Dieu avant le péché commis ait préparé des instruments pour le punir, consolez-vous. Car par sa prescience il a aussi trouvé le remède au mal, avant qu'il fût arrivé. Certainement avant la chute du premier homme, Dieu avait déjà dessein de sanctifier son Église par Jésus-Christ [...]. Dieu a permis le péché. Pourquoi ? C'est qu'il a prévu que son ouvrage réparé de telle et telle manière vaudrait mieux que le même ouvrage dans sa première construction. Il a établi des lois générales qui devaient faire geler et grêler les campagnes ; il a créé des bêtes cruelles, et une infinité d'animaux fort incommodes. Pourquoi cela ? C'est qu'il a prévu le péché[47].

Ainsi, Dieu a permis le péché originel afin de mieux recréer le monde par l'Incarnation de son Fils, qui a en quelque sorte divinisé la création : « Dieu a prévu et permis le péché. Cela suffit. Car c'est une preuve certaine que l'univers réparé par Jésus-Christ vaudrait mieux que le même univers dans sa première construction : autrement, Dieu n'aurait jamais laissé corrompre son ouvrage. C'est une marque assurée que le principal des desseins de Dieu, c'est l'Incarnation de son Fils[48]. » « Dieu a permis le péché, qui nous a mis dans un état pire que le néant même. Mais c'était afin que son Fils travaillât sur le néant, non de l'être, mais de la sainteté[49]. » Qui plus est, sans le péché originel, l'homme aurait été un perpétuel assisté, sans aucun mérite ; il aurait été heureux, mais son bonheur aurait été octroyé. Par les souffrances qu'il endure sur terre, il acquiert des mérites, participe à son salut et accède à une dignité supplémentaire. « Le péché du premier homme n'était point nécessaire en lui-même. [...] Mais comme Dieu agit toujours de la manière la plus sage qui se puisse, [...] nul moyen de faire mériter aux hommes la gloire qu'ils posséderont un jour n'était comparable à celui de les laisser tous envelopper dans le péché, pour leur faire à tous miséricorde en Jésus-Christ[50]. »

Mais cette situation ressemble fort à un marché de dupes : d'un côté, Dieu déclare vouloir associer les hommes à leur salut grâce aux mérites acquis par leurs souffrances ; de l'autre, il leur fait comprendre qu'ils n'ont aucun mérite, puisqu'ils ne peuvent rien faire sans sa grâce. « Il ne fallait pas que la volonté de Dieu dépendît de celle du premier homme. Il fallait que les lois générales de la nature subsistassent après le péché, et que celui dont la sagesse n'a point de bornes rétablît d'une manière digne de lui l'ordre des choses que le libre arbitre avait renversé. Il l'a fait [...] selon le décret qui établit l'ordre de la grâce, par le grand dessein de l'Incarnation de son Fils[51]. » Ailleurs, Malebranche écrit sans ambiguïté que Dieu « a permis que tous les hommes fussent assujettis au péché, afin que nul homme ne se glorifiât en soi-même. [...] La concupiscence n'étant point absolument nécessaire pour mériter, si Dieu l'a permise, c'est qu'il a voulu qu'on ne pût faire le bien sans le secours que Jésus-Christ nous a mérité, et que l'homme ne pût se glorifier en ses propres forces ».

Il faut reconnaître que l'explication de Malebranche n'est pas très convaincante. Si Dieu nous fait sentir à chaque instant que tout acte méritoire vient de lui, à quoi servent toutes les souffrances de l'humanité ? N'aurait-il pas été plus simple d'empêcher l'homme de commettre la faute originelle ?

Comment, à ce propos, les choses se sont-elles passées ? Car il est tout de même étrange qu'un être aussi perfectionné qu'Adam ait pu tomber dans une faute aussi grossière. Malebranche peine à dissiper l'impression d'un piège tendu à notre ancêtre. En tant que sommet de la création divine, Adam est quasiment parfait, puisqu'en pleine possession de la justice originelle ; or, en toute connaissance de cause – car sinon il ne serait pas vraiment responsable –, il commet une faute qui lui fait perdre tous ses avantages, et il est d'autant plus coupable qu'il avait tous les moyens de se contrôler.

D'après l'oratorien, Adam « connaît clairement qu'il n'y a que Dieu qui soit son bien ou la cause véritable des plaisirs dont il jouit ». Mais c'est un être double, corps et esprit, qui éprouve par les sens du plaisir et de la douleur, lesquels l'avertissent des besoins et des dangers concernant son corps. « Mais ces plaisirs et ces douleurs ne pouvaient le rendre esclave ni malheureux comme nous, parce qu'étant maître absolu des mouvements qui s'excitaient dans son corps, il les arrêtait incontinent, après qu'ils l'avaient averti, s'il le souhaitait ainsi[52]. » Par un simple acte de volonté, Adam peut faire taire ses sens. Peut-être même peut-il prévenir tout sentiment de plaisir ou de douleur. « Peut-être avait-il cet empire sur soi-même, à cause de sa soumission à Dieu, quoiqu'il paraisse plus vraisemblable de penser le contraire[53]. » Ce qui est sûr, c'est qu'Adam, qui peut ressentir du plaisir sensible, par instinct corporel, choisit habituellement le plaisir spirituel, qu'il trouve en Dieu. Mais ce plaisir spirituel est plutôt de l'ordre de la connaissance, et peut être estompé par la présence d'un plaisir sensible. Sans doute Adam s'est-il laissé aller à la délectation d'un plaisir sensible, qui lui a fait oublier un moment que Dieu est la seule cause de tout bien :

> Comme le premier homme n'avait pas une capacité d'esprit infinie, son plaisir ou sa joie diminuait la vue claire de son esprit, laquelle lui faisait connaître que Dieu était son bien, la cause unique de sa joie et de ses plaisirs, et qu'il ne devait aimer que lui [...]. On peut donc concevoir que le premier homme ayant peu à peu laissé partager ou remplir la capacité de son esprit par le sentiment vif d'une joie présomptueuse, ou peut-être par quelque amour ou quelque plaisir sensible, la présence de Dieu et la pensée de son devoir se sont effacées de son esprit, pour avoir négligé de suivre courageusement sa lumière dans la recherche de son vrai bien. Ainsi, s'étant distrait, il a été capable de tomber[54].

Distraction fatale... Si l'explication paraît un peu courte, Malebranche tient pourtant au terme de « distraction », qu'il reprend aussi bien dans la *Recherche de la vérité*[55] que dans les *Entretiens* : « Si le premier homme n'eût point été comme le maître de ses idées par son attention, sa distraction n'aurait point été volontaire : distraction qui a été la première cause de sa désobéissance[56]. » Dans les *Conversations chrétiennes*, il y ajoute une autre explication, à savoir qu'Adam aimait trop sa femme : « Je crois que le principal motif qui a porté Adam à manger du fruit défendu a été un excès d'amour pour sa chère épouse : figure en cela du second Adam qui, par un excès de charité pour son Église, s'est fait pécheur, comme dit l'Apôtre, victime pour nous laver dans son sang[57]. »

Distraction provoquée par un plaisir sensible assez captivant pour détourner de Dieu, et amour excessif pour sa femme : encore une fois, le soupçon se porte bien sur le sexe.

Comment expliquer qu'un être comme Adam, qui voyait Dieu tous les jours, ait pu se laisser distraire de la contemplation divine pour un moment de plaisir physique avec son épouse ? Réponse : « Dieu a fait l'homme dès le commencement et, après lui avoir proposé ses commandements, il l'a laissé à lui-même, c'est-à-dire sans le déterminer par le goût de quelque plaisir prévenant, le tenant seulement attaché à lui par la vue claire de son bien et de son devoir. Mais l'expérience a fait voir, à la honte du libre arbitre et à la gloire de Dieu seul, la fragilité dont Adam était capable dans un état aussi réglé et aussi heureux que celui où il était avant son péché[58]. » On ne s'étonnera donc pas de la faiblesse humaine après le péché, lorsque la volonté aura perdu son pouvoir sur les passions.

> Après qu'il eut péché, ces plaisirs qui ne faisaient que l'avertir avec respect, et ces douleurs qui sans troubler sa félicité lui faisaient seulement connaître qu'il pouvait la perdre et devenir malheureux, n'eurent plus pour lui les mêmes égards ; ses sens et ses passions se révoltèrent contre lui, ils n'obéirent plus à ses ordres, et ils le rendirent, comme nous, esclave de toutes les choses sensibles. Ainsi les sens et les passions ne tirent point leur naissance du péché, mais seulement cette puissance qu'ils ont de tyranniser des pécheurs ; et cette puissance n'est pas tant un désordre du côté des sens que de celui de l'esprit et de la volonté des hommes qui, ayant perdu le pouvoir qu'ils avaient sur leur corps, et n'étant plus si étroitement unis à Dieu, ne reçoivent plus de lui cette lumière et cette force par laquelle ils conservaient leur liberté et leur bonheur[59].

Dans l'état de chute, les sens de l'homme ne sont pas atteints ; c'est sa capacité à les maîtriser qui est ruinée : « Le plaisir sensible, étant le maître, a corrompu son cœur en l'attachant à tous les objets sensibles, et la corruption de son cœur a obscurci son esprit en le détournant de la lumière qui l'éclaire et le portant à ne juger de toutes choses que selon le rapport qu'elles peuvent avoir avec le corps[60]. » Mais si Adam lui-même n'a pas pu résister à la première tentation venue, où est la différence entre l'avant et l'après-péché ?

Nous avons simplement un handicap supplémentaire, la concupiscence, qui semble ne faire qu'un avec le péché originel :

> Nous devons naître avec la concupiscence et avec le péché
> originel. Nous devons naître avec la concupiscence, si la concupis-
> cence n'est que l'effet naturel que les traces du cerveau font sur
> l'esprit pour l'attacher aux choses sensibles, et nous devons naître
> avec le péché originel, si le péché originel n'est autre chose que le
> règne de la concupiscence et de ses efforts comme victorieux et
> comme maître de l'esprit et du cœur de l'enfant. Or il y a grande
> apparence que le règne de la concupiscence est ce qu'on appelle
> péché originel dans les enfants et péché actuel dans les hommes
> libres[61].

C'est ici que Malebranche fait intervenir la grâce au nom d'une
conception très mécaniste. À cause de la concupiscence, la balance
penche inévitablement du côté des plaisirs sensuels ; la grâce
rétablit l'équilibre en donnant un attrait équivalent au bien, à la
charité : elle est « une sainte concupiscence, propre à contrebalancer la concupiscence criminelle[62] ». Adam, avant la chute,
n'avait pas besoin de cette grâce, qui aurait faussé les règles du jeu
en l'obligeant à faire le bien : « C'eût été une espèce d'injure que
Dieu eût faite à son libre arbitre que de lui donner cette sorte de
grâce qui ne nous est maintenant nécessaire qu'à cause des plaisirs
provenant de la concupiscence[63]. » La partie peut donc reprendre
en toute impartialité : « Il fallait opposer la grâce de sentiment à la
concupiscence, plaisir à plaisir, horreur à horreur, afin que l'influence de Jésus-Christ fût directement opposée à l'influence du
premier homme. Il fallait que le remède fût contraire au mal pour
le guérir, car la grâce de lumière ne peut guérir un cœur blessé par
le plaisir ; il faut ou que ce plaisir cesse, ou qu'un autre lui
succède[64]. »

Dans le domaine intellectuel, l'ignorance n'est pas une conséquence du péché originel : « L'ignorance n'est ni un mal ni une
suite du péché, c'est l'erreur ou l'aveuglement de l'esprit qui est
un mal ou une suite du péché. Il n'y a que Dieu qui sache tout et
qui n'ignore rien [...]. Adam savait, dans le moment de sa création,
tout ce qu'il était à propos qu'il sût, et rien davantage [...]. L'impo-
sition des noms est plutôt dans l'Écriture une marque d'autorité
que de connaissance parfaite. »

Le péché originel se transmet uniquement « par le corps, par la génération ». « Il y a toutes les apparences possibles que les hommes gardent encore aujourd'hui dans leur cerveau des traces et des impressions de leurs premiers parents[65]. » C'est le cerveau corrompu de la mère qui laisse une impression sur le cerveau du fœtus, et tous les vices, y compris spirituels, viennent des mouvements du cerveau. Il semble donc bien que la transmission se fasse par la mère : « Si l'on était obligé par la foi d'excuser l'homme ou la femme, il serait plus raisonnable d'excuser l'homme que la femme. »

Au total, la tentative de Malebranche pour rationaliser la chute ne paraît pas très cohérente. « Entre le moralisme tragique et antirationaliste d'une part, et d'autre part l'ontologie rationaliste et sereine, il faut choisir. Malebranche [...] juxtapose deux conceptions de l'éthique et deux conceptions de la liberté qui, par nature, s'excluent[66] », écrit André Vergez. Pour l'oratorien, le péché originel est une évidence : « Le péché originel, ou le dérèglement de la nature, n'a donc pas besoin de preuve ; car chacun sent assez en soi-même une loi qui le captive et qui le dérègle, et une loi qui n'est point établie de Dieu, puisqu'elle est contraire à l'ordre qui règle ses volontés[67]. » Si Malebranche a tant de mal à nous persuader que la chute n'a pas été provoquée délibérément par Dieu, c'est que sans doute il ne le croit pas lui-même, sans pouvoir bien sûr l'admettre ouvertement.

LEIBNIZ : UN INCIDENT INÉVITABLE
DANS LE MEILLEUR DES MONDES POSSIBLES

« Vive le péché originel ! » C'est aussi ce que semble s'écrier l'incurable optimiste du siècle pessimiste, Gottfried Wilhelm Leibniz. Non seulement le péché originel a des effets très positifs, mais surtout il était inévitable. Lorsque Dieu crée, il ne peut créer qu'un être imparfait, car sinon il se créerait lui-même. Et pour un être imparfait, la chute est inévitable. « Il y a une imperfection originale dans la créature avant le péché, parce que la créature est limitée essentiellement, d'où vient qu'elle ne saurait tout savoir, et qu'elle se peut tromper et faire d'autres fautes[68]. »

Entre 1670 et 1680, Leibniz entretient une correspondance suivie avec Arnauld sur le péché originel, et en particulier sur la question de la responsabilité divine dans la chute. Pour lui, Dieu avait le choix entre une infinité d'Adams, et il a fait celui-là en sachant ce qui allait arriver. De même, le monde nous semble imparfait, mais les imperfections de détail concourent à la perfection de l'ensemble, chaque inconvénient ayant son utilité et sa contrepartie :

> L'horreur de la mort sert aussi à l'éviter [...]. Dieu a donné aussi la faim et la soif aux animaux pour les obliger de se nourrir et de s'entretenir, en remplaçant ce qui s'use et qui s'en va insensiblement. Ces appétits servent aussi pour les porter au travail, afin d'acquérir une nourriture à leur constitution et propre à leur donner de la vigueur [...]. Il en est de même des inondations, des tremblements de terre, des coups de foudre et d'autres désordres que les bêtes brutes ne craignent point et que les hommes n'ont point sujet de craindre ordinairement, puisqu'il y en a peu qui en souffrent. L'auteur de la nature a compensé ces maux et autres, qui n'arrivent que rarement, par mille commodités ordinaires et continuelles. La faim et la soif augmentent le plaisir qu'on trouve en prenant de la nourriture[69].

Le mal a une place dans le monde, mais « on voit bien cependant que Dieu n'est pas la cause du mal. Car non seulement après la perte de l'innocence des hommes le péché originel s'est emparé de l'âme, mais encore auparavant il y avait une limitation ou imperfection originelle connaturelle à toutes les créatures, qui les rend peccables ou capables de manquer[70] ». Comment s'est produite la chute, et surtout comment s'opère la transmission ? Dans ses *Essais de théodicée*, Leibniz récapitule les trois hypothèses :
— soit les âmes humaines préexistaient et ont été précipitées dans un corps pour avoir péché dans une vie antérieure. C'est la théorie origénienne de la chute des esprits, reprise en 1659 par un platonicien de Cambridge, Henry More, dans *Immortalitas animae, ou l'Immortalité de l'âme en tant qu'elle est démontrable par la connaissance naturelle et la lumière rationnelle* ;
— soit la chute a eu lieu au commencement de l'histoire, et le péché originel se transmet par la génération des âmes par les parents ;
— soit enfin les âmes existaient « depuis le commencement » à l'état d'âmes sensitives et animales, douées de sentiment et de perception, mais non de raison, ne recevant cette dernière qu'à la génération. C'est l'hypothèse que Leibniz préconise : « Je croirais

que les âmes, qui seront un jour âmes humaines comme celles des autres espèces, ont été dans les semences et dans les ancêtres jusqu'à Adam, et ont existé par conséquent depuis le commencement des choses, toujours dans une manière de corps organisé[71]. » Pour Leibniz, cette solution est celle de la majorité des chrétiens et des philosophes, et elle est confirmée par les observations microscopiques récentes de Leeuwenhoek. Si le recours aux découvertes scientifiques comme auxiliaires de la théologie n'est pas une nouveauté, à propos du péché originel les implications de la biologie deviennent systématiques à partir de la fin du XVIIᵉ siècle.

Sur la nature du péché originel, Leibniz ne se prononce pas. « Nous ne connaissons pas assez ni la nature du fruit défendu, ni celle de l'action, ni ses effets, pour juger du détail de cette affaire : cependant il faut rendre cette justice à Dieu, de croire qu'elle renfermait quelque autre chose que ce que les peintres nous représentent[72]. » Pour les conséquences, il se contente de reprendre les conclusions d'un livre de William King, paru en 1702 à Londres, et dont il fait l'éloge, le *De origine mali*. King, archevêque de Dublin, tente après bien d'autres de concilier l'existence du mal et celle d'un Dieu bon et tout-puissant ; une critique favorable de son ouvrage était parue en 1703 dans les *Nouvelles de la République des lettres*, mais Bayle s'y montre hostile. Leibniz, suivant King, montre que les effets du péché originel sont finalement plus limités qu'on ne le croit. D'abord, plantes et animaux nuisibles ne sont pas une conséquence de la chute ; ils existaient dans le jardin d'Éden, mais n'avaient aucun effet sur Adam, protégé par une grâce spéciale. La chute a eu, au total, sept conséquences :

1. La révocation du don gracieux de l'immortalité.
2. La stérilité de la terre, qui ne devait plus être fertile par elle-même qu'en herbes mauvaises ou peu utiles.
3. Le travail rude qu'il faudrait employer pour se nourrir.
4. L'assujettissement de la femme à la volonté du mari.
5. Les douleurs de l'enfantement.
6. L'inimitié entre l'homme et le serpent.
7. Le bannissement de l'homme du lieu délicieux où Dieu l'avait placé[73].

Depuis la chute, nous restons libres de faire le bien et le mal, mais cette liberté n'est nullement assimilable à un libre arbitre qui serait un pouvoir de choisir sans motif : « Bien loin que ce soit montrer la source du mal moral, c'est vouloir qu'il n'y en ait aucune. Car si la volonté se détermine sans qu'il n'y ait rien, ni dans la personne qui choisit, ni dans l'objet qui est choisi, qui puisse porter au choix, il n'y aura aucune cause ni raison de cette élection ; et comme le mal moral consiste dans le mauvais choix, c'est avouer que le mal moral n'a point de source du tout [...] et aussi, par la même raison, il n'y aurait point de bien moral non plus, et toute la moralité serait détruite[74]. » Nous ne choisissons jamais le mal volontairement : « Je tiens que la volonté suit toujours la plus avantageuse représentation, distincte ou confuse, du bien et du mal, qui résulte des raisons, passions et inclinations, quoiqu'elle puisse aussi trouver des motifs pour suspendre son jugement[75]. »

Si nous sommes tous pécheurs depuis le péché originel, nous restons responsables de nos fautes : « Il est vrai que le péché fait une grande partie de la misère humaine, et même la plus grande ; mais cela n'empêche point qu'on ne puisse dire que les hommes sont méchants et punissables : autrement, il faudrait dire que les péchés actuels des non-régénérés sont excusables, parce qu'ils viennent du principe de notre misère, qui est le péché originel[76]. » Nous sommes d'autant plus inexcusables que Dieu nous envoie régulièrement une grâce proportionnelle à nos besoins – grâce toujours suffisante pour nous garantir du péché, mais aussi pour nous assurer le salut éternel si nous acceptons de coopérer. En dernier ressort, pour surmonter les inclinations les plus tenaces, Dieu a en réserve une grâce *absolument* efficace.

Mais Dieu ne damne pas les enfants morts sans baptême. Ceux qui prétendent le contraire – et Bossuet est ici visé – prétendent odieusement dicter à Dieu leur impitoyable justice :

> L'on peut dire que ceux qui damnent pour le seul péché originel, et qui damnent par conséquent les enfants morts sans baptême, ou hors de l'alliance, tombent sans y penser dans un certain usage de la disposition de l'homme et de la prescience de Dieu, qu'ils désapprouvent en d'autres : ils ne veulent pas que Dieu refuse ses grâces à ceux qu'il prévoit y devoir résister, ni que cette prévision et cette disposition soient cause de la damnation de ces personnes ; et cependant ils prétendent que la disposition qui fait le péché originel, et dans laquelle Dieu prévoit que l'enfant péchera aussitôt qu'il sera en âge de raison, suffise pour damner cet enfant par avance[77].

Cette pensée révolte Leibniz. Ceux qui n'hésitent pas à jeter en enfer les païens sont insensibles à la souffrance des autres : « Ce sentiment n'a point de fondement suffisant, ni dans la raison ni dans l'Écriture, et il est d'une dureté des plus choquantes. [...] Ceux qui damnent jusqu'aux enfants incapables de discrétion se soucient encore moins des adultes, et l'on dirait qu'ils se sont endurcis à force de penser voir souffrir les gens. » D'ailleurs, savons-nous si les païens « ne reçoivent point des secours ordinaires ou extraordinaires qui nous sont inconnus » ?

Ainsi Leibniz réduit-il le péché originel à un incident de parcours inévitable, dont les conséquences ne sont pas irréparables. Ce péché qui dès le départ était « assuré », « infaillible », comme il le dit dans ses *Discours de métaphysique*, ne perturbe guère le bel ordre d'ensemble de l'univers.

LES INDIENS ONT-ILS ÉCHAPPÉ AU PÉCHÉ ORIGINEL ?

L'idée de péché originel est si ancrée dans les mentalités de cette époque que toute nouvelle théorie doit pouvoir s'accorder avec elle, au risque d'être rejetée pour incompatibilité avec la chute. Deux exemples illustrent la force du dogme : l'Amérique et la médecine.

Pour l'Europe, la découverte de l'Amérique est un choc culturel équivalant à ce que serait aujourd'hui la découverte d'extra-terrestres. Elle pose, entre autres, un redoutable problème théologique : d'où viennent les Indiens ? Six mille ans après l'expulsion du jardin d'Éden, selon la chronologie de l'époque, on apprend que des descendants d'Adam ont traversé les immensités océaniques, alors qu'aucune source ne rapporte ces faits. Soit ils sont des fils d'Adam, corrompus par le péché originel – ce que sembleraient confirmer leurs mœurs déplorables ; soit ils ne descendent pas d'Adam et, dans ce cas, ils représentent l'état de nature à l'aube du monde, dans sa pureté originelle d'avant la chute – ce que leur simplicité pourrait laisser penser.

Des hommes n'ayant pas connu le péché originel ! Certains voyageurs émerveillés en sont persuadés. Au début du XVIᵉ siècle, John Smith écrit à propos de la Virginie : « Nous avons eu la chance de trouver un pays tel que Dieu l'a fait », et son admiration pour la beauté des Indiennes le persuade que l'une d'elles, de la tribu des Powhatans, n'est autre qu'Ève. À la même époque, Thomas Harriot pense également que la Virginie est le « paradis du monde ». Un siècle plus tard, Daniel Price parle encore d'elle comme du « jardin du monde où coulent le lait et le miel ». Pour George Aslop, le paradis, c'est le Maryland, dont la flore constitue les « hiéroglyphes de notre condition primitive et adamique », et porte les « traces de l'innocence originelle ».

On rassemble des indices : l'arbre du bien et du mal, ne serait-ce pas le maracuja, avec ses fruits d'une saveur divine et ses fleurs qui évoquent les instruments de la Passion ? C'est ce que suggère vers 1650 Antonio de Leon Pinelo, à propos de ces « fruits de la Passion[78] ». La faune est également troublante, avec ces perroquets, « oiseaux de paradis », qui vivent si vieux qu'ils ont pu connaître la création, et qui ont gardé la faculté de parler[79]. On raconte aussi que ces Indiens vivent beaucoup plus longtemps que les Européens : Amerigo Vespucci en témoigne, comme Pigafetta et Jean de Léry.

Ces hommes ne feraient-ils pas partie d'une humanité différente qui aurait échappé au péché originel ? Bartholomé de Las Casas ne semble pas loin de le croire, lorsqu'il écrit : « Dieu les créa sans méchanceté, sans malice, ils sont très obéissants, fidèles à leurs maîtres naturels et aux chrétiens qu'ils servent. Ils sont très soumis, patients, pacifiques et vertueux ; en eux rien de querelleur, de rancunier, de geignard ni de vindicatif. [...] Ces gens-là recevraient entre tous les plus grandes bénédictions si seulement ils adoraient le vrai Dieu[80]. » En dépit de cette dernière réserve, le dominicain paraît troublé. S'il n'y a pas de trace de péché originel chez ces Indiens, cela remet en cause pour la première fois l'unicité et l'égalité du genre humain : tous les hommes ne descendraient pas d'Adam. Ce serait une véritable révolution anthropologique, équivalant à la révolution galiléenne en astronomie.

Jusque-là, toutes les différences physiques étaient attribuées à des altérations superficielles dues au climat, à la géographie. Ces différences pouvaient engendrer un profond mépris, comme celui qui touche les Noirs, dont Sir Thomas Herbert écrit au XVIIe siècle : « Leur langue, au lieu d'être bien articulée, ressemble à celle des singes, avec qui on dit qu'ils se mêlent contre nature [...]. Cette supposition est d'autant plus vraisemblable que leur voix est mi-humaine, mi-bestiale, qu'ils copulent de façon animale et ont une allure bestiale. Considérant par ailleurs leur ressemblance avec les

babouins, dont j'ai pu observer qu'ils se mêlaient souvent avec les
femmes [...], on pourrait dire qu'ils descendent des satyres, si de
tels êtres ont jamais existé[81]. » En l'occurrence, il s'agirait plutôt
de sous-hommes, groupes dégénérés dont on situait l'origine après
le déluge, lors de la dispersion des fils de Noé. Leur laideur, le
fait qu'ils soient nés esclaves ne leur retiraient pas leur qualité de
descendants d'Adam. L'esclavage de cette époque s'appuie sur la
nécessité économique, et non sur une conception raciste. C'est ce
que l'on trouve par exemple exprimé dans l'*History of the World* de
Walter Raleigh en 1614. La division fondamentale de l'humanité
n'est pas entre Blancs et Noirs, mais entre baptisés et non-
baptisés ; le péché originel est le garant de l'unité humaine dans le
mal, et le baptême seul introduit une véritable inégalité, comme
l'avait montré en 1488 ce prince d'Afrique occidentale, Bemoin,
converti, baptisé et devenu membre de la maison royale de Por-
tugal.

Si les Indiens ont échappé au péché originel, cela bouleverse
entièrement la théologie, l'exégèse, la philosophie, l'anthropologie.
Est-ce concevable ? Oui, répond Isaac de La Peyrère dans un livre
savant de 1655, le *Systema theologicum ex praeadamitarum hypothesi*.
Adam n'est pas le premier homme, il est simplement le premier
Juif, et son péché s'est transmis seulement au peuple d'Israël. Car
il y avait des hommes avant Adam, comme la Bible le suggère en
disant que Dieu a créé l'homme mâle et femelle, avant de
mentionner Adam. De plus, qui étaient ces gens qu'a fuis Caïn, et
pour qui a-t-il construit une ville ? La Peyrère y ajoute des considérations extérieures à la Bible : les listes dynastiques des rois chal-
déens et des pharaons égyptiens, auxquelles on commence à
s'intéresser, sans parler des Chinois, ne peuvent en aucun cas
entrer dans la chronologie biblique, également trop courte pour
rendre compte des progrès scientifiques. Mais l'Église, qui vient
tout juste d'interdire à la Terre de tourner, n'est pas d'humeur à
admettre les ancêtres d'Adam. L'archevêque de Malines ordonne
l'arrestation de l'impertinent qui, comme Galilée vingt ans auparavant, doit se rétracter. Il n'y a donc plus de préadamites. Mais
alors, qui sont les Indiens ? Quelques égarés d'après le déluge,
probablement. Qu'ils aient été corrompus par le péché originel, il
suffit de les observer pour s'en convaincre : sans moralité ni
pudeur, « ces peuples vivent comme des bêtes, donc la première
personne à les conquérir a le droit de les exploiter, car ce sont des

esclaves naturels[82] », affirme le théologien écossais John Mair. Le péché originel vient au secours des conquistadores, car il aurait été difficile de justifier l'exploitation d'hommes innocents de toute tache par des fils d'Adam corrompus par le péché originel.

Il y a cependant une autre objection, qu'étudie en Angleterre le docteur John Woodward, membre de la Royal Society en 1693. La Genèse dit qu'un des descendants de Caïn, Toubal-Caïn, faisait des socs de bronze et de fer (4, 22). La métallurgie du fer était donc connue dès cette époque ! Mais si les sauvages d'Amérique sont des descendants d'Adam, comment se fait-il qu'ils ne connaissent pas cette technique ? C'est probablement qu'à la suite du déluge certaines tribus en avaient perdu le souvenir, et Christophe Colomb serait arrivé avant que les Indiens redécouvrent le procédé. Se fondant sur certaines similitudes entre des pointes de flèche retrouvées en Patagonie et d'autres venant de fouilles archéologiques anglaises, Woodward entend démontrer que les peuples des deux côtés de l'Atlantique ont bien la même origine. L'indice est mince, mais prouve que les idées bibliques continuent à s'imposer à toute recherche scientifique, laquelle doit impérativement trouver un moyen de s'accorder avec les affirmations de la Genèse. On aimera mieux rejeter une hypothèse scientifique plausible que le dogme intangible du péché originel. Une autre illustration en est fournie par l'histoire de la médecine.

LE PÉCHÉ ORIGINEL ET LES POUX D'ADAM

Au xviie siècle voient le jour toutes sortes d'hypothèses concernant la conception, la reproduction humaine, l'hérédité, et l'un des critères déterminants dans le succès de ces hypothèses est précisément leur capacité à expliquer la transmission du péché originel.

Au début du siècle et pendant longtemps encore dans certains milieux, la conception aristotélicienne s'impose. Très schématiquement, elle explique que seule la semence mâle est active dans la conception, en vertu de la distinction entre matière et forme, tout être étant un composé intime de matière et de forme. Le sperme agit pour « informer » la matière inerte dans l'utérus féminin – le sang menstruel –, mais il agit de façon spirituelle, comme « agent efficace », par sa « puissance », par « l'irradiation de sa substance spirituelle[83] » ; il est comme l'artisan qui fabrique un objet. Les galénistes, en revanche, estiment que la conception met en jeu deux semences actives qui se mélangent : « La conception est la réception, la retenue, le mélange, l'échauffement et l'excitation, dans l'utérus, de la semence du mâle et de celle de la femelle[84] », écrit en 1641 Johann Sperlingen.

La première théorie n'est que l'application d'un schéma philosophique abstrait, et tombe rapidement en désuétude chez les praticiens, qui se rallient de plus en plus à la conception purement naturelle des galénistes. Mais le grand débat concerne la façon dont le nouvel être humain reçoit son âme, puisque c'est par elle que se transmet le péché originel. La polémique est lancée en 1636 par le livre d'un médecin allemand, Daniel Sennert, professeur à Wittenberg. Reprenant la position théologique traducianiste, celui-ci affirme que Dieu a tout créé au début, et que désormais il n'agit plus que par les causes secondes. Ainsi, l'âme de l'enfant est, comme son corps, créée par l'union des deux âmes de ses parents ; les deux semences parentales sont animées par une âme rationnelle, dont la rencontre produit l'âme rationnelle de l'enfant, qui organise son développement physique[85]. Théorie très critiquée, en particulier par le Hollandais Johann Freytag, professeur de philosophie à Groningue, car elle tend à mettre sur le même plan les âmes des plantes, des animaux et des hommes. Au moins permettait-elle de rendre compte de la transmission héréditaire du péché originel.

À partir des années 1670, la conception mécaniste en biologie l'emporte. Tout ce que le monde compte de savants se rallie à une biologie cartésienne, qui voit dans les êtres vivants des machines perfectionnées, à l'image de l'univers matériel. Pour Boerhaave, l'organisme humain se réduit à « des appuis, des colonnes, des poutres, des bastions, des téguments, des coins, des leviers, des aides de leviers, des poulies, des cordes, des pressoirs, des soufflets, des cribles, des filtres, des canaux, des auges, des réservoirs[86] ». En vertu de ce mécanisme, les machines reproduisent depuis l'origine des machines identiques, ce qui implique que les organismes humains et animaux sont les mêmes avant et après la chute, et que par exemple les carnivores dévoraient les herbivores en plein paradis terrestre. Saint Thomas l'avait déjà dit. Après tout, écrit en 1733 Antonio Vallisneri, « ce n'est pas par hasard, ou pour s'en repentir ensuite, que Dieu immuable et tout-puissant a créé les premiers tout à fait différents des seconds. Sachant déjà comment les choses allaient se passer, il disposa tout avec sa sagesse infinie, de telle sorte que plus rien ne se changeât, et que tout suivît inaltérablement l'ordre si magnifiquement établi dans ce grand théâtre de la nature[87] ».

Mais si tout est fixe depuis le départ, comment expliquer les différences raciales entre des gens qui descendent tous d'Adam ? On peut certes recourir à l'histoire de la malédiction de Noé contre Cham, qui serait devenu noir comme son âme et dont cette mutation théologico-biologique aurait fait l'ancêtre des nègres... Plus subtil est le problème des poux, du ver solitaire et, d'une façon générale, des parasites de l'homme. Le cartésien Malebranche s'était déjà posé la question des puces, créées pour nous rendre la vie difficile en prévision du péché originel. Mais comment expliquer qu'Adam et Ève aient été dévorés par les poux et affaiblis par le ténia avant d'avoir mangé la pomme ? Comme ces parasites, pense-t-on, n'existent que sur l'homme, et qu'ils n'ont pas pu être créés après la chute, puisque Dieu a tout créé dès le départ, il faut bien en convenir : Adam et Ève devaient s'épouiller et avoir des vers intestinaux dans le jardin d'Éden. Pour le père Borromeo, cela suffit à écarter l'hypothèse biologique mécaniste. Il l'écrit à Vallisneri le 21 septembre 1711 : « Si je considère Adam dans l'état d'innocence, il me paraît invraisemblable que Dieu ait planté dans son corps le premier ver, alors que dans cet état les hommes, totalement à l'abri de toutes sortes de maladies ou d'infirmités physiques, devaient jouir d'une félicité parfaite. [...] Et il ne sert à rien de faire des subtilités théologiques, en disant que Dieu avait la prescience du péché, parce que cette prescience n'entraîne pas le châtiment avant la faute. Tout devait être innocent dans ce lieu plein d'innocence[88]. » Prévoyant la riposte, le père Borromeo y répond à l'avance : on pourrait dire que le ténia rendait service à Adam en absorbant quelques sucs nuisibles. « Mais cette idée, qui semble propre à lever la difficulté, manque de fondement ; elle est même injurieuse pour la nature humaine dans l'état parfait de l'innocence, en la condamnant, contrairement à la loi de son immunité et de sa parfaite conservation, à produire des sucs nuisibles pour elle-même[89]. »

En posant la question du rôle des poux et du ver solitaire avant le péché originel, le père Borromeo sait qu'il s'expose à « réveiller les plaisanteries des cartésiens sur des difficultés de ce genre ». Mais c'est surtout au XIXe siècle que les athées se gausseront des poux paradisiaques, à l'occasion par exemple de la canonisation de Benoît Labre (1748-1783), ce mystique d'une saleté repoussante qui déclenchera les sarcasmes de la presse de la libre pensée et suscitera la composition de prières d'invocation de ce type : « Seigneur, qui avez accordé à votre serviteur Benoît Joseph Labre la grâce insigne de vivre comme un porc, faites que nous puissions toujours entretenir sur nos corps une nombreuse société de petites bêtes dégoûtantes qui nous conduiront à la vie éternelle ! »

Au début du XVIIIe siècle, Vallisneri répond au père Borromeo, pour entreprendre de justifier l'existence de ces « petites bêtes dégoûtantes » : c'est un honneur pour l'homme que de servir de repas aux parasites ; cela montre qu'il a non seulement de quoi se nourrir, mais qu'il peut aussi faire vivre de sa substance de nombreux autres organismes. « Pourquoi le petit monde qu'est notre corps ne devrait-il pas participer lui aussi aux nobles prérogatives du grand, et avoir lui aussi, proportionnellement, ses habitants, servant magnifiquement de logement à plus d'un être vivant ? [...] Ce n'est pas une petite gloire que de posséder de la matière avec assez d'abondance et de luxe pour en avoir non seulement pour soi, mais encore pour les autres. Pour montrer sa grandeur infinie, Dieu a voulu multiplier en nous les miracles, en faisant de l'homme une merveille composée de merveilles[90]. »

Et de toute façon, avant le péché originel, les poux et le ténia rendaient service à Adam. Mais le péché les a rendus nuisibles ; ils se sont révoltés contre l'homme et ont commencé à l'attaquer. Avant la chute, donc,

> dans un repos amical, ils se nourrissaient du seul superflu des mets absorbés, ils ne sortaient pas de leurs limites, ils n'avaient pas l'audace d'attenter à ces vénérables parois de l'intestin – *quelle interne venerabile intestinali pareti* – où ils logeaient, mais plutôt, en les léchant et en les nettoyant doucement – *lambendole, e soavemente nettendole* –, ils reconnaissaient le bienfait reçu, pleins d'un humble respect pour leur bienfaiteur. Si pourtant les fibres engourdies, ou chargées parfois de matières excrémenteuses ou trop copieuses, risquaient de causer quelque dommage, doucement ils les excitaient et, les rappelant à leur office, à une activité plus grande, ils servaient comme de gardes et de bénins avertisseurs ; bref, ils étaient destinés à tout autre chose qu'à nuire. Mais elle dura peu, cette bienheureuse félicité, chez Adam. Il se rebella

contre le Père suprême plein de bienfaisance, et les vers se rebellèrent contre lui. Et de même que permission fut donnée aux serpents d'utiliser leur venin, aux lions et aux tigres leurs dents enragées, parfois aux dépens de l'homme [...], de même il fut accordé aux petits vers habitants de notre corps permission de le tourmenter[91].

Vallisneri ne se moquerait-il pas là du père Borromeo ? « Il serait très difficile de répondre à cette question », écrit Jacques Roger dans son ouvrage classique sur *Les Sciences de la vie dans la pensée française au XVIIIᵉ siècle*[92]. D'autant que Vallisneri en rajoute : non seulement Dieu a créé Adam pouilleux et habité d'un ver solitaire, mais, quand il a créé Ève à partir d'une côte d'Adam, il devait y avoir un œuf de ver dans ladite côte, afin que notre première mère soit aussi habitée par cet hôte si utile avant le péché originel !

S'il y a hésitation sur l'humour de Vallisneri, il n'y en a pas sur le sérieux de Daniel Le Clerc lorsqu'il expose dans un latin savant, en 1715, l'histoire de ces parasites du paradis qui « ouvraient et nettoyaient doucement les pores de la peau, ou rendaient quelques autres services[93] », avant de devenir des dangers pour la santé humaine à partir du péché originel.

THÉOLOGIE ET BIOLOGIE

Toujours dans les années 1670, d'autres théories biologiques sur la conception entraînent des débats au sujet du péché originel. C'est le cas de l'ovisme, théorie d'après laquelle l'embryon humain serait formé à partir de l'œuf de la mère, sous l'action du sperme. Cette opinion, diffusée par les travaux de Régnier de Graaf et de Jean-Baptiste Denis en particulier, se heurte d'abord à une violente opposition pour des raisons morales. Une lettre anonyme de 1675 s'offusque à l'idée que même les religieuses puissent avoir des ovaires ! « Chastes filles, soit que vous viviez dans le siècle, soit que vous soyez cloîtrées, souffrirez-vous un médecin qui veut que vous ayez un ovaire comme les poules ? Que vous pondiez des œufs subventanés et hardelés ? [...] Souffrirez-vous, nous ne disons pas sans rougir, mais sans crier à la vengeance contre un docteur qui vous accuse impunément de saletez et de molesse[94] ? » De son côté, Guillaume Lamy, dans ses *Discours anatomiques* de 1675, défend la

théorie de la double origine. Mais l'ovisme progresse inéluctable-
ment : trop d'analogies avec le monde animal allaient dans ce sens.

Là-dessus, une découverte et une hypothèse viennent alimenter
la réflexion. La découverte, c'est celle des animalcules observés au
microscope dans le sperme par le Hollandais Leeuwenhoek. Ne
s'agirait-il pas de petits hommes, complets, de taille microscopique,
comme l'affirme Hartsoeker, qui en fait même un dessin ? En 1699,
un médecin de Montpellier affirme qu'il a observé un autre petit
homme à l'intérieur de ces micro-humains. Canular, sans doute,
mais l'idée de l'emboîtement des germes est là. Cependant, si tous
ces petits êtres sont des hommes, quel gaspillage ! Pour Claude
Brunet, en 1698, cette doctrine reviendrait à accuser « le souverain
Ordonnateur d'avoir fait une infinité de meurtres ou de choses
inutiles en formant en petit une infinité d'hommes qui ne doivent
jamais voir le jour[95] ». Leeuwenhoek, lui, hésite. Ces animalcules
ne sont pas des hommes, mais contiennent des hommes et se reproduisent entre eux. L'embarras est manifeste.

Or, au même moment, on s'interroge sur l'origine des formes,
au sens aristotélicien, c'est-à-dire sur ce qui fait qu'une certaine
quantité de matière soit un oiseau, un caillou, un homme. Au
XVIᵉ siècle, Fernel estimait que les formes descendent directement
du ciel, tandis que d'autres pensaient que la matière est informée
par un esprit que Dieu a placé en elle. Tous les êtres existent en
puissance avant d'exister en réalité. Ces conceptions médiévales
héritées d'Aristote ne cadrent plus avec la vision mécaniste du
monde qui s'impose désormais. D'où le succès croissant de l'idée
de préexistence des germes, qui a l'avantage de s'accorder avec
l'augustinisme ambiant. Dieu a tout créé une fois pour toutes au
commencement, et tous les nouveaux êtres ne sont que la croissance de germes préexistants. C'est le Hollandais Jan Swammerdam qui expose le premier clairement cette théorie dans son
Histoire générale des insectes, en 1669. L'humanité entière a été créée
au départ, sous forme de dizaines de milliards de germes emboîtés
les uns dans les autres, et comme Swammerdam est oviste, il en
conclut en 1672, dans le *Miraculum naturae*, que nous étions tous
dans les ovaires d'Ève. Voilà qui explique pourquoi nous sommes
tous coupables du péché originel : « On pourrait déduire de ce
principe l'origine de notre corruption naturelle, en concevant que
toutes les créatures ont été renfermées dans les reins de leurs
premiers pères[96]. »

L'hypothèse de Swammerdam est confirmée en 1672 par une observation de Malpighi. Le succès est immédiat chez les théologiens et philosophes. En 1674, Hartsoeker fait part à Malebranche de la découverte des spermatozoïdes et de la théorie des germes préexistants. Malebranche s'empresse d'exploiter ces résultats dans *La Recherche de la vérité* : « Nous avons des démonstrations évidentes et mathématiques de la divisibilité de la matière à l'infini ; et cela suffit pour nous faire croire qu'il peut y avoir des animaux plus petits, et plus petits à l'infini, quoique notre imagination s'effarouche de cette pensée. » Dieu a tout organisé depuis le début. À partir des années 1680, l'emboîtement des germes est la théorie prédominante. Claude Perrault en donne cette année-là une version personnelle dans *De la mécanique des animaux*. Reste simplement à déterminer si ces germes sont emboîtés dans l'ovaire maternel (ovisme) ou dans les animalcules du sperme (animalculisme).

Les mécanistes, qui ont une vision plus « laïque » des choses, et qui acceptent mal que la nature soit ainsi frustrée de son pouvoir créateur, formulent des objections sérieuses. Mais, quelle que soit la valeur de ces objections, l'emboîtement des germes s'accorde avec la théologie du péché originel et rend service aux théologiens, si bien qu'un consensus s'établit pour en faire une sorte de théorie officielle. La métaphysique impose ses présupposés à la physique, et la croyance est plus forte que les faits. Comme le remarque Jacques Roger, « c'est un étrange spectacle que celui de ces observateurs qui préfèrent recourir aux hypothèses les plus bizarres et les moins fondées, plutôt que de renoncer aux germes préexistants, comme si ce système, qui les justifiait de ne pas aller au-delà des faits, leur était plus cher que les faits eux-mêmes[97] ».

Les objections sont pourtant de taille. Si tous les germes existent depuis le commencement, comment expliquer l'hérédité, les ressemblances entre parents et enfants ? Comment expliquer la stérilité des hybrides ? Et surtout, comment expliquer la naissance des monstres ? Puisqu'on ne peut concevoir que Dieu ait créé directement des germes de monstres, beaucoup invoquent des accidents de parcours qui ont abîmé les germes. C'est faire bon marché de la puissance divine : comment Dieu aurait-il laissé le hasard défigurer sa création ? Arnauld, suivi par Régis, préfère en appeler à la liberté divine : Dieu est libre de faire des monstres. Et puis ceux que notre intelligence appelle des monstres, en sont-ils vraiment ?

LE *PARADIS PERDU* (1667), UNE VERSION AMBIGUË DE LA CHUTE

L'obsession du péché originel, on la retrouve partout aux XVIᵉ et XVIIᵉ siècles. On a pu recenser plus de cent cinquante-cinq titres d'ouvrages de théologie, de morale, de philosophie ou de poésie, consacrés à ce sujet entre 1540 et 1700[98], dont le chef-d'œuvre est sans doute le *Paradis perdu* de Milton, en 1667. Mais l'ombre du pommier de la connaissance s'étend sur des milliers d'autres livres, directement ou indirectement, par la prédominance d'une atmosphère lourde d'inquiétude métaphysique, imprégnée du sentiment d'un destin tragique. Elle s'étend aussi sur d'innombrables tragédies qui rejouent la fameuse scène de la chute, à la suite des mystères médiévaux, de l'*Adamo* de Giambattista Andreini (1613) à l'*Adam banni* du Hollandais Jost Van den Vondel (1664), en passant par *La Scena tragica d'Adamo et Eva* de Troilo Lancetta (1644) et l'*Adamo caduto* de Serafino della Salandra (1647). En 1601, Hugo Grotius compose un *Adamus exul*, suivi d'un *Adamo* en prose de Francesco Loredano (1640), et de tant d'autres livres d'histoire, commentaires de la Bible, hymnes, chants de Noël...

Et que dire de l'iconographie ? La scène du péché d'Adam et Ève envahit la peinture européenne des XVIᵉ et XVIIᵉ siècles. Déjà très présente au Moyen Âge dans la sculpture et les miniatures de manuscrits, elle s'étale maintenant sur les toiles des maîtres. Quel artiste de cette époque n'a pas essayé, avec plus ou moins de bonheur, d'exprimer la tragédie originelle ? C'est aussi une façon d'exposer une dernière fois la nudité licite, avant qu'elle ne devienne honteuse. Ils sont si beaux, nos premiers parents ! Les artistes luthériens, comme il se doit, ont particulièrement exploité le thème. Lucas Cranach en a donné une dizaine de versions, d'une fascinante beauté. Cette Ève longiligne, aux seins menus, aux longs cheveux, aux yeux en amande si inquiétants, c'est le fascinant mystère de la femme, belle à damner un saint. Quel Adam aurait pu lui résister ? La transfiguration du premier couple par les artistes trahit le sens de l'épisode. Même dans la scène tourmentée d'*Adam et Ève chassés du paradis terrestre*, de Giuseppe Casari (1568-1640), au Louvre, on ne peut s'empêcher de prendre le parti de ces deux malheureux. La peinture a beaucoup fait pour réhabiliter Adam et Ève. Le véritable accusé, c'est Dieu, qui est soit lâchement absent, soit représenté sous les traits d'un vieillard qui, comme dira Diderot, « fait grand cas de ses pommes, et fort peu de ses enfants ». Comment peut-il ne pas avoir pitié d'eux ?

L'ambivalence des représentations du péché d'Adam et Ève est manifeste. Ces tableaux sont des plaidoyers. Représenter ces deux êtres, c'est prendre leur défense ; en concrétisant la scène, l'artiste étale la disproportion entre la faute et le châtiment, entre la pomme et l'enfer éternel. Et comment deux êtres aussi beaux pourraient-ils avoir mérité le châtiment éternel ? Les XVIe et XVIIe siècles n'arrivent visiblement pas à comprendre, et encore moins à accepter, ce qui s'est passé.

Même ceux qui paraissent les plus convaincus de notre déchéance, les calvinistes puritains, cherchent encore à se persuader. L'ambiguïté atteint son comble chez l'un d'entre eux, John Milton, dont le *Paradis perdu* est un paradoxal plaidoyer pour l'infernal trio formé du diable, d'Adam et d'Ève. Face à un Dieu distant, capricieux, autoritaire, Lucifer est un ange magnifique, noble et fier, refusant de se courber devant le Fils du Créateur. Préférant l'exil infernal à l'humiliation, il proclame magnifiquement son autonomie :

> L'esprit est son propre lieu, et en lui peut faire
> Des enfers les cieux, et des cieux les enfers.
> Même en enfer, l'ambition de régner est belle,
> Mieux vaut régner en enfer que servir au ciel.

Séducteur, il montre à Ève l'arbre défendu : cet arbre est l'œuvre de Dieu ; comment son fruit pourrait-il être mauvais ? À moins que Dieu n'ait des tendances insoupçonnées à l'arbitraire...

Or, le Dieu de Milton éprouve le besoin de se justifier : il n'avait interdit à Adam qu'une seule chose, et celui-ci a désobéi.

> [...]   à qui la faute ?
> À qui sinon à lui ? J'avais donné à cet ingrat
> Tout ce dont il avait besoin ; je l'avais fait juste et bon
> [...]
> Ils ne peuvent pas m'accuser,
> Moi, leur créateur, de leur destin
> [...]
> Ils ont eux-mêmes provoqué leur chute[99].

Dieu, qui sait très bien ce qui va se passer, persiste dans son intention. Il insiste sur l'interdit afin de rendre inexcusable la désobéissance. Le piège est tendu. Adam, curieux, cherche à s'informer sur la structure et le fonctionnement de l'univers ; mais l'ange Raphaël lui répond que cela ne le regarde pas, et que Dieu se moque des efforts humains pour connaître les lois de la nature.

La scène du péché est pathétique. Adam cède par pur amour pour Ève ; en connaissance de cause, il se sacrifie pour partager son sort :

> Cependant, je lie mon sort au tien,
> Certain de sceller ainsi mon destin ;
> Si la mort est avec toi, la mort est la vie.
>   [...]
> On ne peut pas nous séparer ; nous sommes un,
> Une seule chair ; te perdre serait me perdre[100].

Ils tombent dans les bras l'un de l'autre ; Adam mange la pomme, et alors

> Le désir charnel les enflamme ;
> Il lève sur Ève un regard lascif,
> Auquel elle répond ; ils brûlent de désir.

Ils font l'amour ; pour la première fois dans l'histoire de l'humanité, ils connaissent un vrai bonheur terrestre.

Arrive le châtiment, suivi d'un long réquisitoire d'Adam contre Dieu, dans lequel Milton a placé tout le ressentiment d'une humanité douloureuse, trahie, qui se sent victime plus que coupable. Cri de révolte de l'homme impuissant contre le Créateur abusif : pourquoi m'as-tu créé ?

> Est-ce que je t'ai demandé, Créateur, d'argile
> De faire de moi un homme ? T'ai-je sollicité
> De me sortir du néant pour me placer
> Dans ce jardin de délices[101] ?

Pour le punir, continue Adam, ne suffit-il pas de le réduire au néant d'où il vient ? Pourquoi maudire aussi toutes les générations humaines ? Désormais, les enfants, lorsqu'on leur fera des reproches, pourront également dire à leurs parents :

Pourquoi m'avez-vous engendré ? Je n'avais rien demandé.
Faire de moi une malédiction ? Pourquoi toute l'humanité
Innocente, pour la faute d'un seul est-elle condamnée ?

Pourquoi devons-nous être poursuivis par la conscience ?
Pourquoi Dieu a-t-il créé la femme, dont la beauté nous damne,
source de tourments parce que nous ne pouvons nous en détacher ?
Dieu ne répond pas, bien sûr. Qu'Adam se débrouille : il a
péché, et Dieu ne le connaît plus. Alors, Ève tente de réconforter
Adam : si Dieu ne les aime plus, elle, elle l'aime ; ils feront face
tous deux, ensemble pour toujours. Elle lui dit : « Ton amour est
la seule consolation de mon cœur ; je veux vivre ou mourir par
toi. » Plus forte que l'homme et plus belle que jamais, Ève suggère
à Adam, prostré, un moyen de frustrer Dieu de sa vengeance :

Tu n'as pas d'enfant ; restons stériles ; ainsi la mort,
Privée de son festin, devra de nous deux
Contenter son insatiable appétit[102].

L'histoire de l'humanité s'achèverait ainsi dès le commencement. En faisant avorter la création, le premier couple éviterait
d'incalculables souffrances à des milliards d'être humains qui ne
verront jamais le jour. Plan grandiose, magnifique, féminin. Mais
Ève voit bien qu'Adam n'aura pas la force de l'exécuter, et elle
suggère alors le suicide.

Si tu trouves trop dur, trop difficile,
De nous parler, de nous voir, de nous aimer en s'abstenant
Des rituels amoureux, de la douce union des corps,
De languir de désir sans aucun espoir,
                    [...]
Libérons d'un coup et nous-mêmes et notre descendance,
Abrégeons l'attente de ce que nous redoutons,
Recherchons la mort, ou, si nous ne la trouvons pas,
Infligeons-nous-la par nos propres mains[103].

Là est le génie de Milton. Car cet épisode est sorti tout droit
de son imagination. Et avoir songé à cette solution extrême, n'est-
ce pas, inconsciemment, avoir souhaité que nos premiers parents
l'aient mise à exécution ? Un seul acte courageux aurait racheté la
faute et évité des tourments incommensurables. La faute d'Adam

et Ève ne serait-elle pas d'avoir choisi d'être, c'est-à-dire de souffrir ?

> Pourquoi restons-nous à trembler de peurs
> Qui ne s'achèveront qu'à la mort, alors que nous pouvons
> Choisir la façon de mourir la plus rapide,
> Et détruire la destruction par la destruction ?

Inutile, répond Adam, clairvoyant : on n'échappe pas à la vengeance divine, même par la mort. La colère de Dieu est impitoyable et nous poursuit, dans ce monde ou dans l'autre.

Le *Paradis perdu* est la plus poignante réflexion du XVIIe siècle sur le péché originel et, au-delà, sur la condition humaine. Dieu n'y a pas le beau rôle, face à un Lucifer libre et magnifique, et au premier couple humain, fragile et pathétique, uni par un amour indéfectible. Dieu exige une soumission absolue de ses créatures ; il déclare qu'elles sont libres de faire ce qu'elles veulent, mais celles-ci subiront des tourments éternels si elles font ce qu'il leur interdit de faire ! Et, en dépit de la menace, anges et hommes se détournent du Créateur. Ce choix n'est-il pas porteur de la plus grave accusation contre la création ? Adam et Ève ont préféré l'amour humain à une vie paradisiaque d'un mortel ennui. Au fond, Milton ne semble pas loin de leur donner raison.

LA RECONSTITUTION DU DRAME

Loin des grandes réflexions existentielles de Milton, de nombreux auteurs des XVIe et XVIIe siècles se posent des questions plus terre à terre sur les conditions concrètes du déroulement du drame. Ils ne le remettent pas en cause ; simplement, ils s'efforcent de le reconstituer. Leurs questions témoignent d'une légitime curiosité, qui cherche à rendre rationnellement compte de cet épisode qu'on leur demande de croire. Toutes ces tentatives n'aboutiront qu'à faire ressortir l'absurdité de l'interprétation littérale de la Genèse, mais elles ont le mérite de la sincérité.

Où ? Quand ? Comment ? Et chacun de reconstituer les faits, à partir des maigres données de l'Écriture et de la tradition. Le crime a eu lieu dans le paradis terrestre, dont l'emplacement est fort débattu[104]. À l'Espagnol Pineda, au Flamand Goropius ou au

Suisse Vadian, qui l'assimilent à la terre entière, Suarez et la majorité des théologiens opposent une localisation précise : la Mésopotamie. En 1676, Matthias Beck soutient même une thèse à ce sujet à la faculté de théologie d'Iéna. Mais, pour beaucoup, le déluge a détruit le lieu du paradis.

Autre question très débattue : combien de temps s'est écoulé entre la création d'Adam et Ève et la chute ? Pour la plupart des auteurs, tout s'est passé très vite : création le matin, péché le soir même ; c'était l'opinion la plus répandue au Moyen Âge. Aux XVIᵉ et XVIIᵉ siècles, on réexamine avec précision la chronologie, les hypothèses allant d'une journée et demie pour Suarez à quatorze jours pour l'anglican John Swan, dans son *Speculum mundi* de 1635. Mais le consensus s'établit finalement sur un séjour moyen d'une semaine au paradis terrestre avant la chute. Pour calculer, les auteurs raisonnent par analogie. N'est-il pas logique de penser qu'Adam a commis l'irréparable le jour et l'heure où, quatre mille ans plus tard, Jésus, le nouvel Adam, sera mis en croix afin d'effacer la faute originelle ? Ce qui nous donne un vendredi midi, probablement le 1ᵉʳ avril de l'an 1 du monde, car on s'accorde à fixer la création d'Adam au 25 mars. En 1617, l'anglican John Salked écrit dans *A Treatise of Paradise* :

> Je penserais volontiers que [nos premiers parents] demeurèrent seulement huit jours au paradis. Car c'était suffisant pour l'expérience de cet heureux état. [...] Ainsi le péché d'Adam, sa création et sa rédemption, par une particulière providence du Dieu tout-puissant, [...] intervinrent le même jour. Bien qu'il n'y ait pas à cela d'argument déterminant, ni de preuve décisive fondée sur le texte sacré, néanmoins on ne peut nier en ce domaine une conformité et une convenance de raison, le mal et le remède ayant été fixés au même jour par Dieu, qui de toute éternité prévoit la fin et les moyens [105].

En 1649, le prêtre sicilien Agostino Inveges donne une chronologie précise dans son *Historia sacra paradisi terrestri* : le serpent commence à tenter Ève vers dix heures du matin, le vendredi 1ᵉʳ avril, an 1 ; au bout d'une heure Ève cède, et persuade Adam de manger de la pomme à midi. En début d'après-midi, Dieu fait sa promenade au jardin ; il appelle les deux coupables à quinze heures, les expulse à seize, et fait fermer définitivement le jardin, en postant un ange à l'entrée. Justice expéditive, puisqu'il s'écoule à peine une heure entre la comparution des suspects et l'exécution de la peine. Pour Inveges, « ce temps paraît suffisant pour l'interrogation des coupables, le prononcé de la sentence et l'entier déroulement du jugement. On peut donc croire que Jésus fut déposé de la croix vers seize heures et qu'Adam vers la même heure descendit des hauteurs du paradis[106] ».

Quel âge ont les coupables ? Une semaine, si l'on applique la chronologie précédente. Mais c'est oublier qu'Adam a été créé à l'âge adulte. Les hypothèses du haut Moyen Âge, qui en faisaient des enfants, ne sont plus de mise. Pour Suarez, Adam est né vers l'âge de trente ans ; pour Pereira, cinquante ans ; pour Cajetan, soixante-dix ans, ce qui à l'époque antédiluvienne est la prime jeunesse. De toute façon, Adam et Ève avaient l'âge de raison et étaient donc entièrement responsables de leurs actes.

Qu'ont-ils fait pendant la semaine qui a précédé la chute ? Ils travaillaient, bien sûr, comme de bons agriculteurs. Mais avant le péché originel, le travail était une joie. Pour Luther, « si Adam était resté dans l'état d'innocence, il eût cultivé la terre [...] non seulement sans peine, mais c'eût été pour lui un jeu et une jouissance sans pareille » ; pour l'anglican Salked, le travail « était une conséquence nécessaire de cet état heureux, vu qu'il n'entraînait ni fatigue ni peine, mais constituait plutôt un plaisir » ; pour l'évêque Joseph Hall, Adam « à peine créé, le voici mis au travail [...]. L'homme devait travailler parce qu'il était heureux » ; pour Goropius, « travailler et garder le jardin, avant le péché de l'homme, entraînait nécessairement avec soi de la délectation ». Suarez précise : « Si grande était la science naturelle innée d'Adam et Ève qu'avant le péché ils ne pouvaient ni se tromper ni être trompés, c'est-à-dire prendre le faux pour le vrai et inversement, sinon volontairement. Car l'ignorance et l'erreur constituèrent une punition du péché[107]. »

Dans ce couple parfait, l'épouse était volontairement soumise à son mari. Ève était douce et docile, affirme John Salked : « Assurément, si Ève n'avait pas péché ni transgressé le commandement divin en mangeant le fruit défendu, parce qu'elle était un vase plus fragile, sa nature aurait quand même requis la soumission à son mari : soumission, j'entends, volontaire et non contrainte, naturelle et non forcée, et donc libre et exempte de ces mouvements de refus qu'aujourd'hui même les meilleures descendantes d'Ève éprouvent à l'égard de leur mari[108]. »

Et le sexe ? Ces deux jeunes gens nus et débordant d'énergie sont-ils restés vierges pendant leur semaine paradisiaque ? On s'était déjà posé la question au Moyen Âge, sans y répondre clairement. Selon John Salked, qui exprime l'avis quasi général, s'il n'y avait pas eu le péché, la reproduction se serait théoriquement déroulée de la même façon qu'aujourd'hui, le désordre des sens en moins, par un pur acte de volonté : « Tant que le péché ne déformait pas la volonté, il ne pouvait y avoir de saleté et d'abomination dans les actions naturelles. [...] Aucun désordre dans les actes naturels ne se serait produit dans le cours normal des choses. Ainsi, dans l'état de nature, il y aurait eu génération humaine comme maintenant : je veux dire quant à la substance de l'acte, mais non dans la manière de jouir et dans la furieuse domination du plaisir[109]. »

Mais dans la pratique, tous s'accordent à dire qu'Adam et Ève n'avaient toujours pas pratiqué l'union sexuelle le 1er avril de l'an 1. Agostino Inveges écrit ainsi : « Tous les Pères tiennent pour certain qu'Adam et Ève avant la faute restèrent vierges [...]. C'est après la perte du paradis, dit Chrysostome, que commença le premier usage de la chose vénérienne. Car, avant la désobéissance, Adam et Ève menaient une vie angélique et on ne parlait pas des plaisirs de Vénus [...]. Vraisemblablement Adam et Ève, dans le jardin, dormirent en des lieux séparés, comme en des lits à part, sans baisers, sans étreintes, sans paroles amoureuses, ni de jour ni de nuit[110]. » La phobie de la sexualité va parfois beaucoup plus loin. Ne pouvant admettre que l'amour physique ait fait partie du plan divin, certains imaginent d'étranges solutions pour la reproduction avant le péché originel, comme cet Adam hermaphrodite qui hante les visions d'Antoinette Bourignon (1616-1680), un Adam qui a un nez à la place du sexe, et qui expulse de petits hommes par les narines :

> Au lieu des parties bestiales que l'on ne nomme pas, il estoit fait comme seront rétablis nos corps dans la vie éternelle, et que je ne sais si je dois dire. Il avoit dans cette région la structure d'un nez de même forme que celui du visage ; et c'estoit là une source d'odeurs et de parfums admirables : de là devoient aussi sortir des hommes dont il avoit tous les principes dans soi ; car il y avoit dans son ventre un vaisseau où naissoient de petits œufs et un autre vaisseau plein de liqueur qui rendoit ces œufs féconds. Et lorsque l'homme s'échauffoit dans l'amour de son Dieu, le désir

où il estoit qu'il y eût d'autres créatures que lui pour louer, pour aimer et pour adorer cette grande majesté, faisoit répandre par le feu de l'amour de Dieu cette liqueur sur un ou plusieurs de ces œufs avec des délices inconcevables, et cet œuf rendu fécond sortoit quelque temps après par ce canal hors de l'homme en forme d'œuf, et venoit peu après éclore en homme parfait[111].

Ces divagations sont à leur manière révélatrices de l'obsession du péché originel qui pèse sur l'Europe classique. Théologiens, philosophes, moralistes semblent alors prendre conscience de l'ampleur de la catastrophe, dont on étudie en détail chaque conséquence. Si, pour le docteur John Woodward, de la Royal Society, les effets ne sont apparus qu'après le déluge, la majorité pense que la corruption a été immédiate. Et la situation est irrémédiablement bloquée : l'humanité, une et solidaire dans le malheur, ne peut connaître aucun réel progrès. Jansénistes, protestants, catholiques le répètent à l'envi : notre seul espoir est la grâce divine, plus ou moins contraignante, plus ou moins abondante selon les tendances. Le monde est condamné.

CHAPITRE VI

Adam sous le feu des Lumières

Un péché contesté et transposé

« L'idée de péché originel est la cible commune qui unit dans leur lutte les diverses tendances de la pensée des Lumières. Hume lutte aux côtés du déisme anglais, Rousseau aux côtés de Voltaire : il semble que pour un temps, afin d'abattre cet ennemi commun, il ne reste rien des différences et des divergences [1] », écrivait Ernst Cassirer. L'affirmation est à la fois exacte et excessive. En effet, en tant que dogme fondamental du christianisme au XVIIᵉ siècle, la croyance au péché originel et en sa valeur explicative ne peut qu'être victime de la pensée rationalisante et antichrétienne du XVIIIᵉ siècle. Les philosophes croient au progrès de l'humanité, et le bonheur devient un droit ; il est devant, et non dans un Éden à jamais perdu. « Dès le début du XVIIIᵉ siècle, écrit le sociologue Gilles Lipovetsky, l'idéal épicurien s'affiche librement [...] en bannissant le dogme de la corruption originelle et en réhabilitant la nature humaine, les modernes ont fait de la recherche de la félicité terrestre une revendication légitime de l'homme face à Dieu, un droit de l'individu [2]. »

Même au sein du calvinisme, une tendance libérale adopte les nouvelles idées de bonté naturelle. La bonne religion suit les lois de la nature, écrit Turettin en 1748 dans un *Traité de la vérité de la religion chrétienne* ; et en 1767, dans un sermon « sur la droiture originelle de l'homme » prononcé à Genève, le pasteur Vernès déclare que l'homme a « un penchant inséparable de sa nature pour tout ce qui est bon, tout ce qui est juste, tout ce qui est honnête ». Même les passions et les vices privés sont considérés comme des instruments de la prospérité générale. De Leibniz à Hegel en passant par Mandeville, le mal est réhabilité en tant que composante nécessaire du bien global.

Mais l'idée de chute originelle n'est pas pour autant abandonnée. En fait, trois courants se dessinent à partir du XVIIIe siècle. Les Églises chrétiennes, la catholique en particulier, maintiennent dans toute sa rigueur le dogme du péché originel. Du côté des philosophes, chez Rousseau, Kant, Schelling, Fichte, apparaît un courant de sécularisation de l'idée de chute. Enfin, les tenants d'une conception matérialiste de la nature, qui revendiquent le droit au bonheur terrestre immédiat, n'hésitent pas à remettre en cause le péché originel au nom de la science, et surtout d'une anthropologie qui commence à contester l'existence d'un Adam originel au profit de plusieurs souches primitives ayant donné naissance à des races diverses.

La querelle de l'état de nature

Les théologiens du XVIIIe siècle ne sont pas réputés pour leur originalité. Désormais, on ne fait plus que répéter les conclusions des scolastiques et des auteurs spirituels. La doctrine du péché originel n'échappe pas à la règle, comme le montrent par exemple les longs développements que lui consacre Alphonse de Ligori[3]. Les plus intelligents se gardent cependant bien de donner trop de précisions. Ainsi l'abbé Nicolas Bergier, dans *Le Déisme réfuté par lui-même*, en 1765, se contente de rappeler qu'il y a eu une chute originelle, et avoue franchement dans son *Dictionnaire de théologie* : « Si l'on nous demande en quoi consiste formellement la tache du péché originel, comment et par quelle voie elle se communique à notre âme, nous répondrons humblement que nous n'en savons rien. »

Dans la ligne de Pascal, le caractère mystérieux du péché originel devient même un élément paradoxal de preuve. Si l'homme est incompréhensible à lui-même, n'est-ce pas précisément parce que sa condition s'enracine dans le mystère de la chute ? C'est la thèse que développe en quatre volumes François Lamy, en 1694-1698, puis en 1710[4]. En 1744, l'abbé Mésenguy exploite cette idée : le péché originel obscurcit notre raison et nous incline au mal ; nous ne pouvons plus faire confiance à la nature et à ses lois ; même après le baptême, nous restons sous l'emprise de ses effets[5].

Dans les milieux théologiques du XVIIIᵉ siècle, le péché originel est une évidence, un axiome, mais des débats subsistent à propos de l'état de nature. La querelle prend des proportions nouvelles avec l'intérêt porté aux peuples primitifs et aux civilisations non chrétiennes. De véritables « expérimentations » sont maintenant possibles, dont l'enjeu est de vérifier une croyance théologique.

Pour les jansénistes, l'homme a été créé avec une vocation surnaturelle à l'union divine ; cette vocation faisait partie intégrante de sa nature. Mais le péché originel a dégradé la nature humaine : l'homme a perdu cette capacité à faire le bien qui était une des composantes de sa nature ; pour faire le bien, il lui faut désormais une grâce exceptionnelle. Suivre la « nature », c'est faire le mal, car ce n'est plus la vraie nature : le primitif et le non-chrétien ne peuvent donc faire que le mal. Pour les jésuites, au contraire, l'homme a été créé avec une fin purement naturelle, comprenant les principes de base du bien, sous forme de loi naturelle. À cela, Dieu a ajouté un don purement gratuit, la justice originelle, qui permettait à la volonté de dominer les passions. L'homme a perdu ce don extraordinaire, et se retrouve maintenant avec ses propres forces naturelles, qui correspondent à l'état de « pure nature ». Mais sa nature reste intacte, et la loi naturelle lui permet de faire le bien même en dehors de toute révélation ; elle ne suffit pas à obtenir le salut éternel, mais il n'est pas impossible de trouver de « bons sauvages » ou des peuples vertueux hors du christianisme.

Aux yeux des jansénistes qui rédigent les *Nouvelles ecclésias-tiques*, de telles idées sont du pur pélagianisme. C'est également faire injure à Dieu que de croire qu'il aurait pu créer l'homme dans l'état de pure nature qui est actuellement le sien. « Cette condition du premier homme, créé de Dieu misérable, aveugle, plein de passions et de désirs déréglés, tel enfin que nous sommes tous par le malheur de notre naissance », écrit l'oratorien de Gennes, est impensable[6]. Le don de justice intégrale ne peut avoir été un simple ajout ; il était nécessairement intégré à notre nature : « L'homme ayant perdu la charité par le péché, cette perte est une blessure, une maladie, une corruption survenue à sa nature, et non un dépouillement de quelque précieuse robe dont il eût été revêtu ; car la robe n'est point de l'intégrité de la nature, mais une grâce surajoutée[7]. »

Pour les *Nouvelles ecclésiastiques*, toute la morale est ici en jeu :
si l'état de pure nature était une réalité, les actions humaines pourraient être dites bonnes, même si elles ne se rapportaient pas à
Dieu. Donc, même des non-chrétiens pourraient avoir une idée du
bien et faire le bien. Or les jansénistes sont convaincus que, depuis
le péché originel, l'homme ne peut faire que le mal. On lit dans les
Nouvelles du 11 décembre 1745 :

> On ne saurait faire assez d'attention à l'intérêt qu'ont les
> jésuites d'établir en toute occasion la possibilité de cet état chimé-
> rique. La possibilité de l'état de pure nature n'est pas chez eux
> une question de pure théorie : c'est un principe, pour ainsi dire
> pratique, qui leur sert à combattre les fondements de la morale
> chrétienne. Tandis qu'ils paraissent ne proposer cet état que
> comme simplement possible, ils en font insensiblement, et presque
> sans qu'on s'en aperçoive, un état réel actuellement existant [...].
> En effet, sur quel autre principe pourraient-ils appuyer cette perni-
> cieuse maxime [...], savoir qu'une action faite par la seule
> honnêteté est bonne moralement sans avoir besoin d'être
> rapportée à Dieu et faite par son amour [...] ? Si l'homme n'est
> pas réellement dans l'état de pure nature ; s'il est créé, comme
> nous l'apprend la foi, pour jouir de Dieu et le posséder éternel-
> lement comme sa dernière fin, comment lui serait-il permis d'agir
> pour une autre fin que Dieu, pour une fin purement naturelle ?

À ce passage on peut opposer un extrait de la feuille rivale, les
Mémoires de Trévoux que publient les jésuites, d'août 1754 : « Dire
qu'un homme guidé par la lumière seule de la raison ne puisse
jamais exercer les actes d'équité, d'obéissance, de modération,
d'humanité, de reconnaissance, etc. [...] que par des vues secrètes
d'intérêt et de vanité, c'est penser trop injurieusement de notre
nature : elle est défigurée, altérée, corrompue, sans doute ; elle
n'est point détruite : la raison et la religion s'accordent ici. »
Les jansénistes ne peuvent concevoir une morale humaine
indépendante de la Révélation. Pour eux, l'homme déchu ne peut
en aucun cas avoir des principes moraux naturels capables de lui
gagner des mérites. La morale chrétienne entraîne nécessairement
une conduite austère, opposée à nos tendances naturelles, puisque
celles-ci sont dévoyées par la concupiscence. Pour les jésuites, au
contraire, il peut y avoir conformité entre morale et nature, puisque
celle-ci est dans l'état où Dieu l'a créée. Notre prétendu penchant

au péché ne prouve nullement que nous soyons corrompus, remarque en 1700 Daniel Gilbert : Adam, dans son état d'intégrité originelle, n'a-t-il pas péché, lui aussi[8] ? L'argument est ambigu, mais illustre la volonté de réhabiliter la nature que l'on constate plus encore chez les déistes : « L'homme est tel qu'il est par sa nature, affirme l'un d'eux. La nature est l'ordre que Dieu a établi, qui, par conséquent, ne peut être mauvais[9]. » Et pour le prouver, on se tourne vers les peuples primitifs et vers les civilisations extra-européennes.

Nous sommes en pleine période de reprise des voyages d'exploration. Il s'agit à présent d'une véritable entreprise systématique. Cette fois, les savants sont de la partie : ils étudient la flore, la faune et les sociétés humaines des vastes régions colonisées. Les débuts de l'anthropologie scientifique sont intimement liés à des préoccupations théologiques. Le terme « anthropologie » est d'ailleurs consacré par un professeur de théologie de Lausanne, Alexandre César de Chavannes, auteur en 1771 d'une *Introduction à l'étude de la théologie*, qui le conduit en 1787 à un *Essai sur l'éducation intellectuelle, avec le projet d'une science nouvelle*, et en 1788 à une *Anthropologie ou science générale de l'homme*. C'est poussé par les questions sur l'état de nature et le péché originel que l'on interroge ces mondes nouveaux, pour y trouver des renseignements décisifs sur la situation de l'humanité déchue. Est-on capable, en dehors du monde chrétien, de faire le bien ? Dégénérés, ou bons sauvages ? Telles sont les questions que l'on se pose dès le début du siècle, aussi bien dans les utopies que dans les récits de voyage.

Les méthodes d'investigation de l'époque sont marquées par l'« impérialisme théologien », selon l'expression de Bernard Plongeron[10]. Les peuples exotiques sont rarement étudiés pour eux-mêmes. « Tous ensemble, écrit Michèle Duchet, ils forment une seule et même figure mythique, où les rêves d'un Éden primitif ou d'un Âge d'or situé aux origines de l'humanité reprennent chair et vie en abordant des terres nouvelles[11]. » Lorsque les jésuites étudient les rites chinois ou les coutumes sud-américaines, c'est avec un esprit formé par des manuels de théologie. « Les peuples sauvages sont cités comme témoins » des effets réels du péché originel. Pour les pères de la Compagnie de Jésus, ils sont les preuves vivantes de l'existence d'une morale naturelle qui a survécu au péché originel. Léon Poliakov l'a montré : « Puisqu'il était évident que le message de Jésus-Christ n'avait pu atteindre

214   LES ORIGINES DU MAL

les peuples nouveaux, des théologiens catholiques élaboraient depuis le XVIᵉ siècle la doctrine d'une Révélation à la fois naturelle et surnaturelle faite à Adam au paradis terrestre et transmise aux générations suivantes. Le genre humain en son entier détenait donc, gravées dans les cœurs par Dieu, selon la parole de saint Paul, les mêmes notions de morale, la même religion naturelle[12]. » C'est ce que le père Lecomte affirme en 1756 à propos des Chinois.

L'étude de l'état de nature s'appuie également sur les cas d'enfants sauvages retrouvés en Europe, depuis Pierre, capturé en 1724 dans les forêts près de Hanovre, après avoir vécu plusieurs années comme une bête, jusqu'à Kaspar Hauser, découvert en 1828 à Nuremberg. En 1800 par exemple, Victor, un enfant sauvage de l'Aveyron, est capturé et utilisé pendant plusieurs années comme cobaye. Le médecin Philippe Pinel diagnostique la folie, mais son collègue Jean-Marc Itard entreprend de prouver au contraire, en application des idées de Condillac, que tout ce que nous appelons « humain » dans l'individu vient de l'éducation ; après cinq ans d'efforts, il doit reconnaître son échec.

Finalement, un siècle de débats sur l'état de nature se solde par un bilan très décevant. La société naturelle est-elle en état de guerre de tous contre tous, comme le disait Hobbes, ou comme le conteste Montesquieu ? Bon ou mauvais sauvage ? Les réponses sont très mêlées. Les philosophes antichrétiens sont souvent amenés à rejoindre l'idée janséniste de décadence : l'humanité primitive était bonne, et l'organisation sociale l'a corrompue, l'entrée dans la phase sociale devenant une sorte de péché originel sécularisé.

Certains même n'hésitent pas à attribuer au péché originel des conséquences cosmiques et géologiques, pour en conclure que celles-ci sont quasiment nécessaires à la bonne marche du monde – contradiction qui montre combien l'apologétique de l'époque a encore besoin du péché originel pour expliquer l'univers. C'est à cause de la chute d'Adam que les serpents sont devenus nuisibles, expose le poète Dulard, mais ce mal est en fait un bien puisque leur venin est utile à la médecine. Lesser, dans sa *Théologie des insectes*, montre que les dégâts provoqués par les insectes ont des effets positifs, avant d'étudier le moyen de les exterminer[13]. Selon l'abbé Pluche, le péché originel a eu pour effet d'incliner l'axe de la Terre, provoquant la diversité des saisons et les accidents climatiques, lesquels ont raccourci la vie humaine – ce qui n'empêche pas l'abbé de s'émerveiller devant le *Spectacle de la nature*[14]. La pensée du XVIIIe siècle est invinciblement finaliste. Chaque chose dans la nature doit correspondre à un but précis. Fénelon pense que les moucherons ont été créés pour tester notre patience, et Rousseau que l'axe de la Terre a été incliné pour que les sociétés humaines aient des besoins complémentaires. « Le mal particulier est un bien général, [...] tout ce qui est, est bien », écrit Pope. Autrement dit, le mal est nécessaire.

BAYLE : J'Y CROIS PARCE QUE C'EST ABSURDE

Ce constat met dans l'embarras certains philosophes croyants. « Partout des prisons et des hôpitaux, partout des gibets et des mendiants [...]. L'histoire n'est à proprement parler qu'un recueil des crimes et des infortunes du genre humain[15] », observe Pierre Bayle qui répète que « cet effroyable débordement de misères et de péchés qui couvre la terre et qui remplit les enfers[16] » est dû à « la chute du premier homme ». Mais expliquer le mal par le péché, c'est « donner pour solution la chose même en quoi consiste la principale difficulté[17] ». Car on dit, pour disculper Dieu, qu'il a créé l'homme parfaitement libre, et qu'Adam est donc seul responsable d'avoir fait un mauvais usage de sa liberté. « Funeste présent » que cette liberté ! Dieu, omniscient, savait fort bien ce que l'homme en ferait. Tout cela ne tient donc pas debout : « Un père qui aura donné des couteaux à ses enfants les leur ôtera dès qu'il aura vu qu'ils ne sauroient les manier sans se faire mal [...]. Les souverains qui ont accordé des privilèges à une ville les révoquent s'ils s'aperçoivent qu'elle en abuse à sa propre ruine et au dommage de l'État ; et l'on n'attendroit pas même à les révoquer que l'abus se fût montré ; on le préviendroit, si l'on le pouvoit prévoir avec certitude. Ce seroit une espèce de contradiction que d'accorder une grâce et de ne la pas révoquer dès qu'elle devient funeste à ceux à qui on l'avoit donnée. La même bonté qui l'accorde oblige à l'ôter en ce cas-là[18]. » Ou encore, pour utiliser une comparaison moins relevée, l'affaire du jardin serait comme « une mère qui, sachant certainement que sa fille donneroit son pucelage,

si en tel lieu et à telle heure elle étoit sollicitée par un tel, ména-
geroit l'entrevue et y mèneroit sa fille, et la laisseroit là sur sa
bonne foi [19] ».

Aucun doute n'est possible : Dieu est bien responsable de la
chute d'Adam. On peut objecter à cette accusation que « l'univers
ne seroit qu'une machine si l'obéissance aux lois de Dieu y régnoit
partout comme elle règne dans le paradis. Quel inconvénient, quel
désordre y auroit-il si, depuis le commencement du monde, les
êtres intelligents se fussent conduits comme ils se conduisent dans
le ciel [20] ? » On peut objecter également « que Dieu a permis le
péché afin de manifester sa sagesse qui éclate davantage dans les
désordres que la malice des hommes produit tous les jours qu'elle
ne feroit dans un état d'innocence », mais cette objection ne tient
pas : « On vous répondra que c'est comparer la divinité, ou à un
père de famille qui laisseroit casser les jambes à ses enfants, afin
de faire paroître à toute une ville l'adresse qu'il a de rejoindre les
os cassez ; ou à un monarque qui laisseroit croître les séditions
et les désordres par tout son royaume, afin d'y acquérir la gloire
d'y avoir remédié. » Direz-vous que « sans la chute du premier
homme, la justice et la miséricorde de Dieu seroient demeurées
inconnues » ? Mais la justice et la miséricorde ne se manifestent-
elles pas mieux par un ordre des choses qui rend le mal impossible ? Dans ce cas, « Dieu n'eût puni personne : c'est par là même
que l'on eût connu sa justice [...]. Personne n'auroit mérité d'être
puni, et, par conséquent, la suppression de toute peine eût été une
fonction de justice [...]. Voilà deux princes dont l'un laisse tomber
ses sujets dans la misère, afin de les en tirer quand ils y auront
assez croupi, et l'autre les conserve toujours dans un état de prospérité. Celui-ci n'est-il pas meilleur, n'est-il pas même plus miséri-
cordieux que l'autre [21] ? »

D'autre part, Dieu n'est-il pas capable de concilier chez
l'homme le libre arbitre et une grâce spéciale qui le pousse à faire
le bien ? Après tout, « tous les théologiens conviennent que Dieu
peut procurer infailliblement un bon acte de volonté dans l'âme
humaine sans lui ôter les fonctions de la liberté [...]. Une assistance
fournie de Dieu à Adam, si à propos ou tellement conditionnée
qu'infailliblement elle eût empêché qu'il ne tombât, se fût très bien
accordée avec l'usage du franc-arbitre et n'eût fait sentir aucune
contrainte, ni rien de désagréable, et eût laissé l'occasion de
mériter [22] ». Ou encore, sans même faire intervenir une grâce

spéciale, Dieu ne pouvait-il pas doter l'homme d'une clairvoyance naturelle telle qu'il aurait très bien vu où était son intérêt ? Ainsi, « Dieu l'auroit pu préserver, et du mauvais choix, et du déplaisir de ne s'être point déterminé de lui-même : car il n'est point contraire à la liberté d'indifférence de choisir [...] ce que l'on connoît devoir être préféré[23] ». Ou dira-t-on encore que « Dieu n'aurait pu prévenir la chute d'Adam sans faire un miracle indigne de sa sagesse » ? Mais ne voit-on pas dans l'Écriture que « Dieu a fait un grand nombre de miracles incomparablement moins utiles et moins nécessaires que celui-là et qu'il n'est jamais aussi à propos de déroger aux lois générales que lorsqu'il s'agit d'empêcher qu'une corruption effroyable de mœurs et une infinité de misères n'inondent le genre humain[24] ? »

Dieu pouvait empêcher l'homme de tomber sans gêner sa liberté, et il ne l'a pas fait. Il a permis que cela arrive. Or « permettre une chose, c'est proprement parlant lui laisser un cours que l'on lui pourroit ôter. Et en ce cas-là, lorsque la chose n'est point bonne, on se rend aussi blâmable que si on la produisoit[25] ». Le réquisitoire est sans appel : « Le Dieu des chrétiens veut que tous les hommes soient sauvés ; il a le pouvoir nécessaire pour les sauver tous ; il ne manque ni de puissance ni de bonne volonté, et cependant presque tous les hommes sont damnés[26]. » Dieu est inexcusable : « Il ne paroît pas convenable à l'Être infiniment bon et saint de risquer la corruption et le salut de ses créatures et de ne les pas secourir lorsqu'un peu avant qu'elles pèchent, il peut deviner par des conjectures presque évidentes ce qu'elles vont faire[27]. »

Il nous faut donc conclure soit que l'histoire du péché originel est une fable, soit que le mal vient de Dieu. Or le très raisonnable Bayle trahit la raison, et affirme que le péché originel a bien eu lieu : « Dans la conduite de Dieu, le fait entraîne le droit nécessairement. Il a permis le mal moral qui devoit être suivi du mal physique, c'est un fait indubitable ; il faut donc qu'une telle permission se puisse ajuster avec la bonté de Dieu[28]. » Le mal était aussi nécessaire que les éclipses de la lune, écrit Bayle, et ce mystère est aussi insondable que celui de la Trinité. L'Écriture l'affirme, donc c'est vrai, même si cela contredit la raison.

Ce fidéisme, venant d'un esprit rationnel et critique, paraît bien suspect. À côté des nombreuses, éloquentes et logiques démonstrations de l'invraisemblance du fait, ses protestations de foi, « brèves

et stéréotypées », écrit Élisabeth Labrousse dans sa grande bio-
graphie de Bayle, ne pèsent pas lourd. Comme elle le remarque,
Bayle fait preuve d'une « allègre férocité » en insistant bien sur
l'irrationalité du dogme de la chute, sur la contradiction entre la
raison et les exigences de la foi : « Il triomphe par la défaite cruelle
qu'il inflige à toutes les formes de rationalisme théologique, cette
position bâtarde qui trahit simultanément les exigences de la foi et
celles de la raison, tout en se targuant mensongèrement de sauvegarder les unes et les autres[29]. » On retrouve ici le « Je crois parce
que c'est absurde » ; en clamant ce credo haut et fort, Bayle sait
fort bien qu'il attire plus l'attention sur l'absurdité que sur la foi.

Et il applique le même principe à notre conduite morale : tout
prouve que nous ne sommes pas libres, et donc que nous ne
sommes pas responsables. Les philosophes « ont étudié avec soin
les ressorts et les circonstances de leurs actions et ont bien réfléchi
sur les progrès du mouvement de leur âme. Ces personnes-là, pour
l'ordinaire, doutent de leur franc-arbitre et viennent même jusqu'à
se persuader que leur raison et leur esprit sont des esclaves qui ne
peuvent résister à la force qui les entraîne où ils ne voudroient pas
aller[30] ». Et pourtant nous sommes libres, puisque l'Écriture
affirme qu'il y a un enfer. Il ne serait évidemment pas juste de
condamner des méchants qui n'étaient pas libres de faire le bien.
Cela est « incompréhensible et néanmoins véritable ».

Bayle croit-il en définitive au péché originel ? S'il est indénia-
blement pessimiste au sujet de la nature humaine – « la nature est
un état de maladie », écrit-il –, il affirme aussi que tout homme,
croyant ou non, est capable de distinguer le bien du mal et d'avoir
une conduite morale. Il y a en nous une loi naturelle, inscrite par
Dieu dans la conscience. L'accord profond entre morale et raison
est en chacun de nous : « On peut connaître la conformité de la
vertu avec la droite raison et les principes de la morale comme l'on
connaît les principes de la logique[31]. » Ainsi, Bayle fait un étrange
amalgame entre une attitude fidéiste et une morale rationnelle et
naturelle. L'homme n'a pas une connaissance naturelle de Dieu,
mais il a une connaissance naturelle du bien ; sa raison doit lui
servir de guide, mais elle n'est d'aucun secours sans la foi.

On trouve un paradoxe équivalent chez son contemporain
britannique John Locke. « L'état où était Adam dans le paradis
terrestre était un état d'immortalité et d'une vie sans fin, et il en
fut privé le propre jour où il mangea du fruit défendu », écrit-il en

1695 dans *Le Christianisme raisonnable*. Dans son *Traité du gouvernement civil*, il fait maintes références à Adam. Critiquant la position de Robert Filmer, qui en 1681, dans sa *Patriarcha*, justifiait l'absolutisme en fondant l'autorité des rois sur celle d'Adam, il sous-entend que depuis le péché originel « les enfants d'Adam, n'étant point, dès qu'ils sont nés, sous cette loi de la raison, ne sont point non plus d'abord libres[32] ». Comment, sans présupposer une chute originelle, pourrait-on expliquer cet état d'imperfection, puisque « Adam fut créé un homme parfait ; son corps et son âme, dès le premier moment de sa création, eurent toute leur force et toute leur raison » ? De même, comment rendre compte de l'état de conflit dans lequel Locke suppose l'humanité à l'état naturel, si aucun événement catastrophique n'a déréglé la création ?

Locke ne se réfère pourtant jamais au péché originel dans ses œuvres politiques et philosophiques. L'homme a deux guides : la raison et l'expérience. Son idée du bien et du mal est associée au plaisir et à la douleur. Elle n'est pas innée. L'éducation, la coutume, nos fréquentations forment nos opinions, morales comme intellectuelles, qui ne viennent nullement d'une prétendue loi naturelle que Dieu aurait placée en nous. Le Dieu de Locke, écrit Thomas Burnet, est « un Dieu sans attributs moraux », et les lois divines sont « entièrement arbitraires ». De plus, pour Locke, l'Incarnation du Christ est motivée par la nécessité de convaincre les hommes de l'existence de Dieu et de leur montrer les vraies valeurs. Le résultat n'a pas été très concluant, mais il nous reste la raison comme guide ; on sent que Locke est réticent à faire appel à des éléments d'explication tirés de l'Écriture.

Pendant tout le XVIIIe siècle se maintient néanmoins, l'image traditionnelle du péché originel, même dans des milieux très critiques à l'égard de la religion, mais qui n'osent pas encore franchir certaines limites. L'idée de la faute originelle garde un tel poids que même l'*Encyclopédie* la conserve, alors qu'elle n'hésite pas à rejeter les « fables » sur Adam et qualités merveilleuses, sur Ève et sa création à partir d'une côte. On y lit, à l'article « Paradis terrestre », qu'on peut voir dans la Bible l'histoire d'Adam, sa perfection, et « par quelle désobéissance il en déchut et quels châtiments il attira sur lui-même et sur sa postérité. Il faut nécessairement en revenir à ce double état de félicité et de misère, de faiblesse et de grandeur, pour concevoir comment l'homme, même dans l'état présent, est un composé si étrange de vices et de vertus, si vivement porté vers le souverain bien, si souvent entraîné vers le mal et sujet à tant de maux qui paraissent à la raison seule les châtiments d'un crime commis anciennement ».

Transposition du péché originel, de Deschamps à Rousseau

Alors que Bayle s'en tient encore – timidement et avec ambiguïté – au fidéisme, de nombreux philosophes, gardant l'idée de chute, entreprennent de déchiffrer le mythe et le transposent sur le plan intellectuel. Cette sécularisation de la notion de faute primordiale s'inscrit dans des systèmes philosophiques qui présentent des visions globales de l'histoire humaine. Un bon exemple en est fourni par l'abbé dom Deschamps, bénédictin, athée et communiste avant l'heure, moine de l'abbaye Saint-Julien de Tours de 1745 à 1762, et auteur d'un traité prophético-utopique qu'il n'ose pas publier, *Le Vrai Système*. Dans cet ouvrage, il partage l'histoire du monde en trois époques : l'état sauvage, où prédomine l'instinct ; puis l'état de lois, où l'organisation des sociétés repose sur l'inégalité et l'oppression, ce qui oblige à recourir à des lois humaines dont le prestige est établi sur une illusoire loi divine et sur l'idée de Dieu, utilisée comme fondement de la morale ; et enfin l'état de mœurs, qui est encore à venir, où sera réalisé le communisme intégral. Le passage à l'état de lois, écrit Deschamps, est « le vrai péché originel », car « l'homme n'est méchant que par l'état de lois qui le contredit sans cesse[33] ».

Ce type de schéma se développe avec l'importance croissante que prend l'histoire dans la pensée européenne. On le constate aussi bien chez le catholique Giambattista Vico (1668-1744) que chez le protestant Johann Gottfried Herder (1744-1803), qui associent l'idée de chute à celle de progrès, l'histoire de l'homme étant en quelque sorte l'histoire de sa remontée vers la lumière. Le but de l'histoire est la réalisation de l'humanité complète, à partir de la déchéance initiale, estime Herder ; pour celui-ci, le récit biblique de la faute originelle n'est qu'une vieille tradition poétique, dont le sens est en réalité philosophique[34]. Chez Fichte, Schelling, Baader, le péché originel a un sens de plus en plus mythique, à partir d'une humanité primitive qui vivait dans la plus totale félicité. Pour Franz von Baader, le péché a fait descendre les âmes sur terre et les a éparpillées dans les corps.

En Angleterre, les courants millénaristes relativisent les effets du péché originel, qui sont amenés à s'effacer peu à peu, préparant l'avènement du royaume évangélique : c'est l'idée que développe Henry More, après Joseph Mede. Pour William Worthington (1703-1778), le péché originel a été le point de départ d'un progrès continu qui nous permettra même de dépasser le niveau de félicité que connaissaient Adam et Ève au paradis : « L'état des nouveaux cieux et de la nouvelle terre sera une restauration de l'état paradisiaque ; mais en mieux, à un niveau supérieur, plus unifié, plus spiritualisé[35]. » La malédiction originelle sera « enlevée et surmontée ». Déjà, on constate des améliorations : l'axe de la Terre se redresse progressivement, c'est le retour vers l'éternel printemps. Même optimisme chez Joseph Priestley (1733-1804), chimiste, théologien, physicien, philosophe et prédicateur unitarien, pour qui la science vaincra le péché originel, préparant le retour du paradis terrestre : « Ainsi, quel qu'ait été le commencement du monde, la fin sera glorieuse et paradisiaque, au-delà de tout ce que nos imaginations peuvent maintenant concevoir[36]. »

Jean-Jacques Rousseau sécularise l'idée de péché originel. Le regard qu'il porte sur le monde ressemble étrangement à celui de Pascal. Vanité, tromperie, méchanceté, futilité, rapports de domination : l'homme est un loup pour l'homme. Cette prédominance du mal vient d'un événement lointain, qui a corrompu la bonté originelle de l'être humain. Mais là s'arrête la similitude entre Pascal et Rousseau. Pour le premier, cet événement est le péché originel ; pour le second, c'est l'apparition de la vie en société. Rousseau, écrit Ernst Cassirer, est révolté « contre l'hypothèse d'une perversion originelle de la volonté humaine ».

Au premier abord, donc, Rousseau est un farouche adversaire du péché originel. En niant celui-ci, il ruine toute la conception chrétienne de l'existence, et c'est bien la raison pour laquelle le mandement de l'archevêque de Paris Christophe de Beaumont, du 20 août 1762, condamne l'*Émile*. Réponse de Rousseau : « L'homme est un être naturellement bon, aimant la justice et l'ordre ; il n'y a point de perversité originelle dans le cœur humain et les premiers mouvements de la nature sont toujours droits[37]. » L'idée de péché originel est avant tout une construction des théologiens : « D'abord, il s'en faut bien, selon moi, que cette doctrine du péché originel, sujette à des difficultés si terribles, ne soit contenue dans l'Écriture ni si clairement ni si durement qu'il a plu au rhéteur Augustin et à nos théologiens de la bâtir [38]. »

Reste que l'homme, naturellement bon, est maintenant mauvais. Que s'est-il donc passé ? En fait, l'homme primitif n'est ni bon ni méchant : il est amoral ; c'est « un animal stupide et borné », écrit Rousseau dans Le Contrat social. Peu à peu, il prend conscience des avantages et des contraintes de la vie en groupe, et « tant qu'il y a moins d'opposition d'intérêts que de concours de lumières, les hommes sont essentiellement bons [39] ». Puis l'homme devient mauvais « quand tous les intérêts particuliers agités s'entrechoquent, quand l'amour de soi mis en fermentation devient amour-propre, que l'opinion, rendant l'univers entier nécessaire à chaque homme, les rend tous ennemis-nés les uns des autres [40] ». Voilà l'homme désormais guidé par son amour-propre. La « chute », le « péché originel » de l'humanité, c'est l'apparition de la vie en société, qui crée des conditions telles que la rivalité devient une nécessité. Un moment crucial dans ce processus est évidemment la naissance de la propriété privée, comme Rousseau l'explique dans un célèbre passage du Discours sur l'origine de l'inégalité : « Le premier qui ayant enclos un terrain s'avisa de dire : ceci est à moi, et trouva des gens assez simples pour le croire, fut le vrai fondateur de la société civile. Que de crimes, de guerres, de meurtres, que de misères et d'horreurs n'eût point épargné au genre humain celui qui, arrachant les pieux ou comblant le fossé, eût crié à ses semblables : "Gardez-vous d'écouter cet imposteur ; vous êtes perdus si vous oubliez que les fruits sont à tous, et que la terre n'est à personne !" »

Le mythe du serpent et de la pomme est remplacé par le mythe de l'invention de la propriété. « Voilà comment l'homme étant bon, les hommes deviennent méchants », conclut Rousseau dans sa lettre à l'archevêque. Le péché originel est transféré du plan surnaturel au plan de l'évolution historique, mais l'idée demeure d'un événement qui est à l'origine du mal et qui est dû à l'homme, donc d'une chute. Toutefois, la corruption qui en résulte n'est pas irrémédiable. L'éducation peut réveiller la bonté originelle dans l'individu – c'est ce que montre l'Émile –, et la démocratie peut corriger les injustices sociales : c'est ce que veut montrer Le Contrat social. La chute n'est donc pas seulement sécularisée, elle est aussi relativisée. « Tout est bien en sortant des mains de l'Auteur des choses, tout dégénère entre les mains de l'homme », écrit Rousseau au début de l'*Émile*. Tout cela est une affaire à régler entre hommes. À eux de prendre leur destin en main pour réparer l'erreur initiale.

Beaucoup d'auteurs du XVIIIᵉ siècle assimilent le péché d'Adam à une faute purement humaine et croient à une possibilité d'amélioration morale grâce à un bon usage de la raison. Ainsi Lessing écrit-il à propos du péché originel :

> Fait ou allégorie : dans cette puissance se trouve la source de tous nos manquements [...]. Nous avons tous péché en Adam, car nous devons tous pécher : il suffit, pour être images de Dieu, que nous ne soyons pas contraints de ne rien faire d'autre que de pécher, que nous ayons en nous le pouvoir d'affaiblir cette puissance, et que nous puissions nous en servir tant pour les bonnes que pour les mauvaises actions. Le conte mosaïque, si décrié, peut recevoir ainsi une interprétation très riche, à condition que nous n'y mêlions pas les accommodations qu'un système tardif en a faites, et que nous ne nous laissions pas aller aux accommodations d'accommodations[41].

CHUTE ORIGINELLE
ET ÉMERGENCE DE L'ESPRIT HUMAIN D'APRÈS KANT

Emmanuel Kant (1724-1804) sécularise le péché originel de façon délibérée et méthodique. « Quelle que soit l'origine du mal moral dans l'homme, écrit-il, la plus inadéquate de toutes les façons de se représenter la diffusion et la continuation de celui-ci dans tous les membres de notre espèce et dans toutes les générations consiste à se le représenter comme nous étant venu de nos premiers parents par hérédité[42]. » Il faut donc expliquer l'origine du mal autrement, et Kant s'en acquitte dans deux ouvrages de la maturité : les *Conjectures sur les débuts de l'histoire humaine* (1786) et *La Religion dans les limites de la simple raison* (1793).

Dans les *Conjectures*, Kant, comme Rousseau, imagine le premier couple humain dans son « paradis ». Il n'en fait pas des êtres moralement parfaits, mais des créatures vivant dans « un état d'innocence tranquille », passant leur temps « à rêver ou à folâtrer », guidés par « l'instinct, cette voix de Dieu, à laquelle tous les animaux obéissent ».

Tant que l'homme inexpérimenté obéit à cet appel de la
nature, il s'en trouva bien. Mais la raison commença bientôt à
s'éveiller [...]. Or une propriété de la raison consiste à pouvoir,
avec l'appui de l'imagination, créer artificiellement des désirs, non
seulement sans fondements établis sur un instinct naturel, mais
même en opposition avec lui ; ces désirs, au début, favorisent peu
à peu l'éclosion de tout un essaim de penchants superflus et, qui
plus est, contraires à la nature, sous l'appellation de « sensualité ».
L'occasion de renier l'instinct de la nature n'a eu en soi peut-être
que peu d'importance, mais le succès de cette première tentative,
le fait de s'être rendu compte que sa raison avait le pouvoir de
franchir les bornes dans lesquelles sont maintenus tous les
animaux, fut, chez l'homme, capital et décisif pour la conduite de
sa vie[43].

L'homme se découvre en tant que créature douée de raison,
supérieure aux animaux : c'est cette émergence de la conscience
de soi qui est le péché originel. Et Kant file la comparaison avec le
récit biblique : « La feuille de figuier [...] fut donc le résultat d'une
manifestation de la raison bien plus importante que toutes celles
qui étaient survenues antérieurement au tout premier stade de son
développement. Car le fait de rendre une inclination plus forte et
plus durable, en retirant son objet aux sens, dénote déjà une
certaine suprématie consciente de la raison sur les inclinations et
non plus seulement, comme au degré inférieur, un pouvoir de les
servir. » La raison accomplit un nouveau progrès lorsqu'elle
commence à réfléchir à l'avenir : « L'homme qui avait à assurer sa
subsistance, celle de sa femme et des enfants à naître, prévoyait la
difficulté toujours croissante de son labeur ; la femme prévit les
ennuis auxquels la nature avait soumis son sexe, et en outre ceux
que l'homme plus fort lui imposerait. Avec terreur, tous deux
eurent la vision de ce qui, après une vie pénible, se tient au fond
du décor, de ce qui arrive pour tous les animaux de façon inéluctable sans cependant les tourmenter : de la mort[44]. »
Tout est là : la feuille de figuier, le travail, l'accouchement dans
la douleur, la soumission de la femme, la peur de la mort. Le péché
originel, c'est donc simplement l'accession à l'humanité, la découverte du pouvoir de la raison face à l'instinct : « Le départ de
l'homme du paradis que la raison lui représente comme le premier
séjour de son espèce n'a été que le passage de la rusticité d'une
créature purement animale à l'humanité, des lisières où le tenait

l'instinct au gouvernement de la raison, en un mot de la tutelle de la nature à l'état de liberté[45]. »

Ce passage signale aussi l'apparition du mal moral, que Kant présente à la fois comme une chute et comme une punition :

> Lorsque la raison entra en ligne et, malgré sa faiblesse, s'en prit à l'animalité dans toute sa force, c'est alors que dut apparaître le mal ; et, qui pis est, au stade de la raison cultivée, apparut le vice, totalement absent dans l'état d'ignorance, c'est-à-dire d'innocence. Le premier pas, par conséquent, pour sortir de cet état, aboutit à une chute du point de vue moral ; du point de vue physique, la conséquence de cette chute, ce furent une foule de maux jusque-là inconnus de la vie, donc une punition. L'histoire de la nature commence donc par le bien, car elle est l'œuvre de Dieu ; l'histoire de la liberté commence par le mal, car elle est l'œuvre de l'homme[46].

Mais celle-ci est aussi le début de la marche vers la perfection de l'espèce, car Kant à cette époque pense que le mal peut avoir un rôle à remplir dans les progrès de l'humanité.

Les perspectives sont plus sombres en 1793, dans *La Religion dans les limites de la simple raison*. Kant est alors convaincu que l'homme a une disposition originelle au mal[47] et que la cause en est principalement le dévoiement de la liberté. L'homme, au lieu d'obéir à la loi morale qui lui dicte son devoir, agit en suivant son propre intérêt. Et comme tous les hommes se conduisent de cette façon, il faut supposer qu'il y a en eux « un penchant inné à la transgression », ce que le christianisme explique par un péché d'origine :

> Au lieu de se conformer à cette loi exactement comme motif suffisant (le seul motif, bon inconditionnellement et ne donnant pas lieu à scrupules), l'homme rechercha d'autres motifs, qui ne peuvent être bons que conditionnellement (dans la mesure où il n'est fait par eux aucun tort à la loi), et adopta comme maxime, si l'on conçoit l'action comme découlant consciemment de la liberté, de ne pas se conformer à la loi du devoir par devoir, mais, à la rigueur, en vertu d'autres considérations [...] d'où il résulta finalement qu'il admit dans sa maxime d'action la prépondérance des impulsions sensibles sur le motif de la loi, et commit le péché. D'après ce qui précède, il est clair que nous en faisons autant tous les jours, et par suite qu'« en Adam tous ont péché » et pèchent

encore ; sauf que l'on suppose en nous déjà un penchant inné à la transgression ; on ne suppose pas ce penchant dans le premier homme, mais bien, sous le rapport du temps, une période d'innocence, c'est pourquoi chez lui la transgression est appelée chute ; tandis que chez nous on la représente comme résultant de la méchanceté innée déjà dans notre nature. Ce penchant toutefois ne signifie pas autre chose que, si nous voulons entreprendre d'expliquer le commencement du mal dans le temps, nous devons nécessairement pour toute transgression préméditée en rechercher les causes dans une époque antérieure de notre vie jusqu'à celle où l'usage de la raison ne s'était pas encore développé[48].

Kant refuse l'explication par un péché originel antérieur, commis par nos premiers parents et transmis par l'hérédité. Chacun commet un jour dans sa vie un péché originel. Nous devons constater qu'il y a en nous une « méchanceté naturelle », un « penchant au mal », « enraciné » en chacun, mais « le penchant au mal ne peut être attribué qu'à la faculté morale du libre arbitre », il « doit pouvoir être imputé à l'homme comme étant sa propre faute ». Kant se moque des explications du mal radical par transmission d'une faute, comme le font ce qu'il appelle les « trois facultés » : « La faculté de médecine se représenterait le mal héréditaire à peu près comme le ver solitaire [...], la faculté de droit comme la conséquence légitime de l'entrée en jouissance d'un héritage grevé d'une lourde faute [...], la faculté de théologie comme la participation de nos premiers parents à la défection d'un rebelle (le prince de ce monde). » S'il y a une faute du commencement, ce n'est pas un commencement temporel, mais logique. Nous sommes tous Adam. Mais il n'y a personne dans le rôle du serpent.

Conséquence : puisque nous ignorons l'origine de ce mal radical qui est en nous, il nous faut agir par pur respect de la loi morale, uniquement par devoir. Cette morale formelle, sans véritable contenu, paraît à beaucoup une vue de l'esprit. Vouloir fonder la morale sur un acte de pure liberté choisissant l'obéissance à la loi parce qu'elle est la loi, et sans qu'elle promette un bien quelconque, c'est – écrit André Vergez – se contredire, c'est « encore rechercher un bonheur, ce qui tuerait le devoir[49] ».

Quoi qu'il en soit, le kantisme est la tentative la plus achevée d'une sécularisation de l'idée de péché originel au XVIIIe siècle.

Kant conserve l'idée de chute, et ses dernières œuvres montrent qu'il ne croit guère à un redressement de la situation.

La négation du péché originel : Voltaire, Diderot, La Mettrie

À l'inverse, les gros bataillons des penseurs du XVIIIe siècle lancent une attaque massive et frontale contre toute idée de chute originelle, accusée de dévaloriser l'homme et de nuire à la notion de progrès. Déistes ou athées, les opposants au péché originel sont d'autant plus hostiles à cette croyance qu'elle repose sur un récit biblique aux allures de fable enfantine. Tous les regards se tournent évidemment vers Voltaire, dont on attend les sarcasmes, mais sa critique est moins virulente qu'on ne le croit souvent.

L'article « Péché originel » du *Dictionnaire philosophique* se présente comme une attaque qui serait menée par les sociniens : « C'est outrager Dieu, disent-ils, c'est l'accuser de la barbarie la plus absurde que d'oser dire qu'il forma toutes les générations des hommes pour les tourmenter par des supplices éternels, sous prétexte que leur premier père mangea d'un fruit dans un jardin[50]. » Rien dans la Bible ne permet de soutenir cette idée, « quoique les théologiens trouvent tout ce qu'ils veulent dans l'Écriture ». C'est à saint Augustin que l'on doit cette invention, « digne de la tête chaude et romanesque d'un Africain débauché et repentant, manichéen et chrétien, indulgent et persécuteur, qui passa sa vie à se contredire lui-même ». Comment les âmes pourraient-elles être contaminées ? Si elles existent depuis toujours, elles sont innocentes ; ou alors, « ces âmes sont formées à chaque moment qu'un homme couche avec une femme, et en ce cas Dieu est continuellement à l'affût de tous les rendez-vous de l'univers pour créer des esprits qu'il rendra éternellement malheureux[51] ».

Sur un problème aussi grave, on ne peut se contenter de quelques remarques caustiques, Voltaire le sait bien. Sur le plan intellectuel, la critique du péché originel rencontre obligatoirement les arguments de Pascal. Pour le « sublime misanthrope », les faiblesses et contradictions de la nature humaine ne peuvent s'expliquer que par le péché originel. Mais, demande Voltaire, Pascal n'exagère-t-il pas ? Les « contradictions » ne sont après tout que les manifestations de la variété et de la richesse du caractère humain :

« L'homme n'est point une énigme, comme vous vous le figurez, pour avoir le plaisir de la deviner. L'homme paraît être à sa place dans la nature [...]. Il est, comme tout ce que nous voyons, mêlé de mal et de bien, de plaisir et de peine. Il est pourvu de passions pour agir et de raison pour gouverner ses actions. Si l'homme était parfait, il serait dieu et ses prétendues contrariétés, que vous appelez contradictions, sont les ingrédients nécessaires qui entrent dans le composé de l'homme qui est ce qu'il doit être[52]. » Point besoin de recourir au péché originel pour expliquer la situation de l'homme, dit en substance Voltaire. Serait-il devenu Candide ? Il sait bien qu'il ne peut aller très loin dans cette direction après la correction qu'il a infligée à Leibniz. Tout ne va peut-être pas pour le mieux dans le meilleur des mondes possibles, mais les choses s'améliorent : « Un jour, tout sera bien, voilà notre espérance ; tout est bien aujourd'hui, voilà l'illusion. » Et « si tout n'est pas bien, tout est passable[53] ».

En fait, Voltaire s'en prend à Adam plus qu'au péché originel. Pour détruire le mythe de l'ancêtre unique, il faut se débarrasser de cette histoire de chute. Mais la négation du péché originel porte Voltaire à des conceptions polygénistes et, au-delà, racistes. La diversité des races humaines et leur fixité l'empêchent de croire que nous descendons d'un ancêtre commun : « Les blancs barbus, les nègres portant laine, les jaunes portant crin et les hommes sans barbe ne viennent pas du même homme », écrit-il dans le *Traité de métaphysique*, ce qu'il confirme plus trivialement dans le *Dictionnaire philosophique*[54]. Selon Voltaire, l'espèce humaine se compose de races hiérarchisées. L'histoire illustre cette inégalité : il a suffi d'une poignée d'Espagnols pour vaincre les Péruviens, dont la « stupidité » est flagrante. Les Jaunes, qui sont « naturellement esclaves », avec un entendement « fort inférieur », ont également été conquis, tout comme les Noirs d'Afrique. Il n'est toutefois pas exclu que ces races progressent. Ainsi, « le Brésilien est un animal qui n'a pas encore atteint le complément de son espèce. C'est un oiseau qui n'a ses plumes que fort tard, une chenille enfermée dans sa fève, qui ne sera en papillon que dans quelques siècles. Il aura peut-être un jour des Newton et des Locke, et alors il aura rempli toute l'étendue de la carrière humaine, supposé que les organes du Brésilien soient assez forts et assez souples pour arriver à ce terme : car tout dépend des organes[55] ». Pour Voltaire, il ne fait aucun doute que l'histoire d'Adam, l'ancêtre unique, est une mystification. De même, l'idée « que Dieu fut supplicié pour une pomme mangée quatre mille ans avant sa mort[56] ». « On ne peut s'empêcher de rire quand on voit un serpent parlant familièrement à Ève, Dieu parlant au serpent, Dieu se promenant chaque jour à midi dans le jardin d'Éden, Dieu faisant une culotte pour Adam et un pagne à sa femme Ève[57]. »

Et Voltaire de suggérer une transposition parodique de l'histoire du jardin d'Éden : le péché, c'est manger du fruit de l'arbre théologique, dont les racines s'alimentent aux œuvres de saint Thomas, de saint Bernard, de Luther et des autres : « Dès qu'on est réveillé, on porte la tête haute, on regarde les gens de haut en bas. On acquiert un sens nouveau qui est fort au-dessus du sens commun. On parle d'une manière inintelligible, qui tantôt vous procure de bonnes aumônes, et tantôt cent coups de bâton. Vous nous répondrez peut-être qu'il est dit expressément dans le Béreshit ou Genèse : "Le même jour que vous en aurez mangé, vous mourrez très certainement." Allez, notre cher frère, il n'y a rien à craindre. Adam en mangea, et vécut encore neuf cent trente ans[58]. »

Diderot s'oppose tout autant à l'idée d'un péché originel, ou même d'une chute quelconque : « La nature ne nous a pas faits méchants, c'est la mauvaise éducation, le mauvais exemple, la mauvaise législation qui nous corrompent[59]. » L'homme primitif dont il trace le portrait dans l'*Essai sur la peinture* ressemble à une sorte d'Adam d'avant le péché originel : il a

> les traits fermes, vigoureux et prononcés, des cheveux hérissés, une barbe touffue, la proportion la plus rigoureuse dans les membres [...]. Il n'a rien qui sente l'effronterie ni la honte. Un air de fierté mêlé de férocité. Sa tête est droite et relevée ; son regard fixe. Il est le maître dans sa forêt. Plus je le considère, plus il me rappelle la solitude et la franchise de son domicile [...]. Il est sans lois et sans préjugés [...] [sa compagne] est nue sans s'en apercevoir. Elle a suivi son époux dans la plaine, sur la montagne, au fond de la forêt ; elle a partagé son exercice ; elle a porté son enfant dans ses bras. Aucun vêtement n'a soutenu ses mamelles. Sa longue chevelure est éparse[60].

Ce couple originel est dans l'état de nature, innocent et instinctif. Depuis, il s'est civilisé – ce qui, dans un sens, est un progrès, car, remarque Diderot dans un passage du *Neveu de Rameau* qui a fait les délices de Freud, un petit sauvage ne tarderait pas à étrangler son père et à coucher avec sa mère. L'homme est un être naturel, comme tout ce qui existe. La notion de « contre nature » ou de « hors de la nature » n'a aucun sens, rappelle Diderot dans *Le Rêve de d'Alembert*. L'homme doit suivre le code naturel, et tous les efforts de la morale doivent tendre à concilier nature individuelle et nature de la société.

Mais peut-on chasser le naturel sans qu'il revienne au triple galop ? Tâche impossible, répondent ensemble La Mettrie et Sade. La machine humaine est programmée pour le plaisir égoïste, que Maupertuis tente même de quantifier dans son *Essai de philosophie morale*. L'idée de chute originelle n'a à leurs yeux aucun sens. La nature nous détermine, dans une direction que l'on peut qualifier de bonne ou de mauvaise selon les goûts, ces mots n'ayant en eux-mêmes pas grand sens. Pour La Mettrie, l'homme-machine, conscient de son caractère de machine, aura une attitude de compassion à l'égard de ses mécaniques confrères :

> Il plaindra les vicieux, sans les haïr ; ce ne seront à ses yeux que des hommes contrefaits. Mais en faisant grâce aux défauts de la conformation de l'esprit et du corps, il n'en admirera pas moins leurs beautés et leurs vertus [...]. Enfin, le matérialiste convaincu, quoi que murmure sa propre vanité, qu'il n'est qu'une machine ou qu'un animal, ne maltraitera point ses semblables, trop instruit sur la nature de ces actions, dont l'inhumanité est toujours proportionnée au degré d'analogie prouvée ci-devant, et ne voulant pas en un mot, suivant la loi naturelle donnée à tous les animaux, faire à autrui ce qu'il ne voudrait pas qu'on lui fît[61].

La Mettrie écrit ces lignes en 1747, alors que la vogue des automates touche l'Europe : dix ans auparavant, Jacques de Vaucanson a réalisé son fameux joueur de flûte, prototype de nos robots. L'homme ne serait-il pas un robot sophistiqué ? En quoi cela détruirait-il sa « dignité » ? Celle-ci n'est-elle pas davantage mise en danger par les religions qui s'acharnent à faire de l'homme un être misérable, foncièrement mauvais depuis le péché originel ? Il n'y a dans la nature ni bien ni mal, affirme La Mettrie. Il y a des machines en plus ou moins bon état de marche, mais cette société d'automates a une capacité d'auto-organisation par l'éducation :

> En général, les hommes sont nés méchants ; sans l'éducation, il y en aurait peu de bons ; et encore avec ce secours y en aurait-il beaucoup plus des uns que des autres. Tel est le vice de la conformation humaine. L'éducation seule a donc amélioré l'organisation ; c'est elle qui a tourné les hommes au profit et à l'avantage des hommes ; elle les a montés, comme une horloge, au ton qui pût servir, au degré le plus utile. Telle est l'origine de la vertu : le bien public en est la source [62].

Il n'y a pas de chute originelle, mais il est possible d'améliorer les mécaniques humaines.

SADE : DÈS L'ORIGINE, LA NATURE VEUT LE MAL

Le marquis de Sade nous ramène paradoxalement au cœur religieux du problème du mal. Dès le départ, il est convaincu que nous sommes déterminés par notre organisation physiologique, mais il pense aussi qu'il y a un profond accord entre la nature, la recherche du bonheur individuel et le bien général. Dans le *Dialogue d'un prêtre et d'un moribond*, il affirme cette harmonie : « Toute la morale humaine est renfermée dans ce seul mot : rendre les autres aussi heureux que l'on désire de l'être soi-même, et ne leur jamais faire plus de mal que nous n'en voudrions recevoir. » Ce qui n'empêche pas Sade de nier déjà toute notion de culpabilité : nous sommes tels que notre constitution physique nous a faits.

Mais progressivement il en vient à dissocier le bien et le bonheur, la vertu et le bonheur. Les méchants prospèrent et les bons sont souvent malheureux, observe Sade qui transforme en loi naturelle ce constat d'une opposition entre bien et bonheur, et cela de façon d'autant plus provocatrice que, mis au ban de la société, emprisonné, il se construit un personnage correspondant à l'image que l'on cherche à donner de lui. Dès lors, sa position rejoint paradoxalement celle des gnostiques manichéens : le monde est ontologiquement mauvais, la nature veut le mal, c'est son être même. Ce discours est étonnamment proche de celui des théologiens décrivant la nature corrompue par le péché originel, une nature où règnent le mal, la souffrance, la cruauté et la mort :

> Plus j'ai cherché à surprendre ses secrets, plus je l'ai vue occupée uniquement de nuire aux hommes. Suivez-la dans toutes

ses opérations : vous ne la trouverez jamais que vorace, destructive
et méchante, jamais qu'inconséquente, contrariante et dévasta-
trice. Jetez un instant les yeux sur l'immensité de maux que sa
main infernale répand sur nous en ce monde. À quoi servait-il de
nous créer pour nous rendre aussi malheureux ? Pourquoi notre
triste individu, ainsi que tous ceux qu'elle produit, sortent-ils de
son laboratoire aussi remplis d'imperfections ? Ne dirait-on pas
que son art meurtrier n'ait voulu former que des victimes [...] que
le mal ne soit son unique élément, et que ce ne soit que pour
couvrir la terre de sang, de larmes et de deuil qu'elle soit douée
de la faculté créatrice[63] ?

Nous sommes mauvais dès le départ. Quoi de plus mauvais et
de plus cruel qu'un enfant ?

La cruauté, bien loin d'être un vice, est le premier sentiment
qu'imprime en nous la nature. L'enfant brise son hochet, mord le
téton de sa nourrice, étrangle son oiseau, bien avant que d'avoir
l'âge de raison [...]. Il serait donc absurde d'établir qu'elle est une
suite de la dépravation. Ce système est faux, je le répète. La
cruauté est dans la nature ; nous naissons tous avec une dose de
cruauté que la seule éducation modifie ; mais l'éducation n'est pas
dans la nature [...]. La cruauté n'est autre chose que l'énergie de
l'homme que la civilisation n'a point encore corrompue : elle est
donc une vertu et non pas un vice. Retranchez vos lois, vos punitions, vos usages, et la cruauté n'aura plus d'effets dangereux,
puisqu'elle n'agira jamais sans pouvoir être aussitôt repoussée par
les mêmes voies ; c'est dans l'état de civilisation qu'elle est dangereuse, parce que l'être lésé manque presque toujours, ou de la
force, ou des moyens de repousser l'injure.

La dérive vers la morale du surhomme est ici manifeste, mais
avec cet accent proprement « sadique » qui fait consister le bonheur
individuel dans le malheur des autres. L'homme en conformité
avec la nature est l'homme méchant.
Et Sade enfonce sadiquement le clou : « Si la nature était
offensée de nos goûts, elle ne nous les inspirerait pas. Il est impossible que nous puissions recevoir d'elle un sentiment fait pour
l'outrager[64]. » Et il est impossible d'imaginer qu'il en soit autrement : « C'est par un mélange absolument égal de ce que nous
appelons crime et vertu que les lois de la nature se soutiennent.
C'est par des destructions qu'elle renaît ; c'est par des crimes
qu'elle subsiste. C'est en un mot par la mort qu'elle vit. Un univers

totalement vertueux ne saurait subsister une minute ; la main savante de la nature fait naître l'ordre du désordre, et sans désordre elle ne parviendrait à rien [...]. Ce n'est qu'à force de mal qu'elle réussit à faire le bien, ce n'est qu'à force de crimes qu'elle existe, et tout serait détruit si la vertu seule habitait sur la terre. » Tout ce qui arrive est naturel, et rien ne peut être contre nature. « Quand nos inspirations secrètes nous disposent au mal, c'est que le mal est nécessaire à la nature, c'est qu'elle le veut, c'est qu'elle en a besoin. » Et nous n'y pouvons rien : « Celui qui doit être scélérat le devient tout aussi sûrement, quelque bonne que soit l'éducation qui lui a été donnée, que vole sûrement à la vertu celui dont les organes se trouvent disposés au bien, quoique l'instituteur l'ait manqué. Tous deux ont agi d'après leur organisation, d'après les impressions qu'ils ont reçues de la nature, et l'un n'est pas plus digne de punition que l'autre de récompense. »

Ce noir tableau de l'humanité n'est pas sans rappeler les peintures de la condition humaine produites depuis des siècles par les théologiens chrétiens. Mais les explications, bien sûr, divergent. Augustin disculpait Dieu et mettait le mal au compte de l'homme, en se référant au mythe du péché originel. Sade, lui, disculpe l'homme. Il y a la nature et ses lois, c'est tout. On peut dire que « Dieu n'est que la nature », écrit le marquis, et dans ce cas « Dieu est la cause immanente et non distincte de tous les effets de la nature ». Si l'on veut « absolument qu'il y ait une cause universelle, il faut que nous convenions qu'elle consent à tout ce qui nous arrive et ne veut jamais autre chose. Il faut que vous avouiez encore qu'elle ne peut aimer ni haïr aucun des êtres particuliers qui émanent d'elle, parce que tous lui obéissent également et que, d'après cela, les mots de peines, de récompenses, de lois, de défenses, d'ordre, de désordre, ne sont que des mots allégoriques ». Ou alors il faut supposer l'existence d'un Dieu séparé du monde, qui aurait créé cette abominable machine. C'est le démiurge des gnostiques, un Dieu « vindicatif, très barbare, très méchant, très injuste, très cruel, le plus méchant, le plus féroce, le plus épouvantable de tous les êtres[65] », dit l'un des héros sadiens, le libertin Saint-Fond. Le mal est la substance de l'être : « Dieu n'a créé que pour le mal, ne se plaît que dans le mal ; le mal est son essence, et tout celui qu'il nous fait commettre est indispensable à ses plans[66]. » L'homme, naturellement méchant, correspond aux plans de ce démiurge[67].

LES ABEILLES DE MANDEVILLE : LE MAL EST UN BIEN

Bien avant Sade, Bernard Mandeville, médecin hollandais émigré qui écrit en anglais au début du XVIIIe siècle, n'est pas loin de penser lui aussi que la nature est mauvaise. Mais par un retournement audacieux, il affirme que le mal moral individuel est utile et même indispensable à la prospérité collective. Peu connue aujourd'hui, son œuvre a provoqué un véritable scandale à son époque. Son poème en forme de fable, *The Grumbling Hive, or Knaves Turned Honest* (La Ruche ronchonnante ou les Truands devenus honnêtes), paru en 1705, illustre ce que Sade affirmera à la fin du siècle : un monde parfaitement vertueux serait invivable, et conduirait rapidement à la catastrophe. On y voit une ruche dans laquelle chacun poursuit la satisfaction de ses désirs égoïstes, trichant, trompant, corrompant, forniquant, pour la plus grande prospérité de la société, dont l'activité repose sur la satisfaction des vices personnels : « Le vice était en chacun, et le paradis pour tous. » Un jour, on demande à Jupiter d'imposer la vertu ; tout le monde devient honnête et frugal, mais cela entraîne une catastrophe économique. L'idée est reprise dans la *Fable des abeilles, ou Vices privés, prospérité publique* (1729).

Ainsi, pour Mandeville, le mal moral est en réalité un bien : s'il n'y avait pas la crainte des voleurs, à quoi serviraient les serruriers ? La chute originelle est une illusion, et la morale est une idée des hommes les plus intelligents pour imposer leur domination sur la société : ils ont fait croire que ceux qui contrôlent leurs passions sont supérieurs à l'« abjecte populace » qui cherche sa satisfaction immédiate. Par une incroyable imposture, ils ont persuadé les gens que c'était une preuve de force d'esprit que de refuser le plaisir, engendrant ainsi l'hypocrisie, et ce à seule fin de se réserver le pouvoir.

Mandeville fait la jonction entre Nicole et Adam Smith : d'une part, il dévoile l'imposture de la morale, qui ne fait que masquer la corruption intégrale de la nature humaine ; d'autre part, il montre que la poursuite du plaisir individuel concourt à la réalisation du bien collectif, préfigurant ainsi la « main invisible » qui fait reposer la prospérité sociale sur l'exploitation des vices individuels dans une économie libérale fondée sur la consommation.

Mandeville recommande cependant une morale austère. Son conte ne détruit nullement la valeur de l'éthique ; il nous rend simplement plus lucides. Les vices individuels ont beau contribuer à la prospérité de l'ensemble, ils restent des vices.

LUMIÈRES, *ENLIGHTENMENT* ET *AUFKLÄRUNG* CONTRE LE PÉCHÉ ORIGINEL

David Hume est moins ambigu. Élevé dans le strict esprit calviniste, cet Écossais est d'abord persuadé de la réalité du péché originel, avant d'en rejeter totalement l'idée. Nous sommes à ses yeux un paquet d'instincts, pleins de contradictions, que les religions ont interprété comme le résultat d'une chute imaginaire. « On aura grand mal à se persuader que [les principes religieux] soient autre chose que des rêveries d'esprits malades[68]. » Il n'y a pas de nature humaine, pas plus qu'il n'y a de morale naturelle ou de péché originel. Il nous faut donc bâtir une morale en nous fondant sur la raison.

Hume est l'aboutissement du déisme anglais, qu'il pousse à son terme ultime, l'athéisme. Depuis la fin du XVIIᵉ siècle, l'*Enlightenment* mène un travail de sape contre le péché originel. Dès 1693, Charles Blount, dans *The Oracles of Reason*, déclare que cette « pilule » ne lui a « jamais passé le nœud de la gorge » ; elle stérilise la raison et bloque la conception rationnelle de la morale. Comment les maux contemporains pourraient-ils être rapportés à Adam ? Nos péchés ne sont dus qu'à l'imperfection de notre nature. De son côté, Shaftesbury tente d'élaborer une théodicée qui fasse l'économie du péché originel, tandis que Samuel Clarke affirme que nous ne devons pas expliquer notre immoralité par une nature corrompue : nous subissons les effets de la chute, qui affaiblit les capacités de notre raison, mais il reste possible de bâtir une morale de type quasiment mathématique. Mathew Tindal, après Blount, se gausse de l'histoire biblique du serpent qui parle, et se scandalise de la disproportion entre la faute supposée et la peine infligée. Aux yeux de John Taylor, cette croyance n'a aucun fondement. L'épisode de la chute n'est qu'une allégorie, explique Conyers Middleton, tandis que Bolingbroke se moque des spéculations des théologiens qui parlent comme s'ils avaient été témoins oculaires de l'incident dans le jardin d'Éden : « Ils ont la minute de toute la conversation entre le serpent et la mère du genre humain, qui damna ses enfants avant même de les porter[69]. »

Le début de l'exégèse critique de la Bible est évidemment un puissant argument pour ceux qui remettent en cause le péché originel. De Spinoza et Richard Simon au *Traité de la libre recherche du Canon*, de Semler, en 1771, l'authenticité des récits attribués à Moïse est battue en brèche. La Genèse commence à être considérée comme un ensemble allégorique, et du coup toute l'histoire de la pomme perd de sa crédibilité.

Le péché originel n'a plus sa place pour ceux qui réfléchissent aux problèmes sociaux. Selon Helvétius, les hommes ne naissent ni bons ni mauvais ; c'est l'éducation qui fait toute la différence. Même un chapelain comme l'Écossais Ferguson pense que la sociabilité naturelle de l'homme n'a pas été entamée par la chute originelle (*Essay on the History of Civil Society*, 1767), tandis que Priestley et Godwin affirment que la nature humaine conduirait l'homme au bonheur s'il n'y avait pas la contrainte politique. Adam Smith est persuadé que Dieu a fait don à l'homme de la sympathie, qualité qui permet la vie sociale, sans mentionner aucune altération due à un quelconque péché. Condorcet partage les idées optimistes sur le développement de l'esprit humain par la sociabilité, la sympathie et la politique. Les références à un châtiment divin s'appliquant à toute l'espèce humaine ne sont plus de mise chez ces intellectuels. Quand Henry Home, Lord Kames, écrit en 1774 dans ses *Sketches of the History of Man* que la diversité sociale et nationale remonte à la tour de Babel, il fait figure d'attardé.

Comme les Lumières et l'*Enlightenment*, l'*Aufklärung* allemande abandonne l'idée de péché originel. Reimarius, dans son *Apologie*, montre que nos péchés ont des causes strictement psychologiques. Thomasius pense que Dieu n'agit pas par des menaces de sanctions. Selon l'historien Ernst Cassirer, le rejet du péché originel est un trait caractéristique du protestantisme allemand au XVIIIᵉ siècle, qui va lui permettre de revêtir une teinte libérale :

> Ainsi se trouve consommée, en ce domaine, la rupture avec le dogme du péché originel. Le rejet de ce dogme constitue la marque caractéristique de l'orientation nouvelle de la théologie de l'*Aufklärung* telle qu'elle se développe particulièrement en Allemagne, où se trouvent ses représentants les plus importants. Tous

considèrent l'idée d'un *peccatum originale* se transmettant de génération en génération comme parfaitement absurde, comme une
offense aux principes les plus élémentaires de la logique et de
l'éthique. [...] Alors que le conflit autour du dogme du péché
originel devait conduire en France à une rigoureuse séparation de
la religion et de la philosophie, l'idée de protestantisme pouvait se
transformer en Allemagne jusqu'à absorber les nouveaux courants
intellectuels et les attitudes mentales qui les avaient engendrés,
jusqu'à mettre en pièces et abandonner la forme historique du
protestantisme héritée du passé pour mieux mettre en valeur la
pureté de son idéal primitif[70].

LES ENJEUX ANTHROPOLOGIQUES

La contestation du péché originel ne concerne pas seulement
l'histoire des idées religieuses, mais aussi l'étude de l'espèce
humaine. Remettre en cause le péché originel, c'est également
remettre en cause l'incapacité de l'homme à faire le bien et à
progresser.

Pour des jésuites comme les pères Dutertre et Buffier, l'homme
déchu garde, avec la raison naturelle, un guide sûr qui lui permet
de retrouver le chemin du bien. « La nature est cette voix intérieure
de la raison, qui nous appelle à la vérité et à l'amour de la vertu »,
écrit dans la même optique le pasteur Samuel Formey. Les tenants
de la morale naturelle, tous plus ou moins héritiers de Pufendorf,
estiment qu'il faut raisonner en fonction de l'homme « tel qu'il est
depuis le péché ». Plutôt optimistes, ils pensent malgré tout que
l'espèce humaine est profondément handicapée et croient en voir
la preuve dans la situation des peuples primitifs. De son côté, le
père Lafitau, auteur d'une étude sur les *Mœurs des sauvages américains comparées aux mœurs des premiers temps* (1724), constate « le
mélange contradictoire de principes valables et vicieux » de leur
morale, ce qui le conduit « à rappeler que les Américains subissent
eux aussi les conséquences du péché d'Adam[71] ». Quant à l'abbé
Prévost, il voit en eux des dégénérés plutôt que des primitifs. Pour
le père Brumoy, depuis Adam, la raison est gênée par le dérèglement des sens[72], alors que l'abbé Pluche pense que, grâce au
providentialisme, tout mal est converti en bien.

Même cacophonie à propos de l'état de nature : avant l'organisation en société réglée, les hommes sont-ils en proie à une guerre

perpétuelle les uns contre les autres ? Le présumé athée Hobbes rejoint ici le fondamentaliste Bossuet : l'homme est mauvais. De même, dans le camp des « pacifiques », on trouvera aussi bien un Pufendorf qu'un Rousseau.

La nature humaine reflète-t-elle encore le plan de Dieu ? Peut-on l'améliorer ? La discussion passe de plus en plus sur le terrain physiologique. L'importance croissante accordée au corps déplace peu à peu le débat. Avec les progrès de la médecine, la mise en valeur du rôle des sensations dans la formation des idées contribue à donner au terme « nature » une connotation plus matérielle. À côté de conceptions purement matérialistes comme *L'Homme-machine*, on commence à parler de l'« homme neuronal », expression du médecin Jérôme Gaub (1705-1780), qui travaille dans la célèbre école médicale de Leyde ; Albrecht von Haller (1708-1777), à Berne, travaille sur les notions d'irritabilité et de sensibilité, tout comme ses confrères Robert Whytt (1714-1766) et William Cullen (1710-1790). La physiologie étend progressivement son influence sur la morale et, imperceptiblement, fait évoluer le débat sur le péché. À la fin du siècle, les idéologues, comme Destutt de Tracy, fondent toute idée de progrès sur l'expérience et la physiologie. Georges Cabanis, dans ses *Rapports du physique et du moral de l'homme*, à partir de 1802, montre que la pensée est produite par le cerveau, comme le suc gastrique est produit par l'estomac.

Ces études médicales, qui renforcent les théories déterministes, ont pour effet dans le domaine moral de favoriser l'idée de progrès, et donc tendent à ruiner davantage la notion de nature corrompue et de péché originel. Si notre conduite est déterminée par notre physiologie, on peut espérer améliorer le comportement moral en perfectionnant l'être physique. Mais peut-on améliorer l'être physique ? La nature humaine est-elle susceptible d'évoluer ? Au sein du protestantisme, plusieurs sont prêts à accepter cette idée, associée à celle de déterminisme : pour John Gay, en 1731, et surtout David Hartley, théologien et savant, qui publie en 1749 ses *Observations on Man, his Frame, his Duty, and his Expectations*, Dieu a placé en l'homme une instinctive attraction pour le bien, inscrite dans notre nature et facteur de progrès. La loi morale doit venir de la nature humaine ; Dieu a mis en nous un sens moral. C'est déjà ce qu'affirmaient Shaftesbury et Francis Hutcheson. Mais aux yeux des plus traditionalistes, comme le pasteur Jonathan Edwards

(1703-1758), cette sorte de déterminisme au bien est inacceptable, car elle entraîne la négation du péché originel et de la liberté. D'autres en revanche, comme Priestley, développent l'idée d'un déterminisme social plus que physique.

Dans ce débat confus, les notions et les enjeux se brouillent, les argumentations s'entrecroisent. Typique de cette ambiguïté est l'attitude à l'égard des peuples sauvages que l'on découvre au cours du siècle. Chacun se les approprie pour les intégrer dans son système de pensée, non sans contradictions. Ainsi les missionnaires, en créant le mythe du « bon sauvage », veulent montrer que le luxe et la civilisation ont corrompu les vertus naturelles ; mais, ce faisant, ils donnent des arguments aux philosophes qui contestent l'idée de chute originelle et proclament la suprématie de la morale naturelle. De leur côté, ces philosophes ont tendance à magnifier l'excellence de la civilisation européenne, qui a permis de sortir de cette lamentable sauvagerie dans laquelle se trouvent les peuples américains. L'idée d'une dégénérescence de certaines races commence à se propager. Pour Corneille De Pauw, auteur en 1768-1769 des *Recherches philosophiques sur les Américains*, ces derniers, victimes d'un climat défavorable, ont connu un déclin inéluctable. Buffon systématise cette idée de dégénérescence pour raisons climatiques : « Pour mieux dire, les Lapons, les Samoièdes, les Borandiens, les Zembliens, et peut-être les Groënlandais et les Pygmées du nord de l'Amérique, sont des Tartares dégénérés autant qu'il est possible ; les Ostiaques sont des Tartares qui ont moins dégénéré ; les Tonguses encore moins que les Ostiaques, parce qu'ils sont moins petits et moins mal faits, quoique aussi laids[73]. » Buffon maintient certes l'unité de l'espèce humaine, mais sa notion de races évolutives ouvre la porte à des conceptions transformistes et polygénistes.

L'AUBE DE L'ÉVOLUTIONNISME ET DU POLYGÉNISME

Par le classement apparaît aussi l'idée de passage progressif de l'animalité à l'humanité, qu'Edward Tyson avait formulée dès 1699 dans son *Orang-Outang or the Anatomy of a Pygmie*. En 1777, Philippe Commerson écrit à propos des nouveaux peuples découverts dans le Pacifique : « La première nuance après l'homme est celle des animaux anthropomorphes ou à figure humaine, dont il serait fort à désirer de connaître toutes les séries, parce qu'elles établissent un passage insensible de l'homme aux quadrupèdes[74]. » L'image contrastée que l'on donne du Tahitien, par exemple, est révélatrice des affrontements d'un siècle où la notion que l'on se forge de l'homme se diversifie[75]. Pour Rousseau, le trait distinctif de l'homme est la liberté, et non la raison ; pour Helvétius, représentant de la nouvelle anthropologie matérialiste, l'homme actuel et ses conceptions morales sont le résultat de l'histoire des sociétés humaines. Vices et vertus sont des notions culturelles, sociales ; il n'y a pas de sens moral naturel. Quelques-uns même commencent à entrevoir des hypothèses polygénistes et transformistes.

L'extraordinaire ouvrage de Benoît de Maillet, *Telliamed*, publié en 1748, mais qui circulait clandestinement sous forme de manuscrit depuis plus de dix ans, en est une illustration. S'appuyant sur les récits extravagants de Pline, sur les fables du Moyen Âge à propos des cynocéphales, des hermaphrodites, des cyclopes, des sciapodes (hommes à un seul pied qui leur sert d'ombrelle quand ils dorment), ou encore des nains de l'île d'Aruchetto, dont les oreilles géantes leur servent de matelas et de couvertures, auxquels il ajoute des histoires du XVIIIᵉ siècle, comme celle de ce mousse hollandais tombé à la mer à l'âge de huit ans et repêché vingt ans après, devenu homme-poisson, couvert d'écailles et avec des mains-nageoires, Benoît de Maillet élabore une conception globale du monde et de l'homme opposée à celle de l'Église : éternité de la matière, apparition des hommes à partir des poissons, sous des formes extrêmement variées mais fixes. D'après lui, on peut encore voir, dans les régions polaires, des poissons devenus hommes. Le considérable succès clandestin de son livre, qui se rattache explicitement aux libertins du début du XVIIᵉ siècle, témoigne de la curiosité du public pour de nouvelles hypothèses concernant les origines humaines.

Une autre menace plane sur Adam : l'idée d'une évolution de l'espèce humaine, qui le ferait descendre d'une espèce vivante inférieure. Même Maupertuis, si soucieux de rester fidèle aux données de la Révélation, ne peut s'empêcher d'y penser. En 1754, il écrit dans l'*Essai sur la formation des corps organisés* :

> Ne pourrait-on pas expliquer par là comment, de deux seuls individus, la multiplication des espèces les plus dissemblables aurait pu s'ensuivre ? Elles n'auraient dû leur première origine

qu'à quelques productions fortuites dans lesquelles les parties élémentaires n'auraient pas retenu l'ordre qu'elles tenaient dans les animaux pères et mères : chaque degré d'erreur aurait fait une nouvelle espèce ; et à force d'écarts répétés serait venue la diversité infinie des animaux que nous voyons aujourd'hui, qui s'accroîtra peut-être encore avec le temps, mais à laquelle peut-être la suite des siècles n'apporte que des accroissements imperceptibles[76].

Maupertuis se refuse toutefois à aller jusqu'au bout de son intuition. Pour lui, toute l'espèce humaine est issue d'un couple originel unique et blanc. L'existence des Noirs n'est due qu'à une modification accidentelle provoquée par le climat, suivant la théorie des *Œuvres physiques et géographiques* de l'abbé Pierquin, en 1744, et que Maupertuis avait lui-même développée la même année à propos de l'affaire du nègre blanc, né en 1744 à Paris de parents noirs. Il est plus fréquent de voir naître des enfants blancs issus de couples noirs que l'inverse, affirme-t-il, ce qui lui suffit pour conclure « que les premiers parents du genre humain étaient blancs[77] ».

Malgré toutes ses précautions, Maupertuis a fait naître un doute dans l'esprit des savants contemporains. Buffon saisit la balle au bond. Dans un passage maintes fois cité du chapitre « De l'âne » de sa grande *Histoire naturelle*, il reprend, au conditionnel, l'idée de Maupertuis : « L'âne et le cheval, se demande-t-il, sont-ils de la même famille, comme le veulent les nomenclateurs ? S'ils le sont vraiment, ne pourra-t-on dire également que l'homme et le singe ont eux aussi une origine commune ? Et, en tenant compte de la conformité essentielle de la nature qui se maintient de l'homme jusqu'aux mammifères, des mammifères jusqu'aux oiseaux, des oiseaux jusqu'aux reptiles, des reptiles jusqu'aux poissons, ne pourra-t-on regarder tous les animaux "comme ne faisant que la même famille" et supposer que tous y sont "venus d'un même animal qui, dans la succession des temps, a produit, en se perfectionnant et en dégénérant, toutes les races des autres animaux [...]. Il n'y aurait plus de bornes à la puissance de la nature, et l'on n'aurait pas tort de supposer que, d'un seul être, elle a su tirer, avec le temps, tous les autres êtres organisés" ». Mais Buffon, sincère ou désireux d'échapper aux foudres de l'Église, rejette cette opinion. Il finira par adopter une position transformiste, limitée à des modifications au sein de chaque famille.

L'idée de l'évolution fait son chemin. En 1742, Linné avoue son embarras : « Toutes les espèces sont-elles filles du temps ? Ou le Créateur aurait-il, à l'origine du monde, limité ce développement à un nombre déterminé d'espèces ? Je n'oserais pas me prononcer avec certitude sur ce sujet. » En 1766, dans son livre *De la nature*, Jean-Baptiste Charles Robinet présente l'homme comme le résultat de tâtonnements de la nature, qui a élaboré des espèces de plus en plus perfectionnées à partir d'un prototype initial : « Chaque variation du prototype est une sorte d'étude de la forme humaine que la nature méditait [...]. Je vois la nature en travail avancer en tâtonnant vers cet être excellent qui couronne son œuvre [...]. Autant il y a de variations intermédiaires du prototype à l'homme, autant je compte d'essais de la nature qui, visant au plus parfait, ne pouvait cependant y parvenir que par cette suite innombrable d'ébauches. »

Puis vient Darwin, le grand-père, prénommé Erasmus (1731-1802). En 1794, en pleine guerre européenne, il publie la *Zoonomia*, où il explique que toute vie provient d'un filament organique primordial, qui a la faculté d'acquérir de nouvelles parties, de se complexifier, « et ainsi de continuer à se perfectionner, par sa propre activité inhérente, et de transmettre ces perfectionnements de génération en génération à sa postérité et dans les siècles des siècles ». Quelques années plus tard, Lamarck affirme l'hérédité des caractères acquis.

De folles perspectives semblent s'ouvrir. Il n'y a pas de raison pour que le progrès cesse et que l'espèce ne continue pas à s'améliorer. Peut-être même l'homme moderne peut-il aider la nature, lui qui en est une partie, et prendre les choses en main pour guider l'évolution. En 1756, le docteur C.-A. Vandermonde publie un *Essai sur la manière de perfectionner l'espèce humaine*, où l'on peut lire : « Puisqu'on est parvenu à perfectionner la race des chevaux, des chiens, des chats, des poules, des pigeons, des serins, pourquoi ne ferait-on aucune tentative sur l'espèce humaine ? » L'idée est aussi vieille que la pensée humaine – on la trouvait déjà chez Platon –, mais les forces religieuses se sont opposées à ce que l'homme modifie volontairement l'espèce. Les dieux n'aiment pas les Prométhées qui prétendent améliorer leur création. Et puis l'homme doit souffrir : c'est sa rédemption depuis le péché originel. La femme doit accoucher dans la douleur, l'homme doit travailler dans la peine, et tous deux doivent contracter des maladies, vieillir et mourir : c'est la sentence divine prononcée contre Adam et Ève. Tout ce qui peut l'atténuer est donc suspect, voire sacrilège. La science n'a pas le droit d'annuler la sentence du péché.

La querelle qui s'annonce touche aussi le domaine de la reproduction, directement concerné par l'idée de transmission de la faute originelle. Buffon rejette catégoriquement la thèse de la préexistence des germes emboîtés les uns dans les autres ; le pur bon sens s'y oppose, dit-il, car cela supposerait des germes originels d'une taille absurdement infra-microscopique. À l'inverse, Charles Bonnet défend farouchement cette thèse. Il y voit la preuve de la sollicitude paternelle de Dieu, qui a tout préparé dès le début – et elle lui permet aussi d'expliquer la transmission du péché ! Il reçoit l'appui inattendu de Voltaire, qui ne peut admettre que la matière ait la moindre activité créatrice. Tout est donc fixé dès le début, mais à partir de couples différents, dont sont issues les différentes races.

C'est en revanche un bon croyant, l'abbé Needham, qui expose le système de l'épigenèse. La reproduction est due à l'union des éléments mâle et femelle, qui élabore un embryon, et cela, explique-t-il, ne nuit nullement à l'idée de la puissance divine :

> Malgré les fausses vues des matérialistes qui corrompent la vérité et qui donnent une tournure absurde à nos principes, qu'importe, pour assurer à la divinité son empire sur ce monde matériel, et pour exclure les prétendus effets du hasard [...], si les germes des corps organiques existent depuis le commencement de ce monde, formés immédiatement par son Créateur, ou si les lois générales par lesquelles cet univers est gouverné sont tellement fixées sous le bon et sage plaisir de Dieu, qu'un tel effet spécifique doit nécessairement être produit par une telle cause prédéterminée[78] ?

L'épigenèse l'emporte définitivement sur la préformation des germes chez Caspar Friedrich Wolff (1733-1794). Ses travaux, écrit Jean Rostand, ont forcé les naturalistes à « abandonner l'idée naïve et paresseuse de la préformation[79] », et à chercher dans d'autres directions. Ils compliquent aussi la tâche des théologiens, qui devront élaborer d'autres hypothèses pour accorder la transmission de l'état de péché originel avec les nouvelles théories scientifiques.

La notion de péché originel semble se dissoudre à la fin du XVIIIe siècle. Les Lumières, en insistant sur l'idée de progrès, remettent à l'honneur la nature. Tout est merveilleusement calculé en vue du bien-être des hommes. Le providentialisme de la plupart des ecclésiastiques est lui-même difficilement conciliable avec l'idée d'une nature corrompue : le monde de l'abbé Pluche ne fait guère de place au péché originel.

Certes, bien des choses ne vont pas dans ce monde, surtout dans le monde civilisé. Mais cela est dû à une mauvaise organisation sociale, qu'une bonne éducation et de bonnes réformes peuvent améliorer, en suivant la nature et ses lois. Certes, une vague inquiétude parcourt le siècle ; certes, il y a des pessimistes ; certes, le discours ecclésiastique maintient la croyance dans le mythe d'Adam et Ève. Mais les préoccupations sont de plus en plus terrestres. L'idée de chute originelle commence à être sécularisée et entame ainsi une seconde vie. Symbole de la naissance de la raison humaine pour les kantiens, symbole de l'apparition de la propriété privée pour les rousseauistes, la pomme d'Adam devient une image ; comme le diable et l'enfer, elle passe du plan religieux au plan philosophico-littéraire.

Libérés du boulet que représentait la tache originelle, laquelle interdisait toute idée de progrès, les hommes commencent à entrevoir la possibilité d'une évolution de l'espèce humaine, d'une amélioration qualitative pour ses rameaux les plus favorisés. La prise de contact avec les peuples sauvages a fait naître l'idée de la diversité probable des origines humaines. Un ancêtre commun devient improbable, et une faute de départ transmise héréditairement, plus que problématique. Il faudra trouver autre chose pour expliquer le mal. Mais le péché originel a une étonnante capacité de survie.

CHAPITRE VII

Adam, Darwin et Hegel

Le péché originel face à la science et à la philosophie

Le XIXe siècle est le siècle des contrastes. Novateurs et réactionnaires s'affrontent alors sans merci pour forcer le destin et déterminer les valeurs du monde moderne. L'arrière-garde de l'ancien monde contre-attaque vigoureusement à coups de sabre et de goupillon, jusqu'au milieu du siècle. Balayée en 1848, elle s'offre un dernier triomphe au Vatican en 1870, avant de reculer devant la coalition hétéroclite des nationalistes, des scientistes, des démocrates, des anarchistes et des communistes. Dans ces luttes confuses, le péché originel a toujours sa place. Rarement en première ligne, il reste pourtant bien présent dans les arsenaux idéologiques, qu'il soit nié catégoriquement par les uns ou fournisse des arguments décisifs aux autres. La politique, la science, la morale l'utilisent, l'adaptent, le manipulent suivant les besoins.

LE PÉCHÉ ORIGINEL AU SERVICE DE LA RÉACTION

En politique, le péché originel est l'un des piliers des théoriciens réactionnaires qui voient dans le chaos révolutionnaire le résultat de l'oubli de notre condition déchue. L'homme a voulu recréer le monde, prendre sa destinée en main. La Déclaration des droits de l'homme est le comble du pélagianisme : la créature corrompue a prétendu proclamer un « ordre naturel », en contradiction avec notre nature, qui nécessite la soumission à l'autorité morale de l'Église et à l'autorité politique du roi. L'affaiblissement du sentiment religieux au XVIIIe siècle, dû aux idées des philosophes, a fait oublier le péché originel, et la révolte des fils d'Adam s'est terminée dans un bain de sang. Dieu a frappé pour nous rappeler notre condition.

Joseph de Maistre fait du péché originel le fondement même de l'humanité. Regardez l'homme : « Qui pourrait croire qu'un tel être ait pu sortir dans cet état des mains du Créateur ? » se demande-t-il dans les *Soirées de Saint-Pétersbourg* (1821). Même les philosophes païens ont pressenti qu'il avait dû y avoir au départ une faute. L'homme est un « centaure monstrueux, il sent qu'il est le résultat de quelque forfait inconnu[1] ». Depuis Adam, tous les êtres sont « dégradés, mais ils l'ignorent ; l'homme seul en a le sentiment, et ce sentiment est tout à la fois la preuve de sa grandeur et de sa misère, de ses droits sublimes et de son incroyable dégradation[2] ».

De cette dégradation, les peuples primitifs sont la preuve évidente. Rien de plus néfaste que l'idée d'un bon sauvage, telle que l'a inventée Rousseau, « l'un des plus dangereux sophistes de son siècle, et cependant le plus dépourvu de véritable science ». Les sauvages sont la marque vivante du péché originel. Le portrait que Joseph de Maistre en a laissé dans les *Soirées de Saint-Pétersbourg* est édifiant :

> On ne saurait fixer un instant ses regards sur le sauvage sans lire l'anathème inscrit, je ne dis pas seulement dans son âme, mais jusque sur la forme extérieure de son corps. C'est un enfant difforme, robuste et féroce, en qui la flamme de l'intelligence ne jette plus qu'une lueur pâle et intermittente. Une main redoutable appesantie sur ces races dévouées efface en elles les deux caractères distinctifs de notre grandeur, la prévoyance et la perfectibilité. [...] Comme les substances les plus abjectes et les plus révoltantes sont cependant encore susceptibles d'une certaine dégénération, de même les vices naturels de l'humanité sont encore viciés dans le sauvage. Il est voleur, il est cruel, il est dissolu, mais il l'est autrement que nous. Pour être criminels, nous surmontons notre nature ; le sauvage la suit ; il a l'appétit du crime, il n'en a point les remords.

Joseph de Maistre le répète après Pascal : notre condition est incompréhensible sans le péché originel. « Le péché originel, qui explique tout, et sans lequel on n'explique rien, se répète malheureusement à chaque instant de la durée, quoique d'une manière secondaire [...]. Le péché originel est un mystère sans doute ; cependant, si l'homme vient à l'examiner de près, il se trouve que ce mystère a, comme les autres, des côtés plausibles, même pour notre intelligence bornée[3]. » La conséquence en est que, coupables d'un crime abominable, nous méritons tous les châtiments. Aucun sacrifice humain, aucun holocauste ne peut racheter notre faute ; mais il est bon que des massacres, qui nous associent au sacrifice du Christ, jalonnent l'histoire humaine. Le Dieu de Joseph de Maistre est un Moloch, un pervers cruel qui se complaît dans l'horrible, comme l'a remarqué Cioran. Il évoque irrésistiblement la nature selon Sade. Cet « outrancier », ce « furibond », comme le qualifie André Canivez[4], relève sans doute plus de la psychiatrie que de l'histoire des mentalités. Joseph de Maistre eût jubilé s'il avait vécu un siècle plus tard pendant l'hécatombe de 14-18. Ce sont les *Soirées de Saint-Pétersbourg* qui inspirent en 1914 au jésuite Yves de La Brière ces réflexions :

> Quelle est donc l'idée dominante du paradoxe de Joseph de Maistre sur le caractère divin de la guerre ? C'est que l'effusion du sang humain par le recours aux armes, peuple contre peuple, a une valeur toute spéciale d'expiation providentielle pour les péchés du genre humain et que cette expiation peut apporter elle-même aux peuples qu'elle éprouve le secret miséricordieux de leur régénération morale. Or cette conception nous paraît profonde et, qu'il soit permis de le dire, magnifique [...]. Toutes les calamités d'ici-bas, la peste ou la famine comme la guerre, contribuent à l'expiation du péché en tant qu'elles offrent aux coupables l'occasion d'accepter volontairement et humblement la punition méritée par leurs crimes et en tant qu'elles offrent aux âmes justes l'occasion d'un sacrifice méritoire pour le salut des pécheurs[5].

Sacrifice, abnégation, héroïsme, martyre : « La guerre exalte les plus nobles passions humaines. » Peu importe le camp pour lequel on se bat. Les effets secondaires de la guerre sont toujours positifs : on recommence à prier, les églises se remplissent, les incrédules se convertissent[6].

De Joseph de Maistre, écrit Norman Hampson, « on ne peut s'empêcher de soupçonner que c'était un malade mental. Il semble que l'importance qu'il accorde à la punition et au sacrifice soit un prétexte inconscient pour donner libre cours à son obsession du châtiment, surtout sanguinaire, qu'il décrit aussi fréquemment que possible et avec un plaisir manifeste. Dans ce domaine, il est plus près du marquis de Sade que des autres écrivains de la contre-révolution, et sa religion ressemblait plus à celle des Aztèques qu'au christianisme. Il serait à la fois écœurant et ennuyeux de citer toutes les variations de de Maistre sur le thème : "Le sang est l'engrais d'une plante qui s'appelle le génie[7]" ».

Louis de Bonald est certes moins sanguinaire. Mais son interprétation de la Révolution ne diffère guère de celle de Joseph de Maistre : ce fut une manifestation d'orgueil et de concupiscence prouvant que seule la civilisation chrétienne est capable d'organiser la société de façon stable. Depuis Adam, l'homme est voué à la barbarie ; seule l'Église peut mettre un frein à sa concupiscence. Les sociétés non chrétiennes sont des chaos, où l'état de péché originel laisse libre cours à tous les vices :

> Que voyons-nous chez tous les peuples mahométans et idolâtres sur qui le soleil de justice n'est pas encore levé ? Une pensée obscurcie par d'absurdes croyances, des sentiments dépravés par des mœurs infâmes et cruelles, etc. [...] L'Arabe du désert et le sauvage de la forêt, si longtemps l'objet de l'imbécile admiration de quelques insensés, sont des hommes-enfants vivant dans la honteuse nudité ; en fait, ces enfants de la nature sont les plus brutaux, d'absurdes voleurs, des gens cruels, les hommes les plus éloignés de la vraie nature de l'homme [...]. La décadence, cette tendance à se détruire, est le caractère essentiel d'une société dans le désordre[8].

Le ton est donné : décadence et dégénérescence. Tout au long du XIXᵉ siècle, la pensée traditionaliste martèle ce constat qui lui paraît correspondre à l'évolution de l'Occident : après la rupture révolutionnaire, l'Europe, par un mouvement naturel, dérive vers la déchéance, en raison de la nature corrompue de l'homme. Seule l'alliance du trône et de l'autel peut compenser les effets de la faute d'Adam, du moins au niveau de l'organisation sociale. Le péché originel devient un argument politique des forces réactionnaires.

PÉCHÉ ORIGINEL ET PROGRÈS SOCIAL :
DE LAMENNAIS AU RACISME MORAL DE LACORDAIRE

Du coup, les forces de progrès, les mouvements démocratiques et libéraux sont amenés à contester la chute originelle. La croyance au progrès et en la possibilité de libération des peuples implique

que l'on fasse confiance aux capacités humaines. Et c'est bien pourquoi les chrétiens libéraux n'hésitent pas à rejeter catégoriquement l'épisode d'Adam. Pour Félicité de Lamennais, cette histoire est une imposture, que nous devons aux Juifs, qui eux-mêmes n'y croient guère. Elle contredit la logique et la justice la plus élémentaire : « Que des millions d'êtres humains ont été dès lors, avant de naître, destinés en cette vie à d'innombrables misères, et dans une vie ultérieure à une éternité de tourments, on a tout à la fois renversé les notions fondamentales des choses et choqué, au fond de la conscience, le sentiment inné du juste et de l'injuste, lequel répugne invinciblement à cette solidarité de faute et de châtiment[9]. »

L'idée de péché originel « décourage l'homme, elle lui montre la vie sous un aspect sombre et désespérant, elle pèse sur lui comme une sorte de destin terrible, mystérieux, fatal », écrit Lamennais dans l'*Esquisse d'une philosophie*. Imaginer qu'il ait pu exister un état de perfection dans le jardin d'Éden est absurde. La perfection n'est pas derrière nous, mais devant :

> Si l'on conçoit comment a pu naître cette théorie du mal moral, de son origine et de ses effets, on ne conçoit pas moins clairement ce qui la rend inadmissible. En premier lieu, elle repose sur l'hypothèse d'un état primitif de perfection impossible en soi, et manifestement opposé de plus à la première loi de l'univers, la loi de progression [...]. L'héréditaire transmission du péché renferme en second lieu une contradiction absolue. Qu'est-ce que le péché dans sa cause morale ? Une volonté mauvaise ou désordonnée. Qu'est-ce que la volonté ? L'acte propre du moi dans un être individuel, ou l'individualité elle-même en tant qu'active et intelligente. La volonté est donc, comme l'individualité, essentiellement incommunicable[10].

Lamennais tente d'expliquer rationnellement la croyance au péché originel par la projection de notre expérience individuelle dans l'histoire de l'humanité : l'homme qui s'éveille à la connaissance du bien et du mal éprouve la nostalgie de l'innocence. Le péché originel n'est qu'un symbole : « Il semble fondé sur l'observation de ce qui se passe dans chaque homme, en vertu des lois de sa nature ; de sorte qu'on aurait simplement appliqué à l'humanité naissante ou au premier homme un fait d'expérience universelle[11]. » Le mal n'est que l'expérience de nos limites. Et

Lamennais affirme sa confiance dans le progrès humain : « Qu'au lieu donc de s'abandonner à la tristesse et au découragement, l'homme se réjouisse dans ses destinées si belles, si grandes, et bénisse à jamais la suprême Puissance qui les lui a faites [12]. »

Le progrès ! Voilà justement l'erreur que combat la pensée traditionaliste au nom du péché originel. La nature humaine, corrompue, ne peut sortir du mal. Il faut oublier toute idée d'égalité, de liberté, de justice, de démocratie : « Ah ! Périsse à tout jamais la doctrine du progrès fatal ! s'exclame le père Félix dans ses Conférences de carême de 1856. Cette philosophie, qui aboutit dans l'histoire à consacrer tous les bouleversements et à diviniser tous les succès, le dogme de la chute l'a blessée à mort, et elle ne se relèvera de siècle en siècle que pour retomber aussitôt sous le poids de la vérité et sous l'anathème des peuples [13] ! »

Les événements de 1848, le Printemps des peuples, suivi de la répression, ont beaucoup agité les esprits, et redonné de la vigueur aux polémiques sur le péché originel. Les prédicateurs voient dans les violences révolutionnaires une nouvelle illustration de la malédiction qui pèse sur l'espèce humaine. Un demi-siècle après la première Révolution, les peuples retombent dans la même erreur et sont punis de la même façon. « Si l'homme n'est pas déchu, pourquoi prélude-t-il, en entrant dans ce monde, par des cris qui vont l'enchaîner au reste de ses jours ? demande l'abbé Cacheux dans un sermon de 1848. Pourquoi les calamités sociales, les infirmités de l'individu ? [...] C'est parce qu'il est tombé, qu'il faut que l'homme veille, rame et sue ; qu'il traîne la douleur dans le pénible sentier d'une expiation passagère [14]. »

Un prédicateur beaucoup plus prestigieux, Henri Lacordaire, apporte le poids de son nom à la démonstration. Dans un sermon sur le thème « Du dogme du péché originel », prêché pour l'Avent de 1848 dans la cathédrale de Dijon, puis repris dans les Conférences de carême à Notre-Dame de Paris en 1850, il lance aux fidèles : « Nous avons tous la forme d'Adam, [...] vous êtes tous Adam. [...] Le mal est spontané dans l'homme, tandis que le bien ne s'obtient que par une persévérante culture. » Faire le mal est naturel, alors que faire le bien nécessite effort, combat, apprentissage. Tout va mal partout – de l'Europe, en proie aux révolutions, à l'Asie, « assujettie à la vile loi et aux viles mœurs du Coran ». Quant à la Chine, elle n'est qu'« une prétendue stabilité qui n'est que la stabilité de la pourriture ». Rousseau avait tort : la

nature humaine est mauvaise. Le péché originel explique tout, c'est
« le dogme fondamental, non seulement du christianisme, mais
dogme fondamental où tout ordre, toute morale, toute politique,
toute civilisation prend sa source [15] ».

En quoi a-t-il consisté ? En « une interrogation sans limite, une
négation sans preuve et une affirmation sans preuve ». Adam est le
premier rationaliste, et c'est ce qui l'a perdu. La nature est donc
désormais mauvaise, et il faut la combattre, car elle nous inspire le
mal : « En un mot, l'Écriture nous dit, et l'Église vous dit : "Il faut
combattre la nature, il faut guérir la nature." Tout autre système
humain ne peut que vous dire : "Humainement, il faut accepter la
nature ; philosophiquement, il faut vous résigner à n'avoir que la
nature." Eh bien ! la nature nous inspire le mal plus que le bien ;
en appeler à la nature, c'est donc en appeler bien plus au mal
qu'au bien [16]. »

Pour expliquer la transmission du péché originel depuis Adam,
Lacordaire se lance dans une démonstration hasardeuse : « Le
corps a été créé de telle sorte que nos mouvements y impriment
des traces, des sillons ; il y a action perpétuelle de l'esprit sur le
corps et du corps sur l'esprit [17]. » Autrement dit, le péché se
transmet physiologiquement ; c'est une maladie héréditaire,
imprimée dans le cerveau aussi bien que dans le corps. Lacordaire
en voit la confirmation dans une pseudo-science qui vient d'être
fondée par le médecin allemand Franz Josef Gall, la phrénologie :
« Cela ne peut pas être nié par quiconque a tant soit peu l'observation de ces choses [...] la phrénologie ou l'action des organes du
cerveau est un fait patent qui ne peut être nié ; c'est une démence
de le nier. Et, qui plus est, cette modification se fait avec une
terrible vélocité ; il ne faut pas quelquefois trois mois à un homme
pour modifier son être organique, il ne lui faut pas trois mois pour
y creuser avec des sillons profonds des habitudes durables [18]. » Et
Lacordaire de lancer triomphalement :

Messieurs, cela, c'est de la science. L'observation morale, l'observation médicale, l'observation de toute nature le prouve, et
j'avais raison, par conséquent, en vous affirmant que le péché ne
demeure pas abstraitement dans la personnalité, que ce n'est pas
un acte qui passe et qui ne laisse pas de traces, mais que c'est un
acte permanent, un acte habitateur, un hôte dominateur que vous
vous donnez [...].

Mais, Messieurs, ce n'est pas tout. Pour la transmission héréditaire de la dépravation de l'homme primordial, il faut que cette
nature, ainsi viciée par l'effet de la personnalité, se transmette. Eh
bien ! La nature humaine est-elle transmissible ? oui ; et je vais
être encore avec la science et avec l'observation la plus vulgaire [19].

Il ne fait pas de doute, pour Lacordaire, que la vertu et le vice
soient héréditaires.

Non seulement la substance, la forme organique, la vie, mais
l'âme elle-même, en ce sens que j'ai exposé, est transmissible, et
par conséquent toutes les qualités qui s'attachent à l'organisation
de la vie, à l'âme, sont également transmissibles, comme nous le
voyons dans les maladies morales aussi bien que dans les maladies
physiques. Je pose donc comme deux faits acquis à la science que
la personne, en agissant mal ou en agissant bien, agit sur la
substance, sur la nature humaine, et que la nature humaine est
transmissible héréditairement [20].

Et le prédicateur, poussant son constat « scientifique » jusqu'au
bout, en vient à une forme de racisme moral, dont on voit mal
comment il peut se concilier avec les idées de liberté et de mérite :
« Si vous êtes saints, vous aurez des saints pour enfants ; si vous
êtes corrompus, vous aurez des enfants corrompus. Et c'est ainsi
que se font les races [21]. »

ADAM ET LA NAISSANCE DU RACISME

On a souvent dit que le racisme moderne était né avec les
travaux d'observation et de classification des espèces vivantes au
XVIIIᵉ siècle [22]. Classer, c'est séparer, opposer, confronter, et en
même temps le rationalisme des Lumières, en systématisant ces
différences, leur donne un caractère rigide : « L'empirisme, écrit
David Goldberg, poussait à la tabulation des différences perceptibles entre les peuples. Le rationalisme suggérait des distinctions
originelles innées (en particulier mentales) pour expliquer les
disparités perceptibles de comportement [23]. » Cependant, l'idée
d'unité de la nature humaine est encore largement prédominante,
à la fois dans la religion et chez les philosophes, qui affirment
dans leur majorité que les différences entre les hommes sont des

questions de degré et non de nature, différences dues notamment à l'environnement et au climat. Voltaire apparaît bien isolé lorsqu'il soutient qu'il existe des races fondamentalement différentes, et si Hume se laisse aller à écrire : « Je soupçonne que les nègres sont naturellement inférieurs aux Blancs », ajoutant qu'« une telle différence, uniforme et constante, ne pourrait pas se produire dans tant de pays et au cours des âges, si la nature n'avait pas établi une distinction initiale entre les races humaines[24] », c'est sous forme d'une note isolée dans une œuvre qui défend l'unité de la nature humaine.

L'esclavage ne repose pas sur une théorie raciste, mais sur des arguments économiques. C'est ce qui apparaît nettement dans les débats sur ce sujet qui se multiplient à la Chambre des communes à la fin du XVIIIe siècle, à propos desquels Anthony Barker écrit : « Le débat sur l'esclavage n'est jamais devenu un débat sur la nature du nègre[25] », qui devenait d'ailleurs un homme libre dès qu'il mettait le pied sur le sol anglais. Et Kenan Malik, auteur d'une récente et éclairante étude sur *The Meaning of Race*, le confirme : « Les principaux arguments des esclavagistes n'étaient pas raciaux, mais se centraient sur l'utilité pratique et économique de l'utilisation des esclaves[26]. » Pour les Anglo-Saxons, c'est un problème d'économie politique ; pour les philosophes français – même pour le plus radical d'entre eux sur la question, l'abbé Raynal –, c'est un problème de liberté naturelle.

Au début du XIXe siècle donc, le terme « race » ne désigne encore que des différences superficielles et temporaires, dues aux climats, à l'alimentation et autres facteurs externes, au sein d'une espèce donnée qui, elle, a des caractéristiques permanentes. Chrétiens, déistes et athées partagent cette conception. Mais, dès les premières décennies du siècle, l'échec de la Révolution à établir une véritable égalité entre les hommes conduit quelques théoriciens à attribuer à la nature les inégalités que les philosophes des Lumières avaient attribuées à l'évolution sociale et politique. Cette vision raciste de l'humanité vise d'abord à rendre compte des inégalités sociales entre Européens : « L'idéologie raciste était le produit nécessaire de la persistance des différences de rang, de classe et de peuple dans une société qui avait accepté le concept d'égalité[27] », écrit Kenan Malik. Dans l'esprit du temps, les classes sociales inférieures appartiennent à une race différente. C'est ce qu'affirment aussi bien Philippe Buchez dans son adresse à la

Société médico-psychologique de Paris en 1857 qu'Arthur de Gobineau dans ses *Essais sur l'inégalité des races*. La nature humaine, si fortement exaltée par les Lumières, n'existe pas, proclament les penseurs de la réaction aristocratique, Joseph de Maistre en tête : « Il n'y a dans le monde rien de tel que *l'homme*. Au cours de ma vie, j'ai vu des Français, des Italiens, des Russes, et ainsi de suite ; grâce à Montesquieu, je sais même qu'on peut être Persan ; mais je dois dire que pour ce qui est de *l'homme*, je ne l'ai rencontré nulle part ; s'il existe, il m'est totalement inconnu[28]. »

Ce sentiment se retrouve constamment dans la littérature du courant traditionaliste, mais aussi dans l'Angleterre victorienne. « Les pauvres de Bethnal Green sont une caste à part, une race dont nous ne savons rien », lit-on par exemple dans le *Saturday Review*, journal des classes moyennes, du 16 janvier 1864. La division en classes est d'origine divine, et correspond à des types raciaux différents auxquels on tente de donner un habillage scientifique : « Les classes urbaines dominantes sont les plus dolichocéphaliques de toutes », écrit Otto Ammon, et en 1899 William Ripley, dans *Les Races d'Europe*, déclare qu'une « caractéristique de la race ou des types de tête allongée est que leur énergie, leur ambition et leur volonté les inclinent à migrer de la campagne vers les villes ». Ainsi, le constat des inégalités sociales et la volonté de les perpétuer sont directement à l'origine des théories racistes.

Encore au début du XXe siècle, Aldous Huxley déclare : « 99,5 % de la population totale de la planète sont aussi stupides et philistins (bien que d'une façon différente) que la grande masse des Anglais. L'important, me semble-t-il, n'est pas d'attaquer les 99,5 % [...], mais d'essayer de faire en sorte que les 0,5 % survivent, maintiennent leurs qualités au plus haut niveau possible, et, si possible, dominent le reste. L'imbécillité des 99,5 % est terrifiante, mais, après tout, on devait s'y attendre[29]. » Du racisme des classes sociales on passe aisément au racisme des peuples, illustré par Augustin Thierry, et au racisme ethnique : « La strate inférieure des sociétés européennes est assimilable aux hommes primitifs », écrit en 1894 Gustave Le Bon, qui pense qu'avec le temps « les strates supérieures d'une population [seront] séparées des strates inférieures par une distance aussi grande que celle qui sépare l'homme blanc du nègre, ou même le nègre du singe[30] ».

Les justifications scientifiques viennent renforcer ces prises de position idéologiques qui prennent appui sur des arguments socio-politiques. On le voit par exemple dans l'œuvre de l'anatomiste écossais Robert Knox, dont *The Races of Men*, en 1850, est une réaction aux révolutions de 1848. La phrénologie de Franz Josef Gall en est une autre illustration. Lacordaire se situe donc dans un courant qui rencontre un large écho au milieu du XIXe siècle. Il y a cependant une contradiction fondamentale dans son discours aussi bien que dans celui des traditionalistes qui cherchent à soutenir leur vision d'une société hiérarchisée à la fois par une position raciste et par les conséquences du péché originel. Enraciner les inégalités sociales dans des différences naturelles, c'est nier implicitement l'unicité de la nature humaine dès son origine. Soit les différences raciales sont fondamentales, et alors les races ont des origines différentes ; dans ce cas, Adam disparaît, et avec lui le péché originel. Soit les différences raciales ne sont que des modifications accidentelles et provisoires à l'intérieur de l'espèce humaine qui reste fondamentalement une ; dans ce cas, on maintient Adam, Ève et le péché à l'origine de l'humanité.

L'hésitation et l'ambiguïté sont patentes chez les penseurs et prédicateurs chrétiens du XIXe siècle, qui veulent conserver à la fois Adam et les fondements psycho-physiologiques des inégalités sociales. En 1894, L. de Kerpénic, dans une communication sur l'« Unité de l'espèce humaine », s'appuyant sur l'ouvrage d'un savant catholique, Quatrefages, s'en prend au polygénisme : toute l'humanité descend bien d'un même couple, et tous les hommes ont « le même fonds intellectuel et moral », mais il y a malgré tout des races diverses dans l'espèce humaine, qui diffèrent par la taille, la chevelure, la couleur[31].

Les racistes athées ne se heurtent évidemment pas à ce problème, puisque à leurs yeux l'unité de l'espèce humaine est un mythe. Adam, son incarnation, doit donc disparaître. En 1865, un tiers de siècle avant que Nietzsche proclame la mort de Dieu, Karl Vogt proclame « la mort d'Adam ». Toute une génération d'anthropologues athées, se fondant principalement sur les travaux de Linné et de Darwin, vont s'acharner sur le premier homme biblique, et enraciner l'homme dans l'animalité[32]. La recherche du « chaînon manquant » entre l'animal et l'homme amène Gabriel de Mortillet à créer le terme « anthropopithèque » en 1879, et dès 1877 Abel Hovelacque s'en prend directement à la conception religieuse d'Adam dans *Notre ancêtre. Recherches d'anatomie et d'ethnologie sur le précurseur de l'homme*. Ce professeur d'ethnographie et de linguistique à l'École d'anthropologie de Paris, formé à l'anthropométrie par Broca, situe notre ancêtre dans l'animalité. « Cette position, explique Nathalie Richard, était une réponse directe à celle des défenseurs d'Adam. Ces derniers soutenaient en effet l'existence d'un "règne humain" qui était distinct par essence du règne animal pour des raisons spirituelles, puisque l'homme était le seul détenteur d'une âme, siège tout à la fois de la raison et du sens moral. Cette âme établissait ainsi entre les grands singes et l'homme un hiatus qui ne pouvait être comblé par aucun être intermédiaire[33]. » Hovelacque est également convaincu que les « races inférieures » sont les restes des formes primitives d'humanité, et qu'elles sont destinées, comme les Noirs, à l'extinction. Le sentiment religieux, marque de primitivisme, va disparaître avec elles : « C'est uniquement dans les couches supérieures de l'humanité que se rencontre l'homme véritablement irréligieux, l'homme de science qui chaque jour, grâce à l'observation et à l'expérience, réduit peu à peu le domaine du redoutable, le domaine de l'inconnu, en d'autres termes le domaine de la divinité[34]. »

« La mort d'Adam », c'est le titre de l'ouvrage de John C. Green, *The Death of Adam. Evolution and its Impact on Western Thought*[35], dans lequel il montre que la naissance de l'anthropopithèque et celle du pithécanthrope d'Ernst Haeckel ont une signification philosophique et religieuse. S'il y a un stade intermédiaire entre le singe et l'homme, l'Adam biblique et toute l'anthropologie bâtie à partir de lui s'effondrent : « Avec la naissance de l'anthropopithèque meurent Adam et l'idée même d'égalité entre les hommes [...]. Assignant à l'homme une origine animale, le précurseur sonnait la mort de l'Adam biblique et s'inscrivait contre la tradition humaniste et spiritualiste d'une humanité créée à l'image de Dieu. Dans le même temps, les modalités de définition du précurseur étaient en elles-mêmes antihumanitaires, puisqu'elles se fondaient sur un présupposé raciste assignant aux peuples moins civilisés une ressemblance confinant à l'identité physique et psychique avec les grands singes anthropoïdes[36]. »

Ce présupposé raciste et ses conséquences n'ont pas troublé les meurtriers d'Adam – à de rares exceptions près, comme Friedrich Tiedemann, de Heidelberg, qui dénonçait en 1836 la collusion entre savants et colons : on s'oriente alors vers une justification raciste de l'esclavage. Pendant la guerre de Sécession, Karl Vogt n'est quant à lui nullement touché par cet argument : « Il nous sera fort égal que le démocrate des États du sud trouve, dans les résultats de nos recherches, la confirmation ou la condamnation de sa prétention que l'esclavage est ordonné par Dieu[37]. »

Une fois le principe du racisme établi, on s'efforce d'étendre ses caractéristiques à tous les domaines de la culture. Certaines races sont totalement réfractaires à la civilisation, écrit le naturaliste Louis-Pierre Gratiolet en 1854 : « Ce qui caractérise essentiellement certaines races, ce n'est point précisément la civilisation, c'est une tendance innée imprescriptible vers la civilisation, c'est, si je puis ainsi dire, l'instinct de l'état social. D'autres races, au contraire, tendent, depuis le commencement des siècles, vers l'isolement [...], elles sont *sauvages*, en un mot, comme les autres sont *sociales*[38]. » Les races inférieures sont également inaptes au travail, prétend Broca : « On remarque que les peuples sauvages qui s'éteignent le plus rapidement sont ceux qui ne peuvent pas s'astreindre au travail. Cette incapacité pour le travail les a préservés de l'esclavage, mais c'est un caractère d'infériorité[39]. » L'arrière-plan idéologique, antidémocratique, n'est jamais bien loin. Dans le *Journal des économistes*, C. Royer affirme en 1872 : « Non, l'homme n'est pas égal à l'homme [...]. Dans chaque race, les différences, diversités et inégalités individuelles sont un bien ; car elles réalisent pour la race chez laquelle elles se manifestent une localisation et une spécialisation de plus en plus grandes des organes et des facultés de la collectivité sociale[40]. »

LA CHUTE ORIGINELLE SANS ADAM : NÉO-CATHOLIQUES, PROTESTANTS LIBÉRAUX, FOURIÉRISTES ET MARXISTES

Finie, la belle simplicité du XVIIIe siècle, où l'on voyait s'opposer la pensée religieuse, prônant une conception pessimiste de la nature humaine corrompue par le péché originel, et la pensée éclairée, tablant sur les possibilités de progrès d'une nature humaine essentiellement bonne. Désormais, le problème social étant passé au premier plan, le partage se fait entre tenants de l'ordre et défenseurs du progrès démocratique. Et chaque camp recouvre une coalition hétéroclite qui invoque des arguments contradictoires. Lacordaire explique le désordre par le péché

originel, et la transmission de celui-ci par la phrénologie, théorie
scientifique matérialiste, qui le conduit à parler de races. Dans le
camp opposé se trouvent également des chrétiens : les uns, tel
Lamennais, justifient leur croyance au progrès et à l'égalité en
rejetant le péché originel ; les autres, en s'appuyant sur lui.

C'est le cas par exemple des néo-catholiques libéraux, comme
Pierre-Simon Ballanche (1776-1847), penseur original qui veut
réconcilier péché originel et progrès humain. L'idée même de
progrès, dit-il, suppose une situation de départ misérable, qui ne
peut avoir été voulue par Dieu, donc une situation de chute : « Le
point de départ de la perfectibilité, c'est le dogme de la déchéance
et de la réhabilitation, comme ce même dogme est la raison des
initiations progressives, chaque initiation à la condition de
l'épreuve, et l'épreuve toujours sous forme d'expiation[41]. »
L'aspect douloureux du progrès lui confère en effet une dimension
expiatoire : « L'état primitif de l'homme ne peut pas être seulement
la faculté de se développer [...]. Où serait la raison de l'épreuve
sous la forme d'une expiation douloureuse[42] ? »

Expiation de quoi ? Orphée, un des personnages de Ballanche,
a fait l'expérience visionnaire du péché originel : « Je fus cet homme
universel qui, ayant saisi la responsabilité de ses pensées et de ses
actes, pécha et fut condamné[43]. » La faute originelle a été le péché
d'orgueil et de révolte, mais la rédemption a commencé dès ce
moment, à travers les épreuves : « N'oublions jamais que la
déchéance et la réhabilitation toujours sont un même secret divin. »
La vie en société n'est qu'une longue épreuve, une rédemption par
la peine, qui aboutira au salut universel, englobant même le diable.

> On compte quatre grandes époques dans le monde depuis la
> naissance de l'homme, explique Ballanche. La première fut la
> chute originelle, et la dispersion du mal pour lui faire perdre de
> son intensité. La seconde fut le déluge universel, pour abolir les
> traditions perverties dans leur essence propre, et trop identifiées
> avec l'essence des races humaines alors existantes [...]. La troi-
> sième époque est celle de la manifestation dans le temps, du
> Médiateur promis, dès l'origine, à toutes les nations et dans toutes
> les langues [...]. Enfin la quatrième époque, dont le temps n'est
> point fixé, puisque l'homme doit la faire éclore, l'avancer ou la
> retarder, ainsi que cela est arrivé pour les autres, la quatrième
> époque, qui sera la dernière, est celle de la consommation[44].

Vision optimiste, qui opère la synthèse de différents courants chrétiens et humanistes, un peu dans l'esprit origéniste. Comme l'écrit Paul Bénichou dans *Le Temps des prophètes*, « l'œuvre de Ballanche allie la formule la plus archaïque du divin et les espoirs terrestres les plus récents ; elle essaie de concilier la fidélité à l'Église catholique et à ses dogmes avec l'adhésion au credo de l'humanitarisme laïque [45] ».

L'époque romantique, celle de Ballanche, avec ses élans libéraux, sa vision grandiloquente du destin de l'humanité entre les abîmes du bien et du mal, est propice à l'éclosion de ce type de pensée. Le caractère théâtral du péché originel donne à l'existence son aspect tragique et sa grandeur ; toujours remis en cause, le destin nous conduit à la catastrophe ou à la rédemption, suivant le tempérament des auteurs. Dans le romantisme allemand de la *Naturphilosophie*, cela peut prendre les formes les plus extravagantes. Combinant le sens de l'histoire à l'illuminisme, l'intuition du devenir cosmique à l'animisme universel, certains poètes rêvent d'un retour à l'unité perdue. Pour les hommes qui se nourrissent des élucubrations de Boehme et de Paracelse, « l'Esprit a besoin de l'homme pour prendre conscience de lui-même, pour se manifester, car l'homme est tombé, entraînant la nature dans sa chute ; c'est donc à l'homme de devenir le rédempteur de la nature [46] ». Il s'agit de redécouvrir les secrets de la nature originelle, celle d'avant la chute, afin de retrouver l'état de départ – ce qui dérive vite vers un ésotérisme débridé, par exemple chez les « théologiens de l'électricité », selon l'expression d'Ernst Benz. Ainsi, pour Johann Ludwig Fricker, Dieu a créé Adam avec un limon contenant un feu électrique, qui constitue l'âme animale et dont la maîtrise nous conduira à retrouver les secrets de l'univers.

D'autres penseurs sont plus proches des spéculations religieuses traditionnelles, comme Schelling, qui voit dans le mythe du péché originel une sorte d'actualisation du mal, dont Dieu est l'origine sans être l'auteur [47]. Friedrich Schleiermacher (1768-1834) passe de la conception traditionnelle du péché originel à celle du protestantisme libéral moderne. Le théologien berlinois retient l'idée de chute originelle, mais aussi les leçons critiques des Lumières. Dans son grand ouvrage de 1821, *La Foi chrétienne*, il donne une interprétation très libérale de la chute qui enlève toute réalité au récit biblique :

Le dogme d'un changement radical opéré dans l'humanité par le premier péché des créatures n'est ni réclamé, ni formulé par la conscience chrétienne. Si, guidés par elle, nous n'avons pas imaginé avant la chute un idéal de perfection perdu dès lors, parce que nous savions que plus on élevait l'idéal, plus on rendait la tentation inexplicable, nous n'avons pas besoin non plus de supposer qu'une révolution ait altéré les conditions de l'espèce [...]. Adam et Ève ne sont ainsi que les premiers pécheurs, et leurs actions que les prémices des nôtres. L'individu n'a pas corrompu la nature, et la nature n'a pas corrompu l'individu[48].

Ce que nous appelons péché originel est simplement la pression de l'environnement social qui nous pousse à nous détourner de Dieu et à commettre des péchés actuels en cédant aux mauvaises influences qui s'exercent sur nous. L'histoire d'Adam et Ève n'est qu'un mythe, et faire dépendre la misère humaine de la faute de ces deux primitifs relève de l'absurdité la plus complète. Le véritable archétype de l'humanité, c'est Jésus, et non Adam. Le péché originel, c'est le péché de l'espèce humaine ; il est alimenté en permanence par la masse des péchés individuels qui entretiennent un environnement mauvais. Le mal est une épreuve, mais nous pouvons la surmonter avec la grâce divine. Ces positions inspirées du rationalisme et du naturalisme gagnent également des théologiens catholiques, dûment foudroyés par les anathèmes pontificaux : Hermès (1775-1831) et Gunther (1783-1863), par exemple.

La lignée du protestantisme libéral se prolonge avec Charles Renouvier, pour qui « le péché originel est l'entrée de l'injustice dans la société humaine par la volonté de l'homme[49] ». Il envisage une humanité d'origine équilibrée et heureuse, plongée dans les désordres par un choix mauvais, qu'il ne parvient pas à expliquer de façon vraiment convaincante. À ses yeux, Adam n'est qu'un mythe. Son disciple Octave Hamelin est confronté aux mêmes difficultés : admettre un Dieu créateur implique d'admettre un péché originel, car le Dieu bon ne peut être la cause d'un pareil gâchis :

Si le spectacle que nous fournit l'humanité amène à croire que l'Esprit est Dieu, c'est-à-dire Bonté, il semblera impossible après cela que le monde soit sorti tel qu'il était hier et même tel qu'il est aujourd'hui de l'acte créateur. Par suite, la doctrine de la chute sera seule capable de satisfaire. L'humanité (pour ne pas parler d'autres êtres raisonnables), maîtresse à l'origine du déterminisme qui constituait son objet et son instrument, en aura perdu la maîtrise, peut-être simplement en tombant dans l'ignorance par suite de ses fautes. Les forces de la nature lui seront devenues ennemies et l'humanité aura été ruinée avec son monde[50].

Bref, l'origine du mal reste un mur contre lequel les penseurs protestants et catholiques, emportés par leur élan, viennent se rompre la tête. Pour aller plus loin, il faut un peu plus d'audace, et accepter de briser le carcan des credo.

De l'audace, Charles Fourier (1772-1837) n'en manque pas. Ses extravagances utopistes ne doivent pas faire oublier la force et l'originalité de certaines de ses vues. Pour lui, l'homme est naturellement bon : « L'homme est doué par nature d'une bonté si parfaite que toutes ses passions sont pures et saintes et ont droit à leur libre développement. La tâche des hommes publics consiste à les harmoniser pour faire de la terre un Éden. » Pour le moment, constate-t-il, nous en sommes loin : nous sommes « excessivement malheureux depuis cinq à six mille ans dont nos chroniques ont transmis l'histoire. Il n'y a guère que sept mille ans d'écoulés depuis la création des hommes, et depuis ce temps nous n'avons marché que de tourments en tourments[51] ». Pourtant, il y a eu un « âge édénique » au cours duquel on vivait « dans la surabondance de troupeaux, fruits, poissons, gibiers » ; tous les mythes l'affirment : « Tous ces contes qui font la base des religions anciennes sont le squelette d'une grande vérité : c'est qu'il a existé avant les sociétés actuelles un ordre de choses plus fortuné. » Il y a donc eu une chute, que les religions appellent péché originel, mais qui « ne provient que de deux causes : exubérance de population et insuffisance d'industrie ».

Surpopulation et insuffisance des forces productives : voilà donc ce qui nous a fait perdre le jardin d'Éden. À nous de le recréer. Et Dieu, dans tout cela ? Ici s'affirme l'originalité de Fourier. Dieu, nous allons le créer en même temps que l'Éden. Dieu existera si nous sommes capables de faire un monde juste, harmonieux, heureux. Qui peut croire en Dieu dans un monde malheureux où règne le mal ? En créant un monde heureux, nous allons au moins produire une preuve de l'existence de Dieu. Marx dira le contraire : dans un monde heureux, les hommes n'ont plus besoin de Dieu. Fourier est à mi-chemin entre théisme et athéisme, car dans l'*Égarement de la raison* il semble croire que Dieu existe déjà, et que c'est lui qui conduit le mouvement : « Mais n'y a-t-il pas injustice de Dieu à exclure de l'ordre combiné les générations antérieures ? Je réponds : Dieu ne devait pas s'arrêter au regret de quelques siècles de tourment et de civilisation indispensables pour préparer le luxe. »

Les jours d'Adam sont comptés. Scientifiques, sociologues, philosophes et même certains théologiens marginaux commencent à écarter l'hypothèse de l'ancêtre commun et de sa responsabilité morale dans l'existence du mal. Avant même d'être liquidé sur le plan scientifique, Adam est ravalé au rang des mythes par les philosophes, sociologues et moralistes. Les nouveaux courants de pensée sont déterministes, et insistent sur le conditionnement des esprits dans la conduite morale. L'individu agit selon des forces matérielles, économiques et sociales qui le dépassent, et la liberté est une illusion. « Le matérialisme nie le libre arbitre et il aboutit à la construction de la liberté, écrit Bakounine ; l'idéalisme, au nom de la dignité humaine, proclame le libre arbitre, et sur les ruines de toute liberté il fonde l'autorité[52]. » Là où les théoriciens du libéralisme voient dans la misère une sanction, une punition, à l'exemple de Malthus, les penseurs révolutionnaires voient le résultat d'un système économique injuste.

Pour Marx, l'homme a construit lui-même sa propre nature à travers la domination des forces de production. Le mal est le résultat de l'exploitation de l'homme par l'homme, et le moralisme bourgeois ne peut que contribuer à cette exploitation : il aliène l'homme, en lui faisant croire que nos instincts physiques nous sont étrangers. Marx révèle la vérité sur la source du mal dans un passage du *Capital* où il reprend l'image du péché originel. Comme Rousseau avait assimilé ce dernier à l'invention de la propriété privée, Marx l'assimile à l'apparition du processus d'accumulation des biens :

> Cette accumulation primitive joue, dans l'économie politique, à peu près le même rôle que le péché originel dans la théologie. Adam mordit la pomme, et voilà le péché qui fait son entrée dans le monde. On nous en explique l'origine par une aventure qui se serait passée quelques jours après la création du monde.
>
> De même, il y avait autrefois – mais il y a bien longtemps de

cela – un temps où la société se divisait en deux camps : là, des gens d'élite, laborieux, intelligents, et surtout doués d'habitudes ménagères ; ici, un tel coquin faisant gogaille du matin au soir et du soir au matin. Il va sans dire que les uns entassèrent trésors sur trésors, tandis que les autres se trouvèrent bientôt dénués de tout. De là la pauvreté de la grande masse, qui, en dépit d'un travail sans fin ni trêve, doit toujours payer de sa propre personne, et la richesse du petit nombre, qui récolte tous les fruits du travail sans avoir à faire œuvre de ses dix doigts.

L'histoire du péché théologal nous fait bien voir, il est vrai, comme quoi l'homme a été condamné par le Seigneur à gagner son pain à la sueur de son front ; mais celle du péché économique comble une lacune regrettable en nous révélant comme quoi il y a des hommes échappant à cette ordonnance du Seigneur[53].

ADAM, LA SOCIOLOGIE ET LA MORALE LAÏQUE

La naissance de la sociologie concourt également à diluer le personnage d'Adam et l'idée de péché originel. Chaque nouvelle science, en ouvrant un nouveau champ de recherche, contribue à créer la réalité qu'elle étudie : lancer des enquêtes sur la folie, sur la criminalité, sur la corruption, sur les sectes, c'est du même coup donner naissance à ces phénomènes en tant que faits sociaux ; en les isolant de leur contexte, on en fait des réalités à part entière, ce qui déforme leur importance véritable. En passant des cas isolés aux concepts, on en fait des forces autonomes, comme l'a montré Michel Foucault à propos de la folie. La sociologie, qui utilise dès ses débuts les statistiques, tend à définir l'homme moyen, l'homme « normal », et insidieusement à faire de cette normalité la norme, c'est-à-dire un idéal. Une nouvelle éthique se dessine selon laquelle est moral ce qui est statistiquement le plus répandu.

Le livre du Belge L.-A.-J. Quetelet, *Sur l'homme et le développement de ses facultés* (1835), marque la naissance de la sociologie, considérée comme une véritable science, c'est-à-dire une « physique sociale », affirmant qu'il existe des lois naturelles du comportement humain en société. Au centre se dégage l'idée de l'« homme moyen », création statistique, apparenté au centre de gravité de l'humanité, sorte de référence universelle. Ce nouvel Adam est une moyenne mathématique, qui du même coup sert à définir les déviants, les anormaux, les dégénérés autant que les génies. Mais la moyenne peut s'élever ou s'abaisser, et les différents degrés de civilisation peuvent s'évaluer en fonction des proportions des différents groupes de comportements.

Déterminisme, relativisme et volontarisme : les conséquences de la sociologie du XIX⁰ siècle portent un coup fatal à l'idée d'un Adam absolu, historique, et d'une chute originelle. L'individu est conditionné par les lois de la mécanique sociale ; le bien et le mal sont des notions relatives qui varient en fonction des sociétés ; l'homme est plus que jamais la mesure de toute chose, mais il est une notion relative, il se construit sans cesse. Cet Adam en construction ne saurait avoir connu de chute originelle. L'éthique sociologique est utilitaire ; elle ne définit pas des absolus et n'a donc pas à surmonter le handicap d'une prétendue nature humaine corrompue.

À partir de là, une grande variété d'attitudes se dessinent, toutes motivées par une intention éthique. Sir Henry Thomas Buckle se contente d'affirmer le déterminisme absolu des phénomènes sociaux dans son *Histoire de la civilisation en Angleterre* (1861). Émile Durkheim, lui, cherche à améliorer la société. « Il était inspiré par l'éthique patriotique et la raison séculière, et dans ses mains la sociologie était un mode de vie et non un exercice mental séparé[54] », écrit Roger Smith. Auguste Comte va plus loin encore : pour lui, la science n'est pas seulement un moyen de favoriser la morale, elle *est* la morale.

Avec Jeremy Bentham (1748-1832), la mécanique sociale doit servir à favoriser le plus grand bonheur possible du plus grand nombre possible, en mesurant l'utilité de ce qui concourt à ce bonheur. La valeur d'une idée, d'un sentiment ou d'un objet est déterminée par sa capacité à produire le bien, c'est-à-dire du plaisir. Cette arithmétique hédoniste, méprisée par les spiritualistes comme bassement utilitaire, illustre les nouvelles tendances à utiliser les statistiques comme moyens d'évaluation morale d'une société. Dans la même ligne, John Stuart Mill, dont *L'Utilitarisme* (1861) suit de près *L'Origine des espèces* de Darwin, fait lui aussi de la recherche du plaisir le critère de la morale, renversant ainsi la conception chrétienne traditionnelle. Pour Mill, « un sacrifice qui n'augmente pas, ou qui ne tend pas à augmenter, la somme globale de bonheur, est un gaspillage[55] ». Dieu veut le bonheur de ses créatures, donc Dieu est utilitariste. Dans cette optique, même les punitions doivent être choisies en fonction de leur utilité, afin d'améliorer le niveau global de la société.

Certains sociologues retrouvent cependant dans la mécanique sociale des processus qui évoquent une sorte de péché originel social. Max Weber est frappé par ce qui semble le sort inéluctable des grandes idées spirituelles : elles dégénèrent toutes les unes après les autres dans des réalisations matérielles, dans la poursuite des biens terrestres. Le monde se « désenchante », et l'économique finit toujours par engloutir le spirituel. Weber illustre cette loi par sa célèbre thèse expliquant comment le calvinisme a donné naissance au capitalisme. Et lui-même éprouve dans sa famille et dans sa vie professionnelle cette pesanteur d'une inévitable chute qui conduit les plus idéalistes à pactiser avec leur environnement matérialiste.

En revanche, des penseurs radicaux, au nom du progrès indéfini de l'humanité, rejettent catégoriquement le péché originel, y compris sous ses formes sécularisées. Déjà Fichte, dans Le Système de l'éthique (1798), s'en prenait à l'idée kantienne de « mal radical » qui serait à l'origine de notre sentiment de culpabilité. Le mal vient des limites de notre liberté, qui se détermine en fonction de faux motifs, mal éclairée par une intelligence défaillante.

David Strauss lance, lui, une attaque frontale :

> Cette doctrine de l'Église, qui fait retomber les suites du péché d'Adam sur toute sa postérité, a quelque chose de si révoltant, pour le sentiment et la raison, qu'elle a été de bonne heure combattue. Qu'avait donc de si étrange et de si inattendu le péché du premier homme, pour bouleverser toute l'économie primitive du plan divin ? L'homme avait été ainsi fait qu'il pouvait pécher ou ne pas pécher. En péchant, il faisait, il est vrai, ce qu'il ne devait pas, mais néanmoins ce qu'il pouvait faire. Pourquoi aurait-il perdu la liberté qu'il avait reçue de vouloir ou de ne pas vouloir ? S'il est vrai qu'en faisant usage de sa liberté Adam ne pouvait raisonnablement pas attirer sur lui personnellement une telle déchéance, comment, à plus forte raison, pouvait-il entraîner toute sa race dans l'abîme, et cela pour l'éternité ? [...] Que dirait la raison de la conduite d'un prince qui, pour punir un rebelle, augmenterait en lui ainsi qu'en ses descendants le penchant à la révolte ? [...] Qui a jamais eu l'idée de faire peser sur une conscience innocente le poids d'une culpabilité étrangère ? [...] Ce qui reste donc à dire, c'est que l'état de perfection primitive dont aurait joui Adam ainsi que sa chute et sa déchéance ne sont que

des fictions et des mythes imaginés pour expliquer l'origine du mal dans l'humanité, et non dans un couple primitif dont nous ignorons jusqu'à l'existence[56].

Pourtant, les attaques les plus virulentes se concentrent d'abord sur l'aspect moral. Sociologues, philosophes et moralistes réduisent le péché originel non seulement à l'état de mythe, mais de mythe odieux. Dans un article de 1869, M. Jamet clame son indignation :

> Quant à cette justice qui punit les innocents pour les coupables, et qui déclare coupable celui qui n'a pas encore agi, c'est la vendetta barbare, ce n'est pas la justice des hommes éclairés. Elle n'est pas au-dessus de mon idée de justice, elle est au-dessous. Sur ce point, soyez-en sûrs, nous avons aussi une foi, une foi aussi ferme que la vôtre [...]. Si la responsabilité dépend de la liberté, comment puis-je être responsable d'une action que non seulement je n'ai pas faite librement, mais que je n'ai même pas faite du tout ?
> À moins d'admettre ou la préexistence des âmes ou une sorte de panthéisme humanitaire, comment comprendre cette expression théologique, que tous les hommes ont péché en Adam ? Si je puis être responsable d'un péché qui m'est transmis par une action à laquelle je ne puis avoir volontairement contribué, car je n'ai pas contribué à ma naissance, pourquoi ne serais-je pas responsable, selon les idées des matérialistes, des fatalités de mon cerveau et des impulsions maladives de mon organisation ? C'est de part et d'autre remplacer la responsabilité morale par la responsabilité physique ; c'est de part et d'autre le règne de la fatalité[57].

Ernest Renan s'interroge de son côté sur la persistance de ce mythe : « Pourquoi des esprits rationnels, tels que nous sommes, garderaient-ils de pareilles fictions ? » C'est saint Paul, dit-il, qui a créé de toutes pièces « l'effroyable dogme qui, durant des siècles, a rempli l'humanité de tristesses et de terreurs », et fait qu'« on n'est religieux que quand on est de mauvaise humeur et qu'on a commis des péchés ». En historien des religions, Renan rappelle la fragilité des bases scripturaires de cette croyance : « Je l'avoue, le dogme du péché originel est celui pour lequel j'ai le moins de goût. Il n'y a pas un autre dogme qui soit bâti comme celui-là, sur la pointe d'une aiguille. Le récit du péché d'Adam ne se trouve que dans une des rédactions dont les pages alternantes composent le tissu de la Genèse. Si la rédaction élohiste seule nous était parvenue, il n'y aurait pas de péché originel[58]. »

Étrangement, la morale laïque a pourtant bien du mal à faire table rase de toute référence à une nature inclinée au mal et à des sanctions *post mortem* : « La vraie morale, la grande morale, la morale éternelle, c'est la morale sans épithète. La morale, grâce à Dieu, dans notre société française, après tant de siècles de civilisation, n'a pas besoin d'être définie [...] elle est plus grande sans épithète [...]. C'est la morale du devoir, la nôtre, la vôtre, la morale de Kant et celle du christianisme. » L'auteur de ces lignes n'est autre que Jules Ferry, qui se qualifie lui-même de « damné authentique », et que les évêques surnomment « l'Antéchrist ». Il s'exprime ici dans le préambule du texte de loi sur l'enseignement laïque, insistant sur l'unité de la morale, qui partout et de tout temps s'appuie plus ou moins sur les mêmes principes. Les programmes de l'école primaire, du 27 juillet 1881, conservent d'ailleurs la notion de « devoirs envers Dieu », ce qui leur attire les foudres de Paul Bert, tandis qu'en 1882 un décret de la Sacrée Congrégation met à l'Index les manuels d'instruction civique et morale à l'usage des écoles primaires laïques de France[59].

L'anthropologie qui sous-tend la morale laïque a une très haute opinion de la dignité humaine, insistant sur la différence fondamentale, irréductible, entre l'homme et la bête, comme l'a bien montré Jean Baubérot en étudiant la morale diffusée dans les écoles de la Troisième République : « L'enseignement moral laïque ne se marque pas du tout par une rupture, de type darwiniste ou matérialiste, avec l'instruction morale et religieuse qui l'a précédé. Au contraire, il accentuerait plutôt la spécificité humaine[60]. »

La morale laïque se heurte elle aussi au problème du mal, dont elle prend acte sans chercher à l'expliquer. Son embarras est manifeste lorsqu'il s'agit de rendre compte du fait que, dans le monde, ce sont souvent les méchants qui prospèrent. Les leçons de morale n'hésitent pas à suggérer, de façon ambiguë, qu'il y a peut-être une récompense dans l'au-delà pour les bons. Jean Baubérot a relevé dans des cahiers de morale à l'école primaire en 1900 ce genre de dictée : « La conscience morale exige l'accord absolu entre la vertu et le bonheur. Or le mérite est souvent méconnu ici-bas. L'homme aspire dès lors à un bonheur plus complet et il espère dans une vie future comme sanction suprême[61]. » La voix de la conscience est présentée comme « un juge intérieur » qui nous indique le bien et le mal ; il y a une morale naturelle, dont nous retrouvons clairement les principes en faisant notre « examen de conscience ». Le vocabulaire du catéchisme et celui de l'école laïque dans les leçons de morale est bien souvent le même, comme en témoignent par exemple deux petites histoires, l'une dictée aux élèves des Filles de la Sagesse à Cholet, l'autre aux enfants d'une école publique en 1912. Dans les deux cas, il s'agit de l'interdiction faite à une petite fille (croyante) et à un petit garçon (athée) de manger les pommes d'un certain arbre. La nouvelle petite Ève comme le nouveau petit Adam se gardent bien, contrairement à leurs glorieux aînés, de céder à la tentation : « Cette désobéissance et cette gourmandise resteront-elles cachées aux yeux de Dieu ? Oh non, il voit tout [...]. Alors je ne veux pas pécher en sa présence », se dit la petite fille ; « Je ne veux pas, pour une satisfaction de gourmandise, manquer à ce qui m'a été prescrit », se dit le petit garçon.

L'austérité morale de la république laïque n'a pas grand-chose à envier à celle de la religion post-tridentine. Jules Ferry estime que « la morale doit tenir debout toute seule », sans avoir à recourir à un Dieu, à un état de perfection originelle et à une chute. Une différence toutefois, fondamentale : la morale religieuse s'enracine dans l'absolu et ses principes sont immuables. La morale laïque au contraire, comme le signale en 1909 Émile Durkheim, doit « faire sentir qu'elle est normalement sujette à des variations, sans que pourtant ces variations la discréditent [...]. Faire comprendre que la morale de l'avenir ne sera vraisemblablement pas celle d'aujourd'hui, sans que pourtant celle d'aujourd'hui cesse d'apparaître comme présentement respectable[62] ».

DARWIN, MEURTRIER D'ADAM

À ce relativisme des valeurs morales que suggère le sociologue s'ajoute le relativisme de l'anthropologie : ce que nous appelons l'homme n'est pas aujourd'hui ce qu'il était hier et ce qu'il sera demain ; il évolue, et cette évolution peut même être guidée par l'homme lui-même. L'idée est en germe depuis un certain temps, nous l'avons vu. Une étape décisive est franchie par Lamarck, qui, au début du XIXᵉ siècle, montre comment, à partir des « infusoires », formes élémentaires de la vie, par un processus interne de complexification, processus strictement physique, on aboutit aux êtres les plus évolués. Cette évolution suppose la transmission héréditaire des caractères acquis, que Weismann, un peu plus tard, assimilera à la transmission d'un « programme », d'« instructions [63] ». Et déjà Lamarck suggère pour l'homme une ascendance simiesque.

1859 : Charles Darwin fait exploser sa bombe, *On the Origin of Species by Means of Natural Selection, or the Preservation of Favoured Races in the Struggle for Life.* Bombe à fragmentation, dont les morceaux retombent pêle-mêle sur la culture chrétienne : « races favorisées », « sélection naturelle », « combat pour la vie », « origine des espèces ». La première édition est épuisée en une semaine. Rééditions et traductions se succèdent. Pour que son livre soit mieux accepté, Darwin fait semblant de conserver un rôle au Créateur. La ruse cependant ne trompe personne. L'ouvrage paraît comme un instrument de la lutte antireligieuse. Les uns s'en réjouissent, les autres se scandalisent. En Angleterre, Herschel, pour qui « les principes ultimes de la foi religieuse sont sacrés et ne doivent pas être remis en question », attaque tout de suite le livre, de même que William Whewell, aux yeux de qui le monde vivant exprime les intentions de Dieu ; l'évêque Wilberforce réaffirme l'origine divine de l'homme, tandis que Huxley préfère, dit-il, « être un singe perfectionné plutôt qu'un Adam dégénéré ».

Quelques années plus tard, en 1871, Darwin tire les conséquences logiques de sa théorie en l'appliquant à l'homme, dans *The Descent of Man, and Selection in Relation to Sex.* Cette fois, le chef-d'œuvre de la création est lui-même touché, réduit comme les autres à descendre d'un animal inférieur. Darwin est bien entendu conscient des implications culturelles de sa théorie. Petit-fils de déiste, fils de libre penseur, il n'a guère de scrupules à contredire la lettre de la Bible. Ses carnets intimes, en particulier ses « carnets métaphysiques », le montrent amplement : pour lui, toute l'évolution humaine est une question d'histoire naturelle, l'histoire d'une espèce animale mieux adaptée que les autres. En 1863, dans une lettre à Hooker, il regrette même d'avoir pris trop de précautions pour ne pas heurter les milieux croyants : « J'ai longuement regretté de m'être aplati devant l'opinion publique et de m'être servi du terme biblique de "création" ; en fait, je voulais parler d'une "apparition" due à un processus totalement inconnu. »

Les conséquences du transformisme darwinien sur l'anthropologie et la morale sont évidemment cruciales. La conscience morale apparaît comme le résultat de l'intériorisation du besoin d'entraide dans la lutte de l'espèce pour la survie. Quant à la sélection naturelle, elle paraît à l'époque confirmée par le recul des peuples primitifs face à la colonisation. Pour Darwin lui-même, l'élimination des Tasmaniens est l'illustration de ce processus. Ces peuples primitifs ne sont nullement des dégénérés, mais des branches moins bien adaptées que les Européens à la lutte pour la survie. Pour certains, tel Herbert Spencer (1820-1903), l'évolution et la sélection étant un processus naturel, la morale naturelle justifie la domination des plus forts.

Le climat de la seconde moitié du XIXe siècle, où s'affrontent nationalismes et impérialismes, est particulièrement propice au succès des thèses darwiniennes. Chaque peuple se penche sur ses origines, scrute la préhistoire pour bien marquer ses différences avec les voisins et les causes de sa supériorité en les enracinant dans la nature. Le concept de race se renforce au détriment de l'idée d'unité de l'espèce humaine, et la science semble alors lui donner raison : « L'accent sur la race devient prédominant en accord avec la foi dans le progrès scientifique, et non en opposition avec lui[64] », écrit Roger Smith. Des chrétiens comme James Cowles Prichard, un quaker devenu anglican, ont beau rejeter le terme « race » en expliquant les différences entre les groupes humains par des diversifications dues aux climats, afin de préserver le monogénisme adamique, le polygénisme ne cesse de progresser. L'attention croissante portée aux caractéristiques physiques, à la forme du crâne en particulier, et à la taille du cerveau, conduit à des conclusions racistes. Pour Paul Broca (1824-1880), fondateur de la Société d'anthropologie de Paris en 1859, année de *L'Origine des espèces*, « le cerveau est plus grand chez les adultes matures que chez les vieux, chez les hommes que chez les femmes, chez les hommes éminents que chez les médiocres, chez les races supérieures que chez les races inférieures[65] ».

Les sociétés anthropologiques, qui fleurissent un peu partout en Europe au milieu du XIXe siècle, font de la race l'explication universelle en histoire ; le mot est alors censé tout expliquer, un peu comme l'« identité culturelle » de nos jours. L'Écossais Robert Knox, auteur en 1850 d'un livre à succès, *The Races of Men : A Philosophical Enquiry into the Influence of Race over the Destiny of Nations*, affirme : « La race est tout dans l'histoire humaine. » Le chirurgien américain Josiah Nott (1804-1873) attaque le monogénisme biblique, que défendent pesamment les six volumes de l'Allemand Theodor Waitz en 1858.

Arthur de Gobineau, dans ses quatre livres d'*Essai sur l'inégalité des races humaines* (1853-1855), insiste quant à lui sur la dégénérescence de l'humanité dont il rend responsable le mélange des races, idée reprise et développée par Houston Stewart Chamberlain en 1899. En même temps, l'étude du cerveau comme siège de la pensée, dans un esprit déterministe et matérialiste, avec Broca, Gall, Müller, Brücke, Moleschott, Ludwig, Chernyshevsky, Sechenov, fait craindre aux chrétiens la disparition de la notion d'âme et de responsabilité.

DE LA DÉGÉNÉRESCENCE AU NOUVEL ADAM EUGÉNIQUE

Les idées darwiniennes prennent toute leur importance lorsqu'elles se greffent sur les théories, alors courantes, de la dégénérescence de l'espèce humaine. La synthèse entre les deux donne en effet naissance à l'eugénisme, à une volonté de sélection humaine contrôlée visant à améliorer le niveau de l'humanité. Certains veulent régénérer le vieil Adam, en quelque sorte, effaçant progressivement les conséquences du péché originel pour lui faire retrouver sa splendeur de départ. On assiste ainsi, vers le milieu du XIXᵉ siècle, à un paradoxal retournement : les nombreux écrits sur la décadence du genre humain, souvent fondés sur l'idée religieuse de péché originel, ouvrent la voie aux théories athées de régénération par la pratique d'une sélection volontaire. À l'Adam biblique, résigné à sa décadence terrestre en raison de la chute et de la sanction divine, succède un Adam laïque, qui prend en main son propre destin en affirmant son autonomie et sa confiance en un progrès de l'espèce. Cet Adam laïque remonte la pente par ses propres forces, grâce à la science : il commet pour ainsi dire un deuxième péché originel, en se séparant définitivement de Dieu – un second péché qui effacerait les conséquences du premier, et qui ne serait pas une chute, mais une ascension, une œuvre prométhéenne.

C'est bien en effet dans l'idée religieuse de péché originel que s'enracine le constat de la déchéance humaine. Depuis des siècles, le christianisme, en s'acharnant sur l'homme pour mieux glorifier

Dieu, en persuadant le pécheur de son incapacité à faire le bien, a diffusé l'idée d'une situation irrémédiable, que seuls contestaient quelques mouvements millénaristes vite réprimés. Les Églises, pour maintenir leur contrôle sur les sociétés, ont besoin d'entretenir la conviction que l'humanité ne peut trouver son salut que dans un au-delà dont elles détiennent les clés. Les catastrophes de l'histoire alimentent généreusement leur point de vue : chaque fois que l'homme cherche à s'en sortir par ses propres moyens, cela tourne au chaos, le dernier épisode en date étant la Révolution française. En s'éloignant de Dieu, l'homme recule, la décadence s'accélère. Louis de Bonald et Joseph de Maistre le proclamaient vigoureusement : on ne peut échapper aux conséquences du péché originel ; toute tentative de progrès humain se solde par une dégénérescence.

Avant les *Soirées de Saint-Pétersbourg*, certains ont fait le même constat. Selon Johann Gottfried Herder (1744-1803), toute civilisation, tout peuple est voué, après une phase ascendante, à un inéluctable déclin. Herder, qui écrit de la Providence que « près du singe, elle plaça le nègre », a une notion très ambiguë des races et de leur rôle dans ce déclin. Affirmant une position strictement monogéniste, il ne cesse de proclamer l'unité de l'espèce humaine en Adam. Ne joue-t-il pas sur les mots lorsqu'il prétend que les races n'ont aucune réalité, mais qu'il y a dans l'espèce humaine de nombreuses et profondes variétés ? « Toute la question est alors de savoir si Herder récuse la notion de race ou s'il la généralise, pour autant qu'à ses yeux les variétés de l'espèce humaine sont plus nombreuses que celles ordinairement répertoriées sous le nom de races. L'enjeu d'une telle question est considérable, car si cette dimension raciste était avérée, on doit convenir qu'elle ouvrirait la voie à des distinctions en définitive bien plus redoutables que celles proposées par nombre de polygénistes[66] », écrit Jean-Paul Thomas.

De nombreux auteurs vont reprendre cette notion de « variétés » à l'intérieur de l'espèce pour en faire le fondement des distinctions sociales dans le monde industrialisé, affirmant que prolétariat et sous-prolétariat, classes laborieuses et classes dangereuses appartiennent à une variété physiquement différente des classes dominantes, une variété « dégénérée ». Les nouvelles sciences phrénologique et anthropologique semblent le confirmer : certains groupes sociaux, mal adaptés, dégénèrent. C'est ce que soutient en particulier, deux ans avant *L'Origine des espèces*, le psychiatre Bénédicte-Auguste Morel dans son *Traité des dégénéres-cences dans l'espèce humaine*. En Angleterre, ces idées sont largement diffusées dans le monde victorien. Certains s'alarment : la société moderne contribue à son propre déclin en protégeant les pauvres et les faibles. Au lieu de les laisser disparaître, elle les entretient ; ils prolifèrent, se mélangent aux parties saines, et le niveau global s'abaisse. L'action en faveur des classes inférieures entrave l'œuvre de sélection naturelle et, en protégeant les inadaptés, met en danger l'espèce entière. La charité chrétienne est ainsi responsable de la dégénérescence des sociétés occidentales, ce qui lui permet d'entretenir l'idée de la corruption universelle due au péché originel. C'est ce qu'explique Clémence Royer dans la préface à la première traduction française de *L'Origine des espèces* :

> La loi de sélection naturelle, appliquée à l'humanité, fait voir avec surprise, avec douleur, combien jusqu'ici ont été fausses nos lois politiques et civiles, de même que notre morale religieuse [...]. Je veux parler de cette charité imprudente et aveugle pour les êtres mal constitués où notre ère chrétienne a toujours cherché l'idéal de la vertu sociale et que la démocratie voudrait transformer en une source de solidarité obligatoire, bien que sa conséquence la plus directe soit d'aggraver et de multiplier dans la race humaine les maux auxquels elle prétend porter remède[67].

Il est donc urgent de mettre en œuvre une politique de sélection qui aiderait la nature en accélérant l'élimination des dégénérés et en empêchant leur reproduction. L'idée eugéniste est née. Elle reste attachée au nom du cousin de Charles Darwin, Francis Galton, dont la vie et l'œuvre illustrent le passage de l'ancien Adam, produit du péché originel, à un nouvel Adam, idéal du surhomme régénéré. Petit-fils d'Érasme Darwin par sa mère, il appartient à la bonne société victorienne et a été élevé dans un esprit de dévotion religieuse. Lecteur assidu de l'évêque anglican William Paley, il est d'abord convaincu que science et religion peuvent s'accorder dans un esprit finaliste.

Des voyages en Afrique et au Moyen-Orient dans les années 1845-1850 le persuadent du caractère relatif des dogmes religieux, mais la lecture du livre de son cousin Charles Darwin, en 1859, déclenche en lui une véritable crise intellectuelle au terme de laquelle il abandonne la foi au profit de la science. L'hérédité des caractères et la sélection naturelle le convainquant de l'inégalité fondamentale des hommes. Admirateur des grandes personnalités, il s'efforce d'expliquer dans *Hereditary Genius* (1869) que leurs qualités sont héréditaires. Galton se démarque pourtant de son cousin sur un point essentiel : alors que pour Darwin l'évolution est un processus qui n'est pas marqué par une idée de « progrès », mais par une constante adaptation en fonction des variations de l'environnement physique, au hasard de l'apparition de nouvelles caractéristiques, Galton pense que la sélection suit une direction déterminée, qui conduit à un progrès de l'espèce. C'est là, en quelque sorte, une réintroduction déguisée du finalisme religieux. Mais cette sélection naturelle ne joue plus son rôle, à cause de l'interférence des lois sociales ; il faut donc mettre au point un programme de sélection artificielle qui la remplace. Pour cela, il faut s'appuyer sur une connaissance approfondie des mécanismes de l'hérédité, qui permettra de dégager une véritable méritocratie. Compilant des statistiques, Galton cherche à montrer que les capacités intellectuelles vont de pair avec les classes sociales ; mais, au lieu d'attribuer les différences au milieu socioculturel, il en fait un élément héréditaire.

Les idées de Galton rencontrent un large succès dans une société de classes, dirigée par une bourgeoisie et une aristocratie imbues de leur supériorité naturelle et redoutant la force d'un prolétariat rongé par ses vices. À l'University College de Londres, le mathématicien Karl Pearson reprend ses travaux dans une optique sociologique, afin d'améliorer les capacités moyennes de la collectivité, et non de chaque membre particulier. Un peu plus tard, le psychologue Charles Spearman, également à Londres, donnera au mouvement une orientation plus individualiste.

En 1883, Galton invente le néologisme « eugénisme », à partir du grec « bonne race » ou « bonne naissance ». Son idée d'amélioration de l'espèce est vieille comme le monde, ou du moins comme la philosophie : Platon, père de tous les totalitarismes, y avait déjà rêvé en organisant les mariages dans sa République idéale de façon à reproduire les meilleurs. Mais Galton, lui, vit dans un monde où ce genre d'idée peut sembler réalisable. En tout cas, le terrain est propice et ses idées font des adeptes. Le darwinisme social ne séduit pas seulement des conservateurs, mais aussi des libéraux comme Harold Laski et la Société fabienne. Aux États-Unis, le président Theodore Roosevelt écrit en 1913 : « Si on veut dans l'avenir améliorer les qualités raciales, il est évident que cette amélioration devra être obtenue principalement en favorisant la fécondité des types dignes et en réduisant la fécondité des types indignes. Aujourd'hui, nous faisons exactement l'inverse. Il n'y a aucun contrôle de la fécondité des sous-normaux, aussi bien intellectuels que moraux, tandis que les courageux et économes entretiennent un froid égoïsme qui les pousse à refuser d'engendrer[68]. » Certains pousseront le raisonnement à l'extrême, comme C. Binet-Sanglé, qui, dans *Les Haras humains*, suggère en 1918 « d'encourager le suicide des mauvais générateurs et, à cet effet, de créer un institut d'euthanasie où les dégénérés, fatigués de la vie, seront anesthésiés à mort à l'aide du protoxyde d'azote ou gaz hilarant[69] ». C'est l'Assistance publique qui devrait être chargée de faire mourir de rire tous les dégénérés...

Si de tels excès de langage ont pu passer, c'est que l'opinion publique de la fin du XIXᵉ siècle est imprégnée par l'idée de dégénérescence. On la retrouve partout : dans le discours sur le paupérisme et ses tares, dans les clameurs nationalistes en France à la suite de la débâcle de 1870, dans les théories médicales et sociales aussi bien que dans la littérature naturaliste : la *Nana* d'Émile Zola a hérité les vices de cinq générations d'ivrognes et, en se livrant à la prostitution, elle venge les pauvres en transmettant la corruption d'une dégénérée aux membres de la bourgeoisie, « corrompant et désorganisant Paris entre ses cuisses blanches comme neige ». Il faut donc réagir, pratiquer une politique eugénique de sélection des naissances, car « la réduction de la croissance démographique serait très néfaste si elle affectait seulement les races les plus intelligentes et en particulier les classes les plus intelligentes de ces races[70] », écrit l'économiste Alfred Marshall en 1881.

DARWIN ET LE PÉCHÉ ORIGINEL : LA RECHERCHE DU COMPROMIS

De l'idée de corruption globale de la nature humaine par le péché originel, on est donc passé à celle de dégénérescence sélective, qui touche des races et des catégories inférieures, dont la prolifération met en danger l'ensemble de la société. Le mode de propagation des tares est le même : c'est l'hérédité, la reproduction sexuée. Mais le darwinisme et son avatar galtonien portent un rude coup à Adam et au péché originel. Que deviennent Adam et Ève dans cette perspective évolutionniste conduisant des singes à l'homme actuel ? Que devient l'unité du genre humain dans une conception raciste qui semble exiger le polygénisme ? Que devient la faute originelle si Adam et Ève se dissolvent dans l'évolution, et si la corruption ne touche que quelques catégories ?

Peut-on être darwinien et croire en même temps au dogme du péché originel ? Un petit nombre d'intellectuels chrétiens le pensent. Chez les catholiques français, par exemple, le jésuite Haté en 1868, le dominicain Leroy en 1887, l'abbé Farges en 1888, l'abbé Guillemet en 1894, le sulpicien Guibert en 1895, le père Sertillanges en 1897, le marquis de Nadaillac en 1899, expriment tous d'une façon ou d'une autre leur approbation de l'évolutionnisme[71]. Du côté protestant, plusieurs théologiens anglais et américains tentent de réaliser une délicate synthèse entre Adam et Darwin, entre péché originel et inégalité naturelle. En 1882, dans ses *Studies in Science and Religion*, George Frederick Wright affirme que le darwinisme est « l'interprétation calviniste de la nature » et voit dans la transmission héréditaire des caractères acquis la confirmation de la transmission du péché originel. Le mélange calviniste de volonté individuelle et de prédestination se retrouve dans la conception darwinienne du hasard et de la nécessité. L'unité de l'espèce humaine est maintenue et, si Dieu rend compte des causes finales, Darwin fournit l'explication des causes secondes.

James Orr, évangéliste de Glasgow, affirme encore plus nettement le lien entre évolutionnisme et péché originel. Dans une série de conférences données à Princeton en 1903-1904 et publiées dans *God's Image in Man*, il range explicitement le péché originel dans les caractères acquis transmis par hérédité, et considère Adam comme une mutation dans l'évolution animale, mutation directement provoquée par Dieu et assimilable à une création[72]. Benjamin Warfield, un presbytérien très orthodoxe, auteur d'un article sur « la vie religieuse de Charles Darwin » où il se qualifie lui-même de « darwinien pur jus[73] », voit dans la doctrine créationniste de Calvin, qui soutient la création particulière de chaque âme individuelle, « un pur schéma évolutionniste ». Pour lui, la doctrine chrétienne du péché originel est en opposition totale avec les différentes formes de polygénisme. La Bible et la science se complètent ; Adam, la chute, Calvin, Darwin, l'évolution et l'unité de l'espèce sont compatibles, et il s'efforce de le démontrer en 1911 dans une étude « sur l'antiquité et l'unité de la race humaine ».

Mais Orr, Wright, Warfield, sont une minorité. S'il est indéniable qu'il y eut au XIXe siècle des chrétiens darwinistes, il est non moins indéniable que leurs voix sont étouffées par les clameurs indignées des défenseurs d'Adam qui campent obstinément sur une interprétation littérale de la Bible. L'année même de *L'Origine des espèces*, en 1859, William Gillespie, repoussant « les abominables postulats des géologues », affirme que les animaux eux aussi meurent à cause du péché originel, et qu'avant celui-ci ils étaient immortels[74]. Pour Joseph Smith, inventeur du *Livre de Mormon*, le péché d'Adam était nécessaire : « Adam tomba pour que les hommes fussent », mais ce péché est maintenant racheté[75]. Aux États-Unis, le mouvement pro-adamique et antidarwinien prendra d'inquiétantes proportions dans les années 1920. Témoins de Jéhovah, adventistes du Septième Jour et autres dispensionnalistes, en dépit de l'accumulation des découvertes scientifiques, restent imperméables à la raison et s'en tiennent toujours à d'absurdes théories créationnistes, dont l'influence ne cesse de croître dans l'Amérique profonde. Le fameux « procès du singe » à Dayton (Tennessee), en 1925, est en fait le jugement de la querelle Adam-Darwin. Les avocats de John Scopes, professeur de biologie accusé du crime consistant à enseigner l'évolutionnisme, ont beau mettre leurs adversaires face à leurs contradictions, rien n'y fait. On doit même interrompre une séance du procès lorsque l'un des avocats de Scopes interpelle Bryan, l'accusateur, sur la scène de la tentation d'Ève par le serpent : « Croyez-vous que Dieu a alors condamné le serpent à marcher sur son ventre ? – Oui. – Alors, selon vous, comment les serpents se déplaçaient-ils avant ce moment-là ? » Rires dans la salle ; Bryan proteste ; le tumulte grandit ; on doit évacuer. Ce qui n'empêche pas le jury de condamner Scopes, et avec lui Darwin[76]. L'Angleterre protestante n'est pas épargnée, avec la création en 1931 du Mouvement de protestation contre l'évolution, dirigé par Sir Ambrose Fleming.

LES DÉFENSEURS DE LA POMME

Adam et son péché ont aussi de vigoureux défenseurs dans le monde catholique. L'immense majorité du clergé, pape en tête, est derrière le vénérable premier homme dont la faute est à l'origine de l'épopée humaine. Adam devient une sorte de porte-drapeau, un symbole de la foi contre la marée scientifique, culbutant pêle-mêle géologues, ethnologues, paléontologues, biologistes et autres préhistoriens. Pour une Église sur la défensive, arc-boutée sur ses dogmes, l'affaire du jardin d'Éden est un point crucial. Céder cette pièce maîtresse, c'est risquer l'effondrement total. Et comme toujours, la lutte durcit les positions, rendant plus difficiles les accommodements futurs.

La guerre d'Adam a commencé bien avant Darwin. L'idée de supprimer Adam en nous faisant descendre des singes était dans l'air depuis le début du XIXᵉ siècle. C'est l'« abjecte philosophie » contre laquelle se révolte Mgr Denis Frayssinous, grand maître de l'Université en 1822 et ministre des Affaires ecclésiastiques en 1824 :

> N'est-ce donc pas assez que nous soyons dégénérés de l'intégrité et de la beauté primitives de notre nature, comme ne l'attestent que trop le dérèglement de nos penchants et nos malheurs ? Faut-il encore que, par une nouvelle dégradation, nous nous ravalions nous-mêmes au-dessous de ce que nous avons conservé de grandeur après notre chute ? Faut-il que nous prêtions l'oreille à ces docteurs bizarres qui, traçant la généalogie des êtres, nous font l'honneur de nous faire descendre de la race des singes ? Doctrine dégoûtante, qu'on a voulu fonder sur des ressemblances d'organisation physique [77].

L'évêque ironise à propos de ces nouveaux savants, « connus sous le nom de géologues », qui se prétendent plus malins que Moïse, auteur du Pentateuque, et qui décrivent les origines comme s'ils y avaient assisté. Pour lui, Adam et Ève, le serpent et la pomme sont littéralement exacts. D'ailleurs, le très sérieux *Atlas de la Sainte Bible de Vence*, édition de 1833, contient encore une « carte du paradis terrestre » : « adaptée aux deux systèmes de D. Calmet et de Huet. Dressée par A.R. Frémin, géographe, élève de M. Poisson, 1820 », elle représente les régions des sources de l'Euphrate, au sud-ouest du mont Ararat.

Mgr Frayssinous n'est pas le seul à se gausser des géologues. En 1835, Victor de Bonald, fils de Louis, va plus loin que son père. Dans *Moïse et les géologues modernes*, il ne se contente pas de rejeter sans le moindre examen les dernières avancées scientifiques, au nom « des dogmes dans lesquels toutes les explications sont données », mais il en revient même à la période précopernicienne :

« L'idée [que la Terre] pouvait être emportée dans l'espace à une vitesse cinquante fois plus grande qu'un boulet de canon, situation encore aggravée par sa rotation autour de son axe, le mettait dans des états hilarants proches de la fureur[78] », écrit Goulven Laurent. Dans ce domaine, Victor de Bonald est en accord avec le Vatican, qui ne retirera Copernic de l'Index qu'en 1846.

De nombreux ecclésiastiques s'adonnent pourtant aux recherches géologiques, encouragés par les évêques. « Les découvertes de la géologie confirment le récit de la Genèse au lieu de le contredire », déclare Mgr Billiet, archevêque de Chambéry depuis 1844. Les catéchismes sont tout aussi catégoriques. En 1838, le *Catéchisme de persévérance* de Jean-Joseph Gaume, treize fois réédité au cours du siècle, situe Adam sept mille ans avant notre ère[79].

Au fil des années, cependant, les menaces contre Adam se précisent. Après Darwin, l'Église contre-attaque. En 1875, le catéchisme de l'abbé Maudouit, doyen de Ducey, près de Coutances, demande : « Qu'est-ce que l'homme ? Savez-vous, mes enfants, comment de prétendus savants répondent à cette question ? L'homme, disent-ils, est un singe perfectionné. Un singe, vous savez, ce vilain petit animal que vous avez vu peut-être sur le champ de foire. La réponse est-elle de votre goût ? Et vraiment est-ce la peine d'avoir tant d'esprit pour dire qu'on n'est qu'une bête[80] ? » Les petits catéchismes se contentent de répéter les mêmes formules sur Adam et Ève et le péché originel, alors que les catéchismes pour adultes, séminaristes en particulier, entrent dans la discussion. En 1885, la *Somme du catéchiste [...] à l'usage des instituts catholiques et des séminaires,* de l'abbé Régnaud, consacre soixante-quinze pages aux origines de l'homme, et s'en prend à Paul Broca, qui aurait dit qu'il préférait être un singe perfectionné plutôt qu'un Adam dégénéré. Les manuels s'attardent aussi longuement sur la chute, car, écrit Régis Ladous, « il s'agit de défendre Adam contre le polygénisme [...]. Admettre le polygénisme, c'est ruiner le péché originel et saper les fondements de l'éthique chrétienne[81] ». Adam, le péché originel, la morale : les trois termes se tiennent, et le naufrage de l'un entraînerait la noyade des deux autres.

On est en revanche disposé à faire de larges concessions sur la chronologie, qui apparaît rapidement comme un problème secondaire. Les catéchismes donnent des chiffres très variés : en 1885, selon l'abbé Régnaud, Adam a vu le jour en l'an 4004 avant la naissance du Christ ; en 1893, le *Cours complet de religion catholique à l'usage de l'enseignement secondaire classique et de l'enseignement secondaire moderne* du père Sifferlen situe l'événement entre 6000 et 7000 avant J.-C. ; en 1920, le *Catéchisme à six questions* de l'abbé Pineau, « il y a environ six mille ans ». En fait, les catéchismes abandonnent peu à peu la datation pour se concentrer sur le récit du péché. Pour le *Manuel de religion* du chanoine Louis, en 1907, il est impossible de fournir une date, mais l'histoire du fruit défendu est rigoureusement exacte. C'est aussi l'opinion du père Vigouroux, et de Mgr Cauly : peu importe le nombre d'années, à condition de conserver « la croyance à la félicité primitive et à la chute originelle ». L'abbé Genieys, du diocèse de Rodez, le prend au mot : dans son *Histoire abrégée de la religion* (1922), il garde intact le récit de la chute, mais situe celle-ci des centaines de millions d'années en arrière. Ce qui n'empêche pas l'abbé Sifflet, du diocèse de Lyon, d'écrire au même moment dans son *Cours de catéchisme étendu et familier* : « Peut-on dire avec les incrédules appelés darwinistes que l'homme descend du singe, le singe du poisson, le poisson des résidus de la mer ? où a-t-on jamais vu, depuis six mille ans, un poisson en train de devenir singe, puis homme[82] ? »

ADAM ANTIRACISTE

Les auteurs de catéchismes maintiennent fermement, bien entendu, le monogénisme. Beaucoup se rendent compte, en effet, que le polygénisme donne des armes aux théories racistes qui prolifèrent. En 1875, la *Pratique de l'enseignement du catéchisme*, de l'abbé Maudouit, montre que les Chinois descendent aussi d'Adam, et en conclut : « Que s'ensuit-il, mes enfants ? Que nous sommes tous frères et membres de la même famille, que par là même nous devons nous traiter en frères. » En 1891, l'*Explication du catéchisme*, de l'abbé Brulon, s'en prend au polygénisme du zoologiste américain Louis Agassiz, professeur à Harvard de 1847 à 1873, et met en garde contre l'antisémitisme. Puisque nous venons tous d'Adam, « touchons la main du Malais et du Mongol, touchons la main du nègre [...]. Tous ensemble, unissons nos biens et nos maux dans une immense et sincère fraternité. »

À défaut de vérité scientifique, Adam peut servir une cause

morale. Beaucoup de catéchismes l'expliquent. En 1912, Mgr Cauly, dans son *Cours d'instruction religieuse à l'usage des catéchismes de persévérance*, fonde sur Adam la question de l'unité de l'espèce humaine, « très importante du point de vue dogmatique. Mais elle l'est aussi au point de vue philanthropique et social ; car si les hommes n'ont point d'ascendant commun, c'en est fait de la fraternité humaine ; l'égalité n'est plus qu'un vain mot, si l'origine cesse d'être commune, et la liberté devra disparaître dans le triomphe de l'espèce plus forte ou mieux douée[83] ». En 1930, le *Catéchisme des incroyants* du père Sertillanges reprend le même raisonnement : croire en Adam, c'est croire en la « solidarité morale de l'humanité entière » ; avec *Mon catéchisme vécu*, de Mgr Houbaut, en 1938, Adam et Ève sont les parents universels : « Tous les hommes de tous les temps et de tous les lieux peuvent dire eux aussi en toute vérité : nos premiers parents. Qu'ils soient nègres ou blancs, rouges ou jaunes, qu'ils parlent le français ou l'allemand, le chinois ou l'arabe, ils proviennent de la même souche primitive » ; dans le *Petit catéchisme* des chanoines Quinet et Boyer, en 1941, Adam et Ève sont « nos premiers parents parce que tous nous descendons d'eux. Les hommes sont donc tous frères ».

Pour ces catéchismes et de nombreux autres, les différences entre groupes humains sont dues aux climats et à l'environnement. Citons, après Régis Ladous, un seul exemple, celui de l'abbé Constantin, dans son *Recueil de problèmes catéchistiques* de 1911 : « La couleur est très accessoire et elle peut varier à l'infini sous l'influence du climat ou des croisements [...]. Le nègre est celui qui a été le plus mis en avant par les polygénistes, parce qu'il offre le plus de dissemblances. Malgré tout, après avoir comparé des crânes nombreux appartenant à différentes époques et à différentes races, on a été forcé de conclure, en face de l'évidence, à l'unité de l'espèce humaine[84]. »

Qu'il y ait eu évolution de l'espèce humaine, l'idée fait son chemin au sein de l'Église. Mais, pour certains, l'espèce corrompue dès le départ par un péché originel ne peut évoluer que dans le sens de la dégénérescence : le singe n'est pas le passé de l'homme, il en est l'avenir. Adam était un homme parfait. Les cousins Cro-Magnon et Néanderthal étaient encore des intelligences supérieures, affirme en 1903 l'abbé Pirenne dans son *Catéchisme apologétique* :

L'homme quaternaire était plus que nous éloigné du singe ; toutes les découvertes conduisent à cette conclusion, que les races primitives étaient des races à grands cerveaux. Ainsi, le crâne de Néanderthal, qui a d'abord été beaucoup invoqué par les darwinistes, se tourne aujourd'hui contre eux ; on a prouvé, par un moulage en plâtre à l'intérieur, que l'homme de Néanderthal appartenait à une race à grand cerveau ; les crânes de Stangenas en Suède et ceux de Cro-Magnon en France proviennent également d'une race qui nous est supérieure pour l'organe de l'intelligence [85].

Tout péché rend physiquement laid. « Le péché contre la chasteté produit dans la physionomie des enfants et des adolescents des traits simiesques », peut-on lire en 1903 dans le *Catéchisme catholique populaire* de l'abbé François Spirago, qui traduit un manuel autrichien. Alors, quel peut être l'effet du péché originel ? « C'est l'homme, dans des races peut-être plus coupables que d'autres, qui rétrograde vers l'animalité », écrit le père Le Floch. Où resurgit l'idée d'inégalité des races, de façon illogique : le péché originel ne pèse-t-il pas également sur tous les hommes ?

L'évolution régressive, cependant, est loin de faire l'unanimité. Sans toucher au péché originel, le père Hummelauer propose une idée originale dans *Le Récit de la création* (1895) : le récit biblique serait en réalité une vision qu'aurait eue Adam, qui serait tombé en extase juste après sa création et aurait vu en songe comment était apparu l'univers. Cette interprétation échappe aux critiques de la science, mais elle est rapidement écartée comme un peu trop fantaisiste.

Quelques années plus tôt, le père Leroy, dominicain, avait avancé une théorie plus classique dans *L'Évolution des espèces organiques* (1887) : « Alors même qu'il n'y aurait pas entre le corps de l'homme et celui des singes supérieurs une différence radicale, il resterait toujours, dans la transcendance de l'âme humaine, une barrière infranchissable. » Donc, « le corps humain pourrait, à la rigueur, dériver de l'animalité ». Avec l'approbation des pères Monsabré, Faucillon et Bauduin – ses confrères dominicains –, de l'archevêque de Paris, d'Albert de Lapparent, professeur à l'Institut catholique, Leroy reprend, en l'atténuant, cette idée de l'apparition séparée du corps et de l'âme d'Adam dans *L'Évolution restreinte aux espèces organiques* (1891). Mais, comme autrefois Rome avait toléré l'héliocentrisme à titre de pure hypothèse, et l'avait interdit dès que

Galilée avait voulu en faire une vérité, la position de Leroy devient intolérable à partir du moment où, en 1894, la découverte du pithécanthrope semble lui donner raison. Leroy est convoqué au Vatican et doit signer une rétractation : « Je déclare désavouer, rétracter et réprouver tout ce que j'ai dit, écrit, publié en faveur de cette théorie. » Ce qui lui est reproché, c'est d'avoir supprimé la tentation et le péché originel.

Lorsqu'on interprète la Genèse, écrit le père Lagrange en 1896, il faut éviter de parler d'erreur et de mythe : « Si par mythe on entend une théorie affirmée et fausse sur l'origine des choses, le mythe ne peut se trouver dans la Bible ; si par mythe on entend une manière familière et populaire, métaphorique si l'on veut, de dire des choses vraies, le mythe pourra figurer dans la Bible ; quelques-uns lui donneront le nom d'allégorie[86]. »

Dogme, science et problèmes de société : le père Monsabré

Papes et conciles le répètent depuis longtemps : toute interprétation rationaliste du péché originel est impossible. Grégoire XVI a condamné Hermès en 1835 en vertu de ce principe, que rappelle Pie IX en 1854 dans l'allocution *Singulari quadam*. La même année, dans une homélie du 8 décembre à Notre-Dame de Paris, Mgr Pie, évêque de Poitiers, le proclame haut et fort : « S'il n'y a pas de péché originel, il n'y a pas de rédemption, il n'y a pas de Christ, il n'y a pas de régénération baptismale, et pas un seul des éléments du christianisme ne subsiste[87]. » Le concile du Vatican en 1870 réaffirme que la révélation est nécessaire pour connaître les fins surnaturelles, mais les décisions des pères sur le péché originel ne sont curieusement pas promulguées.

Les prédicateurs le répètent en écho. « Un des plus grands malheurs de notre époque, c'est d'avoir méconnu ce dogme capital », peut-on entendre dans un sermon de 1880. « Un très grand nombre de chrétiens, pour leur plus grand mal, en atténuent beaucoup les conséquences. » Et ces conséquences, continue le prédicateur, ce sont toutes ces idées subversives, politiques et philosophiques, ces guerres, ces révolutions, cette dépravation des mœurs :

On veut jouir, et jouir à tout prix ; et, dût-on pour cela fouler aux pieds la justice, l'honneur, la sainteté du foyer domestique, on ne sait pas hésiter [...]. On veut d'un christianisme facile où l'on ne souffre pas ; on ne veut plus entendre parler de renoncement, de pénitence, de mortification des passions [...]. Qui pourrait être surpris de voir en notre siècle les santés s'altérer, les races s'amoindrir, la guerre sévir avec fureur, un nombre incalculable de victimes tomber sous les coups de pestes inexpliquées, de famines effroyables et de fratricides révolutions[88] ?

L'une des descriptions les plus complètes de la conception courante du péché originel et de ses conséquences, vers la fin du XIXe siècle, est due à l'un des grands prédicateurs de l'époque, le père J.-L.-M. Monsabré, dominicain, dans ses Conférences de carême à Notre-Dame de Paris en 1877. Suivons-le dans sa vingt-sixième conférence, « L'humanité dans Adam[89] ». Après avoir rappelé que « nous sommes tous frères d'une même famille, car l'humanité tout entière était en Adam », il répète qu'avant, celui-ci était un être parfait. Il était en état d'innocence, de justice originelle et de sainteté : « Adam jouit de la perfection de la vie ; comme premier docteur, il est juste qu'il jouisse de la perfection de la science. C'est le plus grand des sages. Cependant, il peut acquérir encore, et jouir des enchantements que procure à l'esprit chaque vérité découverte. En cette voie de progrès, il marche d'un pas sûr ; car tant que sa volonté demeure soumise à Dieu, il n'a point à craindre l'erreur[90]. »

Comment, dans ces conditions, Adam a-t-il pu pécher ? Dans sa vingt-septième conférence, « La chute[91] », Monsabré explique que celle-ci avait été précédée par celle des anges, et qu'elle est due à l'orgueil. Satan, jaloux de l'homme, l'a tenté. « Remarquez son adresse, je vous prie. Ce n'est pas avec l'homme qu'il s'abouche, mais avec la femme, dont il connaît la faiblesse et le pouvoir. » Suit l'inévitable couplet antiféministe : « Moins intelligente que l'homme, la femme peut devenir plus facilement vaine et orgueilleuse. » Transposons de nos jours, continue Monsabré : les ennemis de la religion cherchent encore à séduire la femme par la pomme de la connaissance ; ils veulent en effet créer un enseignement pour les filles, afin de les pervertir et, par leur truchement, de perdre les hommes :

Les ennemis de Dieu ont trop bien compris ce pouvoir de la femme. Ils voudraient s'en emparer, pour hâter la complète destruction du reste de nos vertus chrétiennes et de nos religieuses croyances. C'est le secret [...] de l'empressement qu'ils mettent à séculariser l'éducation de la femme. Malheur à l'homme, si jamais ils réussissent ! Non seulement rien ne l'arrêtera plus sur les pentes de la plus abominable corruption ; mais, entraîné par celle-là même qui pouvait le retenir encore, il y tombera d'une chute plus rapide et plus irrémédiable. Pervertir la femme, c'est l'œuvre diabolique par excellence[92].

Monsabré s'attaque ensuite, en le transposant, au vieux problème de l'arbre de la connaissance. De nos jours, la science ne prétend-elle pas également pouvoir bientôt tout expliquer ? Les chefs révolutionnaires ne prétendent-ils pas que le peuple doit se diriger seul, hors des lumières divines ?

Le savant s'imagine qu'il va surprendre les secrets de l'univers, s'emparer des forces de la nature, et les soumettre à sa volonté après les avoir assujetties à ses calculs. Les hommes de pouvoir ne croient qu'à leur droit, et prétendent gouverner les consciences comme ils administrent les affaires publiques. Et les peuples eux-mêmes, lassés de l'honnête obscurité d'une vie laborieuse, flattés par les pontifes de la révolution, espèrent devenir bientôt les maîtres absolus de leurs destinées[93].

Dans la vingt-huitième conférence consacrée à « La chute dans l'humanité[94] », Monsabré reprend la doctrine issue d'Anselme et de Thomas d'Aquin, affirmant que depuis le péché d'Adam l'homme est réduit à l'état de nature. Nous sommes affligés de la concupiscence, « cette inclination fatale qui nous porte aux plaisirs de la chair ; ces révoltes du sens réprouvé qui attristent si profondément les âmes généreuses qu'elles demandent à grands cris, comme l'Apôtre, d'être délivrées de leur corps de mort[95] ». Le péché originel, lui, réside dans « l'impuissance radicale de connaître et d'aimer Dieu, tendance fatale vers le mal, nécessité naturelle de le commettre ». C'est une « maladie », une « souillure », qui « blesse la nature », « affaiblit le libre arbitre », « fait de nous des esclaves du démon », et explique notre situation présente. Personne n'y échappe. Mais nous avons la chance d'être baptisés, car ceux qui meurent sans le baptême, y compris les nouveau-nés, vont en enfer : « Cessez donc de vous révolter contre leur sort, et au lieu d'aller chercher, dans un monde mystérieux, des objections contre les imperfections de Dieu, admirez en vous les prodiges de son amour[96]. »

À la fin du volume de ses conférences, Monsabré ajoute des index, dans lesquels il revient en particulier sur la question du polygénisme, où il voit le plus gros danger pour le péché originel. Citant l'historien César Cantu, il réaffirme que toute l'histoire du salut repose sur le péché originel, et que celui-ci repose sur l'existence de l'ancêtre unique, Adam : « La question de l'unité de l'espèce humaine nous paraît d'une importance capitale [...] pour fournir la preuve du péché originel et, par suite, de la rédemption[97]. » Monsabré distingue entre les polygénistes bibliques (La Peyrère et ses préadamites), scientifiques, et pratiques (ceux qui, surtout aux États-Unis, se servent du polygénisme pour justifier l'esclavage).

> Les antiesclavistes sont d'ordinaire franchement monogénistes et acceptent le dogme d'Adam tel qu'il est généralement entendu. Telle est aussi la profession de foi d'un certain nombre de slavistes. Ceux-ci, pour justifier leur conduite envers leurs frères noirs, recourent à l'histoire de Noé et de ses fils. Cham, disent-ils, a été maudit par son père, il a été condamné à être le serviteur de ses frères ; les nègres descendent de Cham : donc, en les réduisant à l'esclavage, on ne fait qu'obéir au livre saint. Mais l'Amérique compte en outre des slavistes polygénistes. Ceux-ci ont remis en honneur, sous des formes diverses et en l'étayant du savoir moderne, la doctrine de La Peyrère[98].

Monsabré règle également quelques comptes avec les partisans d'une explication allégorique du récit biblique, ces « esprits forts » que l'histoire du serpent qui parle et de la pomme « fait sourire ». Pourtant, « les détails du récit mosaïque sont tellement précis qu'il est impossible de ne pas voir en chacun d'eux une réalité ». Ces traits, « plus ou moins défigurés », se retrouvent dans d'autres religions et indiquent que des traces de l'histoire du jardin d'Éden ont pénétré dans d'autres civilisations : ainsi le serpent Ahriman des Perses, qui séduit les premiers humains, le serpent ailé Typhon des Égyptiens, le dragon Tci-Eou des Chinois, le Python des Grecs, les représentations aztèques d'un homme et d'une femme séparés par un arbre, les histoires de Pandore et de Prométhée ; mais, explique Monsabré, ces récits invraisemblables ne sont que des mythes, alors que le récit biblique est une vérité historique.

Le péché originel : naissance
de la liberté spirituelle (Hegel) ?
du vouloir-vivre (Schopenhauer) ?

Au cœur des controverses entre la foi et la science, la chute originelle ne cesse de hanter les philosophes, croyants et athées. Hegel en donne une interprétation philosophique magistrale, englobant avec élégance le mythe religieux dans un processus rationnel. Pour lui, le péché originel est « le mythe éternel de l'homme, par lequel il devient précisément homme » ; « la chute n'a rien de contingent ; c'est l'histoire éternelle de l'esprit[99] », écrit-il dans les *Leçons sur la philosophie de l'histoire*, qui seront publiées d'après ses cours après sa mort. Il le répète dans les *Leçons sur la philosophie de la religion*, qui seront également publiées après sa mort : le péché originel est « une représentation d'une grande profondeur qui n'est pas un fait seulement contingent, mais l'histoire éternelle, nécessaire, de l'homme, exprimée sous une forme extérieure mythique[100] ».

Ce mythe, explique Hegel, permet de retrouver les trois étapes de la naissance de l'esprit humain. Au départ (thèse), l'homme est dans une situation d'innocence. Immergé dans la nature, en harmonie avec elle, il agit instinctivement : « L'état d'innocence consiste en ceci qu'il n'y a pour l'homme ni bien ni mal » ; mais c'est une « innocence morne, sans conscience ni volonté » : le jardin d'Éden est un « parc zoologique[101] ». La deuxième phase (antithèse), qui correspond donc au « péché » biblique, est le moment où l'esprit humain prend conscience de lui-même : « C'est de la conscience seule que résulte la séparation du moi, en sa liberté infinie comme libre arbitre, et du pur contenu du vouloir, le bien. La chute, c'est la connaissance supprimant l'unité naturelle[102]. » L'homme, en perdant son innocence, ressent la douleur qu'entraîne la nécessité de faire des choix. Il a conquis sa liberté formelle, qui est « orgueil où l'homme a le choix entre le bien et le mal » ; il sait maintenant qu'il peut agir en suivant le rationnel, l'universel, ou en suivant la satisfaction égoïste de ses tendances naturelles. Mais cette « chute » prépare la synthèse : la liberté rationnelle, le retour à une spontanéité supérieure, la liberté d'un être qui agit bien en toute connaissance de cause, la liberté du sage, qui est délivrance. L'acquisition de cette liberté supérieure est un processus pénible ; c'est pourquoi le mythe peut la présenter comme un châtiment, l'obligation de travailler :

> Vient ensuite la malédiction divine, qui tombe sur l'homme. Le point important, c'est ici l'opposition entre la nature et l'homme. L'homme doit travailler à la sueur de son front et la femme engendrer dans la douleur. Pour ce qui est du travail, il est à la fois le résultat de la division et le moyen de la dépasser [...]. Une fois l'homme chassé du paradis, le mythe n'est pas encore terminé. Il est dit : « Dieu parla : voici qu'Adam est devenu comme l'un d'entre nous, car il connaît le bien et le mal. » La connaissance apparaît maintenant comme quelque chose de divin, et non pas comme plus haut une chose qui ne devrait pas être [...]. C'est seulement par la connaissance que peut se réaliser la vocation originelle de l'homme, qui est de devenir ce qu'il est : une image de Dieu. Il est dit ensuite que Dieu chassa l'homme du jardin d'Éden, afin qu'il ne mangeât pas des fruits de l'arbre de vie. Cela signifie que l'homme, fini et mortel par son être naturel, est immortel par la connaissance [103].

De cette explication philosophique du mythe du péché originel ressortent des différences fondamentales avec la lecture religieuse. D'abord, Hegel n'y voit pas un événement historique situé à l'origine de l'humanité, mais l'histoire de chaque individu, ou plutôt de l'humanité : « Le passage à la contradiction, l'éveil de la conscience a sa raison dans l'homme lui-même, et cette histoire se reproduit chaque jour pour l'humanité. » Ensuite, le péché originel selon Hegel n'est pas une « chute ». Dans l'état de nature, l'homme biologique est un animal comme les autres. Ni bon ni mauvais, puisqu'il n'y a ni bien ni mal, il est « sans conscience ni volonté », en état d'« innocence morne ». L'homme naît avec l'exercice d'une liberté concrète, consciente, avec le travail qui lui permet d'affronter et de dominer la nature, et avec la science qui lui permet d'agir rationnellement. Si Adam n'avait pas enfreint l'interdit, il ne serait pas devenu un homme. Du coup, l'idéal humain n'est plus Adam d'avant le péché, mais un être rationnellement libre.

D'une certaine façon, Schopenhauer est en accord avec Hegel, dans la mesure où pour lui aussi le péché originel coïncide avec l'existence ; il est nécessaire, inévitable, il fait partie de notre nature. Mais Schopenhauer lui donne une tout autre signification.

D'abord, il a bien vu que le péché originel est l'essence même du christianisme :

> En définitive, la doctrine du péché originel (l'affirmation de la volonté) et de la rédemption (la négation de la volonté) est la vérité capitale qui forme pour ainsi dire le noyau du christianisme ; tout le reste n'est le plus souvent que figure, enveloppe ou complément. Aussi faut-il toujours concevoir généralement Jésus comme le symbole ou la personnification de la négation du vouloir-vivre, et non comme une individualité, celle que nous présente l'Évangile, dans son histoire mythique, ou bien dans les données historiques probables qui servent de fondement à l'Évangile[104].

La définition du péché originel que donne Schopenhauer tombe comme un couperet de guillotine : « La plus grande faute de l'homme, c'est d'être né. » Le monde entier est une machine infernale animée par le vouloir-vivre, par la volonté de se perpétuer sans fin, alors qu'il n'est qu'un gigantesque mouroir dont l'existence même suffit à exclure l'hypothèse d'un Dieu : « Il serait beaucoup plus juste d'identifier le monde avec le diable. » C'est la thèse gnostique bien connue. Le péché originel, c'est d'être : « la naissance ne fait qu'un avec la chute », et « la race humaine est chargée d'une culpabilité par le fait même de son existence ». C'est pour cela que, d'après Schopenhauer, l'acte sexuel, qui perpétue la volonté de vivre, est chargé du sentiment d'une « honte intime ». Si la vie était un bien, pourquoi se cacherait-on pour la transmettre ? Cela peut être rattaché au mythe biblique de la découverte honteuse de leur nudité sexuelle par Adam et Ève.
Schopenhauer réinterprète le mythe à sa façon :

> Ce que [l'Église] appelle l'homme naturel, auquel elle refuse toute faculté de faire le bien, c'est justement le vouloir-vivre, ce vouloir-vivre qu'il s'agit d'anéantir quand on veut se délivrer d'une existence comme celle d'ici-bas [...]. En symbolisant dans Adam la nature et l'affirmation du vouloir-vivre, la doctrine chrétienne ne s'est point placée au point de vue du principe de raison, ni des individus, mais au point de vue de l'idée de l'humanité, considérée comme son unité ; la faute d'Adam, dont l'héritage pèse encore sur nous, représente l'unité dans laquelle nous communions avec l'Idée, unité qui se manifeste dans le temps par la suite des générations humaines et qui nous fait tous participer à la douleur et à la

mort éternelle ; par contre, l'Église symbolise la grâce, la négation de la volonté, la délivrance dans l'Homme-Dieu ; celui-ci, net de toute souillure, c'est-à-dire de tout vouloir-vivre, ne peut pas, comme nous autres, émaner de l'affirmation la plus énergique de la volonté[105].

Il en conclut que l'homme doit bâtir pour lui-même son éthique : « La condition indispensable de la responsabilité morale de l'homme est son aséité, c'est-à-dire qu'il soit lui-même son propre ouvrage. » À cette fin, il faut d'abord prendre conscience du caractère illusoire du libre arbitre. Il y a à l'origine du monde une volonté, la volonté de vivre, qui est le mal en lui-même. Le monde est la matérialisation de ce vouloir-vivre, et nous naissons tous avec ce désir chevillé en nous : « Nous voyons le désir partout arrêté, partout en lutte, donc toujours à l'état de souffrance : pas de terme dernier à l'effort ; donc pas de mesure, pas de terme à la souffrance[106]. » Personne n'y échappe. Nous sommes tous déterminés, et en même temps coupables.

« La première obligation est donc de croire que notre condition, quant à son origine et quant à son essence, est une condition désespérée qui nécessite une rédemption ; il faut croire ensuite que par nous-mêmes nous sommes essentiellement voués au mal, auquel nous sommes étroitement enchaînés. » Nous voyons les autres comme de simples représentations, que nous sommes prêts à sacrifier au bénéfice de notre seul vouloir-vivre. La « rédemption », la « grâce » qui nous rachètera du péché originel, consistera à dépasser cette illusion de l'individuation. Comprendre que la misère du monde est aussi la nôtre nous conduira chacun à mettre fin au vouloir-vivre. Pour Schopenhauer, le salut n'est pas dans le « pélagianisme bourgeois », qualifié de « billevesée », mais dans l'acquisition, de type gnostique, de la connaissance du caractère mauvais et universel du vouloir-vivre.

LE PÉCHÉ ORIGINEL : NAISSANCE
DE L'ANGOISSE EXISTENTIELLE (KIERKEGAARD) ?
DE L'ILLUSION MORALE (NIETZSCHE) ?

Kierkegaard associe lui aussi le péché originel à l'existence.
Élevé dans une atmosphère culpabilisante, il cultive le remords et
bientôt l'angoisse, dont il fait le tissu de la vie. Son *Journal* en
témoigne : adolescent, il a reçu une éducation très sévère,
condamnant pensées et désirs « impurs ». Dans *Le Concept d'angoisse* (1844), il montre que l'essence du péché originel est l'angoisse de la liberté devant les infinies possibilités du choix. C'est
lorsque Dieu prononce l'interdit, qui met Adam en position de
choisir, que l'angoisse surgit, alors que jusque-là il se trouvait dans
un état d'innocence heureuse.

Dans le mythe, Adam et Ève sont sommés de choisir, et cette
tension est insupportable, « car sur quelqu'un dépourvu par impossible de toute angoisse, la tentation n'aurait pas non plus de prise
[...]. Le fond même du pouvoir du serpent [...], c'est l'art de rendre
anxieux[107] ». Le fait d'avoir à choisir engendre déjà le remords, la
culpabilité, le désespoir, avant même d'avoir choisi. D'autant plus
que le choix n'est pas vraiment libre, comme le jeune Kierkegaard
en fait l'expérience : nos besoins, nos pulsions, nos instincts nous
troublent, et tout cela sous le regard impitoyable du Dieu
d'amour : « La loi fait de l'homme un pécheur, mais l'amour un
plus grand pécheur[108]. » Adam ne peut que se sentir coupable, et
nous tous après lui – « nous avons toujours tort devant Dieu » –,
de sorte qu'« il n'y a qu'un seul vrai rapport au christianisme : se
haïr soi-même en aimant Dieu ; toute affirmation de soi est
coulpe[109] ». Kierkegaard n'est donc pas loin de penser, comme
Schopenhauer, que le fait même d'exister est le péché originel. Dès
que j'existe, je fais de l'ombre à Dieu – Dieu qui, comme l'écrira
Simone Weil, « ne peut aimer que soi-même. Son amour pour nous
est amour pour soi à travers nous. Ainsi, lui qui donne l'être aime
en nous le consentement à ne pas être[110] ».

« L'angoisse du péché produit le péché », écrit Kierkegaard ; elle
« met l'innocence en rapport avec la chose défendue et le
châtiment » ; elle est profondément ambiguë, « c'est une liberté
entravée où la liberté n'est pas libre en elle-même », une

« sympathie antipathique et antipathie sympathique ». Pour Kierke-gaard, le péché originel n'est ni un événement historique objectif ni une simple allégorie psychologique, mais une réalité existentielle en chaque homme. La rédemption, la grâce, ne peut venir que de la haine pour nous-mêmes, de la prise de conscience du caractère mauvais de la moindre de nos actions. C'est par là que la grâce pénètre, écrira bientôt Péguy : « Les pires détresses, les pires bassesses, les turpitudes et les crimes, le péché même sont souvent les défauts de l'armure de l'homme, les défauts de la cuirasse par où la grâce peut pénétrer[111]. » Le risque est alors de tomber soit dans le quiétisme, soit dans le paradoxe de multiplier les péchés pour nous rapprocher de Dieu.

Selon Nietzsche, si « Dieu est mort », Adam est bien vivant, et il traîne toujours le boulet de la malédiction originelle dont il a été chargé lors de l'expulsion du jardin d'Éden : il connaît le bien et le mal ; en tout cas, il ne s'est pas encore aperçu de l'imposture de la morale. Adam a survécu à son créateur, et il erre, comme le Juif, en portant son fardeau illusoire : la culpabilité. Dans *L'Antéchrist* (1888), Nietzsche réécrit le récit de la création et du péché originel :

> A-t-on bien compris la célèbre histoire qui se trouve au commencement de la Bible, l'histoire de la panique de Dieu devant la science ? [...] Le Dieu ancien, tout à fait « esprit », tout à fait grand prêtre, perfection tout entière, se promène dans ses jardins ; cependant, il s'ennuie. Contre l'ennui, les dieux même luttent en vain. Que fait-il ? Il invente l'homme, l'homme est divertissant... Mais voici, l'homme aussi s'ennuie. [...] La femme fut la seconde bévue de Dieu. Par essence, toute femme est un serpent, Heva, Ève. C'est ce que sait chaque prêtre : par la femme vient tout le mal dans le monde [...]. C'est la femme qui a fait manger à l'homme le fruit de l'arbre de la connaissance. Que se passa-t-il ? Le Dieu ancien fut pris d'une panique. L'homme lui-même était devenu sa plus grande bévue, il s'était créé un rival, la science rend égal à Dieu, c'en est fini des prêtres et des dieux, si l'homme devient scientifique ! Moralité : la science est chose défendue en soi, elle est seule défendue. La science est le premier péché, le germe de tout péché, le péché originel. Cela seul est la morale : tu ne connaîtras point[112].

Alors, Dieu chasse Adam et Ève du paradis et les accable de tous les malheurs pour les empêcher de penser, de réfléchir, de connaître : maladie, vieillesse, mort, guerre et, surtout, sentiment de culpabilité. « Le péché, encore une fois, cette forme par excellence de pollution par elle-même de l'humanité, a été inventé pour rendre impossible la science, la civilisation, toute élévation, toute noblesse de l'homme ; le prêtre règne par l'invention du péché[113]. »

Dans *La Généalogie de la morale*, Nietzsche revient constamment sur cette idée : le péché, la culpabilité, la conscience morale sont des inventions des prêtres pour garder leur pouvoir sur les hommes. « L'"état de péché" chez l'homme n'est pas un fait, mais seulement l'interprétation d'un fait, à savoir d'un malaise physiologique, ce malaise considéré à un point de vue moral et religieux qui ne s'impose plus à nous. Que quelqu'un se sente "coupable" et "pécheur" ne prouve nullement qu'il le soit en réalité[114]. » L'autre grande illusion diffusée par les prêtres est le libre arbitre, que Nietzsche qualifie de « métaphysique du bourreau ». L'homme se culpabilise en inventant un idéal mythique qu'il se désespère de ne pas pouvoir atteindre. Toutes nos actions ont des mobiles naturels et intéressés, et en ce sens Nietzsche confirme l'idée pessimiste de la nature humaine corrompue et incapable de faire le bien : « Conclusion chrétienne : tout est péché, jusqu'à nos vertus. Totale abjection de l'homme. L'acte désintéressé est impossible. Péché originel. Bref, après que l'homme a opposé à son instinct un monde du bien, tout imaginaire, il a fini dans le mépris de soi en se jugeant incapable d'actes bons[115]. »

C'est ce péché originel chrétien qu'il faut dénoncer, proclame Nietzsche : les prêtres ont voulu donner un sens moral à la souffrance humaine, celui de la punition d'un péché, tournant ainsi l'agressivité de chacun contre lui-même. Tous nos actes sont motivés par notre volonté de puissance, même les actions en apparence les plus désintéressées. Les moralistes du XVIIᵉ siècle, comme La Rochefoucauld, ont vu cette hypocrisie, explique Nietzsche, qui leur reproche toutefois de déprécier les motifs véritables de nos actions :

> La seule erreur de La Rochefoucauld est d'avoir taxé les motifs qu'il tient pour véritables de plus bas que les autres, les motifs prétendus [...]. Le christianisme dit : il n'y a pas de vertus, il n'y a que des péchés. De ce fait, toute action humaine se trouve diffamée et empoisonnée. La confiance en l'homme en est ébranlée. Mais voici que la philosophie à la manière de La Rochefoucauld vient à son secours. Elle ramène les fameuses vertus

humaines à des mobiles mesquins et vulgaires. C'est alors une
véritable délivrance d'apprendre qu'il n'y a ni actions bonnes ni
actions mauvaises, que l'on peut opposer à la thèse chrétienne la
thèse contraire des anciens : il n'y a pas de péchés, il n'y a que des
vertus, c'est-à-dire des actions accomplies en vue du bien, à ceci
près que la notion de bien est variable. Chacun agit selon son
avantage, nul n'est méchant volontairement, nul ne se fait du mal
à soi-même[116].

Shakespeare avait déjà fait dire à Richard III : « Ne laissons pas
nos rêves effrayer notre âme. La conscience n'est qu'un mot,
inventée au début pour dompter les forts. » La morale inventée par
les religions ne peut que conduire au désespoir. L'intention des
prêtres n'est pas que l'individu « devienne plus moral, mais qu'il se
sente le plus possible pécheur ». Le moralisme, avec ses interdits,
fait de nous des pervers en essayant d'étouffer les instincts. Ainsi,
écrit Nietzsche dans une phrase préfreudienne, « le christianisme a
donné du poison à boire à Éros. Il n'est pas mort, mais il est devenu
vicieux ». Comme on ne peut pas tuer les instincts, on les a couverts
de honte. Libre arbitre et idéal de perfection morale, ces deux
mensonges constituent « ce manteau éthique que l'homme a jeté
sur les épaules du monde », et qui « finit par apprendre à l'animal-
homme à rougir de tous ses instincts ». Tout cela conduit au nihilisme, car « un nihiliste est un homme qui juge que le monde tel
qu'il est ne devrait pas exister, et que le monde tel qu'il devrait
être n'existe pas ».

À bien des égards, le péché originel connaît donc au XIXe siècle
un sort analogue à celui de son instigateur, le diable. Alors que son
existence est défendue bec et ongles par la hiérarchie de l'Église, il
est ouvertement combattu par les moralistes et les scientifiques,
dans une société en voie de sécularisation. Mais en même temps il
pénètre dans la pensée philosophique. Adam retrouve une nouvelle
jeunesse. Éclaté dans le temps et dans l'espace par le transformisme
et le polygénisme issus de Darwin, dissous par Hegel dans le
concept d'affirmation de l'esprit face à l'état d'innocence, il est
plus présent que jamais. Autour de son nom se livrent les combats
du racisme et de l'antiracisme, de l'eugénisme et de l'égalitarisme,
du monogénisme et du polygénisme, de la morale naturelle et de la
morale révélée. Être pour ou contre l'existence d'un Adam

historique, c'est exprimer une vision globale de l'humanité et de l'éthique.

Le péché originel est bien la clé de voûte du christianisme, comme on le reconnaissait ouvertement au XIXe siècle. Sans lui, le Christ Sauveur n'a plus lieu d'être. L'Église ne peut céder sur ce point, sous peine de transformer le christianisme en une vague sagesse. Tant qu'elle lie Adam au péché, elle ne peut que s'opposer aux sciences, en soutenant des positions qui apparaissent de plus en plus grotesques. Jusqu'au moment où, pour sauver le péché, il va lui falloir se résoudre à couper les liens avec Adam, qui aurait entraîné dans son naufrage la notion de chute, et donc de rédemption. Reste alors à réinventer de nouvelles interprétations du péché originel. C'est à quoi s'attache le XXe siècle. Mais le problème n'est pas seulement théologique, il est aussi éthique. Une fois le vieil Adam disparu, qu'est-ce qui empêche d'en fabriquer un autre, plus performant, plus résistant, par une sélection de type eugénique ?

CHAPITRE VIII

Les avatars du péché originel

Adam à l'épreuve des sciences humaines
XXᵉ siècle

Le recul du christianisme au cours du XXᵉ siècle semblait laisser peu de chances de survie à Adam et Ève. Pourtant, comme le diable et l'enfer, leur fantôme continue de hanter notre culture, puisque la première cybercréature virtuelle, née en 2000, est une jeune femme appelée Ève. L'étude du génome humain et la paléontologie ont conduit une équipe de biologistes américains à conclure que nous descendons tous d'une femme, Ève, vivant en Afrique il y a environ deux cent mille ans. Un professeur de génétique à Oxford, Bryan Sykes, donne comme ancêtres aux Européens sept femmes, filles d'Ève. D'autres équipes, surtout américaines, se lancent à la recherche de l'Adam génétique. Tout cela ne semble pas très sérieux sur le plan scientifique, mais illustre le prestige permanent de nos deux premiers parents.

Le péché originel est même devenu une hypothèse de science-fiction dans le roman de James Blish, *Case of Conscience* (1953)[1]. Cet ouvrage, qui pose par ailleurs de véritables problèmes théologiques, tente de reconstituer un monde qui aurait échappé au péché originel.

Rappelons les faits : une expédition spatiale, comprenant entre autres le jésuite Ruiz Sanchez, arrive sur la planète Lithia. Là vivent d'étranges créatures qui ne descendent pas d'Adam et Ève. « Les Lithiens ne connaissaient pas Dieu. Ils pensaient et agissaient droitement, simplement parce qu'il était raisonnable, efficace et naturel de penser et d'agir ainsi. Ils semblaient n'avoir besoin de rien d'autre[2]. » Rien ne perturbe leur sérénité, pas même la mort, qu'ils ne craignent pas, car ils n'y voient qu'un changement d'état. Ils ignorent le doute : ils n'ont que des certitudes ; aucune indécision, aucun conflit de valeur. Dans leur monde, il n'y a ni maladie, ni vermine, ni crime : « On ne voit ni criminels, ni dévoyés, ni aberration d'aucune sorte. Les gens ne sont pas standardisés – notre réponse, partielle et mauvaise, au dilemme éthique –, mais hautement individualisés. Ils choisissent librement leur propre ligne de vie ; cependant, aucun acte antisocial n'est jamais commis. [...] Les Lithiens sont l'exemple le plus parfait que nous puissions jamais rencontrer de ce que *devraient* être les hommes, pour la simple raison qu'ils se comportent actuellement comme se comportait l'homme jadis au paradis terrestre, avant la chute[3]. »

Ces créatures parfaites pratiquent l'eugénisme, comme l'explique l'une d'elles : « Nos ancêtres n'ont pas laissé au hasard nos besoins génétiques. L'émotion, chez nous, ne va plus à l'encontre de nos connaissances en eugénique. Ce serait impossible, puisque l'émotion elle-même a été modifiée de façon à observer ces principes par le moyen des sélections[4]. » Le jésuite, qui n'en revient pas, se demande si les Lithiens, « n'étant pas nés de l'homme et n'ayant jamais en fait quitté l'Éden où ils vivaient, [...] ne connaissaient pas le terrible fardeau du péché originel[5] ». Ainsi, « il avait devant lui une planète entière, un peuple entier, non, mieux que cela, un problème entier de théologie, une solution imminente à la vaste et tragique énigme du péché originel ! Quel présent à faire au Saint-Père pour une année sainte[6] ! »

Mais le perspicace jésuite ne tarde pas à découvrir que cet Éden est en réalité un piège de Satan, destiné à séduire les hommes : « Nous sommes en présence, je suis prêt à le dire, un peu brusquement, d'une planète et d'un peuple soutenus par l'Ennemi suprême. [...] La seule chose que nous puissions faire est de le repousser, la seule chose que nous puissions dire : *Vade retro Satanas*. Si nous acceptons le compromis, de quelque façon que ce soit, nous sommes damnés[7]. » Quelle est la morale de l'histoire ? Que nul n'échappe au péché originel, peut-être. Ou encore que la perfection n'est qu'un leurre, ou que le diable est le véritable maître du monde, ou qu'un monde sans péché n'est finalement pas très drôle, car on a du mal à croire que les Lithiens, qui sont des sauriens intelligents de 3,75 mètres de haut, ne s'ennuient pas.

En tout cas, ce livre prouve que la question d'un péché originel reste d'actualité. Pourquoi le mal, et pourquoi est-il inéluctable ? Si le mal est simplement dû aux limites de notre nature, pourquoi ne pourrait-il pas être éliminé par les progrès scientifiques ? S'il est le châtiment d'une faute d'origine, il n'y a plus qu'à s'en accommoder. Le débat reste ouvert et déborde largement les frontières de la théologie, de la biologie, de la morale, de la philosophie. Mais avec l'entrée en scène des sciences humaines, qui approfondissent la notion de mythe et de culpabilité collective, fouillent l'inconscient et creusent la question du libre arbitre, les belles certitudes du passé deviennent souvent des notions floues qui glissent entre les doigts des chercheurs.

Sous l'influence de Margaret Mead, Ruth Benedikt, Leslie White, puis Claude Lévi-Strauss, le concept de race passe de la biologie à la culture, qui devient l'élément fondamental dans la détermination des comportements humains. Sur un fond d'unité physique de l'espèce humaine se détachent des troncs culturels correspondant à des choix d'adaptation. Ces différentes cultures sont inégales, et c'est précisément cette inégalité qui constitue pour Claude Lévi-Strauss l'essence de l'humanité. La nouvelle anthropologie n'hésite pas à dire que les grandes catastrophes du XXe siècle sont la conséquence du rationalisme humaniste uniformisant des Lumières, et que le bien et le mal se définissent à l'intérieur de chaque civilisation et non pas d'une civilisation à l'autre : « C'est une erreur d'imaginer que civilisation et cruautés sauvages sont antithétiques, expliquera Richard Rubinstein en 1978. Création et destruction sont les parties inséparables de ce que nous appelons civilisation[8]. »

La sociologie aussi bien que la psychanalyse vont remettre en avant l'idée de culpabilité collective. Pour Paul Guilluy, le péché originel renvoie à la faute collective d'un monde qui refuse de suivre Dieu et qui s'intériorise dans chaque conscience, devenant ainsi faute personnelle. La question du mal devient une question culturelle :

Ce que l'inter-psychologie constate, la psychanalyse en partie l'explique. Elle nous fait connaître la pénétration profonde du psychisme de notre entourage dans notre propre développement. C'est toujours par adaptation réciproque à un milieu que notre personnalité se constitue. Par là, au cœur de notre conscience la plus personnelle, se trouve introduite une pression sociale qui n'est pas telle que nous ne l'ayons nous-mêmes accueillie réactivement. Notre psychisme personnel et conscient s'exerce sur un fond de profondeur inconsciente et relationnelle[9].

Pour cet auteur, l'approche culturelle de la chute « permet de mieux saisir le sens biblique d'une responsabilité collective qui est bien représentée, dès le récit de la Genèse, comme d'ordre fondamentalement culturel. La volonté d'atteindre à la science du bien et du mal, de décider des valeurs comme si l'on était des dieux, est bien un désordre de la mentalité[10] ». Ce désordre conduit à délaisser Dieu pour l'action scientifique prométhéenne, source du mal moral.

L'intérêt que l'on porte à la nature à partir des années 1930 doit beaucoup au livre de Franz Boas, professeur d'anthropologie à l'université de Columbia, *The Mind of Primitive Man* (1911), et à celui de Margaret Mead, *Coming of Age in Samoa* (1927), mais aussi au courant behaviouriste, en particulier à John Watson, un psychologue américain selon lequel il n'y a pas de « nature humaine » puisque l'enfant se développe différemment en fonction des stimuli reçus. Réagissant contre les théories racistes qui privilégient l'hérédité, les behaviouristes prétendent que le cerveau humain est malléable à volonté. La conduite humaine (*behaviour*) est à leurs yeux significative par elle-même ; les actes extérieurs qui la révèlent peuvent être étudiés objectivement ; il n'y a pas à rechercher d'intention. Une telle théorie est la négation même de tout déterminisme de type physique, et révolutionne la conception d'un péché originel contraignant.

La phénoménologie de Husserl allait déjà dans le même sens. Ce qui importe, c'est ce que l'homme fait consciemment ; dans chacun de ses actes il s'objective, il efface la distance entre le sujet et l'objet, et est immédiatement responsable de ses actes. Pour Max Scheler, disciple de Husserl, les valeurs morales peuvent aussi être étudiées objectivement. Il n'est plus question chez lui de conscience morale déterminée par un événement extérieur transmis inconsciemment.

La psychologie sociale réagit également contre la psychologie scientifique des structures psychiques innées. Les instincts se forment au cours de l'évolution, explique William McDougall, le fondateur de cette nouvelle discipline. Une vingtaine d'années plus tard, G.H. Mead montre que le moi, la personne, est formé par la socialisation. La psychologie suscite un intérêt croissant, que traduisent par exemple les 32 855 thèses de doctorat soutenues dans ce domaine aux États-Unis entre 1920 et 1974. Au centre des débats, il y a toujours le problème de savoir si la nature humaine est une question biologique ou culturelle. La première opinion a d'abord les faveurs de nombreux psychologues, puis elle est déconsidérée par les excès du nazisme. Mais les travaux sur les animaux, par Julian Huxley, Oscar Heinroth, Nicolas Tinbergen, Konrad Lorenz, établissent de troublantes similitudes avec les comportements instinctifs humains : « Les gènes tiennent la culture en laisse, affirme O. Wilson. La laisse est très longue, mais les valeurs sont inévitablement contrôlées en fonction de leurs effets sur l'ensemble des gènes [...]. La conduite humaine – comme les plus profondes capacités de réponse émotionnelle qui la dirigent et la guident – est le circuit technique par lequel le matériel génétique humain a été et sera préservé. La morale n'a pas d'autre fonction utile démontrable [11]. »

Ce point de vue des sociobiologistes a soulevé bien des critiques ; mais, en mettant l'accent sur le patrimoine génétique, il ouvre aussi la porte à d'autres réflexions sur le péché originel. Ce dernier, chassé par la paléontologie, tente de revenir par la génétique. En 1975, Claude Heddebaut récapitulait tous les obstacles rencontrés par le mythe traditionnel face aux acquis de la paléontologie – existence probable de rameaux humains disparus, vraisemblance du polyphylétisme et du polygénisme, irresponsabilité morale des primitifs préhistoriques, quasi-impossibilité d'apparition simultanée de deux individus humains primordiaux – et montrait que pour la « nouvelle évolution », « ce n'est pas au plan de l'évolution organique, mais à celui de l'évolution humaine, culturelle et historique, que l'hérédité de l'acquis obtiendrait droit de cité [12] ». De la même façon, G.G. Simpson écrivait en 1978 : « La nouvelle évolution, particulière à l'homme, s'opère directement par l'hérédité de caractères acquis, de connaissances et d'activités apprises qui prennent naissance et sont continuellement intégrées dans un système reliant l'organisme à son environnement, celui de l'organisation sociale [13]. »

LIBERTÉ ET ANGOISSE DE L'ADAM EXISTENTIALISTE

Dès les années 1930, d'autres champs de réflexion sur le péché originel s'étaient ouverts avec les travaux de John Eccles et Karl Popper sur les liens entre cerveau et pensée, ceux de Piaget sur le développement de l'esprit dans *Le Jugement moral chez l'enfant*

(1932), ceux de Carl Rogers sur la bonté innée de l'être humain, ou encore ceux du théologien protestant Paul Tillich, dont *Le Courage d'être* (1952) s'inscrit dans un courant d'existentialisme chrétien, habité par l'anxiété existentielle. À l'époque des cerveaux électroniques, on ira même jusqu'à se poser la question du sens moral de l'intelligence artificielle, comme le montrent les débats entre les Américains John Searle et Jerry Fodor autour de la « machine-homme », qui prend le relais de l'« homme-machine »[14].

Traditionnellement considéré comme le fondement de toute vie morale, le péché originel s'est trouvé mis en accusation par la plupart des sciences humaines. L'hypothèse du pur libre arbitre est en effet largement perçue comme le dissolvant absolu de toute vie sociale : si l'individu peut agir librement, c'est-à-dire sans aucune motivation particulière, il n'y a pas de remède contre la criminalité, contre les infractions à la loi. Au contraire, si nos actes sont déterminés par la recherche d'un bien, tout devient question de connaissance, de clairvoyance, d'éducation. La vie sociale repose sur la conviction que chacun agit selon son intérêt personnel supposé. Agir mal, c'est simplement se tromper de valeur. Le péché n'est qu'une question d'erreur ; il peut être corrigé, ce qu'illustrerait la parole du Christ : « Père, pardonne-leur, car ils ne savent pas ce qu'ils font. » Adam savait-il ce qu'il faisait ? Il a agi en vue d'un bien, mais il s'est trompé de bien. Le péché originel serait ainsi, « pire qu'un crime, une faute », comme dirait Talleyrand. « La faute n'est donc en définitive qu'un échec de la volonté à réaliser sa finalité immanente », écrit André Vergez dans *Faute et liberté* (1969)[15]. Le sentiment de culpabilité n'aurait ainsi rien à voir avec le mal objectif ; il serait plutôt prise de conscience d'une erreur de jugement. Si l'homme avait toutes les données en main, il saurait vraiment ce qui est le mieux pour lui ; il ne ferait plus d'erreurs, et donc plus de péchés. Si Adam avait vraiment su quelles seraient les conséquences de son acte, il ne l'aurait pas commis, car il n'en aurait retiré aucun avantage. S'il a mangé la pomme, c'est donc qu'il était mal informé.

Le libre arbitre anéantit toute possibilité d'éducation et de rééducation. C'est pourquoi Albert Bayet s'en prend à cette « hypothèse paresseuse qui, en rejetant sur le malade la responsabilité du mal, nous dispense de lui venir en aide[16] ». « C'est une théorie désespérée », conclut André Vergez :

Si on voit dans la méchanceté l'explosion d'un libre arbitre gratuit (explosion qui peut se produire n'importe où et n'importe quand), il n'y a plus de remède contre la méchanceté. La méchanceté exprimerait un pur satanisme invincible à toute réforme. Ne nous étonnons pas, en conséquence, que la conception « magique » du libre arbitre soit généralement liée au conservatisme le plus étroit. La façon dont elle interprète le mal nous laisse désarmés contre lui. À cette démission de la raison, à cette impuissance irrémédiable, la conception socratique de la faute substitue l'espoir de la lumière et de la délivrance[17].

Lorsque saint Paul écrit dans l'Épître aux Romains : « Le bien que je veux, je ne le fais pas, et le mal que je ne veux pas, je le fais », ne confirme-t-il pas que ses actions sont motivées par une fausse idée du bien ? Ou alors faut-il dire, comme les existentialistes, que le péché originel signifie que l'homme choisit de créer lui-même ses propres valeurs, de désobéir à Dieu pour se poser en être autonome ? L'histoire de la pomme serait-elle l'image de la condition humaine, le premier acte de liberté, par lequel l'espèce humaine se crée et crée ce monde, en le posant face à Dieu, comme l'explique Jean-Paul Sartre dans *L'Être et le néant* (1948) ? S'opposant à la conception de Leibniz, Sartre présente Adam comme un pur contingent, une pure liberté, qui par son choix libre détermine lui-même son essence :

Déclarer qu'il eût été possible qu'Adam ne prît pas la pomme revient à dire qu'un autre Adam eût été possible. Ainsi la contingence d'Adam ne fait qu'un avec sa liberté, puisque cette contingence signifie que cet Adam réel est entouré d'une infinité d'Adam possibles, dont chacun est caractérisé, par rapport à l'Adam réel, par une altération légère ou profonde de tous ses attributs, c'est-à-dire finalement de sa substance [...]. Adam ne se définit point par une essence, car l'essence est, pour la réalité humaine, postérieure à l'existence. Il se définit par le choix de ses fins, c'est-à-dire par le surgissement d'une temporalisation ek-statique, qui n'a rien de commun avec l'ordre logique. Ainsi la contingence d'Adam exprime le choix fini qu'il a fait de lui-même [...]. C'est au niveau du choix d'Adam par lui-même, c'est-à-dire de la détermination de l'essence par l'existence, que se place le problème de la liberté[18].

Jeté dans ce monde comme une existence, sans essence, pure liberté, l'homme se fait lui-même, à travers ses actes, en s'engageant, dans une attitude de « nihilisme héroïque ». Sartre a analysé ce processus de réalisation de l'individu, dont le pour-soi, qui est consciente et libreté, tente vainement de coïncider avec l'en-soi ; entre les deux, il y a le néant, et de cette vaine quête résulte l'angoisse existentielle. D'une certaine façon, l'homme, pour se réaliser, doit se désapproprier, s'anéantir, et se créer dans un vide angoissant qu'il tente de combler par son action : il se fait lui-même Dieu. Il lui faut donc oublier l'idée de Dieu, qui serait nuisible à sa liberté. Rien n'est déterminé d'avance ; l'homme invente le sens et les valeurs, dans une totale responsabilité, qui l'engage, lui et les autres.

L'homme affirme son être tout en étant conscient de son néant : cette angoisse existentielle serait-elle une nouvelle version du péché originel ? Dans *Les Mouches*, publiées la même année que *L'Être et le néant*, Sartre le suggère fortement. Jupiter admoneste Oreste après l'assassinat d'Égisthe, et lui ordonne de réintégrer sa nature, la nature qu'il a reçue à la création. Mais Oreste affirme sa liberté ; c'est lui qui désormais décide de son essence, par ses actes, et qui détermine ce qui est bien et ce qui est mal : « La liberté a fondu sur moi et m'a transi, la nature a sauté en arrière, et je n'ai plus eu d'âge, et je me suis senti tout seul au milieu de ton petit monde bénin, comme quelqu'un qui a perdu son ombre ; et il n'y a plus rien au ciel, ni bien, ni mal, ni personne pour me donner des ordres[19]. » Oreste, c'est Adam, comme Sartre le dit lui-même, Adam qui fait « choix de la finitude et défi blasphématoire à Dieu[20] ». Le châtiment, c'est l'absurdité de cette existence, une existence sans justification, génératrice d'angoisse. Les paroles de Jupiter à Oreste : « Tu leur montreras soudain leur existence, leur obscène et fade existence, qui leur est donnée pour rien », font écho aux paroles de Dieu à Adam dans la Genèse : « Tu gagneras ton pain à la sueur de ton front », sanction qui semble bien bénigne au regard de l'angoisse existentielle. L'homme a gagné sa liberté, mais celle-ci est un châtiment : « Ils sont libres, et la vie humaine commence de l'autre côté du désespoir », dit Oreste.

Le théologien Pierre Grelot a souligné avec perspicacité la profondeur de cette conception athée du péché originel : « Le péché y est saisi, pour ainsi dire, à l'état pur, non comme échec de l'homme qui fléchit sous le poids de sa faiblesse intérieure en face d'une loi qu'il ne parvient pas à observer, mais comme attitude délibérément choisie pour refuser une loi qui traduirait sa situation de dépendance[21]. » Et il fait le lien avec la conception freudienne du péché originel comme meurtre du père et désir de s'égaler à lui.

Martin Heidegger a une conception du péché originel proche de celle de Sartre : « Adam se temporalise par le péché, libre choix nécessaire et transformation radicale de ce qu'il est ; il fait entrer dans l'univers la temporalité humaine[22]. » L'angoisse est la manière d'être de l'homme, qui jamais ne peut coïncider avec lui-même parce qu'il n'est pas son propre auteur. Il n'a pas choisi d'être ; il ne peut que choisir d'être tel ou tel. Heidegger traduit parfois cette situation en termes de chute et de déchéance, en se référant à un état idéal impossible[23].

Si les philosophies du XXe siècle se sont tant intéressées au mythe d'Adam et de la chute, c'est qu'il leur permet de rendre compte de la finitude de la condition humaine. Henri Bergson remarquait pour sa part que le mythe correspondait à l'expérience psychologique fondamentale de notre petite enfance : « Le souvenir du fruit défendu est ce qu'il y a de plus ancien dans la mémoire de chacun de nous, comme dans celle de l'humanité [...]. Que n'eût pas été notre enfance si l'on nous avait laissés faire ! Nous aurions volé de plaisirs en plaisirs. Mais voici qu'un obstacle surgissait, ni visible ni tangible : une interdiction[24]. » Bergson, qui lie intimement morale et religion, et qui attribue à l'homme une aspiration innée à un idéal de vie supérieur, n'accorde pas une grande place au péché originel dans son œuvre. Mais il est une exception. Tous les grands courants, y compris les plus athées, s'approprient le mythe et en donnent leur version, certains même, tel René Le Senne, en revenant à une conception origéniste[25].

ADAM SUR LE DIVAN DE FREUD ET DE JUNG

La découverte de l'inconscient, affirme Sigmund Freud, est le troisième coup porté à l'orgueil humain. Après l'héliocentrisme, qui a montré que l'homme n'est pas au centre du monde, après le darwinisme, qui a montré qu'il n'est que le sous-produit d'une longue évolution à partir d'espèces animales, voilà qu'on montre à l'être humain que les motifs de ses actes, y compris les plus sublimes, s'enracinent dans un magma de pulsions refoulées à base sexuelle et que la raison ne sert qu'à donner des prétextes : « L'inconscient est la véritable réalité psychique. » Mais la vie en société contraint les hommes à détourner leurs instincts sauvages, en particulier les deux instincts, fondateurs que sont Éros, la libido sexuelle, force de vie, et Thanatos, l'agressivité destructrice, force de mort. Le dilemme est le suivant : soit l'homme se civilise en domptant ses instincts, et il est malheureux ; soit il laisse libre cours à ses instincts pour être heureux en s'affirmant, et c'est la destruction mutuelle. La civilisation implique la répression des instincts, et donc une insatisfaction, qui peut aussi donner naissance au bien par la sublimation.

Pour rendre compte du nécessaire refoulement des instincts, Freud part de la conception de l'homme naturel, sauvage, qui lui a été léguée par le XIXe siècle, et qui a de grandes ressemblances avec l'homme déchu de la théologie : gouverné par ses pulsions et ses instincts, égoïste et n'ayant aucun contrôle de lui-même, violent et incestueux – bref, comme disait Darwin, « notre grand-père est le diable sous la forme d'un babouin ». Pour Freud, cet homme sauvage est toujours en nous, recouvert par le vernis de la civilisation, comme une strate archéologique. Cette répression de l'homme sauvage qui est en nous correspond déjà à une sorte de chute : « Les idées de Freud sur l'homme et la condition humaine (civilisée) sont essentiellement tragiques, écrit Raymond Corbey : l'homme a chu de son état naturel et ne peut continuer à vivre qu'en reniant son héritage archaïque, en maîtrisant cet autre animal, lubrique, agressif, qu'il porte en lui. L'homme moderne est obligé de composer avec sa nature animale indéracinable. Il est éternellement affligé d'une culpabilité phylogénique et paie donc très cher l'acquisition de la culture[26]. »

Cette culpabilité, elle provient d'un acte initial qui est le véritable péché originel de l'humanité : au début de l'histoire, les jeunes hommes sauvages du clan ont tué leur père et l'ont mangé, parce qu'il se réservait les femmes. C'est l'œdipe fondamental, que Freud expose dans *Totem et tabou*. Tout découle de là. Les jeunes mâles qui haïssent leur père tout en l'admirant donnent libre cours à leur agressivité en le tuant, en le mangeant pour assimiler sa force, et à leur libido en s'unissant à ses femmes, qui sont leurs mères. Du remords engendré par ce crime vient toute l'organisation sociale civilisée : le tabou de l'inceste, les interdits de la morale, qui visent à détourner désormais l'agressivité de chacun contre lui-même, et aussi la religion. Ainsi est-on passé de la société sauvage à la société civilisée et à ses refoulements : « La horde paternelle a été remplacée par le clan fraternel, fondé sur les liens du sang, écrit Freud. La société repose désormais sur une faute commune, sur un crime commis en commun ; la religion, sur le sentiment de culpabilité et sur le repentir ; la morale, sur les nécessités de cette société, d'une part, sur le besoin d'expiation engendré par le sentiment de culpabilité, d'autre part[27]. »

Le vrai sens du mythe chrétien du péché originel, c'est qu'Adam a tué le Père :

> Dans le mythe chrétien, le péché originel résulte incontestablement d'une offense envers Dieu le Père. Or, lorsque le Christ a libéré les hommes du poids du péché originel en sacrifiant sa propre vie, nous sommes en droit de conclure que ce péché avait consisté dans un meurtre. D'après la loi du talion profondément enracinée dans l'âme humaine, un meurtre ne peut être expié que par le sacrifice d'une autre vie ; le sacrifice de soi-même signifie l'expiation pour un acte meurtrier. Et lorsque ce sacrifice de sa propre vie doit amener la réconciliation avec Dieu le Père, le crime à expier ne peut être autre que le meurtre du Père. C'est ainsi que dans la doctrine chrétienne l'humanité avoue franchement sa culpabilité dans l'acte criminel originel, puisque c'est seulement dans le sacrifice de l'un des fils qu'elle a trouvé l'expiation la plus efficace[28].

C'est pourquoi, dans le christianisme, la religion du Fils a pris la place de la religion du Père et s'accompagne du repas totémique : la consommation du corps du Fils par la communion. Le sentiment de culpabilité entretenu par la religion correspond à une névrose collective, devenue une structure fondamentale de l'inconscient. L'amour entre le peuple des fidèles et son chef, le Christ, est destiné à recouvrir l'horreur du meurtre primitif.

Il y a d'ailleurs une étrange correspondance entre l'explication freudienne du meurtre primitif et l'explication chrétienne : dans les deux cas, le « péché originel » consiste à prendre la place de Dieu le Père pour devenir autosuffisant, pour devenir l'origine de soi-même. Ce meurtre est-il un événement historique ou mythique ? Dans sa dernière version de *Moïse et le monothéisme*, Freud écrit : « Je n'hésite pas à affirmer que les hommes ont toujours su qu'ils avaient possédé et assassiné un Père primitif. » Ailleurs, il parle

« d'une faute sanglante dont se serait rendue coupable l'humanité préhistorique », et il relève que déjà Diderot, dans le *Neveu de Rameau*, écrivait : « Si le petit sauvage était abandonné à lui-même, qu'il conservât toute son imbécillité et qu'il réunît au peu de raison de l'enfant au berceau la violence des passions de l'homme de trente ans, il tordrait le cou à son père et coucherait avec sa mère. » De même, Dostoïevski n'a-t-il pas dit que « le meurtre du père est [...] le crime principal et originel de l'humanité comme de l'individu » ? Les anthropologues ne peuvent accepter la réalité de cette histoire, mais elle garde pour eux une valeur de « mythe explicatif » : « Le meurtre du père est un mythe intérieur, préparant l'accès à la structure œdipienne, en vertu de laquelle le père pourra être reconnu dans sa vérité[29] », note Claude Lévi-Strauss.

L'œdipe est à la fois un événement individuel et collectif, qui explique l'interdit de l'inceste. Cet interdit n'est pas un fait biologique, mais culturel, entièrement fondé sur le sentiment de culpabilité issu du meurtre primitif – un meurtre d'autant plus culpabilisant qu'il n'a servi à rien : l'homme individuel reste dépendant et n'arrive pas à être son propre créateur. Ici intervient la religion : elle restaure le Père tout-puissant en le spiritualisant et en l'intériorisant, elle interdit l'inceste, elle détourne l'agressivité de chacun vers lui-même. Le clan est reformé par l'amour fraternel entre les fidèles et par l'adoration du Père ; les interdits sont renforcés par la menace de sanctions éternelles ; le Fils est mis à mort rituellement comme bouc émissaire pour effacer le meurtre du Père, il est lui aussi divinisé et il sauve les fidèles, ses frères.

Mais le sentiment de culpabilité subsiste, d'autant plus fort que le Père est amour. Comme dans la famille, un « chantage affectif » se met en place : la combinaison d'interdits frustrants et d'amour des parents envers leurs enfants engendre chez ceux-ci une culpabilité irrépressible, qui facilite le retournement de l'agressivité contre soi-même. Dans *Malaise dans la civilisation*, Freud montre comment la culpabilité sert à maintenir le tissu social en attirant sur elle les foudres de l'agressivité par le processus du sur-moi. Hanté par le désir de tuer son père, l'homme se culpabilise et détourne contre lui cette agressivité. L'état de civilisation repose sur ce détournement, et donc sur cette culpabilisation. C'est là le véritable nœud du « péché originel » selon Freud, générateur de malaise, d'angoisse. Une angoisse qui évoque le mal-être existentialiste, comme l'écrit Henri-Charles Tauxé :

Coupable « sans savoir pourquoi » représente un état beaucoup plus fréquent qu'on ne veut bien l'admettre généralement et la notion religieuse du « péché originel » n'est pas très éloignée d'une telle attitude. Freud évoque, dans *Malaise dans la civilisation*, le sentiment de « malheur intérieur durable » qui envahit l'homme et crée en lui une sorte de nausée morale dont il discerne mal le motif. Il n'est sans doute pas exagéré de dire que les domaines de la religion et de la morale constituent, par excellence, des « bouillons de culture » de la culpabilité. [...] C'est en vertu de cette double interpellation que le moi apparaît comme un champ conflictuel qui se révèle, au niveau de l'affectivité, par l'angoisse. Le sur-moi, en effet, ne saurait, en tant que tel, receler un conflit, puisqu'il est tout entier ordonné à l'impératif catégorique ; le ça, pour sa part, ignore la contradiction et l'angoisse, il déploie l'univers pulsionnel dans une sorte de « neutralité monstrueuse », dont la seule régulation est le principe de plaisir[30].

Le « malaise dans la civilisation » qui s'accroît, c'est la crise de croissance d'une humanité qui veut s'affranchir de son péché originel. La vie en société est marquée d'une tache indélébile qui la rend difficile à supporter : « Telle qu'elle nous est imposée, notre vie est trop lourde, elle nous inflige trop de peines, de déceptions, de tâches insolubles », écrit Freud. Elle exige de ses membres une automutilation des instincts sexuels et agressifs, que la sublimation a de plus en plus de mal à satisfaire. La religion tente d'apaiser le conflit intérieur, d'éviter au fidèle « la névrose individuelle en le plongeant dans un délire collectif » infantilisant, en faisant le « sacrifice de l'intellect ». Elle est « la névrose infantile de l'humanité », mais « l'homme ne peut pas rester éternellement un enfant ».

Carl Gustav Jung explore un autre aspect du péché originel. Élevé dans une famille protestante très fervente, habitué à l'introspection, il connaît bien le pouvoir d'autosuggestion des mythes collectifs, qui façonnent les archétypes, forces psychologiques irrépressibles, structures inconscientes et actives de l'esprit, tels que la religion en sécrète. Dans son autobiographie, il raconte comment, à l'âge de douze ans, en 1887, il était obsédé par l'idée du péché, surtout du péché inconnu, le péché contre le Saint-Esprit, qui lui vaudrait l'enfer, au point que cela l'empêchait de dormir. Il en cherchait l'origine, le responsable, mais ses parents, ses grands-parents, pensait-il, n'avaient pu commettre ce péché.

Je remontai toute la longue suite de mes ancêtres inconnus pour aboutir finalement à Adam et Ève. Et ainsi vint l'idée décisive : Adam et Ève étaient les premières créatures humaines, ils n'avaient pas de parents ; ils avaient été créés directement et intentionnellement par Dieu tels qu'ils étaient. Ils n'avaient pas de choix à faire : ils devaient être comme Dieu les avait créés. Ils ne soupçonnaient pas comment il aurait pu en être autrement. Ils étaient les créatures parfaites de Dieu, car Il ne créait que la perfection. Et pourtant ils avaient commis le premier péché en faisant ce que Dieu avait défendu. Comment cela avait-il été possible ? Ils n'auraient jamais pu le faire si Dieu n'en avait pas mis en eux la possibilité. Cela ressort aussi de la présence du serpent que Dieu avait créé avant Adam et Ève dans l'intention évidente qu'il puisse les séduire. Dans son omniscience, Dieu avait tout organisé pour que nos premiers parents fussent obligés de commettre le péché. Par conséquent, c'était l'intention de Dieu qu'ils commettent ce péché. Cette idée me libéra immédiatement de mon pire tourment[31].

Le péché originel, quel qu'il soit, ne peut avoir été commis qu'avec la permission divine, conclut Jung, ce qui exonère l'homme de toute culpabilité. Le mythe du jardin décrit en réalité un piège. Dieu a un « singulier comportement à double face », et le « procédé avec lequel, attirant l'attention des premiers parents sur l'arbre de la connaissance, il leur interdisait en même temps d'en user[32] », est des plus suspects. Il « crée Adam et Ève de telle sorte qu'ils fussent obligés de penser ce qu'ils ne voulaient pas penser ». Le péché originel, inévitable, voulu par Dieu, est à la racine de notre condition.

Dieu comme le serpent ont fait croire à Adam et Ève qu'il est possible de ne pas mourir, mais ce choix est une tromperie. Marie Balmary, dans une lecture psychanalytique de la Genèse, place toute la faute sur le serpent :

Pour le sujet, la question n'est pas de vivre ou mourir comme dans la nature ; c'est *to be or not to be*. Il n'est pas donné d'avance ; le sujet n'est pas un fait ; il peut être, s'il parvient à se lever ; ou ne pas être, s'il choisit sa route hors du champ de l'esprit (« tu mourras... »). Avec cette perspective ouverte par les religions que seul ce qui est esprit (ce qui ne nie pas forcément qu'il y ait du corps) aura part au monde à venir.

Peut-on jamais tromper les humains sans nier peu ou prou qu'ils vont mourir, tous, et chacun de sa propre mort ? Si l'on vous dit « vous ne mourrez pas », c'est le serpent qui parle, dit la Genèse. Quiconque vous promet de ne pas mourir comme créature vous niera comme sujet[33].

Dieu aussi a promis à Adam et Ève qu'ils ne mourraient pas s'ils restaient dans l'ignorance du bien et du mal. Mais seraient-ils alors vraiment des humains ? Dès le départ, les dés sont pipés ; le mythe du péché d'Adam et Ève se retourne en quelque sorte contre ses inventeurs.

NÉCESSITÉ DE REMYTHIFIER LE MYTHE (PAUL RICŒUR)

Pour Paul Ricœur, le mythe du péché originel permettait de rendre compte de l'introduction du mal en épargnant Dieu. Mais l'Église, en insistant sur l'interprétation littérale de la Genèse, a été le plus puissant agent destructeur du sens du mythe. Si le mythe devient histoire, il tombe dans le champ de la critique historique, cette machine à désenchanter le monde, qui le met en pièces. Le mythe du péché originel n'échappe pas à la règle :

> On ne dira jamais assez le mal qu'a fait à la chrétienté l'interprétation littérale, il faudrait dire « historiciste », du mythe adamique ; elle l'a enfoncé dans la profession d'une histoire absurde et dans des spéculations pseudo-rationnelles sur la transmission quasi biologique d'une culpabilité quasi juridique de la faute d'un autre homme, repoussé dans la nuit des temps, quelque part entre le pithécanthrope et l'homme de Néanderthal. Du même coup, le trésor caché dans le symbole adamique a été dilapidé ; l'esprit fort, l'homme raisonnable, de Pélage à Kant, Feuerbach, Marx ou Nietzsche, aura toujours raison contre la mythologie ; alors que le symbole donnera toujours à penser pardelà toute critique réductrice. Entre l'historicisme naïf du fondamentalisme et le moralisme exsangue du rationalisme s'ouvre la voie de l'herméneutique des symboles[34].

On a tué Adam à force de vouloir lui donner vie. Sa seule voie de salut est de lui conserver son statut de « mythe rationalisé », en évitant toute spéculation sur l'histoire elle-même de ce qui a bien pu se passer. L'homme a introduit le mal : c'est tout ce que nous pouvons dire. À l'opposé des mythes babyloniens, qui font préexister le mal à l'homme, le récit de la chute d'Adam « est le seul mythe proprement anthropologique », écrit Paul Ricœur, mais il ne peut éviter une mystérieuse contradiction interne : il met en scène un mythique animal représentant la préexistence du mal, le serpent. « Adam, en tant qu'homme primordial, est antérieur à tout homme, et figure à sa façon, une fois encore, l'antériorité du mal à tout mal actuel. Adam est plus vieux que tout homme et le serpent plus vieux qu'Adam. Ainsi, le mythe tragique est réaffirmé en même temps que détruit par le mythe adamique[35]. » Par là, le mal reçoit quasiment un statut ontologique, ce qui fait dire à Paul Ricœur : « Antignostique dans son intention, le péché originel est un concept quasi gnostique dans sa forme. »

Mystère tragique du mal, qu'aucun mythe en fait ne peut élucider. L'histoire de la pomme est une tentative de théodicée, la fabrication d'un alibi permettant d'innocenter Dieu. Mais le mal est toujours là, incompréhensible. Un symbole ne peut tenir lieu d'explication ; il joue le rôle d'écran, donnant aux croyants l'illusion d'avoir la réponse, alors qu'il camoufle l'ignorance :

1. Le symbole demeure opaque, non transparent, puisqu'il est donné par le moyen d'une analogie, sur la base d'une signification littérale, qui lui confère à la fois des racines concrètes et un poids matériel, une opacité.
2. Le symbole est prisonnier de la diversité des langues et des cultures et, à ce titre, reste contingent : pourquoi ces symboles et non point d'autres ?
3. Ils ne donnent à penser qu'à travers une interprétation qui demeure problématique. Point de mythe sans exégèse ; point d'exégèse sans contestation. Le déchiffrage des énigmes n'est pas une science, ni au sens platonicien, ni au sens hégélien, ni au sens moderne du mot « science ».
Opacité, contingence culturelle, dépendance à l'égard d'un déchiffrage problématique : telles sont les trois déficiences du symbole, face à l'idéal de clarté, de nécessité et de scientificité de la réflexion[36].

Le mythe symbolique du péché originel tel qu'il apparaît dans la Genèse nous renvoie à l'expérience du péché telle qu'elle était ressentie par les auteurs des livres bibliques. Un sentiment de culpabilité intériorisé, qui associe tout le mal à une origine unique : « Le mythe d'Adam signifie entre autres choses que tous les péchés se rattachent à une unique racine, qui est en quelque sorte antérieure à chacune des expressions particulières du mal[37]. » Expérience de l'impuissance à bien faire. Peut-on en dire plus sans s'abuser de mots ? Probablement pas. Paul Ricœur, pour qui le mythe adamique n'est qu'un « arc-boutant » de l'édifice théologique chrétien, et non sa « clé de voûte », lui accorde cependant une certaine valeur thérapeutique.

LA RÉVOLTE DES CHRÉTIENS CONTRE LE PÉCHÉ ORIGINEL : DE TURMEL À DREWERMANN

Dès le tout début du XXe siècle, dans les *Affirmations de la conscience moderne*, G. Séailles dénonce un mythe qui ne repose sur aucun fait historique et dont on adapte l'interprétation pour lui faire dire ce que l'on veut :

> On peut admirer la théorie du péché originel, vanter sa profondeur, insister sur les phénomènes qui la confirment, sur cette loi d'inertie et de régression, trop négligée des psychologues, qui fait que l'habitude mauvaise aussitôt se fixe comme si elle était prédéterminée dans la nature, que l'habitude bonne, au contraire, n'arrive jamais à l'automatisme, toujours reste mêlée d'effort, et laisse le sentiment d'une résistance à vaincre. Les faits sont susceptibles d'une autre interprétation ; l'homme s'ajoute à l'animal ; il se crée lui-même par une action incessante, qu'il ne relâche qu'en retombant à l'instinct. La nature elle-même n'est ni bonne ni mauvaise ; elle ne devient telle que lorsque l'homme la dépasse et la juge.
>
> Le péché originel est un corollaire de la création, il justifie Dieu, il explique le mal, en maintenant la volonté du bien à l'origine des choses. Mais cette théorie naïve, qui avait encore un sens quand la terre trônait au centre d'un univers où tout se rapportait à l'homme, n'en a plus dans la pluralité indéfinie des mondes. Et, ce qui est plus grave, quelle justice est celle de ce Dieu parfait qui condamne tous les hommes dans leur premier père, mauvais logicien qui confond le genre avec l'individu, plus mauvais juge qui frappe au hasard le coupable et l'innocent[38] ?

L'année suivante, 1904, un scientifique catholique, Édouard Leroy, limite la portée du mythe d'Adam et de sa chute au domaine moral : « Encore moins ai-je à m'appesantir maintenant sur le dogme du péché originel. Quelles difficultés ne soulève-t-il pas, exégétiques, historiques, scientifiques, philosophiques, lorsqu'on veut en définir le contenu objectif par ses déterminations intrinsèques ? Rien de plus net, par contre, au point de vue pratique et moral. Voilà ou jamais le cas de dire qu'une réalité mystérieuse nous est notifiée par les conséquences qu'elle a en nous et par les devoirs qu'elle impose[39]. »

Du côté protestant, un théologien anglican, N.P. Williams, donne en 1924 une série de conférences réunies dans un volume intitulé *Les Idées de la chute et du péché originel*. Pour lui, s'il y a bien en chaque homme une sorte d'infirmité congénitale qui fait que nous n'arrivons pas à maîtriser le faisceau de nos instincts, il est abusif de parler de péché. Cette infirmité fait partie de notre nature, elle est responsable du mal, et l'origine se situe dans l'« élan vital » que Dieu a créé, une sorte d'âme du monde contenant tous les principes de vie. Un accident mystérieux a déréglé cet élan vital et celui-ci a explosé, donnant naissance à la multitude des âmes individuelles, sur lesquelles pèse la tare originelle. Williams rejette à la fois l'explication kantienne, qu'il qualifie de manichéenne, et l'explication hégélienne, trop panthéiste à ses yeux.

Dans les deux volumes de sa *Dogmatique chrétienne* (1925), le théologien protestant libéral Reinhold Seeberg réduit le mythe à une banale histoire de guerre préhistorique. Dieu a créé des premiers hommes du genre Cro-Magnon, doués d'un minimum d'intelligence, de liberté et de sens moral. Bientôt la horde sauvage, symbolisée par Ève, place à sa tête une espèce de brute, Adam, qui conduit la révolte. Révolte contre qui ? contre quoi ? pour quelle raison ? Nul ne le sait, mais le résultat est catastrophique : une humanité faible et déchue, qui reprend lentement conscience d'elle-même.

Beaucoup plus convaincante est la théorie de l'ancien abbé Joseph Turmel qui, en 1931, publie le premier volume de la grande *Histoire des dogmes*, dans lequel il consacre trois cents pages à l'histoire du péché originel. Né à Rennes en 1859, entré en 1876 au grand séminaire de cette ville, dont il devient le bibliothécaire, Turmel est un exégète érudit dont les idées audacieuses déplaisent fortement à la hiérarchie de l'Église. Dans une série d'articles, il a rejeté l'interprétation littérale de la Genèse, ce qui lui a valu d'être déféré devant le Saint-Office par le cardinal Richard dès 1901. Il est un des chefs de file du mouvement moderniste, avec les abbés

Loisy, Hébert, Alfaric, tous victimes de la répression romaine sous Pie X. En 1904, Turmel a déjà publié dans la *Revue d'histoire et de littérature religieuse* une « Histoire du dogme du péché originel », qu'il reprend dans son *Histoire des dogmes*.

La notion même d'histoire, introduite dans le monde intangible et immuable des vérités éternelles que sont les dogmes, est dangereuse pour la foi : en soi, un dogme, comme un théorème mathématique, n'a pas d'histoire ; il est vrai depuis toujours. On peut retracer l'histoire de sa « découverte », montrer comment cette vérité immuable a déroulé ses différents aspects dans le temps – comment, par exemple, l'Immaculée Conception a pu être niée par de grands saints médiévaux, puis proclamée par un pape du XIXᵉ siècle. On peut aussi montrer comment l'Église a élaboré un certain nombre de croyances, au gré des disputes théologiques et pour répondre aux hérésies et à ses besoins divers. C'est ce que fait Joseph Turmel.

Pour lui, l'histoire du péché originel est une illustration de l'évolution et des contradictions de l'Église, qui n'hésite pas à renier des croyances précédentes suivant les circonstances, tout en proclamant sa fidélité à la même vérité immuable. L'œuvre de Turmel est une véritable machine de guerre dénonçant la duplicité des théologiens. Il s'en explique dans sa préface : si « les théologiens posent en principe avec Bossuet que "varier dans l'exposition de la foi est une marque de fausseté et d'inconséquence dans la doctrine exposée" », ils donnent l'exemple de leurs contradictions à propos du péché originel.

> L'Église n'a jamais expliqué officiellement la nature du péché originel, et on a le choix entre diverses explications imaginées par les théologiens [...]. Ils décidèrent que saint Augustin n'avait pas pu mettre le péché originel dans la concupiscence, parce qu'une pareille théorie, à la fois « hérétique » et « absurde », eût été un travestissement du dogme. Et ils firent des tours de force invraisemblables pour écarter des textes du grand docteur cette hérésie, cette absurdité. En sorte que le renseignement d'Estius est pratiquement l'aveu d'une évolution dans le dogme du péché originel. Première infraction à la loi de l'immobilité des dogmes.
> Une seconde infraction nous est signalée par le père Petau, qui fut, comme on sait, l'un des plus savants hommes du XVIIᵉ siècle, et par le père Garnier, à qui l'on doit des travaux du plus grand mérite sur le pélagianisme et sur Théodoret [...]. Estius nous

enseigne que le dogme du péché originel a été transformé par saint
Anselme ; à l'école de Petau et de Garnier, nous apprenons qu'il
a été créé par saint Augustin[40].

Les théologiens nous feront croire qu'il s'agit du développement du dogme dans l'histoire, dit Turmel, qui termine son
étude en exposant le cas de la théorie du cardinal Billot sur le péché
originel, alors le dernier avatar en date dans l'interminable suite
des rebondissements du mythe adamique. Dans un article de la
revue *Études* du 20 janvier 1920, le cardinal jésuite écrivait à propos
du péché originel :

> Parmi les dogmes de l'Église, il n'en est peut-être pas un qui
> soit généralement aussi mal compris [...] aucun même, pourquoi
> ne l'ajouterais-je pas ? qui ait été à ce point défiguré et travesti
> par certains théologiens appartenant pour la plupart à l'école de
> décadence que fut le XVIIIe siècle [...] [sous leur plume], le dogme
> du péché originel se transforme immédiatement en un amas de
> contradictions flagrantes [...]. Je serais censé avoir fait ce que je
> n'ai pas fait, et, de ce chef, rendu responsable d'un acte posé
> quand je n'existais pas encore ! Qui pourra admettre une pareille
> chose ! Car ici il n'y a pas de mystère qui tienne ; le mystère, c'est
> ce qui dépasse notre raison, ce n'est pas ce qui la renverse et la
> détruit. Et, à ce propos, revient à la mémoire la réponse que le
> fabuliste met dans la bouche de l'agneau se défendant du crime
> d'avoir depuis plus d'un an troublé l'eau que le loup venait de
> boire : « Eh ! comment l'aurais-je fait, disait-il, puisque je n'étais
> pas encore né ? »

Selon le cardinal, le péché originel désigne donc tout
simplement l'état de la nature humaine privée des dons surnaturels ; nous ne sommes pas responsables de l'acte commis par
Adam, nous en supportons les conséquences. Ce qui signifie
également que les païens, les infidèles, les enfants morts sans
baptême ne sont pas voués à l'enfer. Pour Joseph Turmel, une telle
déclaration est coupable à la fois d'illusion et de duplicité, sans
qu'il soit possible de bien faire la part des deux : Billot prétend
qu'il est en accord avec les formules du concile de Trente et avec
la grande majorité des théologiens, ce qu'il est difficile d'admettre.

L'Église pourra-t-elle accepter de revenir sur maintes procla-
mations solennelles ? Turmel fait le pari que oui. Elle n'en est pas
à son premier reniement, et le péché originel, qui est de moins en

moins admis par les mentalités modernes, finira lui aussi par rejoindre le catalogue des croyances dépassées :

> Il s'agit d'abord de faire dire au concile de Trente le contraire de ce qu'il a dit, de transposer ses formules : opération dont sans doute les théologiens sont coutumiers, qu'ils font journellement sur les textes de l'Écriture et des Pères, mais – et c'est ce qui la rend délicate – qui doit être appliquée ici aux définitions d'un concile, du plus important de tous les conciles. Il s'agit en second lieu d'abandonner une tradition quinze fois séculaire et d'en créer une nouvelle dans laquelle on rencontrera au premier rang les semi-pélagiens et Abélard. Est-ce possible ?
>
> On peut affirmer, à peu près à coup sûr, que cette évolution se fera parce qu'elle répond aux postulats les plus impérieux de l'esprit humain qui, depuis des siècles, se débarrasse lentement mais progressivement du lourd héritage que lui a légué Augustin. Nature viciée, source de la vie corrompue et corruptrice, prédestination à l'enfer, grâce nécessitante, volonté salvifique restreinte, condamnation au feu des enfants morts sans baptême, tous ces produits augustiniens qui, pendant tout le haut Moyen Âge, avaient élu domicile dans la conscience chrétienne, en ont été les uns après les autres expulsés. Il en sera de même du péché originel. Son éviction est déjà même bien avancée puisqu'il n'est plus, depuis longtemps, que la privation volontaire d'un bien supérieur à la nature. Le péché originel ne corrompt plus aujourd'hui la nature humaine, il ne lui imprime plus une lésion, il ne précipite plus l'enfant dans le feu de l'enfer, il n'est plus que l'ombre du monstre introduit dans le monde par Augustin[41].

La suite du XXe siècle a largement donné raison à Turmel. Il y a bien longtemps que les idées novatrices du cardinal Billot ont été dépassées, et qu'une multitude de théories nouvelles ont acquis droit de cité dans l'Église, édulcorant le mythe au point de le réduire à une simple fable. Seul le *Catéchisme de l'Église catholique* de 1997 semble encore y tenir, mais le moins que l'on puisse dire est qu'il n'a pas reçu un accueil très favorable dans les milieux intellectuels chrétiens.

Généralisant la méthode, Turmel expose en conclusion les différents ressorts qui permettent régulièrement à l'Église de se mettre en accord avec son temps (avec quelques dizaines d'années de retard cependant). En particulier, il lui est toujours possible de minimiser la portée des déclarations embarrassantes du passé en affirmant que celles-ci ne reflétaient pas sa « véritable » doctrine, pour des raisons formelles, et cela bien que de nombreux fidèles aient été alors anathémisés et excommuniés au nom de ces mêmes déclarations. Les opinions exégétiques de Galilée comme celles des modernistes, condamnées en leur temps à grand fracas, ne sont-elles pas aujourd'hui acceptées même par les membres de la Curie ?

Il faudra, dit-on, soumettre à un travail de transposition, non plus seulement des textes scripturaires ou patristiques, mais les définitions d'un concile. Je réponds que cette opération n'est pas inouïe et qu'elle a déjà été faite, soit sur les conciles, soit – ce qui revient au même – sur les actes émanés du Saint-Siège. L'exemple classique est la définition du concile de Florence qui envoie dans l'enfer, *in infernum descendere*, les âmes des enfants morts sans baptême. On a trouvé la « clef » de cette définition qui fut jadis une pierre d'achoppement pour Bellarmin, Petau et Bossuet. Elle signifie que la condition de ces enfants ne diffère pas le moins du monde de la béatitude qui eût été l'apanage de l'état de pure nature. La même opération fut faite sur le *Syllabus* par les catholiques libéraux qui, tout en déplorant dans l'intimité l'aveuglement de Pie IX, servirent au monde laïque une exégèse savante de la pièce pontificale et la transformèrent en une apologie mesurée de la civilisation moderne (ceci jusqu'à l'avènement de Léon XIII, car on découvrit alors que le *Syllabus* n'était pas un acte à proprement parler pontifical et on lui appliqua les règles de l'exégèse vulgaire). Le tout est de trouver la « clef ». Le cardinal Billot a trouvé celle qui ouvre les textes du concile de Trente. On n'aura qu'à utiliser sa découverte.

En ce qui concerne la tradition, la jurisprudence est fixée. Quand on est condamné, on l'est pour toujours. Donc Abélard et les semi-pélagiens, loin d'être admis à apporter leur concours à la nouvelle orthodoxie, seront reniés par elle. Et les apologistes, à l'aide de distinctions verbales, dresseront un mur de séparation entre leur doctrine et la nouvelle formule du dogme. Mais les Pères grecs, aujourd'hui si embarrassants, seront des auxiliaires précieux. Leurs écrits fourniront une ample moisson de textes lumineux à l'aide desquels on établira une preuve de tradition tout à fait à point. On ne pourra se dispenser de dire que « certains » théologiens ont « travesti » le dogme du péché originel au point d'en faire une chose « répugnante au sens moral ». On devra même désigner par leur nom quelques victimes. Les jésuites choisiront Billuart pour ce rôle de bouc émissaire ; les dominicains, de leur côté, prendront les *Wirceburgenses*. Mais les docteurs en renom seront épargnés. Et l'on proclamera avec plus d'entrain que jamais l'origine apostolique des dogmes[42].

Les adversaires les plus acharnés du péché originel sont des chrétiens, et cela pour deux raisons opposées. Les uns, comme Turmel, rejetés par l'Église, sont dégagés de la nécessaire soumission aux autorités et aux conventions, et peuvent dénoncer librement les procédés et préjugés avec d'autant plus d'efficacité qu'ils les connaissent bien. Les autres, comme Eugen Drewermann, restent à l'intérieur de la communauté, sur la frange avantgardiste, et s'efforcent de couper les branches mortes qui encombrent le vieil arbre de la chrétienté et qui risquent d'entraîner l'ensemble dans leur chute. Le péché originel est une croyance inacceptable pour la culture moderne, moralement et scientifiquement, et qui porte préjudice à la religion. Mieux vaut s'en défaire. La meilleure façon ne serait-elle pas de vider le mythe de tout sens précis ?

Ainsi, en 1992, dans *La Peur et la faute*, Eugen Drewermann écrit que « le dogme du péché originel ne signifie finalement rien d'autre que l'impossibilité pour l'homme d'être bon aussi longtemps qu'il est séparé de Dieu[43] ». L'année suivante, il suggère de voir dans l'histoire de la chute la genèse de l'angoisse existentielle. Face à Jean-Paul II, pour qui la scène du jardin d'Éden « constitue l'essence la plus intime et la plus obscure du péché : la désobéissance à Dieu, à sa loi, à la norme morale qu'il a donnée à l'homme et inscrite dans son cœur, la confirmant et l'achevant par sa révélation », Drewermann dresse Jean-Paul Sartre, pour qui « être homme, c'est tendre à être Dieu ». Là est le péché originel, que l'athée définit mieux que le pape. « Mais cette tentative désespérée de l'homme pour fonder lui-même son existence ne fait que le renvoyer de façon plus humiliante et plus inexorable à sa condition de créature et à sa misère : plus il s'efforce de faire preuve de sa valeur absolue, plus il ressent la malédiction de n'être qu'un homme, "nu", pitoyable sous son pagne de "feuilles de figuier", cet antique symbole de la mort, créature mal dégrossie, d'autant plus inexorablement maudite et condamnée à n'être rien que sa peur insupportable devant Dieu la pousse et la condamne à prendre sa place[44]. » L'homme est condamné à vivre dans la dissimulation, dans la crainte du Dieu vengeur. Exilé de sa propre nature, étranger à lui-même, il « connaît le bien et le mal », et cela fait son malheur.

De la désobéissance naît la peur. C'est, d'après Drewermann, le sens de la capitulation d'Ève face au serpent : « Face aux insinuations et aux remises en question du "serpent", la femme cherche à se rappeler l'avertissement de Dieu ; elle répète mot pour mot ses paroles ; mais elle ne peut se souvenir de l'ordre divin qu'avec un sentiment croissant d'angoisse. Prise au piège de l'angoisse, elle ne perçoit plus que comme injonctions aliénantes d'un despote rigoureux des paroles qui visaient originellement à l'assurer d'une protection et à lui conférer la liberté, de telle sorte que ce qui était jaillissement de vie se transforme en menace de mort, que les conseils divins se métamorphosent en réserves morales hargneuses[45]. »

Une telle lecture du péché originel est évidemment plus philosophique que religieuse. Beaucoup de chrétiens s'y retrouvent malgré tout. Nombreux sont aussi ceux qui, comme Jean Delumeau, pensent qu'il est plus que temps d'écarter purement et simplement une doctrine qui a fait plus de tort que de bien à l'Église. L'historien, dont le livre intitulé *Le christianisme va-t-il mourir ?* (1977)[46] a suscité une nouvelle cabale des dévots, écrit en 1985 dans *Ce que je crois* : « Les Églises chrétiennes ont longtemps assis leur doctrine du péché originel sur un malentendu, devenu quasiment un dogme à partir de saint Augustin. Cette doctrine avait l'avantage de justifier Dieu et d'expliquer comment le mal était entré dans le monde [...]. Cette doctrine a évidemment fait faillite[47]. »

EXÉGÈSE JUIVE ET MATÉRIALISTE

Maïmonide, dans le *Guide des égarés*, puis Spinoza l'avaient depuis longtemps montré : la conscience morale est née avec le péché originel, et cette conscience morale ne cesse de nous tarauder, d'autant plus que la connaissance du bien et du mal est très incertaine et variable[48]. C'est cette idée que reprend Georges Steiner dans un de ses romans[49], où un Hitler imaginaire déclare qu'il faut tuer tous les Juifs parce qu'avec leur histoire d'Adam et Ève chassés du paradis, ils ont inventé la conscience morale et la culpabilité collective.

Le drame de la condition humaine est précisément cette mystérieuse culpabilité, qui est ressentie plus fortement encore dans les grandes tragédies de l'histoire. Hans Jonas en donne une autre interprétation dans *Le Concept de Dieu après Auschwitz* (1994) : Dieu a créé l'homme, puis lui a abandonné tous ses pouvoirs, s'en remettant entièrement à lui. Même son existence dépend désormais de l'homme, qui peut le faire être ou le faire disparaître. Il lui a passé le flambeau, la puissance créatrice, et depuis « Dieu se met à trembler ». L'homme est tout-puissant, et sur ses épaules pèse une immense responsabilité, car il ne peut attribuer le mal ni à Dieu ni au diable. Son péché originel s'alourdit d'heure en heure de tous les maux de la planète.

En 1912, dans *Le Livre de la connaissance*, rabbi Schlomo Eliachoff avance une explication de la chute qui préfigure l'existentialisme. Il attribue à l'histoire du jardin une triple signification. L'homme, en mangeant la pomme, manifeste un désir de savoir qui provoque son aliénation dans les choses, car ce désir dépasse ses capacités et le laisse constamment insatisfait. Plus complexe est le rôle du serpent. Avant la chute, l'homme et la femme se connaissaient sans intermédiaire ; le serpent a séduit la femme, qui s'est unie à l'homme et en qui se sont mêlées les semences du diable et d'Adam ; toute la postérité sera marquée par cette double origine. Mais surtout, le péché originel a faussé les rapports humains : désormais, les êtres humains se connaissent « nus » ; chacun devient pour lui-même objet et doit passer par le regard de l'autre, ce qui implique toutes les tentatives pour « impressionner » l'autre, l'usage de la séduction, de la tromperie, du mensonge. Depuis, c'est l'enfer, car « l'enfer, c'est les autres ».

Aux antipodes de ces théories, on peut aussi tenter une explication par le matérialisme historique. Jean Guichard s'y est essayé[50]. Après avoir rappelé que les théologiens ont « tué » le récit de la Genèse par leur interprétation naturaliste, il affirme que « le texte de la Genèse devait être analysé non comme texte "sacré", mais comme produit d'un travail littéraire effectué dans des conditions de production données, aussi bien économiques et politiques qu'idéologiques[51] ». Selon lui, l'épisode de la chute a été composé au cours de la crise qui a suivi l'établissement de la monarchie en Israël, et reflète l'opposition entre les types de vie nomade et sédentaire. Les Hébreux se rendent maîtres d'une terre qui ne leur appartenait pas ; ils inventent une promesse divine pouvant servir de titre de propriété, mais il faut aussi justifier le labeur, la peine que nécessite l'établissement :

> On peut formuler l'hypothèse que le récit de la création et du péché répondait à une double nécessité interne : expliquer le « retard » intervenu dans la réalisation des promesses de Yahveh, expliquer les contradictions auxquelles conduit la réalisation de la promesse : la possession de la terre – objet de l'ancienne aspiration du peuple – ne se traduit pas par la conquête du bonheur, mais par des peines qui dépassent souvent de beaucoup celles que l'on subissait au temps du désir. Le mode d'appropriation à la fois réalise et détourne le désir : quelle « faute » originelle peut rendre compte de ce drame[52] ?

Le contexte de la composition du récit de la chute permet de rendre compte de l'aspect universaliste de l'épisode, de la focalisation sur un couple, qui représente tout le peuple, sur un jardin et sur un arbre, qui représentent les éléments fédérateurs des tribus. Jean Guichard souligne que la formule par laquelle Adam désigne Ève : « Vous êtes mes os et ma chair », est aussi celle qu'utilise David dans le deuxième livre de Samuel pour désigner les tribus. Le serpent représente la séduction exercée par la royauté sur le chef des tribus, Adam, qui le pousse à se proclamer roi. Le récit du péché originel serait une mise en scène imagée de la prise du pouvoir par un roi sur les tribus d'Israël. Le péché, c'est l'institution monarchique vue par des nostalgiques du passé nomadique et tribal. Adam n'était pas fait pour régner.

UNE NÉCESSAIRE REMISE À JOUR DU MYTHE

Le mythe du péché d'Adam et Ève avait déjà été fortement mis à mal par le transformisme darwinien. Pendant quelque temps, on avait cru possible de surmonter ce dernier en faisant de l'évolution une force créatrice guidée par Dieu, dans le sens d'un progrès constant aboutissant à l'homme. Or, l'évolution n'est pas un processus linéaire, mais une succession d'essais, d'échecs, de contingences – « le produit d'un bricolage », écrit Jacques Arnould[53]. Toutes les sciences, biologiques comme humaines, se combinent donc pour rendre caduque l'histoire du péché d'Adam et Ève et de sa transmission.

Depuis longtemps, les théologiens ont reconnu, dans leur immense majorité, l'impossibilité de maintenir l'explication traditionnelle de type plus ou moins littéral. Les représentations de ce type « n'aident plus les hommes d'aujourd'hui, écrivait en 1969 Charles Baumgartner bien plus, elles sont devenues pour eux un obstacle insurmontable qui les empêche de croire ou du moins les gênent considérablement dans leur foi[54] », tandis qu'en 1976, Jean-Pierre Jossua affirmait : « Le péché originel, au sens augustinien, est une chimère[55]. » Il y a peu, le dominicain Christian Duquoc n'hésitait pas à déclarer : « Le dogme du péché originel [...] est devenu scandale[56]. » Il fait maintenant « obstacle à la saisie de l'originalité de la vision chrétienne sur le mal ».

Même s'il reste des tenants de la ligne traditionnelle, comme nous le verrons, les théologiens s'adaptent, et beaucoup cherchent, selon la formule de Jean Ladrière, à introduire « dans la nature, non pas de nouvelles lois, mais un sens qu'elle-même et en vertu de ses propres lois la nature n'avait pas[57] ». Mais la précision croissante des connaissances scientifiques contraint à toujours plus d'abstraction, de symbolisme, de généralité, au point que le théologien « a le droit et le devoir de suspendre son jugement, écrit Bernard Pottier. Comme tout homme, il est dans l'ignorance de la vérité démontrable qui clorait le débat [sur le péché originel][58] ». « Quand on ne sait rien, il est impossible de rien dire », admettait déjà le *Dictionnaire de théologie chrétienne* en 1977 à propos de l'enfer. Récemment, Christian Duquoc constatait : « Nos théologiens modernes ne cherchent plus dans le péché une explication du mal toujours renaissant, pas plus qu'ils n'attendent de la "conversion" une abolition de la souffrance ou de la mort. Les conditions de l'existence finie échappent à toute explication religieuse[59]. » La compréhension du mal nous dépasse. Le christianisme n'est pas plus capable que les autres d'apporter une réponse, reconnaît le dominicain : « Le mal dans le monde est plus vaste que la question du péché, et le christianisme n'a pas sur ce point d'apaisement spéculatif à fournir à l'interrogation qui traverse les siècles[60]. »

Tout au long du XXᵉ siècle, les théologiens ont déployé des trésors d'imagination pour rajeunir la signification du vieux mythe. Même si l'on écartait ceux qui ravalent la chute originelle au rang de pure fable, une revue exhaustive de leurs théories nécessiterait plusieurs volumes et ressemblerait à un inventaire à la Prévert.

Tenter un classement est très aléatoire, car ces centaines d'ouvrages déploient toutes les nuances et tous les recoupements possibles. Dans un article de 1989, le jésuite Bernard Pottier esquisse quatre grandes catégories[61] :

— les partisans de la position traditionnelle, attachés au péché d'Adam (le péché originel *originans*) et à sa transmission héréditaire, fidèles au monogénisme ou du moins au monophylétisme. Nous en parlerons au chapitre suivant ;

— le groupe des « naturalistes », dans la ligne de Teilhard de Chardin, qui réduit le péché originel à la situation immature de l'humanité, dont les limites engendrent le mal, un mal qui se réduit avec l'évolution ;

— la conception collective du péché originel, d'après laquelle Adam, c'est soit l'humanité, soit chacun de nous ;

— l'explication métaphysique, pour laquelle le péché originel n'est pas une structure anthropologique, mais relève de la spéculation métaphysique.

En raison de l'infinité des nuances, nous nous contenterons d'une brève revue chronologique, pour donner un aperçu de la diversité des interprétations. Dès 1910, un protestant libéral, Hermann Gunkel, dans son *Commentaire sur l'Ancien Testament,* réduit la part du péché : la chute originelle, c'est le passage de l'état d'enfance, innocent et ignorant, à l'état adulte, celui de la liberté et de la connaissance, incapable d'engendrer le bonheur. Ce passage s'est fait par la découverte de la sexualité ; si Adam et Ève découvrent soudain leur nudité, c'est qu'ils ont commis l'acte sexuel. Pour ce professeur de Halle, le récit de la Genèse est un mythe, mais cela ne lui retire pas pour autant toute valeur historique[62]. H. Junker, en 1932, et P. Humbert, en 1940, vont eux aussi dans cette direction : ils montrent que le récit biblique combine un mythe de création, optimiste, et un mythe de chute, pessimiste, insistant sur les relations sexuelles comme déviation née du péché[63].

Toujours dans le monde protestant, la théologie de Karl Barth, dans les années 1940, marque une rupture audacieuse avec les positions traditionnelles : l'individu Adam n'a évidemment jamais existé ; il désigne l'homme, l'humanité pécheresse, qui fait l'expérience de son impuissance radicale à faire le bien et à se sauver. Le récit biblique a été le moyen d'exprimer, dans le contexte de l'époque, cette expérience. Émile Brunner, disciple de Barth, tient à peu près le même discours[64].

TEILHARD DE CHARDIN : LE PÉCHÉ ORIGINEL COMME FORCE D'INERTIE

Les audaces intellectuelles ne sont pas l'apanage des protestants, mais ceux-ci sont libres de s'exprimer, alors que du côté catholique les pressions et sanctions de la hiérarchie étouffent toute pensée un peu trop originale. Lorsqu'en outre le théologien est membre d'un ordre discipliné comme les jésuites, il lui est bien difficile de se libérer du moule officiel. Le cas de Teilhard de Chardin est d'autant plus remarquable. Sa grandiose vision de l'évolution universelle choque les esprits timorés et lui vaut beaucoup d'ennuis. Or, la première raison de ses ennuis, c'est sa conception du péché originel, ou plutôt son absence de conception, nouvelle preuve de l'importance fondamentale de ce dogme pour l'Église.

En 1924, alors que Teilhard enseigne à l'Institut catholique de Paris, certains esprits s'alarment du fait qu'il escamote le péché originel. On lui vole un manuscrit de ses cours, sept pages dactylographiées intitulées *Notes sur quelques représentations possibles du péché originel*, que l'on expédie à Rome. Teilhard est convoqué devant son provincial, et doit signer un document dans lequel il renie ses vues sur le péché originel. L'année suivante, on lui retire sa chaire, puis on l'envoie en Chine méditer sur le squelette du sinanthrope. Mais le sinanthrope ne fait pas très bon ménage avec Adam. Et ce dernier est un peu la bête noire de Teilhard.

Teilhard peine visiblement beaucoup à insérer le mal dans sa vision du monde, dans la grande montée vers le point Oméga. Or, le mal vient du péché originel, et Teilhard ne sait que faire de celui-ci. Le récit biblique de la chute est pour lui une malencontreuse invention d'un auteur mal inspiré. On a souvent remarqué que le péché originel était absent de l'œuvre de Teilhard, dans le sens où il ne lui a pas consacré d'ouvrage spécifique, sauf une *Note sur le péché originel*, en conclusion de l'inédit *Christ évoluteur*, en 1942, ainsi que des *Réflexions sur le péché originel*, et quelques mots dans un paragraphe de l'*Introduction au christianisme*. En fait, le *problème* du péché originel est partout présent dans ses livres, en creux, comme un fantôme encombrant : il est récurrent, dans les quarante-six études de la période 1921-1929, dans les quatre-vingt-quatre études des années 1930-1939, dans les trente-trois études de 1940-1955.

Teilhard voit dans la conception traditionnelle du péché originel un grave obstacle, qui détourne beaucoup de gens du christianisme. Il l'écrit au père Auguste Valensin en 1922 : « Je suis chaque jour plus convaincu par expérience que notre représentation "catéchistique" de la chute barre la route à un large courant religieux qui ne demanderait qu'à s'engouffrer dans le christianisme, mais qui s'en détourne parce que, pour y entrer, il faut, semble-t-il, laisser à la porte tout ce que les derniers efforts de la pensée humaine ont conquis de plus précieux et de plus vaste. » Face au transformisme, la conception traditionnelle est scientifiquement intenable. Au contraire, si l'on se place dans la perspective d'une évolution créatrice, l'origine du mal peut se comprendre comme une force de « contre-évolution », qui ralentit le processus d'unification par une tendance à revenir au multiple. C'est une conséquence nécessaire et provisoire de la création :

> Dans un univers de structure évolutive, l'origine du mal ne soulève plus les mêmes difficultés (et n'exige plus les mêmes explications) que dans un univers statique, initialement parfait. Plus besoin désormais pour la raison de soupçonner et de chercher un coupable. Désordres physiques et moraux ne naissent-ils pas spontanément dans un système qui s'organise, aussi longtemps que ledit système n'est pas organisé [...] ? De ce point de vue, le péché originel, considéré dans son fondement cosmique (sinon dans son actualité historique chez les premiers hommes), tend à se confondre avec le mécanisme même de la création, où il vient représenter l'action des forces négatives de « contre-évolution »[65].

Quant au mal, c'est « l'expression même d'un état de pluralité incomplètement encore organisée [...]. Sans doute, cet état transitoire d'imperfection se manifeste-t-il en détail, dans le monde en voie de formation, par un certain nombre d'actes coupables, dont les tout premiers [...] pourront être détachés et catalogués comme une "faute primitive". Mais la faiblesse originelle, pour la créature, est en réalité la condition radicale qui la fait naître à partir du multiple, toujours portant dans ses fibres (tant qu'elle n'est pas complètement spiritualisée) une tendance à retomber vers le bas, dans la poussière [...]. Le mal, dans ces conditions, n'est pas un accident imprévu dans l'univers. Il est un ennemi, une ombre que Dieu suscite inévitablement par le seul fait qu'il se décide à la création[66] ». Ou encore, écrit Teilhard, la faute originelle est « une sorte de pesanteur, qui contrarie l'évolution : si on la transpose aux dimensions de l'univers, tel que celui-ci nous apparaît maintenant dans la totalité organique du temps et de l'espace, [elle] tend de plus en plus à se combiner (au moins dans ses racines) avec la loi de chute toujours possible et de peine toujours présente, au sein d'un monde en état d'évolution[67] ».

Tout cela semble assez vague, il est vrai. On a le sentiment que pour Teilhard, si péché originel il y a, il n'est pas cette immense catastrophe qui a tout faussé dès le départ. Ce n'est guère plus que la résistance atmosphérique à l'avancée du bolide universel qui fonce vers le point Oméga : « Sans perdre de son acuité ni de ses horreurs, le mal cesse, dans ce nouveau cadre, d'être un élément incompréhensible, pour devenir un trait naturel de la structure du monde[68]. »

Réduire ainsi le péché originel, c'est bien le principal reproche que les théologiens adressent à Teilhard, qu'ils ne considèrent d'ailleurs pas vraiment comme un des leurs. Comment un paléontologue peut-il s'aventurer sur le terrain théologique ? Sans le péché originel, le Christ est incompréhensible, affirme le cardinal Daniélou : « Minimiser la réalité du péché originel, dans son origine historique, dans ses conséquences pour la condition humaine, c'est en même temps détruire la signification de la mort et de la résurrection du Christ. Mais c'est le sérieux même de cette révélation qui exige de nous que nous soyons impitoyables pour la dégager dans sa nudité et pour ne pas en identifier le contenu substantiel et les représentations secondaires[69]. »

Le père Maréchal donne lui aussi une leçon de théologie à Teilhard, dans une lettre où il lui reproche de réduire le péché originel à une simple imperfection naturelle, et de mélanger un peu trop péchés personnels et faute originelle[70] :

> Cette explication nouvelle modifie, me semble-t-il, le fond essentiel, et pas seulement la formule du dogme « défini ». Plus exactement même, elle supprime le dogme, en le déclarant superflu. Elle substitue, en effet, à la faute originelle, la racine ontologique lointaine du mal physique et moral. Or, cette racine,

cette possibilité métaphysique du mal, inhérente à la créature en tant que créature, n'exige ni n'exclut la « privation de la justice originelle », le rapport de principe actuel à conséquence effective, qu'affirme si clairement du péché d'Adam le concile de Trente. C'est toute l'économie chrétienne de la « justification » qui est bouleversée. L'hypothèse proposée conduirait à dire que l'humanité comme telle n'a jamais perdu son titre initial à la grâce et que la privation de la grâce se conçoit seulement, dans chaque individu, comme effet d'une faute actuelle de celui-ci. Ce que l'on conserverait sous le nom de « péché originel », ce serait seulement l'imperfection naturelle de l'être créé, « la condition radicale qui fait naître à partir du multiple », c'est-à-dire une vérité philosophique[71].

Teilhard, pourtant, ne minimise pas l'importance du mal dans le monde. C'est au contraire l'excès de ce mal, dit-il, qui a conduit à inventer l'histoire du péché originel : le christianisme « donne à notre intelligence, par la révélation d'une chute originelle, les raisons de certains excès déconcertants dans les débordements du péché et de la souffrance[72] ». « Est-il bien sûr que, pour un regard averti et sensibilisé par une autre lumière que celle de la pure science, la quantité et la malice du mal *hic et nunc* répandu de par le monde ne trahisse pas un certain excès, inexplicable pour notre raison si à l'effet normal d'évolution ne se surajoute pas l'effet extraordinaire de quelque catastrophe ou déviation primordiale[73] ? » Cet excès de mal, Teilhard le voit notamment dans la « montée du collectif », les « mouvements de masse », « la termitière au lieu de la fraternité. Au lieu du sursaut escompté de conscience, la mécanisation qui émerge inévitablement, semblerait-il, de la totalisation[74] ». En 1951, après deux guerres mondiales, il a une poussée de pessimisme : « Avec la montée du collectif et des masses, bien sûr, une première vague de servitude, de nivellement, de laideurs et de catastrophes nous frappe au visage[75]. » Il envisage même un paroxysme du mal : « Il se peut que suivant une loi à laquelle rien dans le passé n'a encore échappé, le mal, croissant en même temps que le bien, atteigne à la fin son paroxysme, lui aussi sous forme spécifiquement nouvelle[76]. »

Teilhard ne minimise donc pas la présence du mal. Seulement, il n'en rapporte pas l'origine à un événement précis, concret ; il le rattache au mécanisme de la création, qui a constitué l'homme en état de fragilité, et ainsi facilité le péché, que chaque homme expérimente. Ce que l'on appelle la transmission héréditaire du péché ne fait qu'exprimer la solidarité créée par la condition humaine. Quant au mal, à la fois cause et conséquence du péché, il « peut être justement interprété comme une cause de ralentissement de l'histoire ou un gaspillage : avec une pointe de dualisme, il apparaît même parfois comme un retour à la multiplicité matérielle, une dissociation [...], un véritable déchet statistique, un sous-produit de l'histoire, un frein de la montée de l'esprit : libre et grave sans doute, la faute apparaît comme la conséquence de la fragilité humaine, la contrepartie d'un ordre en formation[77] », écrit un biographe de Teilhard, Émile Rideau.

Teilhard de Chardin n'a guère plus de succès auprès des scientifiques : la plupart d'entre eux rejettent son idée d'évolution orientée, dans laquelle ils voient à juste titre une renaissance du finalisme. Dans un livre récent sur *Darwin's Dangerous Idea*, Daniel Dennet écrit : « Il est unanimement reconnu parmi les scientifiques que Teilhard n'offrait rien de sérieux comme alternative à l'orthodoxie ; ses idées personnelles étaient confuses, et le reste n'était qu'une pompeuse retranscription de l'orthodoxie. [...] Le problème de la vision de Teilhard est simple : il niait catégoriquement l'idée fondamentale que l'évolution est un processus algorithmique sans conscience et sans but[78]. »

ADAM ET LE RÉTRO-PÉCHÉ ORIGINEL ; LE COMBAT DES ADAMS

Une des originalités de Teilhard, c'est qu'il suggère la possibilité d'un péché « originel » non pas au début mais à la fin des temps, lorsque l'humanité, arrivée à maturation, devra choisir entre divinisation et autonomie, laquelle serait l'équivalent d'un retour au néant. C'est cette hypothèse, quelque peu déroutante, que Teilhard expose au cours d'un dialogue avec Maurice Blondel[79] ; un disciple de Teilhard, Xavier Sallantin, n'hésite pas à la prolonger en émettant l'idée d'un péché originel final à effet rétroactif[80]. Ni science-fiction ni théologie-fiction, mais un peu des deux tout de même, l'ouvrage de cet auteur reprend la question fondamentale : si l'on récuse l'historicité du péché originel, comment expliquer l'Incarnation du Christ[81] ?

Comme la science interdit désormais de voir dans l'épisode biblique de la chute un événement historique, et si l'on ne se résout pas à se réfugier dans des considérations purement philosophiques, ne peut-on pas penser qu'Adam est non pas le premier, mais le dernier homme, au sens de l'homme final, achevé, arrivé au bout de l'évolution, pleinement conscient, libre et responsable ? Et le choix de ce dernier homme expliquerait le choix du premier. Entre le premier et le dernier Adam, il y a nous, pauvres humains, caractérisés par « une polarisation subjective de référence », qu'on pourrait appeler égoïsme. Xavier Sallantin, qui vise à donner « une lecture scientifique du péché originel », effectue une longue démonstration sur le principe de polarisation et d'enrichissement de l'information, qui le conduit à affirmer que « l'on enseignera un jour en Sorbonne, dans les chaires d'épistémologie des sciences, la nécessité d'un penchant de nature qui ressemblera étrangement au péché originel, alors que cet enseignement n'aura peut-être plus cours dans les instituts de théologie [82] ».

Selon sa thèse finale, qu'il qualifie lui-même d'« hypothèse énorme », le dernier Adam a décidé de rejeter Dieu et cette décision a rejailli sur le premier, l'a reprogrammé pour lui faire commettre le premier péché :

> Je restaure ainsi l'historicité de la « chute » ; elle a bien sûr eu lieu hier, au commencement, mais elle a été rétroprogrammée du futur, à la fin. Elle a bien affecté le psychisme d'un premier homme, primate inculte, mais la responsabilité de cette polarisation subjective appartient à un dernier homme parvenu à l'achèvement de la connaissance par la méthode scientifique à polarisation objective. En pleine connaissance de cause, cet homme final ayant compris l'économie christique de la Création a délibérément opté pour une économie antichristique ; ayant déchiffré le programme, il a établi un contre-programme. [...] Saisie dans cette perspective intégrale, trans-temporelle, l'histoire du péché d'Adam n'a plus rien d'un mythe pieux, c'est une histoire vraie. La révélation religieuse n'a fait qu'anticiper la révélation scientifique qui l'éclaire, l'épure et la confirme [83].

Revenons à des interprétations qui, pour être ingénieuses, paraîtront bien timorées au regard de la précédente. Les quarante dernières années du XXᵉ siècle ont été très prolifiques sur le sujet du péché originel. En 1960, dans *Péché d'Adam et péché du monde*, Louis Ligier voit dans l'interdiction faite à Adam et Ève l'affirmation du fait que l'homme ne peut être heureux que par l'acceptation de la sagesse divine ; Adam et Ève choisissent l'auto-nomie, leur système de valeurs, pour être comme Dieu, tout comme plus tard les Hébreux choisiront de se donner un roi pour être maîtres de leur destin, sans dépendre de l'alliance divine.

En 1962, le père Schoonenberg publie *De Macht der Zonde* (traduit ensuite sous le titre *L'Homme et le péché*), un livre qui fait l'effet d'une bombe dans le petit monde de la théologie. Pour lui, Adam est l'image de l'humanité pécheresse. Péché d'Adam et péché du monde ne font qu'un : le péché originel, « c'est la situation dans laquelle l'homme se trouve depuis qu'il naît en tant qu'homme – et à cause de cela – dans un monde dans lequel le péché a fait irruption ». Plongés à la naissance dans une situation marquée par le péché des autres, nous ne pouvons que pécher nous-mêmes. Ce péché du monde culmine avec la mise à mort du Christ : c'est là que se situe le vrai rejet de Dieu par l'humanité, le vrai péché originel ; le premier et le second Adam sont contempo-rains, en quelque sorte, et le premier Adam (la foule pécheresse) met à mort le second Adam (le Christ). Ce combat des Adams a au moins le mérite d'unir les deux fautes fondamentales attribuées à l'homme, et de mettre fin à ce scandale logique de la théologie qui veut que l'humanité soit sauvée du péché originel – l'histoire de la pomme – en commettant un péché infiniment plus grave : la mise à mort du Fils de Dieu. Que serait-il arrivé si les hommes n'avaient pas tué le Christ ? Pour Schoonenberg, les deux maux sont pour ainsi dire réunis :

> Après la mort et la résurrection du Christ, le péché originel est strictement universel ; personne n'y échappe. Aussi est-il difficile de nier qu'un certain événement, un péché bien déterminé, se soit produit dans le monde, créant une situation irréversible [...]. Les partisans de la doctrine classique trouveront ici un nouvel argument en faveur de l'influence d'un péché commis par un couple unique. Mais si l'on accepte la description du péché du monde telle que nous l'avons donnée plus haut, une autre possi-bilité se présente. Le péché par lequel le Christ a été rejeté du monde et de notre existence sur terre est le fait qui rend inéluc-table pour tous les hommes l'état de péché originel. Le Christ ayant été rejeté, toute notre existence sur terre est privée de la vie de la grâce, de sorte que l'existence de chacun commence par cette privation [84].

Cette interprétation est immédiatement rejetée par la majorité des théologiens comme contraire aux autorités – au texte du concile de Trente, par exemple. Mais, répond Schoonenberg, ces textes eux-mêmes sont comme ceux de la Bible : il faut en faire l'exégèse ; élaborés dans un contexte particulier, qui explique leurs orientations, ils ne correspondent plus aux exigences actuelles[85].

En 1963, un autre théologien néerlandais, le père Hulsbosch, avance une interprétation de type évolutionniste, inspirée de Teilhard de Chardin. « Le péché originel, dit-il, est l'incapacité naturelle dans laquelle se trouve l'homme en tant que créature inachevée d'acquérir la liberté et de réaliser le désir de la contemplation de Dieu, pour autant que cette incapacité est située dans le cadre d'un monde pécheur[86]. » Le premier homme, Adam, n'est pas un personnage historique, mais l'idéal de l'homme conçu par Dieu, et le péché originel consiste dans la distance qui nous sépare de cet idéal, à cause à la fois de nos péchés et de notre inachèvement en tant que créature. Cette conception minimise la part du péché, qui se dissout plus ou moins dans un processus global d'évolution.

En 1965, c'est de Rome – une fois n'est pas coutume – que vient la nouveauté. Les professeurs Z. Alszeghy et M. Flick publient dans la revue *Gregorianum* un important article sur le péché originel, qu'ils définissent comme « l'impossibilité d'éviter le péché » sans une aide spéciale de Dieu, l'incapacité d'avoir un dialogue avec lui, et cela depuis qu'un individu – pas nécessairement le premier de l'espèce, mais le plus représentatif, peut-être le premier à pouvoir choisir librement, un Adam anonyme typique – a refusé l'appel divin[87].

NOUVELLES HYPOTHÈSES THÉOLOGIQUES

Les années 1966-1968 sont véritablement des années « adamiques ». Les publications théologiques sur le péché originel atteignent alors des records absolus. C'est d'abord Franco Festorazzi qui, en 1966, relativise l'aspect historique du récit de la Genèse et y voit un « récit sacré primitif[88] ». En 1966 toujours, deux articles contradictoires paraissent dans la revue *Concilium*. B. Van Onna y affirme que l'Adam parfait d'avant le péché n'a jamais existé et qu'il n'est qu'un idéal jamais atteint. Karl Rahner, beaucoup plus traditionnel, concède simplement que, dans le cas où le polygénisme serait exact, il ne faudrait nullement exclure une unité somatique et historique de l'humanité, et donc un péché originel historique, peut-être de type collectif[89].

En 1966 encore, Gaston Fessard publie le second volume de *La Dialectique des Exercices spirituels de saint Ignace*, où il reprend de façon détaillée la question d'Adam et du péché originel. L'Adam qu'il nous présente est à la fois historique et a-historique ; il est à l'origine du temps historique, « le point alpha de la durée ». Il est intemporel. C'est « un être historique antérieur à la division des historicités humaine et naturelle, qui est elle-même une conséquence de son péché [...]. L'Adam théologique, objet de la foi comme auteur de la décision constitutive du fait historique premier, se situe à l'Avant sans avant, origine de toute histoire[90] ». Mais Adam est en même temps l'homme futur : « Avant sans avant et Après sans après, l'Adam *forma futuri* et le *novissimus Adam* peuvent et doivent coïncider comme *Alpha* et *Oméga* de l'histoire universelle, ce qui est requis, pour qu'elle constitue une totalité intelligible centrée sur le Médiateur[91]. » Quant au péché originel, il est le premier acte de cet Adam qui surgit dans l'histoire. Quelques années plus tard, le père Grelot écrira que l'interprétation de Gaston Fessard a mis fin au bric-à-brac des explications médiévales : « La théologie médiévale s'est dépêtrée assez difficilement dans un réseau de questions latérales, parfois oiseuses, où la curiosité relative aux origines humaines trouvait plus de part que le véritable profit théologique. La conjonction de la critique biblique et de l'anthropologie préhistorique en ont fait bon marché. Nous voici heureusement ramenés à l'essentiel[92]. » Il faut pourtant bien reconnaître que cette théorie d'un Adam qui est à la fois alpha et oméga, début absolu de l'histoire, et qui pose comme premier acte un refus de Dieu, laisse un peu dubitatif. L'intention est certes louable : il s'agit d'écarter les représentations anthropomorphiques naïves, devenues un obstacle à la foi. Mais pourquoi vouloir les remplacer à tout prix ?

Les essais se multiplient en 1967. Les plus convaincants sont souvent ceux qui en disent le moins. Pour J.P. Mackey, le péché originel est simplement le péché collectif de l'humanité primitive[93]. Pour G. Blandino, qui se situe d'emblée dans l'optique polygéniste, le péché originel, c'est le péché du monde ; la condition de l'humanité souffrante est à la fois un test, une épreuve et une punition anticipée. Dieu a décidé de soumettre l'humanité à une épreuve génératrice de souffrances et, sachant que cette épreuve est trop difficile et que les hommes échoueront, il les punit d'avance par des souffrances supplémentaires :

> [Dieu] a voulu que tous les hommes soient soumis à une épreuve durant leur vie terrestre. Étant donné la gravité de l'épreuve, il était déjà probable en soi que les hommes pécheraient fréquemment. Dieu a donc prévu que l'humanité serait fréquemment pécheresse et, pour cette raison, il a fait la nature humaine souffrante, mortelle, soumise à l'impulsion des passions désordonnées, afin que cette condition de « mort » ait une fonction d'expiation (et aussi d'intégration de l'épreuve) [...]. Dans cette hypothèse, le péché originel « originant » est constitué par tous les péchés de l'humanité (le « péché du monde ») ; le péché originel « originé », au sens large, est la situation complexe de « mort » dans laquelle naît l'homme [94].

D'autres auteurs présentent en 1967 des positions minimalistes : pour E. Gutwenger, il serait préférable d'abandonner la notion de péché [95] ; pour K. Condon, ce qu'on appelle le péché d'Adam n'est que le premier péché de l'histoire [96] ; pour A. Chazelle, la description biblique de la situation d'avant le péché veut simplement dire qu'Adam était fait pour la vie [97].

La même année, le jésuite Henri Rondet fait le point dans une récapitulation historique sur *Le Péché originel dans la tradition patristique et historique*. À la fin de son ouvrage, il expose son propre point de vue et s'en tient sagement à de prudentes généralités. Il y a deux Adams : le premier est la collectivité humaine, de nature pécheresse ; le second est un individu, le Christ, qui vient sauver le premier Adam. Le péché d'Adam et le péché du monde sont la même chose. Nous naissons dans une nature « pécheresse, détournée de sa fin, détournée de Dieu par l'effet, non d'un péché personnel, mais de la multitude innombrable des péchés personnels constituant un péché collectif, le péché d'Adam [98] ». Des deux Adams, « l'un est unique, personnel et étranger au péché, sa nature individuelle, son humanité étant en tout semblable à la nôtre, hormis le péché. L'autre est légion ; il est Humanité, il est l'homme en tant qu'étranger encore à la grâce et appelant un sauveur qui sera en même temps principe d'unité [99] ».

La partie la plus remarquable à nos yeux est la suite, lorsque le jésuite se demande si son hypothèse peut s'accorder avec les Écritures, la Tradition, la raison et le magistère. Les Écritures ? Seul Paul a parlé du péché de l'individu Adam : « Mais l'apôtre entend-il faire de cette affirmation la matière d'un enseignement et cet enseignement fait-il partie du donné révélé ? » La Tradition ? Elle est pleine de contradictions. « Déjà, en ce qui concerne Augustin, il faut distinguer » ; Irénée, longtemps dédaigné, revient à la mode : « De nos jours, saint Irénée a retrouvé l'audience des théologiens » ; et puis, « ne peut-on au XXᵉ siècle étudier à nouveau les positions de certains Pères de l'Église, en particulier les Cappadociens ou saint Ambroise ? » La Tradition contient la gamme complète des traditions, il suffit de choisir celle qui nous convient, car « il y a plusieurs demeures dans la maison du Père[100] ». La raison ? Le père Rondet a beau jeu de démontrer que la contradiction n'est pas de son fait : « Nous raisonnons à partir du monde tel qu'il est pour comprendre les affirmations de l'Église. » Le magistère ? Le jésuite admet que sa théorie contredit les décrets du concile de Trente, « mais chacun sait que pour interpréter les décrets d'un concile, il faut tenir compte de bien des éléments, distinguer les affirmations directes et les considérants[101] ». Belle illustration du pragmatisme en théologie. Les textes inspirés, infaillibles, irréformables, sont une chose, leur interprétation en est une autre. Le grand mérite du père Rondet est d'en avoir fait lui-même la démonstration.

Un autre grand spécialiste du péché originel, le père Pierre Grelot, publie en 1967 un article sur ce sujet, dans lequel il souligne le caractère nécessaire, inéluctable de la chute : « Le péché originel s'est intégré au dessein de Dieu avec une sorte de nécessité[102]. » Pourrait-on imaginer le monde sans le mal et sans le péché originel ? Sans compter que toute l'histoire du salut s'effondrerait. Mais il faut être prudent et éviter de « solidariser le dogme avec des théories particulières sur la transmission du péché originel et sur la réalisation de la rédemption ».

Le père Grelot abandonne rapidement l'idée d'un premier couple pécheur et, quelques années plus tard, présente une synthèse qui tient compte des acquis les plus récents des sciences humaines : *Péché originel et rédemption à partir de l'Épître aux Romains*. « Notre raison claire achoppera toujours devant le problème du mal », écrit-il. Le mal est une expérience existentielle mystérieuse qui résiste à l'analyse rationnelle, et que seul le langage du mythe permet d'aborder. À condition de ne pas prendre le mythe à la lettre. Et nous nous retrouvons face au problème de l'interprétation, qui doit être étendu au corpus de la Tradition et du magistère. Les textes d'Augustin sur la transmission charnelle du péché originel par la sexualité, textes repris encore en 1930 par l'encyclique *Casti connubii*, sont aujourd'hui inacceptables tels quels ; il faut tenir compte des « conditionnements culturels » qui les entourent. Adam est une figure mythique qui sert à expliquer le péché du monde. Le père Grelot, s'inspirant de Bultmann, lui-même influencé par Heidegger, pense qu'« Adam, c'est donc l'homme dans son pouvoir de choix, réalisant son être par l'acte de liberté grâce auquel il se projette vers son avenir[103] ». Dans le contexte religieux, cela signifie que l'homme se coupe consciemment de Dieu et choisit la mort et le néant. Ainsi, « le péché d'Adam devient tout ensemble la figure du drame humain dans sa généralité et la représentation symbolique de l'événement originaire qui en constitue le point de départ[104] ». L'état de péché originel désigne l'impuissance de l'homme devant la domination du mal – un terme qui ne cesse d'induire en erreur, en suggérant une culpabilité mystérieusement transmise depuis Adam.

L'année 1968 amène aussi son lot de contributions au péché originel. J. Scharbert considère que l'histoire écrite par le rédacteur yahviste reflète une mentalité de clan, se raccrochant à un ancêtre mythique commun, dont la destinée tragique marque tous ses descendants. Ce sont des auteurs postérieurs, influencés par des courants philosophiques, qui ont fait de cette histoire un mythe universel d'explication du mal[105]. P. Burke se contente de dire que la transmission du péché originel signifie la transmission de la nature sans le Christ[106].

En 1969, le dominicain André-Marie Dubarle, qui avait lui-même publié deux ans plus tôt *Le Péché originel dans l'Écriture*, constate l'extraordinaire regain d'intérêt pour la question, en donnant une recension des ouvrages récents qui lui sont consacrés. Avec toutes ces audacieuses nouveautés, écrit-il, il semblerait qu'on soit loin de saint Augustin. « Mais, d'une certaine manière, il n'y a là qu'une convention de langage ; pour le fond des choses, la pensée d'Augustin est retenue : l'homme avant le péché jouissait d'une condition dont les lois essentielles différaient profondément de notre condition empirique présente[107]. »

En 1971, Alfred Vanneste, dans *Le Dogme du péché originel*, prône un abandon définitif de toute conception historique de la chute : « Il est évident que toutes les théories qui continuent de faire dans une quelconque mesure appel à une chute historique commise par un premier couple humain ou un premier groupe humain paraissent définitivement dépassées. Nous ne comprenons pas pourquoi quelqu'un serait pécheur uniquement parce que ses ancêtres l'ont été[108]. » Si toutes les tentatives de renouvellement du mythe ont échoué, écrit-il, c'est qu'elles n'étaient pas « suffisamment radicales ». « Nous avons l'impression que la plupart des auteurs n'osent pas aller jusqu'au bout de leur pensée ; apparemment soucieux de garder malgré tout quelques éléments de la représentation traditionnelle, ils se cramponnent à des expressions vagues telles que "la puissance du péché", "l'impuissance au bien" et "la solidarité de tous les hommes dans le mal"[109]. »

Depuis Vanneste, le péché originel a encore fait couler beaucoup d'encre. En 1974, Hans Küng en fait la partie négative de notre relation à Dieu[110]. En 1975, Walter Kasper le définit comme la contradiction entre la volonté ultime de Dieu sur l'humanité et la direction prise par cette dernière[111]. En 1988, Jacques Bur refait un énième bilan de la situation[112], et en 1989 le jésuite Bernard Pottier reprend et creuse les idées de Gaston Fessard : « Nous pouvons donc imaginer Adam, le premier homme, surgissant dans le temps cosmique après des milliards d'années. Un tel délai ne nous empêchera pas de l'honorer de ce titre : il est l'Avant sans avant. Car avec lui tout commence : les histoires naturelle, humaine et surnaturelle[113]. » Mais, loin de proposer une grandiose conception à la Teilhard, Bernard Pottier reste fidèle à la tradition monogéniste d'un premier couple historique : « Notre interprétation tend donc à maintenir, s'il est possible, l'idée d'un premier homme (d'un premier couple) concret et individuel, auteur du premier péché, celui des origines. » On en revient donc au banal *homo erectus* responsable de tous les maux de l'humanité. « Certains théologiens s'indignent de voir Dieu suspendre le sort de l'humanité à la responsabilité d'une brute à peine émergée des brumes de l'animalité[114] », admet Bernard Pottier, ce qui ne l'empêche pas de s'interroger sur les conséquences du péché originel : la « mort douloureuse » et peut-être aussi des désordres cosmiques naturels. Quant à l'hérédité du péché originel, elle signifie que Dieu a rendu tous les hommes solidaires d'Adam afin de pouvoir les sauver tous en même temps dans le Christ.

Deux ans plus tard cependant, un autre jésuite, le père Louis Renwart, affirme au contraire, dans un article de la *Nouvelle Revue théologique*, qu'il faut abandonner l'idée d'un péché originel historique : « Il nous suffit de découvrir dans la parabole adamique que la possibilité de cette rupture se situe au lieu même de la création, dans le don d'une vraie liberté, et de nous rappeler que si, par là, le Père éternel a permis le péché, il ne l'a fait qu'en vue d'un plus grand bien : seules des personnes libres sont capables de répondre [...] à l'amour qui leur est offert[115]. »

LE CHANGEMENT DANS LA CONTINUITÉ OU LES FAUSSES NOUVEAUTÉS THÉOLOGIQUES

En 1993, Adolphe Gesché, dans *Le Mal*, part du caractère mystérieux et apparemment inexplicable de ce dernier : « Certes, j'en suis conscient, le problème du surgissement du mal n'est pas résolu. Le sera-t-il jamais ? Le *Unde malum ?* ne restera-t-il pas toujours une énigme absolue ? Je n'y puis répondre, en tout cas[116]. » Le mal n'a nullement sa place dans un univers correspondant au plan divin, contrairement à ce que disaient Leibniz ou Teilhard. Les sciences humaines tentent de le débusquer en explorant le conscient et l'inconscient, pour en trouver l'explication. C'est peine perdue : le mal reste une réalité mystérieuse. Comme le serpent du jardin d'Éden, on ne sait d'où il sort. Le récit biblique montre que le mal ne vient ni de Dieu ni de l'homme ; il n'est pas une fatalité. L'homme a simplement consenti à son introduction, et il en est puni, mais tout n'est pas perdu. La doctrine du péché originel vise à rendre compte de tout le mal, et pas seulement du mal moral, dans une approche globale : « Il y a dans la doctrine du péché originel, quels que soient ses heurs et malheurs, un pressentiment, et même une affirmation, de la complexité théologique du problème du mal, qui ne se laisse pas réduire à la seule approche morale ou moralisante[117]. »

En 1996, *Le Péché originel* de Louis Panier suggère une « lecture sémiotique » des textes bibliques. L'initiative est intéressante. L'auteur explique qu'il entend revisiter le péché originel : « Interpréter le péché originel aujourd'hui, ce n'est pas adapter la doctrine (ou ce que nous en avons compris) aux critères actuels, pour trouver de cette notion un équivalent plausible (acceptable) d'allure psychologique ou socio-économique [...]. Interpréter cette tradition, c'est plutôt forger les hypothèses à la fois théologiques et anthropologiques qui soutiennent notre capacité à lire aujourd'hui [...] ces textes comme des textes nous concernant, parlant de nous très précisément comme de sujets humains atteints par l'altérité de Dieu, par la surabondance de la grâce[118]. » Ces vieux textes s'adressent encore à nous directement, dit l'auteur, qui s'appuie sur une conviction intime : « Je ne sais pas ce qu'est le péché originel, mais je fais l'hypothèse que, dans ces textes, aussi rébarbatifs et pessimistes qu'ils puissent paraître, il y a une vérité qui me concerne en tant que sujet humain appelé au salut, une vérité qui reste à entendre et que ma lecture doit laisser venir[119]. »

Chacun réécrit l'histoire du péché originel en fonction de sa propre histoire et de sa propre culture, mais ici le rapport du commentaire avec le support biblique laisse parfois perplexe. Ainsi, à propos de l'interdiction de manger du fruit de l'arbre, Louis Panier écrit : « La soustraction porte ici sur les arbres, plus précisément sur l'usage qu'en fait l'homme, c'est-à-dire sur leur fonction d'objet-valeur pour un sujet. L'arbre soustrait, impropre à la consommation, signale, dans sa réserve, la parole adressée qui en a proféré l'interdit. Il représente pour l'homme la séparation qu'introduit la parole entre l'homme et la totalité qui l'entoure, et la définition du sujet à laquelle elle conduit : un sujet humain peut être lié à la valeur des objets qu'il acquiert, mais un sujet peut être lié à la parole adressée qui l'a désigné[120]. » Ou encore, à propos du fait que l'interdiction concerne l'arbre de la connaissance du bien et du mal : « On pourrait suggérer que le commandement interdit un savoir additionnel du bien et du mal, comme objets de science, pour maintenir une référence éthique fondamentale à la parole adressée et au vide qu'elle ouvre en toute totalisation de l'humain, et que là se trouvent pour un humain des conditions de la distinction entre vie et mort[121]. »

Parfois aussi, le commentaire déforme le sens premier et évident de certains passages qui heurtent trop les sensibilités modernes. Ainsi, Dieu dit clairement à Ève en la chassant du paradis qu'elle sera soumise et dominée par l'homme. Mais il faut, selon Louis Panier, l'entendre dans un autre sens : « Dieu n'établit pas le pouvoir des hommes, il révèle à la femme la faille "insue" où il sera question pour elle d'entendre l'altérité de la parole[122]. » Autre exemple : la Genèse présente explicitement le travail comme le châtiment du péché originel, ce qui ne cadre plus avec notre conception de la dignité du travailleur. D'où ce commentaire : « L'homme trouve difficulté et peine dans son travail ; il peut sans doute y répondre par la technique et le savoir-faire ; mais la sentence de Dieu révèle que les questions techniques sont aussi des questions d'humanité : c'est dans ce travail, dans cette non-immédiateté, que l'homme a affaire à la parole. Pour lui, le rapport au sol s'en trouve changé, il est devenu signifiant [123]. »

À la fin de son étude, Louis Panier donne sa définition du péché originel, qui reste décidément bien mystérieux : « Le péché originel concerne donc ce qui en chaque homme structure l'humanité, pour autant que pour chaque "un" l'unicité est signifiée, posée sous un signifiant qui se détache dans le réel (dans la chair du monde), ce sur quoi s'établit cette humanité singulière [124]. » Mais il suggère un prolongement intéressant, qui n'est malheureusement pas exploité, sur les rapports entre l'individu et l'espèce humaine, dans le cadre de la solidarité des pécheurs et de la transmission de la faute. Chaque homme est à la fois un exemplaire du genre humain et un être unique. La nature humaine est le substrat commun : la « concupiscence », liée au péché originel, pourrait résider dans les instincts qui nous limitent à cette nature, alors que notre liberté résiderait dans tout ce qui nous distingue radicalement des autres. En tant que « figure » de l'humanité, Adam préfigure ce double aspect de chaque homme, qui veut être le maître de sa propre nature, s'approprier sa vie [125].

En 1996, le jésuite Marcel Neusch juge « peu convaincants » les efforts accomplis récemment par les théologiens pour une remise à jour du péché originel. Certes, nous avons dépassé les obstacles créés par les avancées scientifiques, en reformulant la croyance à un niveau supérieur, plus général, plus abstrait, qui permet d'échapper aux prises des connaissances concrètes. Ainsi pour le problème du polygénisme : « Cette difficulté n'en est plus vraiment une, aujourd'hui, dans la mesure où, en souscrivant au polygénisme (qui est une hypothèse), l'on maintient que le genre humain est un, et que le péché est universel, cette "humanité qui est un tout (ayant) rejeté dès le début l'offre divine du salut" [126]. » À ce niveau de généralité, l'affirmation est inattaquable par les sciences, mais est-elle plus qu'une coquille vide ? Dès que l'on veut préciser le contenu, on retombe dans des obstacles insurmontables. Même constat à propos de la transmission héréditaire du péché : « Une telle idée paraît un scandale aux yeux des modernes, dans la mesure où elle fait peser sur les enfants un péché commis par les parents [...]. Mais dès à présent, on doit souligner ceci : en parlant de "péché héréditaire", l'accent est à mettre non sur l'hérédité, mais sur "l'état de déchéance générale où se trouvent l'homme et l'humanité"[127]. » Ici, on échappe à la critique en se réfugiant dans la tautologie : le péché originel est dit héréditaire parce que tous les hommes sont concernés. Le *Catéchisme de l'Église catholique* n'évite pas les formules creuses, déclarant par exemple que « la doctrine du péché originel est pour ainsi dire le "revers" de la Bonne Nouvelle ».

Ainsi, pour le jésuite, « les efforts tentés pour donner du péché originel une interprétation qui tienne "devant la science et la pensée contemporaines" sont restés peu convaincants, tant du point de vue théologique que scientifique. Le gain le plus clair de ces débats, c'est une mise en perspective plus correcte, le positif, à savoir le salut, prenant le pas sur le négatif, le péché originel[128] ». Certes. Mais l'énigme du mal demeure entière, et la prise de conscience croissante de l'immensité de ce mal fait que même les théologiens en viennent à se dire que cela dépasse les capacités humaines : « Si le péché originel a pour fonction de souligner cette antécédence d'un mal déjà là, il ne reste pas moins que son origine et son transfert à chaque homme restent une énigme[129]. » Le manichéisme guette. Pour Marcel Neusch, cependant, si le dogme du péché originel échoue à rendre compte de l'origine du mal, les athées sont encore plus démunis : devant le mal, il ne leur reste que l'angoisse, alors que les chrétiens ont la promesse du salut par le Christ. Retour du thème de la foi comme consolation.

En 1998, Jacques Arnould émet une hypothèse paradoxale et ambiguë : et si le péché originel résidait dans les efforts de l'homme pour dominer la nature et maîtriser les désordres apparents du monde physique ? Il s'agirait donc d'une sorte de péché prométhéen. L'argument est dangereux puisqu'il discrédite toute pratique scientifique, artificiellement opposée au « naturel » : « Ne serait-il pas pertinent de comprendre le péché, non pas uniquement comme un désordre, que l'être humain introduit dans la nature, mais aussi comme la prétention de l'homme à imposer un ordre au sein de la création, en refusant ainsi le désordre qu'il y découvre et y expérimente ? En d'autres termes, le péché pourrait être interprété comme la tentative malheureuse de s'affranchir des interdits et des limites qui sont le propre de la créature humaine, qu'elles relèvent des dimensions biologiques aussi bien que culturelles [130]. »

En 2000, le dominicain Jean-Michel Maldamé, dans un article intitulé : « Mieux dire le péché originel grâce aux sciences de la nature [131] », part à nouveau de cette évidence qui n'en est toujours pas une pour nombre de catholiques : le récit biblique de la chute n'a absolument rien d'historique. « L'incapacité du récit biblique et tout particulièrement des chapitres 2 et 3 de la Genèse de s'accorder avec les connaissances actuelles sur l'origine de l'homme est une source majeure de l'incroyance [...]. En effet, les résultats les plus élémentaires et les plus incontestables de la géologie et de l'anthropologie montrent que la lecture historique du récit du "péché originel" ne saurait être tenue pour vraie. » En particulier, « ce que l'on sait de l'histoire de la vie montre que la mort biologique n'est pas apparue avec le péché de l'homme [132] ».

Pourquoi donc ne pas tourner la page du péché originel ? « Ce silence peut être nécessaire dans les rudiments de la catéchèse pour ne pas bloquer l'éveil de la foi », admet Jean-Michel Maldamé, soulignant ainsi l'embarras du clergé à propos de ce dogme. Toutefois, « la doctrine du péché originel ayant été l'objet de définitions solennelles, elle ne peut être ignorée ». Cela dit, les auteurs du récit biblique « n'ont pas écrit sous la dictée de Dieu un texte qui contiendrait infailliblement toute vérité possible au plan historique et au plan scientifique ». Les chapitres concernés « relèvent du genre sapientiel. Ils rendent raison, par un récit étiologique, de la situation réelle du genre humain confronté aux difficultés de l'existence [133] ».

Le péché originel n'est pas la rupture avec un état antérieur bienheureux. « La notion de péché originel désigne spécifiquement ce qui brise la relation entre l'homme et Dieu. Cette rupture est originaire ; elle ne se réduit pas à être un événement qui s'est produit dans le passé inaccessible ; elle se situe à l'origine de tout péché réellement commis [...]. Le péché originel n'est pas le premier péché, mais le péché premier, c'est-à-dire l'origine du péché [134]. » Et Jean-Michel Maldamé conclut : « Le récit du péché originel ne saurait être entièrement clarifié par un discours rationnel. Il garde une part d'obscurité. »

Nous n'avons donné là qu'un très bref aperçu de la profusion de spéculations théologiques récentes sur le péché originel. Peut-être s'agit-il de fausses réponses à une vraie question, comme le suggère Marcel Neusch. En tout cas, un tel succès révèle un réel besoin : le besoin de savoir pourquoi l'humanité connaît toujours à l'aube du III\ :sup:`e` millénaire de telles souffrances, en dépit de tous ses progrès technologiques. Depuis le début du XX\ :sup:`e` siècle, les théologiens ont retourné en tous sens les textes fondateurs du péché originel, faisant parfois preuve d'une belle audace. Dans leur immense majorité, ils se sont rendus compte de la vanité de leurs efforts et plaident pour l'éclatement de la vieille notion du péché d'Adam. Le peuple chrétien, lui aussi, se pose depuis longtemps des questions. Pourtant, sourdes à ses appels, les autorités religieuses – catholiques surtout – n'ont cessé de s'opposer à toute ouverture en ce domaine, répétant inlassablement les formules traditionnelles. Le décalage est maintenant frappant entre une pensée théologique vivante, novatrice, pas toujours heureuse, mais courageuse, et une hiérarchie paralysée par le dogmatisme, comme nous allons le voir.

Or, le problème du mal prend aux alentours de l'an 2000 des dimensions nouvelles. Les technologies modernes ne cessent de susciter de nouvelles interrogations morales. Les biotechnologies en particulier font entrevoir une ère nouvelle, celle d'une humanité prenant en main sa propre évolution. L'éthique, bousculée par la technique et l'économique, bricole de dérisoires barrières au sein de fragiles comités. Des autorités religieuses formées dans l'esprit de la théologie morale scolastique à base augustinienne ont-elles leur place dans ces comités ? Et le péché originel a-t-il encore un sens dans les discussions sur la bioéthique, l'eugénisme ou la morale en général ?

CHAPITRE IX

De l'Adam biblique
à l'Adam eugénique

XXe siècle

Carême 1907. À Notre-Dame de Paris, le père Émile-Marie Janvier est chargé des traditionnelles conférences solennelles, où se presse la bonne société de la capitale. Le cycle est consacré au vice et au péché, et toute la quatrième conférence porte sur le péché originel, « fait qui domine notre histoire ». En ce début du XXe siècle, le dominicain continue à soutenir que la science a tort et qu'Adam n'était pas un homme primitif :

> L'esprit contemporain a une tendance à affirmer que le premier de nos pères fut un être sauvage [...]. La théorie de l'évolution, que tant soutiennent et que rien ne prouve, amène à croire que le passage de l'espèce inférieure à l'espèce supérieure fut comme imperceptible, et qu'il y eut un moment où l'on ne sut pas si notre ascendant était encore une bête ou si, enfin, il était devenu un homme. En tout cas, c'était un pauvre homme, auprès duquel les derniers des nègres ou des Hottentots eussent été des génies. J'avoue que je ne suis guère ému des légendes inventées par le transformisme[1].

La vérité, explique le père Janvier, se trouve intégralement dans Moïse, auteur du livre de la Genèse : Adam était un être « resplendissant de force, de beauté, d'intelligence ». Il discutait avec « un Dieu qui se plaît, au moment de la brise du soir, à descendre dans cet univers enivré de jeunesse et à converser avec l'être raisonnable qui l'habite[2] ». Tout cela est littéralement exact, de même que le serpent qui parle. « Pourquoi le fils du Mal, venu pour nous perdre, n'aurait-il pu prendre la forme de la bête ? En vérité, je ne le vois pas. » La pomme ? l'arbre ? « Il avait été établi que toucher à cet arbre, lui ravir ses fruits, c'était attenter aux droits du ciel [...]. Qu'y a-t-il là de déconcertant pour notre sagesse ? »

Dans la cinquième conférence, qui porte sur « la transmission de la faute originelle », le père Janvier campe sur les positions traditionnelles : « Toute l'humanité procède d'un seul couple, aucun homme ne naît qui ne soit coupable, nul n'échappe à une contagion qui a gagné la masse dans toute son étendue. Fût-on sorti d'un saint, ce saint ne transmet que sa substance, il ne nous infuse pas sa justice, car la justice appartient à la personne, la faute appartient à la nature, et c'est la nature qui nous est communiquée[3]. » Brossant un tableau des calamités qui affligent l'humanité à l'aube du XXe siècle, il conclut : « Nous sommes frappés, donc un péché nous vaut ce châtiment. » Il faut se préparer à la guerre ; la paix n'est qu'un rêve :

> Hélas ! c'est un rêve, un rêve qu'on ne peut caresser sans en devenir la victime : il est au cœur des peuples comme au cœur des individus trop d'égoïsme, trop d'orgueil, trop d'âpreté, trop d'ambition, les alliances les plus solides chancellent pour un rien, le moindre incident change en hostilités les plus sincères ententes et les meilleures amitiés ; le passé nous apprend ce que sera l'avenir, la guerre est un mal inévitable qui ne s'évanouira point avant que la dépravation qui la cause n'ait fui l'âme de l'homme ; la seule façon de l'empêcher que nous enseigne la sagesse, c'est de la préparer. *Si vis pacem, para bellum.* Triste conclusion, qui nous révèle à quel degré la famille d'Adam est pervertie[4] !

La faute se transmet par hérédité. Le prédicateur n'en démord pas : « Les fils des débauchés sont voluptueux, les fils des lâches sont lâches, les fils des tribus menteuses sont menteurs, les fils des braves sont braves et les fils des héros sont héroïques[5]. » Se référant aux théories raciales de Taine montrant comment, à travers les siècles, la race aryenne a gardé ses caractéristiques, et comment les traits les plus anciens sont aussi les plus stables, il interpelle ses ouailles : « Y a-t-il donc si loin, Messieurs, de ce système qui est incontestable, au moins dans ses données générales, au dogme du péché originel ? Nous venons tous d'une même source, cette source a été souillée, est-il étonnant qu'en passant par les veines de nos ancêtres elle nous apporte l'indignité en même temps que la vie ? [...] Et puisque ce n'est pas seulement la personne qui a été dépravée par la première faute, mais la nature, la race, l'espèce, n'est-il pas acceptable que quiconque recevra cette nature recevra en même temps la tare dont elle a été imprégnée jusqu'aux moelles[6] ? »

Ces propos tenus en 1907 à Notre-Dame de Paris pouvaient passer pour exprimer le point de vue officiel de l'Église. Ces Conférences de carême sont en effet publiées en 1910 avec l'approbation du cardinal Merry del Val, secrétaire d'État du pape, qui transmet les félicitations de Sa Sainteté. Pourtant, le monde exégétique catholique commence à émettre de timides réserves. Pendant tout le XXe siècle, des luttes sourdes se déroulent dans les cercles dirigeants de l'Église autour de l'interprétation du péché originel et de ses conséquences. Ce qui est en jeu n'est pas seulement une question de doctrine, mais le rôle du christianisme dans la société.

LE REFUS DE L'ÉVOLUTION

En 1897, le père Lagrange, fondateur de l'École de Jérusalem et de la *Revue biblique*, suggérait dans cette dernière que l'interprétation littérale du récit de la chute n'était peut-être pas nécessaire, car l'essentiel était la signification globale[7]. À cette époque, l'audace n'est plus excessive, mais les cercles les plus conservateurs s'alarment et soumettent le problème à la Commission biblique, mise en place par Léon XIII.

La réponse, signée par les savants catholiques Fulcran Vigouroux et Laurent Janssens, est prononcée le 30 juin 1909. Chacun peut y trouver matière à satisfaction, puisque le document maintient la vérité historique littérale du récit biblique tout en précisant qu'il est possible pour « certains passages de ces chapitres d'employer l'interprétation allégorique et prophétique ». Les conservateurs sont confortés dans leur interprétation littérale, car le document répond non à la première question :

> Peut-on enseigner que les trois premiers chapitres de la Genèse contiennent, non pas les récits d'événements accomplis, mais bien des fables empruntées aux mythologies ou aux cosmogonies des peuples anciens et, après élimination de toute erreur polythéiste, adaptées par l'auteur sacré à la doctrine monothéiste, ou encore

des allégories sans fondement dans la réalité objective, proposées sous forme d'histoire pour inculquer des vérités religieuses et philosophiques, ou enfin des légendes partiellement historiques et partiellement fictives composées librement pour l'éducation des âmes[8] ?

Le document répond également non à la deuxième question :

> Peut-on en particulier révoquer en doute le sens littéral historique là où il est question dans ces mêmes chapitres de faits qui touchent aux fondements de la foi chrétienne, comme sont entre autres la création de toutes choses faite par Dieu au commencement du temps, la création spéciale de l'homme, la formation de la femme, tirée du premier homme, l'unité du genre humain, la félicité originelle de nos premiers parents, dans l'état de justice, d'intégrité et d'immortalité, l'ordre donné par Dieu à l'homme pour éprouver son obéissance, la transgression de l'ordre divin à l'instigation du diable sous l'apparence d'un serpent, la déchéance de nos premiers parents de cet état primitif d'innocence et la promesse d'un rédempteur futur[9] ?

Mais certains peuvent aussi y voir les signes d'une ouverture, puisque le document répond oui à la troisième question :

> Dans l'interprétation des passages de ces chapitres que les Pères et les docteurs ont diversement compris, sans rien enseigner de certain ni de défini, est-il possible, sous réserve du jugement de l'Église et en se maintenant dans l'analogie de la foi, de suivre et de soutenir telle opinion que chacun, après mûr examen, croira devoir adopter[10] ?

Les catéchismes de l'époque sont plus directs, à l'image de celui du chanoine Quinet, inspecteur général de l'enseignement religieux du diocèse de Paris, en 1928. Ici, on enseigne alors sans sourciller la vérité historique du récit biblique de la chute. Récemment, dans un chapitre de *Christianisme et science*, Régis Ladous a pu parler à ce propos d'« une culture séparée remarquablement étanche à l'esprit du temps. Il ne s'agit même plus de se demander si Quinet s'intéresse à ce qu'enseignent les professeurs catholiques de Paris, Louvain, Fribourg, etc. On se prend à douter que le chanoine soit jamais sorti, mentalement, du petit séminaire[11] ».

Le chanoine Quinet n'est pas un isolé. Quelques années plus tôt, en 1922, le père Sinéty, qui signe l'article « Transformisme » du *Dictionnaire apologétique de la foi catholique*, exclut tout changement : « Voyant les difficultés insurmontables que présente, au point de vue scientifique, un transformisme anthropologique monogéniste, quelques esprits seraient peut-être tentés de chercher un accommodement de la doctrine catholique avec le polygénisme en donnant du péché originel une interprétation différente de celle qui est communément enseignée dans l'Église. Toute tentative dans ce sens est d'avance, disons-le, vouée à un échec certain[12]. »

En 1928, dans un autre dictionnaire, les frères Bouyssonie posent pourtant la question : « Le péché originel ne pourrait-il pas être le fait d'une collectivité plus ou moins nombreuse, au lieu d'être celui d'un couple unique[13] ? » La hiérarchie ne veut toujours pas en entendre parler.

En 1943 paraît encore un livre qui prétend prouver scientifiquement que le péché originel a marqué le début d'une régression de tous les êtres vivants : *L'Évolution régressive*, de Salet et Lafont. Les auteurs y affirment, entre autres, que les animaux étaient tous à l'origine pacifiques et herbivores, mais qu'à la suite d'une sorte de transformisme à l'envers, ils se sont adaptés à un monde mauvais où domine la lutte pour la survie : « L'organe électrique du poisson-torpille, avec lequel il foudroie l'adversaire, est un muscle transformé. Le dard des abeilles et des guêpes servait primitivement à déposer des œufs[14]. » Pendant l'ère primaire, les êtres vivants étaient immortels : a-t-on jamais retrouvé des fossiles dans les terrains datant de cette époque ? L'homme est sans doute apparu au début du secondaire, car on a retrouvé en Arizona des dessins préhistoriques montrant des diplodocus et autres dinosaures. Mais, depuis le péché originel, tous les êtres vivants sont mortels ; la vie humaine raccourcit ; l'intelligence régresse : les peuples que l'on rencontre en Afrique ou en Amazonie en sont la preuve ; ce sont des préfigurations de l'humanité future. En un mot, à cause du péché d'Adam, nous allons vers l'âge de pierre.

L'évêque de Toulon, Mgr Gaudel, donne son *imprimatur*, louant les auteurs d'avoir mis au point « un système original » propre à « étancher notre soif de comprendre », mais on le sent un peu embarrassé. Le supérieur du séminaire français de Rome donne cependant son approbation dans une lettre qui est imprimée

en tête du volume : « Les auteurs de cette consciencieuse et magnifique étude méritent les plus grandes félicitations. Elle ne pourra
que décider ceux qui la liront à abandonner pour toujours la
pseudo-science de l'évolution, dont M. Paul Lemoine, professeur
au Muséum, disait : "L'évolution est une sorte de dogme auquel
ses prêtres ne croient plus, mais qu'ils maintiennent pour le
peuple [15]." »

LES INTERROGATIONS DES FIDÈLES

Dans les années 1900-1930, les autorités religieuses restent
souvent opposées à une interprétation symbolique du récit biblique
de la chute, et les fidèles sont de plus en plus nombreux à se poser
des questions. Et puisque le clergé encourage les croyants à avoir
une foi éclairée, ceux-ci cherchent à s'informer, comme le montre
L'Ami du clergé. Fondée en 1878 par l'éditeur Palmé pour lutter
contre la franc-maçonnerie, cette revue fut ensuite rachetée par
l'abbé Denis, chancelier de l'évêché de Langres, qui, associé au
supérieur du Grand Séminaire, Perriot, en fit un organe de
formation du clergé. *L'Ami*, comme on l'appelle familièrement, est
certes bien loin des tirages de *La Croix* ou du *Pèlerin*. Mais c'est
un journal destiné exclusivement au clergé et, avec ses
10 000 abonnés en 1913, il était sûrement le plus lu dans les pres-
bytères de France, touchant au bas mot 30 à 40 000 ecclésiastiques, soit trois fois plus que la *Revue du clergé français*, qui tirait
à 3 000 exemplaires. *L'Ami* donne au prêtre de paroisse des
conseils de pastorale, des plans de sermons, des résolutions de cas
de conscience, des articles approfondissant des points de théologie,
presque toujours de grande qualité. Plusieurs pages y sont consa-
crées aux questions des lecteurs, exprimées sous une forme
anonyme, auxquelles les théologiens répondent de façon tout
aussi anonyme.
    Parfois la revue va au-devant des questions, lorsqu'elle croit
déceler de graves erreurs d'opinion ou de comportement. Elle
critique par exemple le catholicisme social, parce qu'il repose sur
l'affirmation de la bonté naturelle du peuple. La démocratie est
vouée à l'échec, explique *L'Ami*, car elle ne tient pas compte du
péché originel : depuis Adam, le peuple est mauvais et il doit donc
être dirigé de façon autoritaire par des guides spirituels. En 1908,

L'Ami du clergé s'en prend au mouvement catholique du Sillon, l'accusant de faire confiance au peuple – le mouvement de Marc Sangnier sera condamné par le pape en 1910. En fait, le clergé de la revue n'apprécie pas de voir des laïcs jouer un rôle important dans cette organisation. Il faut reprendre ces brebis égarées :

> Je chagrinerais beaucoup sans doute ces braves enfants de l'Église que sont les sillonnistes, si je les accusais de nier le péché originel [...]. Qu'ils me permettent cependant de les inviter, en toute loyale et confraternelle charité, à réfléchir sur les motifs qu'ils ont de se montrer si confiants dans la bonté native du peuple. Pour généreux qu'il soit, ce sentiment peut être exagéré et présenter dogmatiquement quelque danger [...]. L'utopie de la bonté originelle de la nature nous a déjà valu le *Contrat social* et la Révolution. Elle nous a valu aussi, en face de la science et du progrès matériel de la vie, la fausse position apologétique où les rationalistes et naturalistes contemporains, successeurs de J.-J. Rousseau, nous ont attirés et enfermés [16].

L'Ami du clergé est surtout une source précieuse pour connaître les interrogations spirituelles des fidèles. Les curés font très souvent état des questions de leurs paroissiens auxquelles ils n'ont pas su répondre, ou qui les ont embarrassés. On découvre ainsi des fidèles beaucoup plus désireux de comprendre leur foi qu'on n'aurait pu le croire. L'épisode du péché originel, en particulier, semble exciter la curiosité des fidèles. La difficulté est de leur expliquer qu'ils doivent accepter l'interprétation littérale du récit biblique, sans s'attarder sur ses étrangetés, celles-ci relevant d'une savante interprétation symbolique que ne peut comprendre le simple fidèle. Relevons quelques exemples en feuilletant la revue dans l'ordre chronologique.

1897. Question d'un curé : « Ne pourriez-vous pas me donner une petite thèse sur le péché originel et prouver que la désobéissance d'Adam consiste dans la manducation d'un fruit réel, et non, comme le prétendent les francs-maçons, "*in copulatione Adam cum uxore sua Eva*" ? Est-il gravement du devoir d'un prêtre ayant charge d'âmes de combattre "*in tempore opportuno*" cette erreur dans un pays où elle est presque générale parmi les chrétiens ? Le silence seul suffit-il [17] ? » Ainsi, à la fin du XIXe siècle, beaucoup continuent à croire que le péché d'Adam a consisté non pas à croquer une pomme, mais à faire l'amour avec Ève. La pomme, en quelque sorte, ce serait la version pour les enfants du catéchisme. Le curé, respectant les conventions de la presse catholique, ne parle du sexe qu'en latin, et attribue cette calomnie au complot maçonnique, ce que confirme la revue : « En dénaturant ainsi un point si clair et si important, la franc-maçonnerie veut du même coup atteindre et la Bible pour la déconsidérer et le mariage pour le rabaisser. » Dieu avait institué le mariage *avant* le péché originel ; donc, même s'il y a eu des rapports sexuels entre Adam et Ève, cela était légitime puisqu'ils étaient mariés ! L'histoire de la pomme garde par conséquent toute sa valeur : « La thèse sur la désobéissance d'Adam est facile à faire. Nous connaissons le fait par le récit biblique qui nous le rapporte avec toutes les circonstances. Rien dans ce récit ne suggère l'idée qu'on y doive chercher une allégorie. »

1900. Un curé de campagne s'inquiète : « À propos du péché originel, les enfants et bien d'autres que les enfants se figurent que le fruit défendu qui perdit Adam était une pomme à cidre et l'arbre du bien et du mal un vulgaire pommier, ce qui donne à cette terrible histoire une apparence presque ridicule. Il faut leur expliquer que le mot latin *pomum* signifie non pas la pomme, mais toute espèce de fruit[18]. » Réponse de *L'Ami du clergé* : « L'explication est bonne à donner partout, surtout dans les pays où l'on cultive les pommes à cidre. D'ailleurs, la sainte Écriture ne dit pas que l'arbre de la science du bien et du mal était un pommier. C'était certainement un arbre exceptionnel, et son fruit aussi. Car s'il y avait eu d'autres arbres de la même espèce, Ève aurait pu en goûter le fruit ailleurs que sur l'arbre interdit. »

1901. Un prêtre se demande si, avant le péché, Adam et Ève, jeunes gens vigoureux, ont attendu longtemps avant de faire l'amour, car si, « dans cette fraîcheur et cette intégrité de l'organisme, la première relation a donné lieu à une conception. Il suit de là que l'être humain procréé dans ces conditions a été exempt, comme la Sainte Vierge, de toute souillure originelle[19]. » Le même prêtre se demande s'il ne serait pas légitime de penser qu'Adam et Ève aient fini par se lasser de la vie monotone du jardin d'Éden, et que ce soit cet ennui qui ait poussé Ève à pécher ? « La lassitude des belles et bonnes choses du paradis terrestre a pu, seule, fléchir progressivement la volonté d'Ève au point de la rendre accessible aux invitations du serpent. » Réponse : d'après le « sentiment universel » des docteurs et des conciles, Adam et Ève n'étaient pas pressés de faire l'amour, car ils avaient l'éternité devant eux : « Ils n'avaient pas de raison déterminante de le faire aussitôt ni même avant longtemps ; ils n'avaient pas à craindre la mort ni la vieillesse. » Pour le reste, comment auraient-ils pu se lasser de la félicité du jardin d'Éden ? Cela serait de mauvais augure pour notre propre éternité au paradis.

La même année, un autre curé se demande si le péché originel n'a pas été une bénédiction, puisque s'il n'y avait pas eu cette faute fondamentale, le Christ ne se serait pas incarné, et les hommes n'auraient donc pas été sauvés[20]. Un autre raisonne en démographe : les hommes devaient être mortels même avant le péché originel – sinon, « quelle cohue et quel étouffement si Adam et toute sa postérité étaient restés sur pied[21] ! » Comment peut-on alors affirmer que la mort n'existe que depuis le péché originel ? Cette fois, les théologiens de la revue, à court d'arguments, se contentent de répondre que les chrétiens doivent accepter ce que disent les autorités.

1904. Un curé fait part de son embarras devant la question posée par un jeune intellectuel de sa paroisse : comment Adam a-t-il bien pu pécher alors qu'il se trouvait en état de perfection ? Le prêtre a essayé d'expliquer à son interlocuteur qu'avec le temps Adam avait peut-être oublié la vigueur de l'interdit divin, qu'il avait pris sans doute l'habitude de commettre de petits péchés, qu'il était moins résistant que les anges à cause de son corps, que de toute façon il était moins coupable qu'Ève, et que si le serpent l'avait tenté en premier, il n'aurait pas cédé. Réponse de la revue : il n'en est rien ; si Adam a péché, c'est qu'en dépit de sa perfection il lui manquait encore la vie bienheureuse du ciel ; il lui restait donc quelque chose à désirer. Du fait qu'il était un homme, il était très supérieur à Ève, et donc beaucoup plus coupable qu'elle, « parce qu'il y avait chez lui plus d'intelligence et de volonté[22] ».

1922. Question : pourquoi Dieu, après le péché d'Adam, a-t-il puni les hommes en réduisant leurs facultés naturelles, alors que le diable n'a pas subi la même peine ? Réponse : les anges n'ont pas de défauts naturels, donc on ne peut pas les accentuer[23]. Autre question : le Christ se serait-il incarné si Adam n'avait pas péché ? Réponse : les grands théologiens en discutent depuis longtemps. Pour certains, le péché originel a bouleversé les plans divins ; pour d'autres, l'Incarnation était prévue dès l'origine[24].

Toujours en 1922, un prêtre demande quel était le remède au

péché originel avant la venue du Christ, et quel est ce remède depuis pour ceux qui ne le connaissent pas et ne sont pas baptisés ? Réponse : avant la venue du Christ, l'homme, pour être sauvé, devait se conformer à des préceptes surnaturels ; mais ceux-ci « découlaient pour ainsi dire naturellement de l'élévation de l'homme à l'ordre surnaturel et ils lui étaient intimés surtout par une inspiration intérieure[25] ». Depuis la venue du Christ, c'est plus simple : « Hors de l'Église, pas de salut », suivant le titre d'un ouvrage du père Hugon, dont la revue reprend les conclusions. Le salut est impossible pour tous ceux qui meurent sans avoir été baptisés, et c'est pour cette raison, poursuit L'Ami, que l'Église « s'impose toutes sortes de sacrifices pour envoyer ses missionnaires sur tous les points du globe et procurer à tant d'enfants le bienfait de la régénération. Un théologien avisé s'en tiendra donc aux déclarations du magistère infaillible : il n'y a pas d'autre moyen de salut pour les enfants que le baptême ».

1924. Nouvelle question qui montre que les fidèles ont du mal à accepter la pomme et soupçonnent l'Église de vouloir en faire une feuille de vigne : « À plusieurs reprises, écrit un curé, j'ai eu l'occasion de corriger, chez certaines personnes du monde, l'opinion que le récit de la Genèse concernant la désobéissance de nos premiers parents est une fiction pudique destinée à voiler le caractère de la véritable faute. On rejette facilement comme enfantine l'histoire du "fruit défendu", pour voir à la place une désobéissance d'un autre ordre. On admet que Dieu soumit Adam et Ève à une épreuve ; mais cette épreuve ne consista-t-elle pas pour eux dans l'interdiction de toute relation charnelle pendant un temps déterminé[26] ? » Réponse : une telle idée est « inadmissible » ; c'est Philon d'Alexandrie qui a répandu cette interprétation allégorique d'après laquelle le serpent serait le plaisir sensible, Ève, la concupiscence charnelle, Adam, l'orgueil, et le péché originel, le consentement donné à l'instinct charnel. Puis, continue L'Ami, les protestants libéraux, à la suite de Schleiermacher, ont brodé sur ce thème, popularisé et vulgarisé dans des œuvres comme l'Ève de Massenet. Il faut revenir au récit biblique, qui ne mentionne nulle part la possibilité d'un péché originel d'ordre sexuel : « On ne saurait apporter aucune bonne raison pour nier la réalité de l'arbre, du fruit, et de la manducation prohibée par Dieu » ; « seule la faute d'orgueil est psychologiquement explicable dans l'état d'intégrité où se trouvaient nos premiers parents avant leur chute ». Autre question : n'y a-t-il pas une continuité, au moins logique, entre l'arbre du délit et l'arbre de la croix, comme l'avait montré le père Monsabré ? Réponse de *L'Ami* : « Si vous touchez d'une main profane et sacrilège l'arbre du salut [la croix], vous offensez l'amour du Dieu rédempteur. Si vous cueillez d'une main témé-raire le fruit de l'arbre de l'épreuve, vous offensez la très sainte majesté de Dieu, maître et seigneur de toutes choses. Salut, arbre du paradis ! Ceux que tu scandalises ont des yeux pour ne pas voir[27]. » Il n'est pas exclu cependant que certains traits aient un sens allégorique, dit le journal, qui justifie cette première concession en citant un passage de la *Revue pratique d'apologétique* : « Le serpent qui parle, la manducation d'un fruit entraînant après elle de si graves conséquences, la promenade de Dieu dans le jardin, l'appel d'Adam comme si Dieu ignorait où il est et ce qu'il fait, le serpent condamné à ramper sur la terre, voilà des traits qui ont servi souvent de matière à des objections ou à des plaisanteries [...]. Il faut donc expliquer ces manières de parler, y signaler les allégorismes et les anthropomorphismes, et les ramener à leur véri-table sens[28]. »

1924 toujours. Question : « Dieu avait créé Adam et Ève dans l'état d'innocence. Il leur avait défendu de toucher à l'arbre de la science du bien et du mal, pour qu'ils ne connussent pas le mal. Mais ne peut-on pas dire qu'ils le connaissaient déjà, puisque avant même de goûter le fruit défendu, séduits par le serpent tentateur, ils commirent dans leur cœur le triple péché d'orgueil, de curiosité et de gourmandise ? L'homme était donc déjà mauvais avant l'acte de désobéissance[29] ? » *L'Ami* reprend saint Thomas, qui a montré que l'arbre de la connaissance du bien et du mal n'a été ainsi dénommé qu'en raison de la suite de l'histoire. Avant, Adam et Ève ne connaissaient pas la différence, et cependant il est vrai qu'ils ont commis un « péché intérieur » avant de croquer la pomme.

Les questions se multipliant, la revue indique des ouvrages récents sérieux à propos du péché originel – celui du jésuite J. Muncunill, *De Deo creante et de Novissimis* (1922), et celui du sulpicien L. Grimal, *L'Homme, son origine, sa condition présente, sa vie future* (1923) –, tout en les critiquant sur certains points techniques. Autre question posée par un curé animant un « cercle d'hommes » qui font difficulté pour admettre qu'avant le péché originel les êtres humains étaient immortels. Réponse : « Si l'homme n'avait pas péché, il aurait pu ne pas mourir, et, en fait, ne péchant pas, il ne serait pas mort[30]. » Il aurait échappé à l'usure de l'organisme et aux accidents par trois moyens : « 1° Une protection plus spéciale de Dieu, évitant à l'homme le contact avec les causes extérieures de mort, cataclysmes, accidents, etc. 2° Une influence plus grande de l'âme sur le corps, influence évidemment d'ordre préternaturel résultant du don de la justice primitive. 3° Enfin une cause agissant immédiatement sur le corps, à savoir le fruit de l'Arbre de Vie, mangé par l'homme et produisant en lui, comme un remède pourrait le faire, un renouvellement incessant de vie et de jeunesse. »

À partir de 1925, les questions redoublent. Pourquoi Dieu a-t-il soumis Adam et Ève à une épreuve spéciale qui ressemble fort à un piège destiné à les faire tomber ? « Pourquoi, à ces prescriptions de sa conscience morale, Dieu en a-t-il ajouté une autre, d'ordre externe, vraie pierre d'achoppement pour Adam lui-même et pour bon nombre d'esprits[31] ? » Pour répondre, L'Ami s'appuie toujours sur saint Thomas. Beaucoup de questions concernent également la façon dont chaque homme peut être coupable d'une faute qu'il n'a pas commise[32].

HUMANI GENERIS : ADAM A BIEN EXISTÉ

Au milieu du XXe siècle, le péché originel prend les allures d'une fable d'un autre âge, et des théologiens audacieux, comme nous l'avons vu dans le chapitre précédent, essaient de le rendre fréquentable par la culture contemporaine. Mais en 1950, au grand désespoir des croyants éclairés, Pie XII rappelle solennellement que le dogme du péché originel interdit de suivre certaines hypothèses de la science moderne. C'est l'encyclique Humani generis. Un siècle après Darwin, le pape finit par admettre que le transformisme, selon lequel « le corps humain fut tiré d'une matière déjà existante et vivante », peut être « l'objet de recherches et de discussions », mais il interdit formellement aux chrétiens d'adopter l'hypothèse polygéniste, et aux savants chrétiens de poursuivre les recherches dans ce domaine :

> Quand il s'agit de l'autre hypothèse qu'on appelle le polygénisme, les fils de l'Église n'ont plus du tout pareille liberté. En effet, les fidèles ne peuvent embrasser une doctrine dont les

tenants soutiennent, ou bien qu'il y a eu sur terre, après Adam, de vrais hommes qui ne descendent pas de lui par génération naturelle comme du premier père de tous, ou bien qu'Adam désigne l'ensemble de ces multiples premiers pères. On ne voit, en effet, aucune façon d'accorder une pareille doctrine avec ce qu'enseignent les sources de la vérité révélée et ce que proposent les actes du magistère ecclésiastique sur le péché originel, péché qui tire son origine d'un péché vraiment personnel commis par Adam et qui, répandu en tous par la génération, se trouve en chacun et lui appartient.

La même année, toutefois, le commentaire de l'encyclique ménage une porte de sortie : « S'agit-il d'un jugement définitif, irréformable ? Certes non ; la manière même dont s'exprime le Saint-Père montre qu'il n'entend pas promulguer ici une définition dogmatique, mais, s'il nous est permis de paraphraser ses expressions, "on ne voit vraiment pas ce qui pourrait amener l'Église à modifier cette règle de conduite"[33] ». Comme l'a noté le jésuite Henri Rondet, le texte latin de l'encyclique comporte en outre deux mots, *appareat quomodo*, qui permettent en cas de besoin de relativiser l'interdit[34].

L'encyclique admet qu'il existait peut-être des espèces quasiment humaines avant ou en même temps qu'Adam, « toutes sortes d'essais, d'ébauches par quoi la Providence préludait, comme en se jouant, à la création de l'humanité définitive, de cet *homo sapiens* dont parle la Genèse. Ces ébauches avaient-elles complètement disparu quand l'*homo sapiens*, notre ancêtre, fit son entrée dans le monde ? Qui pourrait le dire ? Des descendants authentiques de ces humanités primitives se sont-ils perpétués ? Grave question sur laquelle il s'en faut que le dernier mot soit dit avant longtemps, mais que l'on peut discuter pourvu que l'on donne au péché originel une interprétation conforme à la tradition ». L'encyclique reconnaît donc la possibilité des pré-adamites, cette idée de La Peyrère autrefois si violemment condamnée. Mais elle regrette que « certains s'éloignent de façon audacieuse des règles de prudence établies par l'Église. D'une façon particulière, il faut déplorer certaine manière beaucoup trop libre d'interpréter les livres historiques de l'Ancien Testament ». Ceux-ci sont infiniment supérieurs aux mythologies du Moyen-Orient, « qui sont plus le fruit du jeu de l'imagination que du goût de la vérité et de la simplicité qui marque si visiblement les livres sacrés ».

Si une grande partie des théologiens tentent d'adoucir et de relativiser les interdits d'*Humani generis*, quelques-uns au contraire s'efforcent de rester dans la ligne définie par le pape. Trois ans plus tard, le dominicain M.-M. Labourdette, dans *Le Péché originel et les origines de l'homme*, considère que le monogénisme est une donnée « implicitement révélée dans les deux dogmes du péché originel et de la rédemption[35] ». Il se réfère sur ce point au premier concile du Vatican, en 1870, lors duquel avait été préparé un document affirmant : « En premier lieu, la commune origine de tout le genre humain à partir de premiers parents est définie comme révélée par Dieu ; aussi l'erreur opposée est-elle taxée d'hérésie », tandis qu'un autre article précisait : « Si quelqu'un nie que le genre humain tout entier soit issu d'un seul premier père, d'Adam, qu'il soit anathème[36]. » Selon Labourdette, ces textes n'ont pas été publiés faute de temps, mais ils « n'en présentent pas moins un très grand intérêt théologique, parce qu'ils ont été très soigneusement pesés [...], ils sont en outre un témoignage exceptionnel de ce qu'était l'enseignement catholique commun dans l'Église universelle[37] ». Pour lui, le polygénisme est inconciliable avec le dogme du péché originel, car celui-ci ne peut être, selon le concile de Trente, interprété comme un mythe signifiant simplement la prise de conscience du péché de l'humanité. « Le décret du concile ne signifie rien s'il ne définit pas comme appartenant à la foi au moins ceci : à l'origine a été commis un péché personnel que tous les hommes contractent par descendance du premier pécheur[38]. » On ne peut plus interpréter Adam comme un groupe, voire comme l'homme en général, car là encore ce serait contredire les décrets de Trente :

> L'idée même d'un péché originel qui serait compatible avec le polygénisme nous paraît se heurter à des difficultés insurmontables. Elles se présentent en définitive sous trois formes. 1° L'humanité descendant de lignées diverses, plus ou moins nombreuses, le premier de chacune d'elles a péché. Cette pluralité du péché originel est déjà bien contraire à l'unité du premier péché enseignée à Trente. Mais on est conduit à une difficulté très grave : le péché était-il donc inévitable pour cette humanité qui n'avait aucune tare originelle mais possédait, avec la grâce, les dons de l'état primitif de justice ? [...] 2° Le premier groupe

humain, plus ou moins nombreux, aurait commis un péché collectif auquel tous ont participé [...]. Elle n'évite pas les mêmes difficultés. Elle se résout en définitive en une pluralité de péchés personnels et les mêmes questions se posent ; ce péché paraîtra d'autant plus inévitable que personne n'a su l'éviter. 3° Le premier groupe humain serait englobé dans un péché collectif, commis par un seul ou quelques-uns, mais dont tous ont été tenus pour responsables : c'est attribuer à Dieu une intolérable injustice. [...] Nous ne pouvons que conclure, avec l'encyclique *Humani generis*, que le polygénisme n'est pas pour le chrétien une hypothèse libre : on ne voit absolument pas comment il serait conciliable avec le dogme du péché originel tel que l'Église l'a défini[39].

Labourdette assume clairement l'héritage dogmatique sur le péché originel : « Il est de foi que le premier couple humain a été placé, avant la chute, dans des conditions privilégiées » ; en particulier, « un premier point explicitement imposé est que l'homme innocent avait reçu le privilège de l'immortalité[40] ». Les perfections d'Adam et Ève, au début de l'histoire humaine, « ne sont pas une invention des théologiens », elles font « partie de l'enseignement révélé[41] ». D'emblée, Labourdette affirme contre ses confrères qui voudraient faire du récit biblique de la chute un mythe : « Le dogme du péché originel est terriblement plus précis et ne s'accommode aucunement de cette interprétation symbolique[42]. » Il s'agit bien d'une « histoire vraie », relatant des « faits réels », qui a eu plusieurs conséquences sur la nature humaine : le péché originel a provoqué une « blessure d'ignorance », c'est-à-dire que notre intelligence rencontre de multiples obstacles qui rendent difficile l'accès à la vérité, et en particulier à la connaissance de Dieu ; il a obscurci la connaissance de la morale naturelle, ce qui rend nécessaire le rôle de guide joué par l'Église en ce domaine ; il a produit une « blessure de concupiscence », qui rend très difficile la maîtrise de nos sens par notre volonté. Depuis le péché originel, nous sommes donc réduits à l'état de pure nature, mais en fait nous sommes même handicapés par rapport à cette situation de pure nature :

> La grande différence entre l'homme déchu et un homme qui aurait été créé dans la seule nature, c'est que l'homme déchu, tant qu'il garde le péché originel, n'est plus capable de cette rectification foncière de la volonté par rapport à la fin dernière qui est

le principe primordial de la vie morale et vertueuse. La vertu n'est pas rendue impossible [...], mais l'homme est incapable d'une réussite morale achevée, même purement naturelle, parce qu'au principe de sa vie morale il y a, non pas la droite ordination à la fin dernière, mais, outre le péché originel, un péché mortel actuel, l'adhésion positive à une fin mauvaise[43].

Bien que l'acceptation littérale de l'existence historique d'un premier couple et de l'épisode d'une désobéissance fondamentale responsable de la déchéance de toute l'humanité par transmission héréditaire paraisse incongrue dans le monde moderne, la foi doit l'emporter : « Il ne sera pas scandaleux qu'en ce qui concerne nos origines la foi chrétienne nous fasse tenir des vérités que notre science ne rejoint pas. » Toute théorie ou philosophie qui déclare que la vérité scientifique est incompatible avec « le fait d'une chute primitive et la réalité d'un péché transmis avec la nature en dépendance du premier père se trouve exclue par le dogme[44] ».

Le père Labourdette écrivait en 1953. Depuis, le bataillon des opposants au polygénisme pour cause de péché originel s'est considérablement réduit. Mais en 1990, tout en admettant que « la catéchèse de Jean-Paul II apparaît un peu solitaire », le père Chapelle, jésuite, écrit : « Oublier l'unicité d'Adam, est-ce compatible avec la foi dans le Dieu unique, père de tous, des vivants et des morts ? Nous ne le pensons pas[45]. » Il continue à penser que le monogénisme est une nécessité pour le dogme de la chute.

PAUL VI ET JEAN-PAUL II : LE PÉCHÉ ORIGINEL, « VÉRITÉ ESSENTIELLE DE LA FOI »

C'est sous le pontificat de Paul VI que s'achève Vatican II, qui est resté silencieux sur le péché originel. En 1966, Paul VI organise à Rome un symposium entièrement consacré au « péché originel devant la science et la pensée contemporaine ». Tout au long de l'année, il multiplie les déclarations[46] : dans une homélie du 20 mars, il proclame à propos des relations entre Dieu et les hommes : « Depuis la faute d'Adam, cette union fut brisée » ; dans une allocution du 30 mars, constatant les tares du monde contemporain : « L'Église en dévoile la cause fatale et radicale : le péché originel » ; dans une allocution du 13 juillet, il rappelle que l'homme est blessé par le péché originel et qu'en conséquence « la mission de l'Église est d'éduquer l'homme » ; le 15 août, dans une homélie : « Plus que jamais, l'humanité se présente déchue par le péché originel qui a pénétré tous les rameaux, l'arbre entier de notre existence terrestre » ; le 8 octobre, il évoque les « misères de notre nature, blessée par le péché originel ».

Dans son allocution du 11 juillet devant les participants au symposium, Paul VI rappelle que le concile avait préparé un schéma intitulé « Du péché originel chez les fils d'Adam », qui devait être inclus dans la constitution *De deposito fidei pure custodiendo*, mais qui avait été écarté au dernier moment, « pour des raisons que vous connaissez bien » – c'est-à-dire de profonds désaccords entre les évêques. Sur l'intervention écrite du cardinal Micara, alors mourant, qui protestait contre le silence du concile, une brève mention avait été introduite dans la constitution *Gaudium et spes*, mais le texte s'en tenait à de vagues généralités constatant que la vie de tout homme est marquée par une lutte entre le bien et le mal : « Établi par Dieu dans un état de justice, l'homme, séduit par le Malin, dès le début de l'histoire, a abusé de sa liberté, en se dressant contre Dieu et en désirant parvenir à sa fin hors de Dieu [...]. Ce que la Révélation divine nous découvre ainsi, notre propre expérience le confirme. Car l'homme, s'il regarde au-dedans de son cœur, se découvre aussi enclin au mal, submergé de multiples maux qui ne peuvent provenir de son Créateur, qui est bon[47]. » Pour le reste, le concile s'était contenté de quelques rares allusions : « Atteints par la faute originelle, les hommes sont tombés souvent[48] » ; « L'homme parfait [le Christ] a restauré dans la descendance d'Adam la ressemblance divine, altérée par le premier péché[49] » ; « après leur chute en Adam[50] ». Visiblement, Vatican II ne tenait pas à attirer l'attention sur une doctrine de plus en plus controversée.

Dans la même allocution du 11 juillet, le pape demande aux participants de se référer « spécialement aux résultats des sciences naturelles modernes, comme l'anthropologie et la paléontologie. Le fruit de cette recherche comparative devrait être une définition et une présentation du péché originel qui soient plus modernes, c'est-à-dire qui satisfassent davantage aux exigences de la foi et de la raison, telles qu'elles sont ressenties et exprimées par les hommes de notre temps[51] ». Mais les espoirs d'ouverture s'envolent peu après : « Il y a toutefois des limites que l'exégète, le théologien, le savant, s'ils veulent vraiment sauvegarder et éclairer leur propre foi et celle des autres catholiques, ne peuvent ni ne doivent imprudemment franchir. » Et ces limites sont « indiquées par le magistère vivant de l'Église, qui est la norme prochaine de vérité pour tous les fidèles ». Il faut donc respecter « les déclarations et définitions des conciles », « les documents émanés du Siège apostolique », « la tradition sacrée et le magistère de l'Église ». Pour être plus précis : il est interdit de se référer au polygénisme, comme à toute théorie niant la transmission du péché originel par propagation à partir d'un premier homme, Adam.

> Il est donc évident que vous paraîtront inconciliables avec l'authentique doctrine catholique les explications du péché originel que donnent certains auteurs modernes, lesquels, en partant du présupposé du polygénisme – qui n'a pas été démontré –, nient plus ou moins clairement que le péché qui a été une source si abondante de maux pour l'humanité ait été avant tout la désobéissance d'Adam, « premier homme », figure du futur Adam, commise au début de l'histoire. Par conséquent, ces explications ne s'accordent pas non plus avec l'enseignement de l'Écriture sainte, de la Tradition sacrée et du magistère de l'Église, selon lequel le péché du premier homme est transmis à tous ses descendants par voie, non pas d'imitation, mais de propagation. [...] Quant à la théorie de l'évolutionnisme, elle ne vous paraîtra pas acceptable lorsqu'elle ne s'accorde pas clairement avec la création immédiate de toutes et chacune des âmes humaines par Dieu, et qu'elle ne considère pas comme décisive l'importance qu'a eue pour les destinées de l'humanité la désobéissance d'Adam, premier parent universel[52].

Chargé d'une mission impossible, le symposium ne débouche sur rien. Paul VI en est réduit à réaffirmer sa position personnelle dans une *Profession de foi* de 1968, qui reprend la doctrine traditionnelle, et se réfère explicitement au concile de Trente :

> Nous croyons qu'en Adam tous ont péché, ce qui signifie que la faute originelle commise par lui a fait tomber la nature humaine commune à tous les hommes dans un état où elle porte les conséquences de cette faute et qui n'est pas celui où elle se trouvait d'abord dans nos premiers parents, constitués dans la sainteté et la justice, et où l'homme ne connaissait ni le mal ni la mort. [...]

Nous tenons donc, avec le concile de Trente, que le péché originel est transmis avec la nature humaine, « non par imitation, mais par propagation », et qu'il est ainsi « propre à chacun ».

Là encore, des théologiens se chargent de diluer dans leurs commentaires les formules qui peuvent paraître choquantes pour les mentalités contemporaines. Louis Panier insiste par exemple sur le fait que Paul VI « ne reprend pas le récit du livre de la Genèse », qu'il ne « décrit » pas l'événement du péché d'Adam, mais qu'il le « qualifie », qu'Adam est l'« agent » du péché, et la nature humaine l'« enjeu[53] »...

Jean-Paul II a exprimé sa position de la façon la plus officielle dans le *Catéchisme de l'Église catholique* de 1997. Si elle n'évolue pas, elle a du moins le mérite de la clarté. Le péché originel, que les théologiens s'efforcent de relativiser, d'allégoriser, de nuancer, y est qualifié de « vérité essentielle de la foi » : « L'Église qui a le sens du Christ sait bien qu'on ne peut pas toucher à la révélation du péché originel sans porter atteinte au mystère du Christ[54]. » La chute est un fait historique, qui s'est produit au début de l'humanité : « Le récit de la chute utilise un langage imagé, mais il affirme un événement primordial, un fait qui a eu lieu au commencement de l'histoire de l'homme. La Révélation nous donne la certitude de foi que toute l'histoire humaine est marquée par la faute originelle librement commise par nos premiers parents[55]. » Quant aux interprétations modernes du mal comme « défaut de croissance », « faiblesse psychologique », « erreur », « structure sociale inadéquate », elles sont insuffisantes. Tout commence avec la révolte de Satan qui depuis agit dans le monde, causant aussi bien le mal moral que les catastrophes naturelles : « Son action cause de graves dommages – de nature spirituelle et indirectement même de nature physique[56]. » Et pourquoi Dieu laisse-t-il faire ? « La permission divine de l'activité diabolique est un grand mystère. » Le premier péché est une désobéissance, par laquelle Adam et Ève se sont préférés à Dieu. « Adam et Ève perdent immédiatement la grâce de la sainteté originelle », ce qui entraîne la mort et toutes les conséquences que l'on sait. Le péché d'Adam se transmet à tous les hommes, mais c'est « un mystère que nous ne pouvons comprendre pleinement[57] ». Tous les péchés du monde viennent de celui-là, parce que l'homme privé de la justice originelle est incapable de faire le bien sans l'aide de la grâce. Pourquoi

Dieu n'a-t-il pu empêcher Adam de pécher ? Peut-être parce que cela permet, par l'Incarnation et la Rédemption, de donner à l'homme une situation ultime supérieure à ce qu'elle aurait été sans le péché[58].

L'enseignement de Jean-Paul II repose sur cette conception du péché originel, dont il tire des conséquences pratiques concernant par exemple la morale. Dieu avait interdit de toucher à l'arbre de la connaissance du bien et du mal : « Par cette image, la Révélation enseigne que le pouvoir de décider du bien et du mal n'appartient pas à l'homme, mais à Dieu seul », écrit le pape dans l'encyclique *Splendeur de la vérité* (1993). C'est donc à l'Église, interprète officielle de la Révélation, de fixer les principes de la morale.

HÉSITATIONS DES ÉVÊQUES

Sauf dans un cercle étroit de cardinaux et d'évêques traditionalistes, les positions de Jean-Paul II sur le péché originel provoquent un certain malaise dans le clergé lui-même, qui a toutes les peines du monde à faire passer ce message auprès des fidèles. Les réactions des évêques en témoignent. Elles reflètent les divergences entre les sensibilités nationales.

Les évêques hollandais sont les plus réticents, et marquent leur différence dès 1967-1968. Le cardinal Ottaviani, préfet de la Congrégation pour la doctrine de la foi, avait envoyé en juillet 1966 une lettre aux présidents des conférences épiscopales du monde, leur soumettant une liste de dix erreurs ou dangers doctrinaux répandus ici et là et leur demandant de faire un rapport sur la situation dans leurs pays respectifs. L'un des dix points concernait « la doctrine du concile de Trente sur le péché originel ». Le cardinal écrivait à ce propos : « Il n'en manque pas qui minimisent la doctrine du concile de Trente sur le péché originel ou qui la commentent de telle manière que la faute originelle d'Adam et la transmission de son péché sont, pour le moins, mises en veilleuse[59]. » Les évêques hollandais répondent que chez eux la plupart des théologiens remplacent le péché d'Adam par la notion de « péché du monde », désignant « la disposition intérieure de chaque homme qui, dès son origine, se trouve marqué par les péchés des autres ». Et ils ajoutent :

> Quant à la question de savoir s'il n'a existé qu'un seul Adam, il faut faire remarquer avec la plus grande vigueur que le magistère n'a jamais déclaré sous une forme engageant sa plus haute autorité que tous les hommes descendent d'un seul père primitif. Le concile de Trente a seulement exprimé l'avis qu'une telle origine était présupposée ; Vatican II n'est pas parvenu à une proposition ni à une discussion sur ce problème ; l'encyclique *Humani generis* n'appartient pas à la catégorie des déclarations faites dans la forme qui engage la plus haute autorité et, de plus, elle ne ferme pas la voie à des recherches ultérieures ; le schéma traitant de la sauvegarde de la pureté du dépôt de la foi n'a jamais été soumis à la discussion dans les sessions de Vatican II. Tout comme pour la conception virginale, le magistère ordinaire donne quelque réponse à ce sujet, mais il n'a jamais encore été défini s'il doit être compris, oui ou non, au sens strict et littéral[60].

Les évêques hollandais mettent donc l'accent sur l'ambiguïté de la position romaine, qui laisse planer volontairement l'incertitude au sujet de l'interprétation du récit de la Genèse. La même année, le *Nouveau Catéchisme* hollandais suggère à nouveau que le péché originel pourrait simplement désigner le fait que chaque homme se trouve immergé dans un environnement qui le pousse au mal. Le *Nouveau Catéchisme* s'attire tout de suite les réprimandes de la commission cardinalice :

> Les difficultés nouvelles que l'étude des problèmes regardant l'origine du genre humain et sa lente évolution suscite aujourd'hui au sujet de la doctrine du péché originel ne doivent pas empêcher le *Nouveau Catéchisme* de proposer fidèlement la doctrine de l'Église, selon laquelle l'homme, dès l'origine de son histoire, s'est révolté contre Dieu [...]. Il faudra certainement éviter les expressions susceptibles de signifier que le péché originel est contracté par les nouveaux membres du genre humain dans la mesure seulement où ils sont soumis ultérieurement, dès leur origine, à l'influence de la communauté humaine, où le péché règne, et se trouvent ainsi d'une manière initiale sur la voie du péché[61].

Les évêques français sont moins audacieux. Dans leur réponse au questionnaire d'Ottaviani, ils s'inquiètent de l'effondrement des « valeurs fondamentales », de l'« ordre moral chrétien », et déplorent que « le sens du péché subit comme une éclipse dans la conscience personnelle d'un grand nombre ». Constatant que le message de l'Église sur le péché originel est de moins en moins accepté, beaucoup de prêtres préfèrent le passer sous silence : « Le péché originel, ainsi que les fins dernières et le jugement, sont des points de la foi catholique directement liés au salut en Jésus-Christ et dont la présentation aux fidèles fait effectivement difficulté à beaucoup de prêtres chargés de les enseigner. On se tait, faute de savoir comment parler[62]. »

Pour en parler sans choquer les consciences, il faut utiliser une langue consensuelle, c'est-à-dire des formules flottant entre le respect littéral du récit biblique et l'allégorie pure et simple. Les évêques de France la manient avec dextérité dans leur *Catéchisme pour adultes* de 1991 : « Par le péché d'origine, la nature humaine a été gravement blessée. Cependant, elle n'a pas été totalement corrompue. L'image de Dieu a été ternie, comme elle l'est toujours, par le péché. Elle n'a pas été, et n'est jamais, détruite[63]. » Quant à notre liberté, « si elle a besoin d'être régénérée, elle n'a pas besoin d'être recréée ». Le péché originel cause en nous la concupiscence, c'est-à-dire « la tendance à chercher ses intérêts ou sa satisfaction au détriment de la juste ordonnance de sa vie dans son rapport à Dieu, au monde et aux autres ».

Les évêques rappellent la position de saint Augustin, précisant – avec raison – qu'elle a été élaborée en réaction contre Pélage et les gnostiques, ce qui explique son caractère sévère. Mais, plutôt que de la désavouer, ils la désamorcent par ce commentaire : « Le mal n'est pas une fatalité inscrite dans la création, comme si la doctrine du péché originel était là pour nous disculper. D'autre part, cette même doctrine contribue à tempérer le jugement écrasant que nous pourrions porter sur nos fautes, ou celles des autres hommes ; elle nous empêche de "sataniser" l'histoire, aussi bien que de sacraliser ceux qui la font[64]. » Abordant le point délicat du sort des enfants morts sans être baptisés, ils expliquent : « Tout homme qui vient à l'existence reçoit dès lors une humanité blessée. Le petit enfant n'est pas pécheur personnellement mais, du fait de son appartenance au genre humain, il est marqué par ce péché d'origine[65]. » « Quant aux enfants morts sans baptême, l'Église ne peut que les confier à la miséricorde de Dieu[66]. »

À propos du récit de la Genèse, le catéchisme commente : « L'homme a péché, en se détournant de son Créateur, pour se faire lui-même semblable à lui. Cette faute se situe dans l'histoire, aux origines de l'histoire humaine. La conséquence en est que l'homme a été blessé dans son amitié avec Dieu, dans son union aux autres hommes, dans l'unité avec lui-même, et il a perdu le don de l'immortalité[67]. » Quant au serpent, il « figure des forces séductrices et des tentations du paganisme environnant », et l'arbre de la connaissance du bien et du mal signifie que Dieu seul – c'est-à-dire désormais l'Église, en son nom – décide de la morale. Parmi les conséquences du péché originel se trouve l'accouchement dans la douleur, qui a d'ailleurs provoqué dans des milieux intégristes une opposition aux méthodes d'accouchement sans douleur. Les évêques ne s'opposent pas à ces méthodes, mais pour que les paroles bibliques gardent un sens, ils expliquent que les « douleurs » de l'accouchement sont dorénavant psychologiques et financières.

Parler du péché originel à la fin du XXᵉ siècle n'est décidément pas facile, surtout si l'on ne veut rien renier de la tradition catholique tout en laissant entendre que les formules d'autrefois peuvent prendre un sens nouveau aujourd'hui. Un bel exemple en est fourni par la réponse de Jean-Marie Lustiger, archevêque de Paris, à la question du péché originel :

> La conscience de l'homme a été enténébrée et sa volonté blessée. L'homme est en état de rupture avec Dieu et il est blessé en ses propres forces. Il est capable de vouloir le bien, mais sa volonté défaille. Il est capable d'entrevoir la lumière et il va vers les ténèbres. L'homme est ainsi ; tous les hommes, depuis toujours, dès l'origine, sont ainsi blessés dans leur condition historique. L'homme créé par Dieu s'est détourné de Dieu, et sa condition historique marquée par une déchéance et par la déréliction ne correspond pas à sa vocation originelle. C'est Dieu lui-même qui va prendre l'initiative de sortir l'homme de cette situation. C'est à l'opposé, disons, d'un rousseauisme naïf[68].

Autrement dit : nous ne savons rien sur le péché originel, mais il faut bien en parler, car toute la doctrine chrétienne repose dessus. C'est un peu ce qu'expriment les évêques allemands dans leur catéchisme de 1985, où ils insistent sur la primauté du Christ :

> La doctrine du péché originel n'a donc aucune signification en elle-même. Elle illustre l'universalité et la surabondance du salut que Jésus-Christ a apporté. La situation désastreuse et désespérée de l'humanité est englobée par l'espérance plus grande et la certitude qu'en Jésus-Christ nous est donné un salut surabondant.

La salut qui nous est offert en Jésus-Christ surpasse même la vocation et la grâce originelles. C'est pourquoi la liturgie de la nuit pascale va jusqu'à parler du péché originel comme d'une *felix culpa*, une heureuse faute[69].

SERMONS ET CATÉCHISMES : VERS LA MORT DU PÉCHÉ ORIGINEL

On conçoit la difficulté des prêtres qui doivent enseigner aux fidèles un point aussi contesté. Beaucoup choisissent sagement le silence. Pour ceux qui s'aventurent sur ce terrain glissant dans les sermons dominicaux, la tâche est ardue, car, rappelle C. Dumont dans la *Nouvelle Revue théologique* de 1961, « les fidèles, en général, ont une conception très incomplète du péché originel ; osons même dire qu'à certains égards leur manière de saisir ce dogme souffre d'un gauchissement qui n'est pas sans conséquence grave[70] ». Ils ont tendance, poursuit l'auteur, à tourner en dérision ce dogme fondamental : « Il est pénible, en tout cas, de constater comment un thème religieux essentiellement révélé est si souvent détourné en forme ironique dans les conversations, ou dans les pages humoristiques des magazines, sans que les chrétiens s'en offusquent comme d'un réel blasphème. » Ils s'attardent sur la mort, les souffrances, les désordres de toutes sortes, et passent à côté de l'essentiel. Ils posent « des questions périphériques », telles que : « Comment le premier homme, si doué de pouvoirs exceptionnels, a-t-il pu pécher ; ou, à l'inverse, est-il concevable que cet homme, que la science découvre si démuni de tout, ait eu à disposer du sort de la race ? Quelle est exactement la position à tenir quant à l'existence d'un premier couple ? Si Adam n'avait pas péché, le Verbe se serait-il incarné ? Comment, avant la chute, s'exerçaient les dons préternaturels[71] ? »

La plupart des prêtres, écrit C. Dumont, enseignent l'histoire du salut dans l'ordre chronologique : la création, l'homme en état d'intégrité, le péché originel, le châtiment, la transmission, la rédemption. Or mieux vaut commencer par la fin :

Il vaudra donc mieux éviter de dire, comme on le fait d'habitude : tout homme vient au monde pécheur, par suite du péché du premier homme (ce qui ne manque pas d'être vrai, mais se trouve exprimé dans une brachylogie souvent mal entendue par les fidèles, comme si l'homme était purement et simplement

« puni » pour la faute commise par un autre). On affirmera avec plus de pertinence : tout homme a besoin de renaître de l'esprit parce qu'il est de race pécheresse, chaînon d'une histoire qui se définit, en dehors de sa reprise par le Christ, comme un naufrage dans le mal. Péché de nature par conséquent dont l'explication la plus prochaine est, non pas Adam (cause lointaine), mais la corruption de la personne à cause d'une nature déviée, reçue par génération[72].

De même, quand les prêtres parlent de la concupiscence, ils doivent veiller à ne pas décourager les fidèles :

> On ne le fera donc pas surtout de façon purement négative, en excluant les mauvaises tendances d'une nature individuelle désaxée, ni en épiloguant sur la duplicité de l'homme qui voudrait le bien mais fait le mal, ni en prophétisant l'échec de toutes les valeurs créées de ce monde : prédication décourageante et de nature à excuser les déchéances de la liberté plutôt qu'elle n'aide à les vaincre. Rappeler la réalité de la concupiscence, selon l'intention même de l'Église, ce sera bien plutôt dresser la perspective future de la résurrection et montrer en même temps que cette victoire est un terme à venir. En attendant, il y a l'étape de l'ascèse réparatrice[73].

Mêmes difficultés pour l'enseignement du catéchisme, dont le contenu, à propos du péché originel, n'a pas évolué depuis le XIXe siècle. Publié en 1947, le *Catéchisme à l'usage des diocèses de France* comporte sur ce sujet tout un chapitre, le huitième, qui « ferait bondir la plupart des exégètes actuels », écrivent en 1977 Pierre Bréchon et Louis Tronchon[74]. Ce chapitre reprend le mythe de la Genèse, pour conclure à l'existence d'un mal héréditaire qui fait partie de notre nature et nous empêche de faire le bien. Le baptême est indispensable pour être sauvé, ainsi que l'obéissance stricte aux commandements de Dieu et de l'Église. Le péché originel sert de « caution idéologique d'une entreprise moralisatrice[75] ».

Dix-sept ans plus tard, le *Catéchisme pour les enfants de huit ans* (1964) dénote une évolution, qui est aussi, d'après les mêmes auteurs, « l'indice d'un malaise doctrinal ». Il n'y a plus de chapitre sur le péché originel, mais une simple allusion dans la leçon sur le péché : « Déjà le premier homme, Adam, et la première femme, Ève, avaient désobéi à Dieu. Ce péché originel a fait perdre aux hommes l'amitié de Dieu. À nous aussi, parfois, il arrive de dire non. Nous sommes alors des pécheurs[76]. » On ne fait plus le lien avec la souffrance et la mort, et la réponse à la question « Qu'est-ce que le baptême ? » n'est plus la même. L'édition de 1947 dit : « Le baptême est un sacrement qui efface le péché originel, nous donne la vie surnaturelle, et nous fait chrétiens, c'est-à-dire disciples de Jésus-Christ, enfants de Dieu et de l'Église » ; celle de 1964 : « Le baptême est le sacrement qui nous fait chrétiens, nous donne la vie de Dieu et efface le péché originel. »

En 1966, le catéchisme pour cours moyen va plus loin : Adam disparaît, de même que la chute originelle et l'idée d'un état de bonheur parfait au début du monde. Le catéchisme ne s'appuie plus sur le texte de la Genèse – « qui présente pour cet âge des difficultés insurmontables », écrit dans la présentation Mgr Ferrand, archevêque de Tours –, mais sur l'Épître aux Romains, chapitre 5. « Jésus sait que tous les hommes sont pécheurs, nous et tous ceux qui ont vécu avant nous, depuis le début de l'histoire des hommes. Jésus se met à la tête de tous les hommes. Il conduit vers le Père les hommes que Satan cherche à détourner de Dieu. Avec Jésus, tous les hommes peuvent aller vers le Père[77]. »

Amis de Dieu (1978), catéchisme de la région parisienne, demande aux catéchistes d'éviter l'emploi de l'expression « péché originel », trop évocatrice du mythe mal interprété. Le diocèse de Lyon au contraire, dans *Délivre-nous du mal*, catéchisme pour cours moyen, estime « que cette histoire est trop populaire, trop connue des enfants et qu'elle soulève trop de difficultés auprès des adultes pour que nous puissions purement et simplement la passer sous silence ». Le texte est introduit par une courte présentation : « En écoutant l'histoire du premier homme et de la première femme, c'est notre propre histoire, l'histoire de notre péché à tous que nous reconnaissons. » Suit ce récit, très édulcoré, où il n'y a plus ni serpent ni pomme :

> Le premier homme et la première femme sont heureux. Ils vivent dans un très beau jardin. Dieu est avec eux, ils peuvent lui parler familièrement. Un jour, il leur vient une grande tentation : « Si nous pouvions nous passer de Dieu ? Si nous pouvions réussir notre vie sans lui ? » Ils décident alors de se passer de Dieu, et de réussir leur vie sans lui. Mais bientôt, ils sont malheureux : ils

voudraient bien parler à Dieu, mais ils n'osent pas. Ils ont peur, ils veulent se cacher. Ils ne peuvent plus vivre avec Dieu dans le beau jardin, ils se rejettent la faute l'un sur l'autre [...]. Mais Dieu ne les abandonne pas, il reste avec eux pour les délivrer de leur péché[78].

D'une façon générale, les catéchismes pour cours moyen se contentent de reconnaître l'existence du péché et du mal, sans en expliquer l'origine, et d'affirmer que nous avons besoin d'un sauveur. Pour les classes de sixième et de cinquième, on trouve deux attitudes opposées. À Lyon, on reprend le récit de la Genèse, un peu adapté, en avertissant l'enfant : « Cette histoire n'est qu'une manière de parler, c'est une image qui cache quelque chose de plus important, une vérité que Dieu a fait comprendre à son peuple[79]. » Les conseils qui sont donnés à l'animateur situent bien la difficulté : cette histoire de fruit défendu est devenue un obstacle majeur à la compréhension des origines du mal. Le mythe, destiné à expliquer, est en réalité un écran, car on s'arrête au sens premier, littéral, qui n'est qu'une fable dérisoire.

> La pomme : le récit biblique du péché d'origine est certainement parmi les plus populaires – et ceci depuis longtemps. De là viennent les premières difficultés. En se vulgarisant, le récit s'est matérialisé et sa symbolique propre est tombée ; il reste le fait brut de la désobéissance fruitière, auquel se limite toute la croyance au péché des origines. La catéchèse n'arrive que très mal à remonter le poids de cette imagerie populaire aujourd'hui relayée par la chanson et le dessin humoristique, qui entraîne progressivement le dogme du péché originel dans le discrédit et le refus. Parler de péché originel, c'est provoquer le sourire. Malgré les efforts, la « pomme » renaît toujours de ses pépins et l'image domine l'intelligence. Il est courant d'affirmer que le péché originel ne se comprend qu'en Jésus-Christ comme un envers de la rédemption, révélé par le Salut lui-même. Cela a très peu de prise et les textes pauliniens restent inconnus ou bien sans prise sur les conceptions profondes. La catéchèse a en partie redressé la situation pour ce qui est des récits de la création ; elle n'a pas réussi à le faire pour le péché d'origine, le courant populaire [...] est le plus fort et finit toujours par l'emporter. À la décharge de la catéchèse, il faut ajouter que la symbolique du péché originel est extrêmement complexe : le serpent, le couple, l'arbre et le fruit, la nudité, le châtiment se prêtent difficilement à une transcription simple. L'affaiblissement de l'esprit symbolique et poétique, laissant la place

à une mentalité de type rationaliste, accentue encore la mauvaise intelligence du texte de la Genèse[80].

On comprend que, dans de nombreuses régions, le catéchisme se contente de vagues allusions à l'histoire de la chute. Le décalage culturel entre les textes fondateurs de la foi chrétienne et la culture de la jeunesse rend déjà les textes bibliques hermétiques. « Les jeunes ont une lecture univoque des multiples messages qu'ils reçoivent, ils sont impitoyablement réalistes », notent Pierre Bréchon et Louis Tronchon[81]. Pour eux, un récit est soit vrai, soit faux, d'où la difficulté à faire passer une explication théologique traditionnellement située entre l'interprétation littérale et symbolique. La disparition du péché originel de l'enseignement risque de rendre bien précaire l'édifice doctrinal chrétien.

LE DÉBAT CHEZ LES CATHOLIQUES LAÏQUES

Si la plupart des intellectuels catholiques laïques ont abandonné la lecture traditionnelle du péché originel, quelques-uns s'y accrochent encore dans les années 1960 comme à une planche de salut. En 1967, le paléontologue René Lavocat vient même au secours des théologiens. À ses yeux, *Humani generis* représente une ouverture : jusque-là, le monogénisme passait pour une vérité pratiquement révélée ; or, si Pie XII emploie la formule : « on ne voit pas comment on pourrait concilier le polygénisme... », c'est que le pape considère que peut-être un jour on verra comment. Que se passerait-il, si le polygénisme était scientifiquement prouvé ? Pie XII aurait répondu : « Le problème trouverait certainement une solution théologique convenable. » S'il n'y a pas de transmission physique directe du péché, estime René Lavocat, il est certain qu'il y a bien un premier péché, et cela « suffit pour que le plan divin ait dès l'origine tenu compte de cette entrée[82] ».

En 1975, Maurice Clavel, dans *Ce que je crois*, s'en prend aux chrétiens progressistes qui relativisent le dogme du péché originel : « Comment ne voyez-vous pas, pour parler votre langage, que rien n'est plus libérant, que dis-je, déculpabilisant que notre bon vieux Péché, justement parce qu'il est originel [...]. Ah, si vous pensiez seulement à défaut de croire ; vous comprendriez que ce Péché, c'est de l'or en barres[83] ! » L'histoire des deux derniers siècles illustre la vérité du péché originel, qui s'est répété à plusieurs reprises lorsque l'homme a voulu se libérer par ses propres moyens, par une idéologie sans Dieu. Chaque fois, affirme Maurice Clavel, cela a provoqué de nouvelles catastrophes : « Notre société globale, notre culture [...] semblent reproduire dans un bain quotidien [...] tous les traits que Pascal attribue au malheur de notre condition pécheresse. Notre culture entière aurait-elle réitéré à la deuxième puissance le péché originel en se le proposant comme libération commune[84] ? » Avec le capitalisme, le kantisme, l'hégélianisme et surtout le marxisme, l'homme orgueilleux a voulu prendre la place de Dieu. C'est la répétition du crime de Prométhée. Ces expériences catastrophiques prouvent la réalité du péché originel.

Le protestant Pierre Chaunu revendique lui aussi l'idée que le péché originel est inévitable : « Le péché originel, écrit-il en 1987, c'est le seul péché que j'ai commis, c'est le seul dont je m'accuse, c'est le seul que je commets à tous les instants de ma vie. Je m'appelle Adam. C'est le péché de mon père, mais c'est le péché qu'il a mis dans mes chromosomes. Je ne peux pas, à la limite, ne pas commettre le péché originel. Je ne peux plus ne pas le commettre, je le commets constamment ! Constamment j'abuse de ma liberté, constamment je choisis de m'affirmer au détriment des autres, constamment je me comporte comme un dieu[85]. » Pour l'historien, d'accord en cela avec beaucoup de théologiens, ce péché est intimement lié à la nature humaine ; c'est grâce à lui que nous savons que nous sommes vraiment libres. « Pour moi, la création est totalement indissociable de la chute, qui authentifie la liberté, le pouvoir créateur délégué. S'il n'y avait pas ce raté, je ne pourrais savoir que la liberté est vraie. Et je ne sais que la liberté est vraie que parce qu'il y a eu la chute. Donc, dans une certaine mesure, et dans cette perspective, *felix culpa* ! Ce n'est pas un piège que Dieu a monté, c'est devenu un piège, qu'il a transformé en planche vivante de salut[86]. »

Les intellectuels chrétiens qui ne partagent pas les convictions de Maurice Clavel et de Pierre Chaunu doivent trouver une interprétation acceptable du péché originel. Leur embarras est grand, d'autant plus que les autorités ecclésiales veillent. Certes, on n'excommunie plus, mais les audacieux qui se permettent d'avoir des opinions trop éloignées des directives officielles sont rapidement mis hors jeu par les gardiens du temple. Alors, comme le remarque Jean-Louis Schlegel en 2000 à propos des prises de position éthiques, beaucoup d'intellectuels catholiques se taisent et s'autocensurent, laissant les tenants de l'orthodoxie occuper le terrain et donner l'impression d'une belle unanimité : « Nous avons le sentiment qu'avec ses interdits, en tout cas ses *niets* d'aujourd'hui, quelle que soit la qualité du discours qui les accompagne, l'Église n'est pas sortie d'un passé conflictuel avec le corps, ou encore que la clarté tranchante avec laquelle elle parle de "ces choses" n'est qu'une fausse clarté, trop éloignée de la réalité, celle de notre culture et celle de nos connaissances, ou celle de l'individualisme contemporain[87]. »

LA BIOÉTHIQUE ET L'HÉRITAGE D'ADAM

Le débat sur le péché originel pourrait sembler un anachronisme un peu ridicule en ce début de XXIe siècle, où la morale de la société bourgeoise traditionnelle cède la place à « l'éthique indolore des nouveaux temps démocratiques[88] ». Mais les maux planétaires redoublent tandis que les manipulations génétiques ouvrent des perspectives d'amélioration de l'espèce, éveillant les rêves les plus fous de l'homme-Dieu et les angoisses les plus irrationnelles de l'apprenti sorcier. Les thèmes de la chute et de la nature humaine, corrompue ou non, reprennent donc un intérêt fondamental. Si le débat n'est plus exclusivement religieux, la question de fond reste la même : l'homme doit-il se résigner à ses limites et à ses maux, en vertu d'une sorte de malédiction originelle, ou peut-il prendre en main son évolution, pour lui imprimer la direction qu'il souhaite ? Doit-il continuer à lutter contre sa « nature », à réprimer ses sens, réputés inférieurs et corrompus, ou peut-il élaborer une éthique, plus libre et plus équilibrée, dégagée d'interdits et de tabous auxquels il croit de moins en moins ? Peut-il s'en sortir seul dans un univers indifférent, peut-il donner un sens à sa propre existence ? Ou bien cette tentative prométhéenne est-elle la nouvelle manifestation d'une malédiction originelle, et vouée à l'échec ? Alors que l'homme semble à la veille de maîtriser par la science et la technique l'évolution de sa propre nature, il prend peur, comme s'il s'attaquait à nouveau à un interdit fondamental dont la violation l'entraînerait dans un enfer cosmique. La sanction divine sur Adam et Ève pèserait-elle toujours sur ses épaules ?

Toutes les enquêtes le confirment : les humains du début du XXIe siècle ont peur du pouvoir technologique. Selon un sondage *Time/CNN* publié dans le magazine *Time* en février 2001, 90 % des Américains pensent que le clonage humain est une mauvaise chose, et 34 % d'entre eux rejettent cette pratique parce qu'elle contrevient à la volonté divine ! Pourtant, 68 % croient que cette technique sera opérationnelle, et donc utilisée, dans moins de vingt ans. L'homme contemporain n'a pas confiance en lui-même, mais il sait qu'il franchira le pas malgré tout : a-t-on déjà vu dans l'histoire les hommes renoncer à faire quelque chose qu'ils étaient capables de faire ? Avant de commettre un nouveau péché originel, il réfléchit sur le vieux mythe, qui est un peu sa pierre philosophale. Lourd héritage de vingt siècles de méditation sur le péché originel : l'homme doute de lui-même. On ne se libère pas facilement de deux millénaires de culpabilisation. Un courant antihumaniste, profondément pessimiste, se fait jour. Il se manifeste par exemple dans l'exaltation de la nature, érigée en nouvelle divinité salvatrice face aux entreprises destructrices de l'homme. La nature, sacralisée, objet d'un respect superstitieux, par opposition à l'humanité aux techniques agressives.

C'est là l'origine d'une série de malentendus et d'ambiguïtés qui entretiennent la méfiance entre les hommes, paralysent l'action et retardent l'élaboration d'une nouvelle éthique. Dans un article d'*Esprit*, Dominique Bourg a bien montré comment la présentation des travaux sur la bioéthique contribuait à répandre, consciemment ou inconsciemment, la peur[89]. L'Église n'y est pas étrangère puisque, en sacralisant le processus « naturel » de la reproduction, elle interdit toute intervention humaine visant à l'interrompre ou à le modifier. Cette attitude, explique Dominique Bourg, « résulte d'une défiance radicale vis-à-vis de la capacité morale des hommes, de leur aptitude à décider par eux-mêmes face à la complexité de situations inédites. Il ne saurait y avoir, selon l'Église, de salut moral hors l'acceptation de ses préceptes[90] ». C'est « la perversion éventuelle des analyses de l'Église qui est sensible[91] », note Jean-Paul Thomas dans *Misère de la bioéthique*.

Comme le rappelle Eberhard Schockenhoff dans la revue *Concilium*, la nature a été, pour le christianisme, « déformée par le péché », et n'est plus conforme au plan du Créateur : « Les suites du mal se matérialisent dans les structures de la création déchue.

On les perçoit dans les forces et tendances destructrices qui menacent la vie des hommes et des animaux ainsi que la nature inanimée, sous forme de maladies, d'accidents et de catastrophes[92]. » L'homme a reçu la mission de transformer la nature et de la dominer, ce qui le fait participer à l'action divine de création.

Mais dès qu'il y touche, on crie au sacrilège, surtout s'il s'intéresse aux mécanismes de transmission de la vie. Les documents pontificaux, comme *Donum vitae* (1987), insistent tous sur la « dignité tant de la procréation humaine que de l'union conjugale », et s'opposent à l'« obtention d'un être humain sans aucune relation avec la sexualité, au moyen de la "fission gémellaire", du clonage, de la parthénogenèse[93] ». « Le magistère ecclésial exige pour l'individu le droit à l'origine accidentelle de sa propre existence selon un procédé naturel de procréation auquel les deux parents biologiques sont associés[94]. »

Notons que l'Église défend à présent la dignité de l'acte sexuel, après en avoir fait si longtemps l'illustration même de la concupiscence, une dégradante nécessité due au péché originel... Mais, derrière l'opposition à tout mode de fécondation « artificiel », n'y aurait-t-il pas une certaine inquiétude inavouée concernant le caractère héréditaire de la faute originelle ? L'Église a toujours insisté sur le fait que ce péché se propage à tous les hommes par transmission, en raison de la concupiscence inhérente à l'acte sexuel. Les scolastiques médiévaux se demandaient déjà si un individu créé en dehors de tout rapport sexuel, à partir d'un membre – disons d'une cellule – d'un autre individu, serait contaminé par le péché originel.

Pour nos mentalités modernes, la question est liée au concept de « dignité humaine », qui s'opposerait à toute intervention extérieure dans le processus de reproduction sexuée, qu'il s'agisse d'intervention sur l'embryon aussi bien que des méthodes artificielles de conception. Cela revient à placer la dignité humaine dans le respect intégral de la nature et de ses hasards, nature pourtant corrompue par le mal issu du péché originel. Revendiquer le « droit à l'origine accidentelle » de chaque individu, n'est-ce pas aussi affirmer que l'on préfère voir naître des personnes handicapées, plutôt que des personnes adaptées à l'idéal social du moment, parce que les premières seront aimées pour elles-mêmes, alors que les secondes seront des instruments au service de la société ? Mais les premières ne sont-elles pas, d'une certaine façon, des instruments au service du désir de perfection morale de quelques-uns ? Nous sommes en fait devant un choix culturel. Doit-on accepter la perpétuation de la misère humaine, qui permet d'exercer l'amour réciproque des individus et de mériter par là une forme de salut, ou chercher à améliorer l'espèce humaine par la technique afin d'en maîtriser l'évolution et de réduire la part du mal ? Les autorités religieuses ne peuvent que choisir la première solution, car elles s'opposent à tout ce qui pourrait faire de l'homme le maître de son destin, ce qui rendrait inutile l'idée même de Dieu. D'autres considèrent que la véritable dignité humaine consiste à refuser la fatalité des hasards génétiques naturels, afin de réduire les maux qui accablent l'espèce :

> Tout acte visant à la construction d'une humanité meilleure est digne d'éloges, écrit Marciano Vidal ; on ne peut condamner, en principe, le désir de réussir à améliorer l'espèce humaine, même dans le domaine si important de la génétique. [...] Est-ce un point important de l'évolution humaine que le droit au « hasard », à la « diversité » génétique, à la « différence » personnelle ? [...] Si, pour le « décollage » de l'homme du néolithique, il fallait des manipulations d'espèces végétales et animales, pourquoi ne pas accepter d'autres manipulations pour le décollage de l'ère nouvelle que certains entrevoient et qu'ils appellent le néogénique[95] ?

La question est d'une extrême complexité. Toute attitude humaine est ambivalente, à commencer par la sacralisation de la nature et de ses mécanismes : chercher à préserver toutes les espèces animales et végétales au nom de la « nature », alors que l'évolution naturelle a provoqué la disparition de millions d'espèces ; s'opposer à la réduction de la natalité pour ne pas contrarier le processus naturel, alors que la prolifération des hommes est le premier responsable de la destruction de la nature ; s'interdire toute intervention sur le patrimoine génétique « naturel », alors que « les échanges de matériel génétique existent couramment dans la nature », et ainsi de suite. La confusion entre le « naturel » et l'« artificiel », l'assimilation du « moral » au « naturel » sont responsables d'une multitude d'ambiguïtés et de préjugés. Dire que la transgression de barrières naturelles est une faute morale, c'est remettre en cause toute la médecine ; sacraliser le génome, c'est aussi réduire la dignité humaine à l'identité biologique, ou négliger les aspects culturels et relationnels[96]. En soi, les manipulations génétiques ne sont ni bonnes ni mauvaises ; tout dépend de ce que l'on veut en faire[97].

La casuistique est donc appelée à de nouveaux développements. A.R. Jonsen s'en faisait déjà l'avocat en 1994, prônant « une interprétation des maximes dans les cas et évaluation de leur importance dans un ensemble de circonstances précises[98] ». Paul Valadier a repris l'idée en 2000[99]. Pour le jésuite, cette vieille discipline morale, qui a fait les beaux jours de sa Compagnie au XVIIe siècle, a été très critiquée parce qu'elle justifiait des solutions moyennes, moralement discutables, et donnait un pouvoir exorbitant aux casuistes. Mais aujourd'hui, en raison de la complexité et de la nouveauté des problèmes soulevés par les nouvelles technologies, on voit renaître de véritables commissions de casuistes : les comités d'éthique. L'embarras de notre culture face aux problèmes moraux ne tient pas seulement à la nouveauté des situations, mais aussi à l'incertitude concernant les valeurs et les principes de base. Qui doit faire partie de ces comités ? Au nom de qui et de quoi vont-ils prendre des décisions ? Quelle sera la valeur pratique de ces décisions ? Nous n'en sommes qu'aux balbutiements.

En 2000, la *Revue des sciences religieuses* a consacré tout un numéro au rôle que peuvent désormais jouer les représentants du christianisme dans les débats sur la bioéthique[100]. Les contributions des participants illustrent les difficultés que rencontre la théologie, en raison de son lourd héritage, à s'insérer dans le débat contemporain avec des partenaires venus d'horizons philosophiques divers, athées ou agnostiques, se référant à des valeurs strictement humaines. La théologie, habituée à parler en maîtresse au nom de principes révélés indiscutables, peut-elle encore faire entendre sa voix à côté d'athées qui récusent ces principes ? Dans les sociétés modernes sécularisées, doit-on écouter les représentants des religions qui ont autrefois imposé tant de choses aujourd'hui inacceptables ? Aux États-Unis, constate H. Doucet, les comités d'éthique demandent aux théologiens non pas d'apporter des solutions, mais de faire part de leur expérience de la personne humaine, sur les questions de vie, de mort, de souffrance, qui « nous renvoient à la question du mal, question qui est à l'origine même du renouveau de l'éthique[101] ». Tout en sachant que l'éthique n'est pas neutre, car elle dépend toujours des traditions culturelles, les théologiens s'efforcent de montrer qu'il n'est pas possible de tenir « un type de discours éthique séculier ou philosophique qui soit plus raisonnable, neutre ou objectif, et moins dépendant d'une tradition que le discours religieux[102] ».

En Europe, la Commission des épiscopats de la Communauté européenne (Comece) a créé un comité de réflexion sur la bioéthique. Mais, se demande Silvio Marcus-Helmons dans la *Revue des sciences religieuses*, ce comité peut-il prendre des positions différentes de celles de la hiérarchie ? En théorie, oui, mais en pratique on constate que les attitudes sont les mêmes, c'est-à-dire une opposition à tout type de clonage humain parce que cela altérerait la diversité naturelle, et parce que « la reconnaissance inconditionnelle de la dignité de toute personne est le fondement même des droits de l'homme et d'une société pleinement humaine[103] ».

Mais en quoi cette dignité consiste-t-elle exactement ? Quel comité peut annexer la « dignité de la personne humaine » ? Et si l'on considère certains épisodes passés, les religions sont-elles les mieux placées pour s'ériger en défenseurs de la dignité humaine ? C'est bien pourquoi en Belgique, écrit à son tour Henri Wattiaux, « la communauté laïque se méfie d'un Comité national d'éthique parce qu'elle craint que celui-ci ne devienne un instrument au service des croyants pour imposer leurs conceptions morales restrictives. [...] Il faut se demander si, en raison de sa nature éthique, un Comité national d'éthique n'est pas forcément plus conservateur que progressiste [...]. Cette espèce de penchant spontané du Comité national d'éthique vers un conservatisme (non étranger à une sorte de religiosité vague) est sensible dans les avis du Comité français, qui parle à propos de l'embryon de "personne potentielle" (comme l'Église catholique)[104] ». Le même auteur, évoquant le Comité national d'éthique belge, constate : « Le clivage laïques-catholiques s'y reflète de façon évidente [...]. Les positions exprimées sur des questions essentielles – l'enthanasie, la Convention sur les droits de l'homme et la biomédecine, l'embryon humain *in vitro* – présentent des éthiques concurrentes adossées aux convictions des uns et des autres, appuis logistiques de pratiques diverses selon les réseaux institutionnels[105]. »

En France, d'après Olivier de Dinechin, les choses semblent plus consensuelles. Les représentants des familles spirituelles évitent les positions trop dogmatiques, mais s'opposent malgré tout à la « subtile éthique de situation et relativisation douce des principes[106] ». Denis Müller rappelle que « le théologien moraliste ou la théologienne qui fait de la bioéthique ne sont pas d'abord des cerveaux remplis d'injonctions et d'interdits plus ou moins télécommandés, mais des personnes à l'écoute d'eux-mêmes, des autres, de l'Église et du monde[107] » ; et selon Marie-Jo Thiel, la tâche de la bioéthique n'est pas de présenter des solutions toutes faites, mais de favoriser un travail de réflexion, dans lequel « la théologie peut représenter une instance de valorisation et de relativisation du travail bioéthique[108] ». Ce dernier auteur signale par ailleurs le grave danger qui menace l'élaboration d'une nouvelle éthique : celui de voir les comités d'éthique devenir des autorités morales dictant des codes de conduite, alors que leurs membres n'ont aucun mandat pour cela : « Ne risque-t-on pas de confisquer le débat national avec ce que celui-ci suppose de temps et d'informations contradictoires ? N'érige-t-on pas le Comité national d'éthique en autorité morale susceptible de se substituer au pouvoir réglementaire, voire au législateur ? » Déjà, la bioéthique « est en quelque sorte entrée dans un fonctionnement idolâtrique, déniant la place de l'altérité[109] ».

Hans Jonas illustrait cette dérive dès 1947 en affirmant, dans *Le Principe responsabilité*, que les démocraties sont des régimes trop faibles pour mettre en œuvre des politiques éthiques[110]. La peur serait un moyen salutaire pour faire retrouver au peuple le sens des responsabilités, estime Jonas qui suggère l'instauration d'une « tyrannie bienveillante », conduite par une élite capable d'« assurer éthiquement et intellectuellement la responsabilité pour l'avenir », une « élite avec des loyautés secrètes et des finalités secrètes », utilisant de « pieux mensonges » si « la vérité est difficile à supporter ». Cela n'est pas sans rappeler la « Maison de Salomon », à laquelle le chancelier Bacon, dans son utopie sur *La Nouvelle Atlantide*, confiait la direction de la société : un groupe d'experts décidant seul de ce qui est bon et de ce qui est mauvais, et gardant secrètes les inventions et découvertes nuisibles.

L'« ÉTHIQUE INDOLORE » POST-ADAMIQUE

La morale judéo-chrétienne, fondée sur la défiance à l'égard de la nature humaine corrompue, sur l'affirmation d'une chute qui entraîne culpabilisation, sens du péché et peur du châtiment, est en miettes. L'évolution de l'anthropologie et le développement de la démocratie participative ont fini par répandre l'idée de l'autonomie morale de l'homme, libéré de la tache originelle et pleinement responsable de sa conduite. Les vieux codes qui s'appuyaient sur les commandements divins semblent avoir explosé, et avec eux les notions de devoir, d'obligation, de vertu.

La situation morale de la société occidentale au début du XXIᵉ siècle fait l'objet de diagnostics variés, mais qui s'accordent sur un point : la confusion. Pour Chantal Delsol, l'homme contemporain est laissé à lui-même ; sans repère moral, il est « censé trouver le nord sans boussole. Ou plutôt servir lui-même de boussole pour découvrir son propre nord » ; résultat : une « éthique de la complaisance » et de la satisfaction immédiate[111]. Pour Alain Ehrenberg, « chacun doit impérativement se trouver un projet [de vie] et agir par lui-même pour ne pas être exclu du lien [social][112] ». Pour Pierre-Olivier Monteil, nous vivons sous « une quasi-obligation d'être heureux », d'où un « activisme forcené » pour y parvenir[113]. Pour Jean Baubérot, nous sommes dans une société où l'on affecte de n'avoir plus de morale, quitte à le déplorer, mais où l'on assiste en même temps à des flambées passagères de moralisme : « morale anarchocentriste, à la fois laxiste (en apparence) et pleine de stéréotypes, se voulant accueillante aux déviants (à certains du moins, car elle a aussi les siens) et l'œil fixé sur l'évolution de l'audimat. Elle est souvent contradictoire ; elle est aussi terriblement changeante : l'événement médiatisé peut la faire passer de l'indifférentisme à l'hypersensibilité [...] qui durera jusqu'à ce qu'un nouvel événement chasse le précédent. Tout cela sur le mode d'une évidence partagée, qui doit être perçue de façon simultanée par le plus grand nombre, lisible au premier degré[114] ». C'est, écrit encore Jean Baubérot, une « morale sauvage, d'instinct et d'émotion plus que de raison. Elle se dispense d'argumenter, puisqu'elle ne s'avoue pas comme telle. Tout au plus s'affirmera-t-elle "éthique", ce synonyme fait tellement sophistiqué qu'il lui plaît bien ».

Les enquêtes confirment ces analyses. À l'aube du IIIe millénaire, les valeurs les plus prisées dans la société française sont, dans l'ordre, l'honnêteté, la justice, l'amitié, l'égalité, la famille, le respect de l'environnement ; le patriotisme arrive au vingt-deuxième rang. Les valeurs « de proximité » sont privilégiées : ne plus souffrir et ne plus faire souffrir sont les impératifs les plus suivis, avec une nette volonté de réconcilier le plaisir et le bien. Faire le bien sans douleur : cette attitude est révélatrice de l'abandon de la culpabilisation et de l'idée de péché originel. D'où les accès de générosité orchestrés par les médias, associant dons et divertissement, du style téléthon. Les causes humanitaires, les catastrophes suscitent la formation de comités de soutien, qui voisinent sur internet avec les clubs de spéculation boursière et de pornographie [115].

Paradoxalement, la volonté d'être heureux à tout prix agit comme une nouvelle angoisse : « Soyez heureux » est devenu le premier commandement. Celui-ci rencontre un tel consensus qu'il se transforme en pression culpabilisante pour les nombreux individus qui ne parviennent pas à se conformer au modèle de bonheur diffusé par les médias. Stress et dépression sévissent de plus belle, comme un rappel de l'expulsion du paradis, depuis laquelle « le bonheur n'est pas de ce monde ». « Rien de plus angoissant que de vouloir être heureux », écrit Pascal Bruckner [116], pour qui « nous sommes nés, sur cette terre, sans raison. Dire que le bonheur est le but de la vie est une invention des philosophes et des religieux pour nous gâcher l'existence [...]. Ce qui est déprimant, c'est de s'assigner un but et de ne pas y arriver. Il y a des gens qui jouent à être heureux, d'autres qui le sont par moments [117] ».

L'une des plus fines analyses de la situation paradoxale de la morale aujourd'hui est sans doute celle de Gilles Lipovetsky, dans un ouvrage au titre évocateur : *Le Crépuscule du devoir. L'éthique indolore des nouveaux temps démocratiques*. Après avoir montré comment la sécularisation des principes moraux aux XIXe et XXe siècles avait donné naissance à une morale laïque austère s'appuyant sur le sens du devoir, il constate que nous sommes passés à un stade où coexistent laxisme et manichéisme. Le sens du devoir existe toujours, mais éclaté, sans principe général. « Il faut penser l'âge post-moraliste comme un "chaos organisateur" [...] d'un côté, l'individualisme attaché aux règles morales, à l'équité, au futur ; de l'autre, l'individualisme du chacun pour soi et du "après

moi le déluge" ; soit, en termes éthiques, individualisme responsable contre individualisme irresponsable[118]. » Le rejet des modèles
moraux nous fait entrer dans la phase de l'« éthicisme », où tout est
à créer. Mais « comment croire un seul instant que les proclama-
tions idéales, les vertueuses protestations, les comités d'éthique
puissent être à la hauteur des défis du monde moderne ? Misère
de l'éthique qui, réduite à elle seule, ressemble davantage à une
opération cosmétique qu'à un instrument capable de corriger les
vices ou excès de notre univers individualiste et technoscien-
tifique[119] ».

Les protestations contre les fléaux sociaux, drogue, tabac,
alcool, contre les excès de la science médicale ou de la pornographie, ne doivent pas faire illusion : il ne s'agit pas d'un retour
au sens du devoir, mais de la recherche d'une réglementation
consensuelle et indolore. La société contemporaine est hédoniste,
c'est-à-dire qu'elle cultive le bonheur *light*, le plaisir à « consommer
avec modération », une version moderne de l'épicurisme, faisant
appel au principe de responsabilité individuelle. L'heure n'est plus
à la prohibition, mais à la légalisation. Alcool, tabac, drogues
« douces » et sexe sont permis, mais les abus peuvent être
dangereux. Sommes-nous en train de glisser doucement vers ce
« dernier homme » et ses petits plaisirs qu'annonçait Nietzsche ? Il
faut profiter de la vie à petite dose ; à chacun de savoir où s'arrêter.
Cette confiance faite à l'individu suppose la négation du péché
originel. Depuis 1968, « il est interdit d'interdire », nul ne veut plus
de devoirs et d'obligations. Même dans l'Église, on ne parle plus
de l'« obligation » de la messe dominicale ou de la communion
pascale.

Le discours éthique est très prisé ; chaque profession a son
éthique, mais celle-ci se réduit le plus souvent à l'intérêt bien
compris, jusque dans le domaine économique, où elle fait partie
des arguments de vente : « *Ethics is good business.* » Comme le
temps, la morale, c'est de l'argent. Les séminaires d'éthique pour
cadres prolifèrent. Les jésuites ont même ouvert à Wall Street un
centre de réflexion morale pour spéculateurs catholiques. L'idéal
de la *business ethics* est le juste milieu entre les intérêts des action-
naires, des salariés et des consommateurs. Morale de compromis,
qui va à l'encontre de la morale des principes caractérisant la
société des devoirs. L'éthique est un moyen publicitaire de choix :
mécénat, retrait de la vente des articles présentant la possibilité

d'un défaut dans le souci de protéger le consommateur, ou encore campagne d'une société de publicité diffusant les photos d'enfants disparus.

Le compromis entre morale et affaires n'est certes pas récent : au Moyen Âge, les maisons religieuses déployaient beaucoup d'ingéniosité pour trouver des moyens de pratiquer le prêt à intérêt, et la casuistique a rendu de grands services dans ce domaine. C'est pourquoi certains en viennent à penser qu'il faut démythifier la morale. Dans *La Morale, cette imposture*, un essai publié en 1999, Marcel Boisot soutient ainsi que le seul but de cette « imposture » est de favoriser la survie du groupe. Le code moral, dit-il, est l'ensemble des règles idéales destinées à former la mentalité collective dans le sens de la subordination de l'intérêt individuel à l'intérêt collectif. Le fonctionnement du monde repose sur un péché originel qui, d'après Marcel Boisot, est l'accession de l'homme à la raison et à l'intelligence :

> Même si l'explication de l'interdit est diaboliquement fausse, le mérite du serpent est d'en fournir une et celui d'Ève est de l'écouter. De ce fait, Ève, et non Adam, introduit dans le monde la raison raisonnante par laquelle l'action se revêt de sens et qui, poussée à peine plus loin, deviendra heuristique sur le monde. L'intelligence – dont auparavant ils étaient l'un et l'autre privés – apparaît bien comme le fruit (sans doute défendu) de la raison. Pour l'avoir découvert, Ève ne devrait-elle pas être considérée comme la mère de la philosophie et des sciences ? N'est-ce pas à elle que nous devons de ne pas toujours mourir idiots[120] ?

L'humanité, qui prend conscience de vivre dans un monde absurde, qui n'a pas de sens en lui-même, est-elle assez mûre pour passer du stade de la morale au stade de la sagesse ? C'est, pour Marcel Boisot, toute la question.

Le dilemme est d'une certaine façon illustré par l'histoire de la dame qui, ayant appris la théorie de Darwin, aurait dit : « Alors, l'homme descend du singe ? Pourvu que ça ne se sache pas ! » Ce qui revient à poser la question d'une morale post-darwinienne, une morale qui abandonne les principes absolus de bien et de mal pour se fonder sur l'évolutif et le relatif. Pour François Jacob, une telle morale est possible : « On peut sans difficulté se fabriquer une éthique sur ce qu'on veut [...]. Je trouve toutefois qu'il est beaucoup plus glorieux pour l'homme d'avoir conquis sa place dans la nature que d'avoir été par Dieu installé au milieu de la nature. C'est une question de goût[121]. » Pour beaucoup, le darwinisme peut même contribuer à expliquer la morale classique. « Le sens du devoir (regret ou remords) n'est que la conscience d'un instinct social inhibé qui n'a pas fonctionné dans une situation où un autre instinct l'a emporté, écrit Yvon Quiniou. La "loi morale" n'est donc qu'une règle instinctive déguisée, qui continue d'habiter la conscience dans l'ignorance de son origine. [...] La sélection naturelle, ici, sélectionne la morale qui a pour propriété de s'opposer à la sélection telle qu'elle s'opère chez l'animal avec l'élimination des faibles par les forts, et c'est bien sous cette forme que, appuyée sur d'autres facultés, elle a apporté un avantage décisif à l'humanité et assuré son triomphe[122]. » Dans cette perspective, la morale classique serait une sorte de contre-évolution, luttant contre l'élimination des faibles et des inadaptés ; elle serait littéralement contre nature. La fameuse « morale naturelle » devrait plutôt consister à aller dans le sens de l'évolution, c'est-à-dire à participer à la sélection des plus forts et des mieux adaptés. Yvon Quiniou estime que « Darwin donne ainsi tort à ceux qui, comme l'Église catholique tout récemment, continuent à penser qu'aucun matérialisme ne saurait fonder la dignité de la personne humaine et voient dans le passage du corps à l'esprit, spécialement sous son aspect moral, un "saut ontologique" qu'aucune théorie évolutionniste ne saurait combler ».

LE NOUVEAU MAGISTÈRE MORAL : LES COMITÉS D'ÉTHIQUE

Le constat d'un lien de plus en plus évident entre génétique et morale conduit à poser la question du rôle que devrait ou pourrait jouer le savant dans la détermination des principes éthiques. Les scientifiques doivent-ils succéder aux théologiens et aux moralistes laïques comme maîtres de morale ? Oui, estimait Jacques Monod : « Je pense que les scientifiques ont un rôle essentiel à jouer dans la révolution morale, intellectuelle et politique qui doit nécessairement se produire si la civilisation subsiste[123]. » Dès 1970, l'éminent savant écrivait dans *Le Hasard et la nécessité* : « Où donc alors retrouver la source de vérité et l'inspiration morale d'un humanisme socialiste réellement scientifique, sinon aux sources de la science elle-même, dans l'éthique qui fonde la connaissance en faisant d'elle, par libre choix, la valeur suprême, mesure et garant de toutes les autres valeurs [124] ? »

Cette position claire et nette est aujourd'hui partagée par bon nombre de scientifiques. Il y a peu encore, elle suscitait l'hostilité de tous ceux qui situent l'humanisme dans l'« esprit » et la « culture ». Une morale fondée sur la science et la technocratie sonnerait la fin de l'idéal de solidarité et de fraternité, estimait Claude Blanckaert en 1993. « On pourrait même, écrivait-il, établir une sorte de concordance historique, ce n'est pas dire une causalité, entre la régression des idéaux de transcendance et l'assujettissement technocratique du corps de l'homme comme de son esprit [125]. » Pour ces opposants à la morale biologique, le mythe d'Adam et Ève et de leur péché originel gardait une valeur au moins symbolique :

> Le gouvernement des experts fait encore violence aux aspirations morales – risquons le mot – de tous ceux qui n'ont pas rejeté la problématique religieuse traditionnelle. Selon le récit biblique, comme l'indique l'historien John Greene, Adam et Ève perdirent leur prétention au paradis pour avoir mangé des fruits de l'arbre de la connaissance du bien et du mal, « un arbre inconnu de la science. C'est cette connaissance qui fait notre transcendance, notre danger, notre humanité ». Sans sacrifier à ce schéma critique, ni réhabiliter on ne sait quelle perspective, littéralement incompréhensible, de l'homme « fait à l'image de Dieu », l'historien constate que les « faits » de la science ne sont pas garantis, comme on le croit communément, par son « postulat d'objectivité ». La plupart des grands théoriciens du transformisme du XIXe siècle n'hésitaient pas à avouer qu'ils avaient fait choix de l'idée évolutionniste pour des raisons métaphysiques, antireligieuses [126].

L'éthique a le plus grand mal à couper le cordon ombilical qui la rattache à sa mère, la morale, elle-même imprégnée des valeurs religieuses. La bioéthique ne sera vraiment un succès que lorsqu'elle aura rompu avec la théologie, estimait H.T. Engelhardt en 1991 [127]. Mais aujourd'hui encore, ceux qui, comme Marie-Jo Thiel, parlent de la nécessité d'éviter « une intemporelle répétition de normes et de codes » ne peuvent s'empêcher de se référer à des citations bibliques [128]. Dans le domaine moral plus qu'ailleurs, l'autonomie fait peur. Comme les peuples qui sortent de la servitude, la culture occidentale a été habituée à suivre le code moral judéo-chrétien, de sorte qu'elle est effrayée par la perspective d'avoir à se prendre en main.

Dans les années 1970 déjà, le Polonais Stanislaw Lem pensait que le christianisme devrait en venir tôt ou tard à l'idée de « création intermédiaire », c'est-à-dire d'une humanité faite à l'image de Dieu, certes, mais avec la capacité de s'améliorer grâce à la science. Cette capacité, l'homme est à la veille de la maîtriser, mais il renâcle à franchir le pas. D'abord, tout en déplorant que la morale risque de devenir une affaire de professionnels, il préfère se décharger de la responsabilité sur des comités d'éthique. Depuis la déclaration d'Helsinki, recommandant en 1964 la création de « comités indépendants », ceux-ci ont proliféré. En France, c'est en 1983 qu'est fondé le Comité national d'éthique. Le résultat, comme le constate Gilles Lipovetsky, est que « ce qui était autrefois conscience morale commune, connaissance universelle du devoir, devient de plus en plus affaire d'experts et de spécialistes, médecins et sociologues, philosophes et théologiens. [...] Même l'éthique est entrée dans la voie de l'institutionnalisation, de la bureaucratisation, de la spécialisation fonctionnelles. [...] Avec les nouveaux "sages" viennent en effet les consultants, les professionnels rémunérés de l'éthique[129] ».

L'homme trouve commode de s'en rapporter à des « sages » pour déterminer le bien et le mal théoriques, quitte à faire preuve de pragmatisme dans sa conduite personnelle. Cette abdication de la volonté populaire devant le nouveau « magistère éthique » est illustrée par un sondage de 1990 d'après lequel 35 % des Français souhaitaient que la réglementation des questions de procréation artificielle soit laissée au Comité national d'éthique, 22 % aux médecins, 15 % au Parlement, et seulement 24 % qu'elle soit soumise à un référendum. Selon ce sondage, les trois quarts de la population n'auraient donc pas confiance dans leurs propres capacités à déterminer le bien et le mal. L'homme d'aujourd'hui ne veut pas manger la pomme une seconde fois. Il ne veut plus toucher à l'arbre de la connaissance du bien et du mal.

La porte est ainsi grande ouverte à toutes les manœuvres des différents lobbies, usant des moyens médiatiques et publicitaires pour faire triompher leurs intérêts et leurs sentiments. L'une des dérives les plus spectaculaires est le courant écologiste qui sacralise la nature et se montre prêt à sacrifier à ce dieu des intérêts humains fondamentaux. Cela va de la zoolâtrie qui fait de la protection des animaux un impératif catégorique, allant jusqu'à proposer le statut et la dignité de « personne » aux gorilles[130], à la réintroduction de prédateurs – loups et ours – au prix de lourdes indemnités versées par la collectivité aux éleveurs qui en sont victimes. Marcel Gauchet, Luc Ferry, Gilles Lipovetsky, entre autres, ont dénoncé ces perversions « zoophiliques et écophiliques » qui font que « les devoirs de protection de la nature prennent le pas sur les devoirs envers les hommes ; ils placent, par ordre de priorité, la sauvegarde de l'environnement devant les questions économiques et sociales ; la pollution ou la diminution de la couche d'ozone les préoccupent davantage que la grande pauvreté, le sous-développement et le chômage[131] ».

La tendance à assimiler morale et législation rencontre par ailleurs un obstacle de taille avec la mondialisation, qui favorise la recherche de l'intérêt personnel immédiat par l'usage de l'internet, par exemple, permettant de tourner les législations nationales aussi bien que de s'enrichir en très peu de temps par la spéculation *on line* : « On entre dans un monde profondément immoral, le monde où chacun ne songe qu'à défendre son intérêt à court terme[132] », écrit Michel Albert, qui ajoute : « Les flux de capitaux passant, beaucoup plus facilement d'ailleurs que n'importe quel autre fluide, d'un bout à l'autre de la planète sans que personne puisse parvenir à s'y retrouver, la loi ne s'applique plus. Et les brigands, de nouveau, prospèrent. Ils sont les enfants de la globalisation financière. »

Ensuite, et c'est l'autre conséquence de la délégation du pouvoir moral à des comités, ces derniers, conscients de leurs responsabilités, sont portés à adopter une attitude conservatrice, de par leur composition, bien sûr, mais aussi par peur des suites que pourrait avoir une erreur de jugement. Presque toutes les réso-lutions adoptées jusqu'ici sont restrictives : l'opposition au clonage humain par l'OMS et par le Parlement européen en mars 1997, la demande d'enregistrement du génome humain comme patrimoine de l'humanité par l'Unesco, une autre résolution contre le clonage en 1998 par la Convention européenne pour la biomédecine. Les ouvertures sont très timides, comme l'autorisation de création d'embryons humains à des fins thérapeutiques par le gouver-nement français en décembre 2000. Et encore cette décision a-t-elle suscité l'opposition de certains membres du Comité national d'éthique, tel Alex Kahn, qui déclare qu'« on doit discuter démo-cratiquement de la légitimité éventuelle du clonage thérapeutique. D'un côté il y a les objections morales, et d'un autre un moyen thérapeutique extraordinaire. Cela m'est antipathique[133] ».

Du côté des opposants à toute ouverture aux manipulations génétiques, il y a beaucoup de chrétiens. Les plus déterminés vont jusqu'à considérer que le code génétique est sacré : « Le code géné-tique est l'œuvre de Dieu, affirmait récemment l'hebdomadaire catholique britannique *The Tablet*. Pour les chrétiens, le décodage du génome signifie donc la découverte du langage utilisé par leur Créateur[134]. » Sans aller jusque-là, D. Mieth, après avoir rappelé que la théologie doit éviter de faire du « faux biblicisme », du « faux positivisme doctrinal ou traditionaliste », déclare que «la Bible ne répond pas à des questions qu'elle n'a pas rencontrées ; mais elle peut contribuer aux controverses éthiques par son mode de discours et son attitude de disponibilité». Et aussitôt réappa-raissent les citations bibliques, les rappels d'épisodes et de mythes issus de la Genèse. Ainsi, la tour de Babel sert à une apologie de la diversité : « Ce qui déplaisait à Dieu était la centralisation urbaine des hommes et leur tendance à l'uniformité culturelle. En conséquence, il leur rappela son commandement d'emplir la terre et les dispersa par la confusion des langues. » Et D. Mieth de conclure : «À la question de savoir si un argument théologique contre le clonage humain existe, je réponds sans hésiter [...] que la diversité de l'humanité est un commandement de la foi en la création[135]. » Mais l'argument qui nous intéresse est celui-ci : la pratique du clonage et des manipulations génétiques en général est une négation du péché originel, car l'homme cherche ainsi à dépasser les limites assignées lors de l'expulsion du jardin, et à se faire Dieu : « On peut dire que l'homme manquerait le sens de son humanité s'il voulait se défaire de sa finitude. La théologie l'ex-prime de manière narrative dans le récit de la chute [...]. Le concept de finitude s'avère éthiquement décisif dans la mesure où il vient contredire à la fois la possibilité d'une planification intégrale de la perfection humaine et la croyance que tous les problèmes peuvent être résolus[136]. »

L'EUGÉNISME OU LE NOUVEL ADAM

Les débats à couteaux tirés à propos de l'eugénisme concentrent peurs et fantasmes. C'est un élève des jésuites, Alexis Carrel, prix Nobel de médecine en 1912, qui publia en 1935 l'ouvrage par lequel le scandale arriva : *L'Homme, cet inconnu.* Il y écrit :

> L'eugénisme peut exercer une grande influence sur la destinée des races civilisées. À la vérité, on ne réglera jamais la production des humains comme celle des animaux. Cependant, il deviendra possible d'empêcher la propagation des fous et des faibles d'esprit. Peut-être aussi faudrait-il imposer aux candidats au mariage un examen médical comme on le fait pour les jeunes soldats et les employés des hôtels, des hôpitaux et des grands magasins. [...] Il semble donc que l'eugénisme, pour être utile, doive être volontaire. [...] Il conduirait non seulement à la production d'individus plus forts, mais aussi de familles où la résistance, l'intelligence et le courage seraient héréditaires. Ces familles constitueraient une aristocratie d'où sortiraient probablement des hommes d'élite. La société moderne doit améliorer par tous les moyens possibles la race humaine [137].

L'idée d'empêcher la reproduction d'êtres inadaptés ou tarés, dont la prolifération menace la santé physique et intellectuelle de l'espèce, est en plein accord avec le processus de sélection naturelle. Il est donc difficile de s'y opposer au nom de la nature, qui donne l'exemple de l'élimination impitoyable des faibles. La morale chrétienne traditionnelle, qui protège les faibles, est antinaturelle et conduit au déclin de l'espèce [138]. Elle est également opposée à l'idée biblique de sacrifice. Pourquoi les chrétiens, si férus de références bibliques, oublieraient-ils que Yahveh a été le premier à pratiquer les génocides, par le déluge, par le feu sur Sodome et Gomorrhe, par la pratique du *herem* ou extermination des ennemis d'Israël ?

Alexis Carrel estime donc qu'« il faut abandonner l'idée dangereuse de restreindre les forts, d'élever les faibles, et de faire ainsi pulluler les médiocres » ; car, « pour grandir de nouveau, l'humanité est obligée de se refaire. Et elle ne peut se refaire sans douleur [139] ». De 1941 à 1944, Carrel est régent de la Fondation française pour l'étude des problèmes humains [140].

Le traumatisme nazi et le spectre de l'élimination des inadaptés pèsent lourd dans le débat sur l'eugénisme[141]. D'où une atmosphère de suspicion mutuelle, peu propice à un débat serein. L'un des adversaires à toute mesure eugénique, Jacques Testard, qui abandonne en 1986 les recherches sur la sélection génétique pour des raisons de morale, va jusqu'à qualifier d'« entreprise policière » le séquençage du génome humain. Sa position est ensuite reprise par l'Église catholique, ce qu'il dénonce lui-même : « Du côté de l'Église, on s'est un peu servi de moi [...]. Je crois qu'il est urgent de ne pas abandonner l'humanisme aux religions. Il faut ressusciter (ou inventer ?) un humanisme laïque qui ne puiserait pas ses valeurs dans la science[142]. » Jacques Testard condamne d'ailleurs l'opposition systématique de l'Église à tout contrôle artificiel de la reproduction : « L'Église catholique peut mourir de cela », dit-il.

Derrière les prises de position catholiques se profile toujours le spectre du contrôle par l'homme de son propre destin. Pour la Congrégation de la doctrine de la foi, les biotechnologies et les méthodes de procréation assistée sont contraires à l'« action créatrice » de Dieu, et préparent un « eugénisme radical, immoral par l'orgueil démesuré qu'il traduit ». L'archevêque Jean-Marie Lustiger a vu dans ces technologies une « tentation néo-païenne » : « L'homme est tenté d'être le créateur de lui-même. Les rêves anciens, depuis le Golem jusqu'au Docteur Faust, nous paraissaient chimériques : la science semblait avoir écarté les fantasmagories du passé qui mêlaient alchimie et création diabolique. Mais les mythes de toujours anticipaient les possibilités de la science moderne : aujourd'hui la tentation devient concrète et pratique, plus brutale encore que [ne] l'ont dénoncé les romans d'anticipation[143]. » « En agissant ainsi, le chercheur se substitue à Dieu et se fait maître du destin d'autrui. » C'est bien le retour du couple infernal Satan-Adam qui est dénoncé ici par les clercs : même volonté, avec cette fois des moyens techniques, de s'égaler à Dieu, voire de l'éclipser en améliorant la qualité d'une création qui laissait beaucoup à désirer. L'eugénisme pourrait donner naissance à un nouvel Adam, plus fort que le premier.

Les appels à la raison ne manquent pourtant pas. Dans un numéro d'*Esprit* paru en 1985, Pierre Lévy rappelle par exemple la distinction fondamentale qui devrait être faite entre eugénisme totalitaire, qui vise à purifier une population entière, et eugénisme individuel, qui cherche à éviter la mise au monde d'êtres souffrant

d'un lourd handicap. Doit-on s'interdire toute intervention génétique sur l'embryon après des siècles de progrès médicaux qui ont
toujours eu pour but d'améliorer la santé, et décréter que le progrès
doit s'arrêter là ? « On voudrait que l'humanité s'arrête, frappée
d'interdit, devant ses propres chromosomes et dise : non, je ne vais
pas plus loin, si je touchais à mes gènes, c'est alors que la nature
serait violée[144]. » « Après tout, se demande Ronald Dworkin, quelle
différence entre l'invention de la pénicilline et l'utilisation de gènes
manipulés et clonés pour guérir des maladies encore plus terri-
fiantes que celles que soigne la pénicilline[145] ? » De toute façon, il
est trop tard pour reculer. « Jouer à Dieu revient à jouer avec le
feu. Mais c'est ce que nous, mortels, n'avons cessé de faire depuis
Prométhée, le saint patron des découvertes dangereuses. » Et à quoi
bon opposer le « naturel » au « contre nature », puisque « l'homme
étant un pur produit de la nature, la moindre de ses manifestations
l'est également » ?

L'un des défenseurs les plus éloquents d'une pratique humaniste de l'eugénisme au cas par cas, Pierre-André Taguieff, a
multiplié ouvrages et articles dénonçant « un paradoxe ainsi énon-
çable : alors qu'un consensus de base semble acquis, dans l'opinion
des sociétés démocratiques pluralistes occidentales, sur le caractère
bénéfique des méthodes de dépistage prénatal d'affections ou de
malformations héréditaires, et sur les pratiques d'eugénisme
consistant à éliminer avant la naissance les porteurs d'anomalies
"actuellement hors d'atteinte des ressources thérapeutiques", l'eugénisme en général, par une catégorisation globalisante, continue
de faire l'objet d'une phobie idéologique, laquelle se marque soit
par un évitement systématique du mot (alors même, par exemple,
qu'on en décrit positivement les pratiques, ou qu'on les évalue
comme des "progrès"), soit par une dénonciation criminalisante
ou démonisante, sous une forme ritualisée[146] ».

Le sujet est inépuisable. L'une des grandes craintes des adversaires de toute forme d'eugénisme est que les parents puissent
demander une interruption de grossesse pour les motifs les plus
futiles, ou en fonction d'une norme qui dépendrait de l'évolution
des modes. « Commençons au moins par défendre l'individu contre
les autres : l'enfant à naître contre les désirs illimités de maîtrise
de ses géniteurs. L'interventionnisme médical mis au service des
demandes de parents saisis d'envies de toute-puissance procréatrice risque de déboucher sur une autogestion de la problématique

eugénique, alors que le débat, sur le terrain, ne cesse de se dérober, entre tabous et indignations vertueuses[147] », écrivaient Éric Conan et Pierre Bouretz dans *Esprit* en 1989. Mais le plus gros abus de « puissance procréatrice » n'est-il pas pour des parents de prendre la responsabilité de mettre au monde des handicapés, sous prétexte qu'ils seront capables de leur apporter tout l'amour dont ils auront besoin ? L'apparition, en 2001, des premières poursuites judiciaires entamées aux États-Unis par des handicapés reprochant à leurs parents de les avoir mis au monde devrait commencer à faire réfléchir les géniteurs un peu trop sûrs de leurs capacités à assurer le bonheur d'enfants qui n'ont évidemment pas été consultés avant de naître. D'autres s'indignent, à bon droit, de l'intolérance sociale à l'égard des handicapés. Mais le respect des handicapés vivants signifie-t-il qu'il soit souhaitable de ne rien faire pour que d'autres soient mis au monde[148] ?

En définitive, l'âpreté des débats autour des questions de bioéthique est un révélateur de la profonde crise des valeurs que connaît la civilisation occidentale, confrontée à une situation sans précédent : pour la première fois, aucun système moral préfabriqué n'est en réserve. Les avancées spectaculaires de la technologie ne cessent de poser de nouveaux problèmes éthiques, nécessitant des choix rapides aux conséquences extrêmement lourdes. Ces choix se font dans l'urgence, sous la pression des événements – et des intérêts économiques –, et avec comme seuls guides les débris des valeurs traditionnelles en miettes. Contraintes de se prononcer au cas par cas, en l'absence de système moral global et cohérent, au sein d'une société qui ne partage plus les mêmes valeurs, les autorités morales semblent dépassées, en particulier par les enjeux économiques qui, dans le cadre de la mondialisation, ont pris le contrôle de toute la culture, éthique comprise.

La notion de péché originel garde toute son importance : elle se trouve même au centre du dilemme. Bien sûr, seule une poignée de fondamentalistes adhère encore à l'interprétation littérale de l'épisode biblique du jardin d'Éden, à l'idée de chute primordiale, c'est-à-dire d'une tare ineffaçable qui rendrait l'existence du mal inéluctable et condamnerait à l'avance tous les efforts de l'humanité vers la maîtrise de sa destinée.

Les uns nient l'existence d'une telle malédiction, et croient que l'homme est capable, par une judicieuse alliance de la technique,

de la raison organisatrice et de l'éthique, d'améliorer fondamentalement l'espèce humaine, en passant par des mutations génétiques
contrôlées. Ils entrevoient l'émergence d'un nouvel Adam, sans
doute aussi différent de l'homme actuel que celui-ci diffère des
primates dont il est issu. Selon eux, l'humanité ne doit pas se
résigner à l'existence permanente du mal, ni abdiquer dans sa
longue marche vers toujours plus de maîtrise d'elle-même. Elle doit
inventer pour cet homme nouveau une société nouvelle, *Un monde
sans dieux*, pour reprendre le titre d'un ouvrage récent d'André
Grjebine. Cet auteur est conscient du caractère peu motivant d'un
projet à l'échelle de l'évolution humaine, dans un monde où prime
l'intérêt individuel immédiat : « On me dira que, quand notre individualité et celle de nos proches est condamnée à brève échéance,
il est bien difficile de se satisfaire d'un objectif aussi vague que
d'apporter une contribution qui, sauf exception, ne peut être
qu'infime, à une entité aussi abstraite que l'espèce humaine[149]. »
Est-ce une raison suffisante pour se résigner à la médiocrité ? Non,
répond André Grjebine, qui prône une « société ouverte », capable
de s'inventer en permanence de nouvelles valeurs.

De l'autre côté, beaucoup voient l'influence de l'orgueil diabolique derrière toute tentative humaine pour maîtriser l'évolution.
Selon eux, la volonté de créer l'homme-dieu, échappant à la tutelle
de son créateur, serait en quelque sorte le renouvellement de la
faute du jardin d'Éden. Le code génétique est le nouvel arbre de
la connaissance du bien et du mal, auquel il ne faut pas toucher
parce qu'il est le langage divin de la création du vivant. Le mal est
inévitable et nécessaire ; nous devons en combattre les manifestations ponctuelles, mais non pas chercher à s'attaquer à sa racine
– c'est là le travail du nouvel Adam, c'est-à-dire le Christ. Prisonniers de leurs références à la Bible, même s'ils l'interprètent de
façons très diverses, les tenants d'un *statu quo* s'érigent en défenseurs exclusifs de la « dignité humaine », qui résiderait dans un
respect absolu du processus biologique de la procréation, sans
assistance et sans manipulations. La transmission du péché génétique ? Depuis Adam, l'homme est enclin au mal et ne peut être
heureux : il s'agit visiblement d'une loi de sa nature blessée
Cette attitude n'est certes pas toujours consciente ou aussi carica-
turale, mais l'œuvre multiséculaire de culpabilisation de la
conscience occidentale a largement intériorisé la résignation au mal
et le tabou des atteintes aux aspects naturels de la reproduction

humaine. Le vieux mythe de la chute est devenu une structure de l'esprit occidental. Cela n'a toutefois pas empêché ce dernier d'accomplir des révolutions technologiques, grâce à un autre héritage, celui de la philosophie païenne, pour laquelle « l'homme est la mesure de toutes choses ». Adam est rusé – c'est ce qui lui a permis de survivre depuis son expulsion du paradis. Chassé par la porte, il cherche à y rentrer par la fenêtre.

CONCLUSION

La grande entreprise de déculpabilisation menée par les sciences humaines depuis le XVIIIe siècle semble en passe d'atteindre son but. Après la culpabilisation de l'Occident par le christianisme, si bien décrite par Jean Delumeau, la psychanalyse, la sociologie, la psychiatrie, la génétique, l'anthropologie ont relativisé le bien et le mal, en montrant que nous étions les jouets de forces aveugles, biologiques et sociales, qui expliquent en grande partie notre conduite. Pourtant, l'homme se libère difficilement du sentiment de la faute. Il continue à se méfier de lui-même, et s'il culpabilise moins pour un passé dont il ne se sent plus responsable, il commence à culpabiliser pour le futur : quel monde va-t-il transmettre à ses descendants ? Un monde pollué, ravagé, un monde sans foi ni loi ? Et surtout, à qui va-t-il le transmettre ? À un monstre génétiquement modifié dont il n'aura pas su empêcher la création ? La biogénétique est-elle le nouvel arbre de la connaissance du bien et du mal ? En manger le fruit, c'est devenir comme un dieu, murmure le biologiste tentateur. L'homme s'en repent d'avance, car il sait qu'il va être tenté de jouer à l'apprenti sorcier, puisqu'il est dans sa nature de dépasser toutes les limites, tous les interdits, coûte que coûte. Le nouvel Adam est bien le fils de son père.

L'homme a des limites, et met son point d'honneur à tenter de les franchir. C'est là sans doute son péché originel. Souvent il se brûle les doigts, parfois il réussit à franchir l'infranchissable. C'est son péché et en même temps sa dignité. Que serait l'homme s'il n'avait pas mangé la pomme ? L'hypothèse est incongrue. C'est en mangeant la pomme qu'Adam s'affirme en tant qu'homme, être indépendant et libre. Sa désobéissance est la seule preuve de sa liberté et de sa volonté propre. Que l'on croie en un Dieu ou non n'y change rien : tout être humain passe sa vie à se heurter à ses limites, à essayer de les repousser un peu. Adam et Ève avaient une limite, une seule, mais ils l'ont franchie. Nous héritons de ce péché originel : comment pourrions-nous éviter de répéter le geste de transgression ? L'homme de demain, génétiquement modifié ou non, aura lui aussi ses limites et donc une forme de mal.

Le mythe d'Adam gardera probablement longtemps sa valeur. Il ne correspond à aucune vérité d'ordre historique, mais il reflète une réalité éternelle : le refus de l'homme d'accepter sa situation, et la conscience de l'inutilité de ses efforts. Il ne l'empêchera pas de recommencer. Ce qu'il appelle le bien, la morale, ce sont les règles du jeu, qui varient avec les époques et les circonstances. La règle de base, c'est de respecter l'espace vital des voisins, les autres ; mais ceux-ci, par leur simple présence, constituent une limite, et ils sont de plus en plus nombreux. Même dans notre société permissive, les contraintes subsistent, et donc le désir de les abolir.

L'histoire du péché originel, c'est en fait l'histoire de la façon dont la culture occidentale a essayé, en interprétant le mythe d'Adam et Ève, et en l'utilisant, de rendre compte de l'image qu'elle se faisait de l'homme. Que cette interprétation soit littérale, symbolique, allégorique, toujours elle revient à cette intuition de base : l'homme est un être qui ne supporte pas d'être limité. C'est sa vraie nature, son vice ontologique, son péché originel. L'erreur ne fut-elle pas de le créer ?

NOTES

CHAPITRE PREMIER : À qui la faute ?

1. *Catéchisme de l'Église catholique*, texte latin, Vatican, 1997 ; trad. franç., Paris, Mame, 1998.

2. P. Garelli et M. Lebovici, « La naissance du monde selon Akkad », in *La Naissance du monde*, Paris, Seuil, 1959, p. 127.

3. Cité par Pierre Grelot, « Réflexions sur le problème du péché originel », *Nouvelle Revue théologique*, t. 89, 1967.

4. Cité par Marie-Joseph Seux, « La création du monde et de l'homme dans la littérature suméro-akkadienne », in *La Création dans l'Orient ancien*, Actes du Congrès de l'Association catholique française pour l'étude de la Bible, Lille, 1985, Paris, Cerf, 1987, p. 69-70.

5. Jérôme Porée, *Le Mal*, Paris, 2000, p. 36.

6. Trad. René Labat, *Les Religions du Proche-Orient asiatique*, Paris, Fayard, 1970, p. 154.

7. Salomon Reinach, « Les mythes babyloniens et les premiers chapitres de la Genèse », *L'Anthropologie*, 1901, p. 683-688.

8. Salomon Reinach, « La mort d'Orphée », *Revue archéologique*, 1902, p. 242-279 ; « Zagreus, le serpent cornu », *Revue archéologique*, 1899, p. 210-217 ; « Une allusion à Zagreus dans un problème d'Aristote », *Revue archéologique*, 1919, p. 162-172, expliquait que c'est en développant cet élément divin que le culte orphique promet la divinisation de l'homme.

9. Gustave Glotz, *La Solidarité de la famille dans le droit criminel en Grèce*, Paris, 1904, livre II, chap. 9.

10. *Ibid.*

11. *Iliade*, XXIV, 520.

12. Cf. Frédéric Lenoir et Ysé Tardan-Masquelier (dir.), *Encyclopédie des religions*, t. II, Paris, 1997, p. 1645.

13. Lilyan Kesteloot, *ibid.*, p. 1647.

14. *Ibid.*, p. 1646.

15. Mircea Eliade, *Traité d'histoire des religions*, Paris, éd. Payothèque, 1975, p. 149.

16. *Ibid.*, p. 148.

17. Voir à ce sujet Louis Ligier, *Péché d'Adam et péché des hommes*, Paris, Desclée de Brouwer, 1960, p. 180.

18. Alain Marchadour, *Genèse : commentaire pastoral*, Paris, Bayard Éditions-Centurion, 1999, p. 74.

19. Étienne Dhorme, « L'arbre de vérité et l'arbre de vie », *Revue biblique*, 4, 1907, p. 271-274.

20. Louis Ligier, *op. cit.*, p. 175-185.

21. Salomon Reinach, « Quelques observations sur le tabou », *L'Anthropologie*, 1900, p. 401-407.

22. « Leurs auteurs non seulement utilisent des matériaux préexistants, mais se meuvent dans le cercle d'idées de la mythologie sémitique. » Wilfrid Harrington, *Nouvelle introduction à la Bible*, trad. franç., Paris, 1971, p. 281.

23. Étienne Borne, *Le Problème du mal*, Paris, PUF, 1960, p. 50.

24. *Ibid.*, p. 50-51.

25. Pierre Grelot, « Réflexions sur le problème du péché originel », *Nouvelle Revue théologique*, t. 89, 1967, p. 337.

26. *Ibid.*, p. 353.

27. Louis Derousseaux, in *La Culpabilité fondamentale. Péché originel et anthropologie moderne*, sous la dir. de Paul Guilluy, Lille, 1975, p. 20.

28. Jean-Marie Husser, « Entre mythe et philosophie. La relecture sapientielle de Genèse 2-3 », *Revue biblique*, 107ᵉ année, avril 2000, p. 232-259.

29. D. Carr, « The politics of textual subversion : a diachronic perspective on the garden of Eden story », *JBL*, 112, 1993.

30. E. Otto, « Die Paradieserzählung Genesis 2-3 », in « *Jedes Ding hat seine Zeit* ». *Studien zur israelitischen und altorientalischen Weisheit*, Berlin-New York, 1996.

31. Jean-Marie Husser, *op. cit.*, p. 234.

32. Louis Panier, *Le Péché originel, naissance de l'homme sauvé*, Paris, Cerf, 1996, p. 77 et 145.

33. Jean-Marie Husser, *op. cit.*, p. 246.

34. *Ibid.*, p. 257.

35. André-Marie Dubarle, *Le Péché originel dans l'Écriture*, Paris, 1967, p. 80.

36. Henri Rondet, *Le Péché originel dans la tradition patristique et théologique*, Paris, 1967, p. 27.

37. *Écrits apocryphes chrétiens*, t. I, Paris, Gallimard, Pléiade, 1997.

38. Albert-Marie Denis, *Introduction aux pseudépigraphes grecs*, Leyde, 1970.

39. *2 Esdras* 7, 116-117.

40. Henri-Charles Puech, *En quête de la gnose*, Paris, 2 vol., 1978.

41. *Ibid.*, p. 200.

42. À la fin du xixᵉ siècle, Konrad Kessler, *Gnosis und altbabylonische Religion*, Berlin, 1882 ; Wilhelm Anz, *Zur Frage nach dem Ursprung des Gnostizismus*, Leipzig, 1897, ont montré que le gnosticisme avait des liens avec les religions astrales de Babylonie.

43. Henri-Charles Puech, *op. cit.*, t. I, p. 175.

44. *Ibid.*, p. 287, n. 2.

45. J. Lebreton, *Histoire du dogme de la Trinité*, Paris, 1928, t. II, p. 84-126.

46. Jérôme Porée, *op. cit.*, p. 52.

47. Paul Ricœur, *Le Conflit des interprétations. Essais d'herméneutique*, 4ᵉ partie, « Le péché originel : étude de signification », Paris, Seuil, 1970, p. 266-267.

48. *Ibid.*, p. 267.

49. *Écrits apocryphes chrétiens, op. cit.*, t. I, p. 560.

50. *Ibid.*, p. 600.

51. *Apocalypse de Moïse*, 19, 1-3.

52. N. Forsyth, *The Old Enemy. Satan and the Combat Myth*, Princeton University Press, 1987, p. 234.

53. *Écrits apocryphes chrétiens, op. cit.*, p. 94.

54. *Ibid.*, pp. 479-482.

55. *Ibid.*, introduction.

56. *Ibid.*, p. 1265.

57. *Livre des secrets d'Énoch*, XLI, 1 sq.

58. *Apocalypse de Baruch*, LVI, 6, 7, 10.

59. *Écrits apocryphes chrétiens, op. cit.*, p. 234.

60. J.-B. Frey, « L'état originel et la chute de l'homme d'après les conceptions juives au temps de Jésus », *Revue des sciences théologique et philosophique*, 1911.

61. *Écrits apocryphes chrétiens, op. cit.*, p. 27.

62. *Apocalypse d'Adam*, 64, 1-19.
63. *Écrits apocryphes chrétiens, op. cit.*, p. 385.

CHAPITRE II : Le procès d'Adam

1. André-Marie Dubarle, *Le Péché originel dans l'Écriture*, Paris, 1967, p. 125.
2. Henri Rondet, *Le Péché originel dans la tradition patristique et théologique*, Paris, 1967, p. 31.
3. Stanislas Lyonnet a fait l'historique de ce débat dans « Le péché originel et l'exégèse de Rom. 5, 12-14 », *Revue des sciences religieuses*, XLIV, 1956, p. 63-84.
4. Louis Ligier, *Péché d'Adam et péché du monde*, Paris, t. II, 1961, p. 211.
5. Stanislas Lyonnet, *Études sur l'épître aux Romains*, Rome, 1989, p. 184.
6. Louis Renwart, « Péché d'Adam, péché du monde », *Nouvelle Revue théologique*, t. 113, n° 4, juillet 1991, p. 539.
7. Sigmund Freud, *Moïse et le monothéisme*, p. 117, in *L'Homme Moïse et la religion monothéiste : trois essais*, Gallimard, Connaissance de l'inconscient, 1986.
8. Tatien, *Discours aux Grecs*, éd. Puech, Paris, 1903, p. 117.
9. Théophile d'Antioche, *Trois livres à Autolycus*, coll. *Sources chrétiennes*, Paris, 1948, II, 25.
10. Irénée, *Contre les hérésies*, 3, 22, 4.
11. *Ibid.*, 3, 23, 5.
12. Joseph Turmel, *Histoire des dogmes*, t. I, *Le Péché originel, la Rédemption*, Paris, 1931, p. 42. On a l'impression, écrit l'abbé Turmel, qu'« Adam, qui éprouve les ardeurs de la chair avant d'être arrivé à l'âge de la puberté, est un enfant vicieux, pas autre chose ».
13. Irénée, *op. cit.*, 5, 19, 1.
14. M. Puech, *Le Manichéisme*, Paris, 1949. « Dans certaines versions, Adam *voit*, dans le moment où il a goûté au fruit de l'arbre du bien et du mal. Cet arbre, qui est également l'arbre de la connaissance, de la gnose, est assimilé à Jésus dans les *Acta Archelaï*, le paradis étant le monde. »
15. André Vergez, *Faute et liberté*, Paris, Belles-Lettres, 1969, p. 41.
16. Jules Lequier, *Œuvres complètes*, Éd. de la Baconnière, 1952, p. 326. « Adam avait une vue claire et nette des choses, et cependant il pouvait obscurcir cette lumière naturelle et la voiler de ténèbres ; ce pouvoir incompréhensible a sa raison dans l'aséité humaine, laquelle est un miracle perpétuel. Si Adam n'avait pas eu ce pouvoir de faire la nuit dans son intelligence, il n'eût pas péché, parce que l'homme se détermine toujours pour ce qu'il croit le mieux, eu égard à tout ; simplement il est donné à l'homme, et c'est le mystère de sa liberté, de faire prédominer ce qui est de moindre raison, comme si ce qui est en soi de moindre raison était de meilleure raison. »
17. Plotin, *Ennéades*, V, 1, 1.
18. Henri-Charles Puech, *En quête de la gnose*, t. I, *La gnose et le temps et autres essais*, Paris, Gallimard, Bibliothèque des sciences humaines, 1978, p. 66.
19. Cité *ibid.*, p. 275. « Il affirmait qu'il y avait plusieurs dieux : le Père de la vie, la Mère de la vie, et toutes sortes de fils, et de nombreux esprits [...]. Il croyait que le Père de la vie avait un adversaire, et que le Père de la

vie créa Ève, et qu'il lui dit ensuite : "Conçois de moi, avant que les dieux qui sont au-dessous de moi ne te rendent enceinte." Elle conçut de lui, enfanta, et la race issue d'elle se multiplia. Il affirmait encore que le corps est fait de la Matière, l'âme de la substance du Père de la vie. »

20. Vladimir Jankélévitch, *Le Pur et l'impur*, Paris, Flammarion, 1978, p. 41.

21. André Vergez, *op. cit.*, p. 22. « L'idée du péché, telle qu'elle s'exprime dans le mythe adamique, n'est donc pas aussi opposée qu'on a pu le dire à la chute gnostique [...]. En fait, il y a une logique puissante, propre à la pensée dualiste, à laquelle il est difficile de se soustraire dès qu'on veut rendre compte de l'origine du mal. Le mythe biblique ne parvient pas à y échapper. »

22. Lytta Basset, *Le Pardon originel. De l'abîme du mal au pouvoir de pardonner*, Paris, Labor et Fides, 1995, p. 107.

23. Tertullien, *De anima*, 16.

24. Clément d'Alexandrie, 3 *Stromates*, 14, 94, 3.

25. Id., *Cohortatio*, 11. « Le premier homme qui habitait le paradis, où il était le petit enfant de Dieu, y jouait sans entraves. Mais il succomba à la volupté ; car le serpent qui marche sur le ventre est le symbole de la volupté, vice terrestre qui s'alimente par la gourmandise. L'enfant que sa désobéissance avait rendu homme fut séduit par les passions mauvaises. »

26. Id., 3 *Stromates*, 17, 102, 1.

27. Origène, *De principiis*, 1, 6, 3.

28. Id., *In Leviticum*, VIII, 2, 3.

29. Id., *Commentaire de l'épître aux Romains*, 5, 1.

30. Cité par Joseph Turmel, *op. cit.*, p. 62.

31. Basile de Césarée, *Homélie IX*, 7.

32. Hans Urs von Balthasar, *Présence et pensée. Essai sur la philosophie religieuse de Grégoire de Nysse*, Paris, Beauchesne, 1942.

33. Grégoire de Nysse, *De an. et res.*, III, 157 AB.

34. Id., *Beatit. or.* 6 ; I, 1273 A.

35. *Ibid.*, 2 ; I, 1216 A.

36. Id., *De an. et res.*, 148 C-149 A.

37. Id., *In Eccles.* h 6 ; I, 708 C.

38. Id., *Discours catéchétique*, XV, 1-4.

39. Id., *De an. et res.*, III, 61 A.

40. Tendance encore exprimée par Henri Rondet, *op. cit.*, p. 127.

41. Lactance, *De ira Dei*, 13.

42. Joseph Turmel, *op. cit.*, p. 65.

43. Henri Rondet, *op. cit.*, p. 132.

44. Ambroise, *Apologia prophetae David*, 56, 57.

45. N.P. Williams, *The Ideas of the Fall and of Original Sin*, 1929.

46. Paul Ricœur, *Le Conflit des interprétations*, Paris, Seuil, 1970, 1969, p. 274.

47. Augustin, *Confessions*, 7, 3-7.

48. Id., *Traité du libre arbitre*, II, XX, 54.

49. Id., *De moribus manichaeorum*, VIII, 9.

50. Id., *De peccatorum meritis et remissione*, II, XVII, 26.

51. « Ce n'est pas par sa liberté que la volonté humaine acquiert la grâce, mais plutôt par la grâce qu'elle acquiert sa liberté. » *De la correction et de la grâce*, VIII, 17. Pour André Vergez, « de tout cela résulte la conclusion que le pécheur n'est pas authentiquement libre ; l'initiative gratuite d'Adam n'était qu'une déficience ontologique, inscrite d'avance dans la finitude de la créature ; les péchés de sa malheureuse postérité n'expriment que la sponta-

néité d'une volonté aveuglée et corrompue. La vraie liberté – qui rejoint ce que les Grecs appelaient la liberté des sages – est celle que la grâce confère à la créature, celle qui réconcilie la spontanéité de la créature avec la recherche de son vrai bien. » *Faute et liberté*, Paris, 1969, p. 142.

52. Augustin, *De diversis questionibus*, 83, 68, 1.
53. Id., *La Cité de Dieu*, XIII, 3.
54. Id., *De Genesi ad litteram*, VIII, 1.
55. Henri Rondet, *op. cit.*, p. 141.
56. Id., *La Cité de Dieu*, XIII, 23.
57. *Ibid.*, XIV, 26.
58. Id., *De Genesi ad litteram*, XI, 56-57.
59. Id., *De Genesi contra manicheos*, 2, 9.
60. *Ibid.*, 2, 14.
61. Id., *La Cité de Dieu*, XIV, 12.
62. *Ibid.*, XIV, 13.
63. *Ibid.*, XIV, 11.
64. Alfred Vanneste, *Le Dogme du péché originel*, Louvain-Paris, Nauwelaerts, 1971, p. 69.
65. Eugen Drewermann, *Fonctionnaire de Dieu*, trad. franç., Paris, Albin Michel, 1993, p. 437.
66. Augustin, *La Cité de Dieu*, XIV, 18.
67. J.-B. Kors, *La justice primitive et le péché originel*, Paris, Le Saulchoir, 1922, p. 15.
68. Augustin, *De nuptiis et concupiscentia*, 1, 7.
69. Id., *La Cité de Dieu*, XIV, 16.
70. *Ibid.*, XIV, 20. « Car dans sa désobéissance, qui a soumis les organes sexuels à leurs seules pulsions, et les a soustraits à l'autorité de la volonté, nous voyons la preuve de la rétribution imposée à l'homme pour sa désobéissance. Et il était tout à fait approprié que cette rétribution se manifeste dans cet organe qui assure la procréation de la nature altérée par le premier péché. Cette offense fut commise alors que toute l'humanité existait en un seul homme, et elle a entraîné la ruine de l'humanité entière, et personne ne peut être sauvé des peines de cette offense, punie par la justice de Dieu, à moins que le péché soit expié dans chaque homme séparément par la grâce de Dieu. »
71. *Ibid.*, XIV, 16.
72. Id., *Contra Julianum*, IV, 3.
73. J.-B. Kors, *op. cit.*, p. 18.
74. Augustin, *rétractations*, I, 1,3.
75. Id., *La Cité de Dieu*, XIII, 13-14.
76. *Ibid.*, XXII, 22.
77. Id., *Contra Julianum*, 3, 9.
78. Id., *De nuptiis*, I, 22.
79. Id., *De peccatorum meritis*, 1, 34.
80. Rapporté par Augustin dans le *De peccato originali*, 5, 6, 26.
81. « Si quelqu'un dit qu'Adam le premier homme fut créé mortel, en sorte que, pécheur ou non, il serait mort corporellement, de telle façon que sa sortie du corps eût été non le salaire du péché, mais une nécessité de nature, qu'il soit anathème.

« Si quelqu'un dit qu'on ne doit pas baptiser les nouveau-nés, ou bien que, baptisés pour la rémission des péchés, ils n'ont contracté par Adam du péché originel rien qui doive être purifié par les eaux régénératrices, en sorte que pour eux la formule : *pour la rémission des péchés*, ne soit pas vraie, mais fausse, qu'il soit anathème ! Car l'apôtre dit : *par un homme, le péché est entré dans le monde, et par le péché la mort, et ainsi la mort a passé sur tous les hommes, tous ayant péché (en lui).* Et ces paroles ne peuvent être entendues autrement que de la manière dont les a toujours comprises l'Église catholique répandue par toute la terre. C'est bien à cause de cette règle que les petits enfants eux-mêmes, qui n'ont pu commettre encore aucune faute personnelle, sont en toute vérité baptisés pour la rémission des péchés, afin que la régénération purifie en eux ce qu'ils ont contracté par la génération.

« Si quelqu'un dit que les paroles du Seigneur : *Dans la maison de mon Père, il y a beaucoup de demeures,* doivent s'entendre en ce sens qu'il existe dans le royaume des cieux, ou ailleurs, un lieu intermédiaire où les enfants morts sans baptême vivent heureux, tandis que sans le baptême ils ne peuvent entrer dans le royaume des cieux, qui est la vie éternelle, qu'il soit anathème ! Le Seigneur a dit en effet : *Quiconque ne renaît de l'eau et de l'Esprit n'entrera pas dans le royaume des cieux* ; aussi, quel catholique hésiterait à dire cohéritier du démon celui qui n'a point mérité d'être cohéritier du Christ ? Quiconque ne sera pas à droite, sera inévitablement à gauche. »

82. Augustin, *Contre Julianum,* 6, 39.

83. Paul Ricœur, *Le Conflit des interprétations. Essais d'herméneutique,* Paris, Seuil, 1969, p. 277.

84. Id., *Finitude et culpabilité,* II, *La symbolique du mal,* Paris, Aubier, 1960, p. 219.

CHAPITRE III : Théologie et société

1. Concile de Quierzy, canon 1 ; Denzinger, n. 316.
2. Jean Climaque, *Scola,* 14M 88, 880.
3. Anastase le Sinaïte, *In Hexaemeron,* 10 et 12.
4. Azim Nanji, « Islamic ethics », in P. Singer (éd.), *A Companion to Ethics,* Oxford, 1997, p. 106-120 ; *Péché et responsabilité éthique dans le monde contemporain* (coll.), Paris, 2000, p. 171 sq. : « La notion de péché dans le texte coranique ».
5. Anselme, *La Conception virginale et le péché originel,* in *L'Œuvre de saint Anselme de Canterbury,* Paris, Cerf, t. IV, 1990, I.
6. *Ibid.,* p. 161.
7. *Ibid.,* p. 139.
8. *Ibid.,* p. 155.
9. *Ibid.,* p. 197.
10. *Ibid.,* p. 199.
11. Pierre Lombard, *Sententiae,* 2, 31, 8.
12. Id., *Summa,* 2, 23, 1.
13. Hugues de Saint-Victor, *De sacramentis,* 1, 7, 28.
14. Honorius d'Autun, *Elucidarium,* I, n. 185-203.
15. Alexandre de Hales, *Summa theologica,* memb. II, C. 1, ad. 2, n. 221.
16. Bonaventure, *II Sent.,* dist. XXX, art. 1, q. II.
17. Grégoire le Grand, *Ep.*9, 52M 77, 990.
18. Guillaume d'Auxerre, *Summa aurea II,* tract. 27, C. 4 ; Albert le Grand, *Summa theologica II,* tract. 17, q. 107, a. 3, ad. obiect. 10.
19. Anselme, *De conceptu virginali,* 27.
20. Abélard, *Comment. in Rom.,* M 178, p. 870.
21. Pierre Lombard, *Sentent.,* 2, 33, 5.

22. Guillaume d'Auvergne, *De vitiis et peccatis*, 7, 1.

23. Innocent III, lettre 9, 205.

24. Alexandre de Hales, *In Sent.*, lib. IV, dist. 33.

25. Albert le Grand, *In Sent.*, lib. IV, dist. 4, art. 8.

26. Bonaventure, *In Sent.*, lib. II, dist. 33, art. 3.

27. Savonarole, *Triumphus Crucis*, 3, 9.

28. Joseph Turmel, *Histoire des dogmes*, t. I, *Le Péché originel, la Rédemption*, Paris, 1931, p. 232, 260.

29. Jean Delumeau, *Une histoire du paradis*, t. I, *Le Jardin des délices*, Paris, Fayard, 1992.

30. Thomas d'Aquin, *Somme théologique*, I, 2 a-e, q. 9, art. 3.

31. André Vergez, *Faute et liberté*, Paris, Belles-Lettres, 1969, p. 168.

32. Thomas d'Aquin, *Somme théologique*, Ia, IIa-e, q. 81, art. 1.

33. *Ibid.*

34. W.A. Van Roo, *Grace and Original Justice according to Saint Thomas*, Analecta Gregoriana, Rome, 1955, p. 201.

35. J.-B. Kors, *La Justice primitive et le péché originel d'après saint Thomas*, Paris, Le Saulchoir, 1922, p. 163.

36. Thomas d'Aquin, *In Sent.*, 2, 33, 2, 2.

37. Duns Scot, *Opus Oxoniense*, I, d. 3, q. 3, a. 4, n. 24.

38. Étienne Gilson, *Jean Duns Scot. Introduction à ses positions fondamentales*, Paris, Vrin, 1952, p. 68. « Une véritable insurrection de la sensibilité contre l'intellect semble s'être produite, qui interdit désormais à l'intellect de connaître sans phantasmes, et le réduit au seul mode abstractif de connaissance, qui est aujourd'hui le sien en cette vie. »

39. André Vergez, *op. cit.*, p. 172.

40. *Ibid.*, p. 174.

41. *Ibid.*, p. 189.

42. Landry, *Duns Scot*, cité dans André Vergez, *op. cit.*, p. 187, n. 1.

43. André-Marie Dubarle, *Le Péché originel dans l'Écriture*, Paris, Cerf, 1967, p. 209-210.

44. Sur ces épisodes, voir Raymond-Marie Martin, *La Controverse sur le péché originel au début du XIVe siècle*, Louvain, 1930.

45. Voir Georges Minois, *Histoire du rire et de la dérision*, Paris, Fayard, 2000.

46. Hildegarde de Bingen, *Causae et curae*, Leipzig, éd. Kayser, 1903, p. 143.

47. Augustin, *De bone conjugali*, 25.

48. John Boswell, *Christianity, Social Tolerance and Homosexuality. Gay People in Western Europe from the Beginning of the Christian Era to the Fourteenth Century*, Chicago, 1980. Voir en particulier le chapitre 11, « Men, beasts, and "nature" », p. 303-332.

49. N. Cohn, *The Pursuit of the Millenium*, Londres, 1957, Pimlico ed., 1970, p. 181.

50. A.S. Piccolomini, *Opera geographica et historica*, Helmstedt, 1699, p. 62.

51. Jean Calvin, *Contre la secte phantastique et furieuse des libertins*, 1547, p. 44.

52. Y.H. Yerushalmi a résumé ces observations dans un article de la revue *Esprit*, « L'antisémitisme social est-il apparu au XXe siècle ? », n° 190, mars-avril 1993.

53. *Ibid.*, p. 21.

54. F. de Torrejoncillo, *Sentinelle contre les Juifs*, éd. de Pampelune, 1691, p. 62.

55. N. Bériou, *L'Avènement des maîtres de la parole. La prédication à Paris au XIIIᵉ siècle*, 2 vol., Paris, 1998, t. I, p. 304.

56. *Ibid.*, p. 434. Sur le péché de bavardage et ses rapports avec le péché originel, voir C. Casagrande et S. Vecchio, *Les Péchés de la langue. Discipline et éthique de la parole dans la culture médiévale*, Paris, 1991.

57. Bernard, *De laudibus Virginis matris homeliae*, in *Sancti Bernardi Opera, Sermones*, I, vol. IV, Rome, 1966, p. 22-24.

58. Jacques de Vitry, BN, Ms. lat. 17509, fol. 139.

59. J. Horowitz et S. Menache, *L'Humour en chaire. Le rire dans l'Église médiévale*, Genève, 1994, p. 107.

60. Anselme, *La Conception virginale et le péché originel*, in *L'Œuvre de saint Anselme de Canterbury*, t. IV, Paris, 1990, IX.

CHAPITRE IV : La chute, pomme de discorde théologique

1. Jean Delumeau, *Le Péché et la peur. La culpabilisation en Occident, XIIIᵉ-XVIIIᵉ siècle*, Paris, Fayard, 1983, p. 277.

2. Henri Bremond, *Histoire littéraire du sentiment religieux en France*, Paris, 1920, t. II, p. 12.

3. Cité *Ibid.*, p. 4.

4. Érasme, *Annotations*, dans *Œuvres choisies*, Paris, Le Livre de poche, 1991, p. 508.

5. *Ibid.*, p. 516.

6. *Ibid.*, p. 513, 515, 519.

7. Érasme, *Traité du libre arbitre*, éd. cit., p. 868.

8. *Ibid.*, p. 844-845.

9. Martin Luther, *Du serf arbitre*, in *Œuvres*, t. V, Genève, 1958, p. 235.

10. Robert Bellarmin, *De amissione gratiae et statu peccati*, V, 5.

11. Martin Luther, *Commentaire de l'Épître aux Romains*, éd. J. Ficker, *Luthers Vorlesungen über den Römerbrief*, 1930, t. II, p. 144.

12. In Martin Luther, *Œuvres*, t. VII, Genève, 1962, art. 221.

13. Martin Luther, *Du serf arbitre*, p. 211.

14. *Ibid.*, p. 139.

15. *Ibid.*, p. 216.

16. Melanchthon, *Loci communes theologici*, art. *Peccatum*, § 1.

17. Jean Calvin, *Institution chrétienne*, éd. 1560, livre II, chap. 1, 8.

18. *Ibid.*, éd. 1541, p. 73.

19. Max Weber, *L'Éthique protestante et l'esprit du capitalisme*, Paris, 1964, p. 195, n. 3.

20. *Ibid.*, p. 139-140.

21. Voir Alfred Vanneste, « La préhistoire du décret du concile de Trente sur le péché originel », *Nouvelle Revue théologique*, t. 86, 1964.

22. Id., « Le décret du concile de Trente sur le péché originel », *Nouvelle Revue théologique*, t. 87, 1965, p. 692.

23. *Ibid.*, p. 711.

24. *Ibid.*, p. 715.

25. *Concilium Tridentinum : diariorum, actorum, epistolarum, tractatuum nova collectio*, éd. Görres-Gesellschaft, t. X, p. 503.

26. Paul Guilluy, *La Culpabilité fondamentale. Péché originel et anthropologie moderne*, Lille, 1975, p. 77.

27. M.-M. Labourdette, *Le Péché originel et les origines de l'homme*, Paris, 1953, p. 34.

28. Alfred Vanneste, *Le Dogme du péché originel*, Paris-Louvain, 1971, p. 112.

29. Paul Guilluy, *op. cit.*, p. 95.

30. Louis Panier, *Le Péché originel*, Paris, 1996, p. 63.

31. *Ibid.*, p. 73.

32. *Ibid.*, p. 53.

33. André-Marie Dubarle, *Le Péché originel dans l'Écriture*, Paris, 1967, p. 205.

34. *Ibid.*, p. 208.

35. M. Neusch, « Le péché originel. Son irréductible vérité », *Nouvelle Revue théologique*, t. 118, nº 2, p. 246-247.

36. *Ibid.*, p. 248.

37. *Ibid.*, p. 255.

38. Alfred Vanneste, *op. cit.*, p. 120.

39. Ignace de Loyola, *Écrits*, Paris, Desclée de Brouwer, 1991.

40. Bérulle, *Œuvres*, éd. 1665, Paris, p. 523.

41. Id., *Œuvres de piété*, 115.

42. Id., *Préambule de la vie de Jésus*, 9.

43. Id., *Œuvres de piété*, 126.

44. *Ibid.*

45. *Ibid.*, 125.

46. Bérulle, *Œuvres de piété*, in *Œuvres*, éd. 1665, chap. 139, p. 662-663. Sur la spiritualité bérullienne, voir J. Dagens, *Bérulle et les origines de la restauration catholique (1575-1611)*, Paris, 1952.

47. Yves Krumenacker, *L'École française de spiritualité*, Paris, 1998, p. 264.

48. *Ibid.*, p. 267.

49. Georges Minois, *Histoire du suicide*, Paris, 1995, p. 193-198.

50. Cité par Yves Krumenacker, *op. cit.*, p. 379.

51. Henri de Lubac, « Deux augustiniens fourvoyés : Baïus et Jansénius », *Recherches de sciences religieuses*, octobre 1931, p. 430.

52. Jansénius, *Œuvres complètes*, III, p. 152.

53. Nicole, *Lettres*, II, p. 8.

54. Id., *Traité de l'oraison*, p. 190. L'abbé Bremond, qui cite ce passage, fustige la religion misérabiliste des jansénistes : « C'est bien toujours la conception chagrine, courte, égoïste et presque sordide qu'ils se font de la religion » (*op. cit.*, t. IV, p. 190).

55. Yves Krumenacker, *op. cit.*, p. 475.

56. Denise Leduc-Fayette, *Pascal et le mystère du mal*, Paris, 1996, p. 217.

57. Pascal, *Pensées*, Gallimard, Pléiade, 1960, p. 1201-1202.

58. *Ibid.*, p. 1206-1208.

59. Pascal, *Œuvres*, Gallimard, Pléiade, 2000, p. 816. Il écrit encore : « Le péché originel est folie devant les hommes, mais on le donne pour tel [...]. Cette folie est plus sage que toute la sagesse des hommes ; car, sans cela, que dira-t-on qu'est l'homme ? Tout son état dépend de ce point imperceptible. Et comment s'en fût-il aperçu par sa raison, puisque c'est une chose contre sa raison, et que sa raison, bien loin de l'inventer par ses voies, s'en éloigne quand on le lui présente ? » (*ibid.*, p. 786). L'abbé Bremond, toujours en désaccord avec les jansénistes, commente : « Quant à la preuve de la religion que Pascal pense pouvoir tirer de ce même péché originel et de la misère qui

s'en est suivie, j'avoue ne la pas sentir. Pour moi, c'est la révélation qui me fait croire au péché originel, et non pas le péché originel qui me persuade de la vérité du christianisme » (*op. cit.*, t. IV, p. 391).

60. Denise Leduc-Fayette, *op. cit.*, p. 111. Voir aussi à ce propos Pol Ernst, *Approches pascaliennes*, Gembloux, 1970, p. 389.

61. Pascal, *Écrits sur la grâce*, in *Œuvres*, Gallimard, Pléiade, 1960, p. 965-966.

62. F. Suarez, *De opere sex dierum*, 3, 6, 24.

63. Cajetan, *In Summam*, 1, 2, 82, 7.

64. Estius, *In Sent.*, 2, 30, 9.

65. Louis Cognet, *Le Jansénisme*, Paris, 1961, p. 13.

66. Lessius, *De perfectionibus divinis*, 13, 145.

67. Cardinal Sfondrate, *Nodus praedestinationis solutus*, 1, 1, 23.

68. *Rituel de Blois*, 1730, p. 15.

69. *Abrégé du Dictionnaire des cas de conscience de M. Pontas*, éd. Collet, Paris, 1771, p. 130-131.

70. Exemples extraits de la thèse de Jacques Léonard, *Les Médecins de l'Ouest au XIXᵉ siècle*, présentée à l'université de Paris IV le 10 janvier 1976, 3 vol.

71. *Rituel de Tours*, 1760, p. 25.

72. Rapporté par Jean Delumeau, *op. cit.*, p. 309.

73. Jacques Gélis, *L'Arbre et le fruit*, Paris, 1984.

74. G. d'Emiliane, *Histoire des tromperies*, éd. 1763, Rotterdam, p. 25.

75. Benoît XIV, *Operum editio*, XI, p. 204.

76. Denis Petau, *De Deo*, l. IX, c. X, § 12, c. XI, § 5.

77. Bossuet, *Défense de la tradition et des saints pères*, 1ʳᵉ partie, chap. XI.

78. *Ibid.*, 2ᵉ partie, chap. II.

79. *Ibid.*, livre VII, chap. X.

80. Id., *Premier sermon pour le jour de Pâques*, in *Œuvres complètes*, éd. Outhenin-Chalandre, Besançon, 1836, t. I, p. 565.

81. Id., *Premier sermon pour la fête de la Conception de la sainte Vierge, ibid.*, t. II, p. 98.

82. *Ibid., Correspondance*, t. XII, p. 39.

83. Id., *Traité de la concupiscence, ibid.*, t. III, p. 489.

84. *Ibid.*

85. Id., *Élévations sur les mystères, ibid.*, t. III, p. 41.

86. *Ibid.*, p. 41-42.

87. *Ibid.*, p. 42.

88. *Ibid.*, p. 44.

89. *Ibid.*

90. *Ibid.*, p. 55.

91. *Ibid.*, p. 47.

92. *Ibid.*, p. 49.

CHAPITRE V : Le péché originel, fondement de la culture classique

1. Bossuet, *Catéchisme de Meaux*, in *Œuvres complètes*, Besançon, éd. Outhenin-Chalandre, 1836, t. V, p. 407-408.

2. *Catéchisme ou abregez de la doctrine chrétienne cy-devant intitulez*

catéchisme de Bourges par Monsieur de la Chétardie, curé de Saint-Sulpice de Paris, Lyon, 1736, p. 65.

3. *Ibid.*, p. 66-67.

4. Vincent Houdry, *Sermons sur tous les sujets de la morale chrétienne*, t. II, Paris, 1700, p. 36-37.

5. *Ibid.*, p. 37.

6. Yves Krumenacker, *L'École française de spiritualité*, Paris, 1998, p. 443.

7. J.-B. Thiers, *Traité des jeux et des divertissements*, Paris, 1686, préface.

8. *Romans picaresques espagnols*, introd. par M. Molho, Paris, Gallimard, Pléiade, 1968, p. LXXXIX.

9. Claude de Condren, *Discours et lettres*, 1648, p. 312.

10. François de Sales, *Œuvres complètes*, Paris, 1833, t. IV, p. 504.

11. Claude de Sainte-Marthe, *Lettres sur divers sujets de piété et de morale*, t. I, 1709, p. 391.

12. P. de Jouvency, *Christianis litterarum magistris, de ratione discendi et docendi*, 1693, III, 3, 3.

13. Simon Vigor, *Sermons catholiques sur les dimanches et fêtes*, 1597, p. 28.

14. Jacques Basnage, *Histoire de l'Église*, t. I, chap. 1, Amsterdam, 1699.

15. Robert Mentet de Salmonet, *Histoire des troubles en Grande-Bretagne*, Paris, 1661, p. 292.

16. Cité par Jean Delumeau, *Le Péché et la peur*, Paris, Fayard, 1983, p. 274-275.

17. *The Works of Gerrard Winstanley*, éd. G.H. Sabine, New York, 1965, p. 177.

18. W.M. Spellman, *The Latitudinarians and the Church of England. 1660-1700*, Athens (Georgia), 1993, p. 161.

19. *Ibid.*, p. 69.

20. *Ibid.*, p. 69-70.

21. *Abrégé du Dictionnaire des cas de conscience de M. Pontas*, t. I, Paris, 1771, p. 912.

22. Cité par Jean Delumeau, *op. cit.*, p. 332.

23. *Ibid.*

24. Francis Bacon, « A confession of faith », in *Works*, II, III, 150.

25. Spinoza, *Tractatus theologico-politicus*, éd. de la Pléiade, Paris, 1954, p. 673.

26. *Ibid.*, p. 931.

27. *Ibid.*, p. 933.

28. Cité par W.M. Spellman, *op. cit.*, p. 60. L'appréciation de R. Buick Knox, d'après lequel Tillotson « ne faisait aucune place au péché originel, et évitait toute insistance sur un héritage mauvais transmis depuis Adam », semble donc excessive (« Bishops in the pulpit in the XVIIth century : continuity and change », in Knox [éd.], *Reformation, Conformity and Dissent*, Londres, 1977, p. 101).

29. Cité par W.M. Spellman, *op. cit.*, p. 59.

30. J.B. Schneewind, *The Invention of Autonomy. A History of Modern Moral Philosophy*, Cambridge, 1998, p. 87.

31. *Ibid.*, p. 119.

32. Samuel Pufendorf, *De jure naturae*, I, 3, 3.

33. *Ibid.*

34. Basarab Nicolescu, *La Science, le sens et l'évolution. Essai sur Jakob Boehme*, Paris, 1988 ; rééd. 1995.

35. Jakob Boehme, *L'Aurore naissante*, XVIII, 2.

36. Id., *Mysterium magnum*, IX, 16.

37. *Ibid.*, XVIII, 7.

38. *Ibid.*, XXXI, 64.

39. *Ibid.*, XXXI, 65.

40. Andreas Kempe, *Die schwedische Standarte erhöhet*, 1683. Sur les langues du paradis, voir Jean Delumeau, *Une histoire du paradis. Le jardin des délices*, Paris, 1992, p. 262-264.

41. Malebranche, *Entretiens sur la métaphysique et la religion*, Paris, Vrin, 1965, t. I, IV, p. 147-148.

42. Id., *Conversations chrétiennes*, IV.

43. Id., *Méditations sur l'humilité*, 2e méditation, 3e considération.

44. Id., *Entretiens sur la métaphysique et la religion*, t. II, IX, p. 28.

45. Id., *Entretiens sur la mort*, Paris, Vrin, 1965, t. I, p. 214.

46. Id., *Entretiens sur la métaphysique et la religion*, X.

47. *Ibid.*, t. II, XI, p. 87-89.

48. *Ibid.*, t. II, IX, p. 12.

49. Id., *Méditations sur l'humilité*, C. 164.

50. Id., *Traité de la nature et de la grâce*, 1er discours, art. XXXII.

51. Id., *Conversations chrétiennes*, II, p. 41-42.

52. Id., *De la recherche de la vérité*, Paris, Vrin, 1962, livre 1, chap. 5, 1.

53. *Ibid.*

54. Id., *Éclaircissements*, 8e éclaircissement.

55. Id., *Recherche de la vérité*, I, 5, 1.

56. Id., *Entretiens sur la métaphysique*, XII, 10.

57. Id., *Conversations chrétiennes*, IV, br. III.

58. Id., *Recherche de la vérité*, I, 5, 1.

59. *Ibid.*

60. *Ibid.*

61. *Ibid.*, II, 5.

62. Id., *Première lettre touchant celle de M. Arnauld.*

63. Id., *Éclaircissements*, 4e éclaircissement.

64. Id., *Traité de la nature et de la grâce*, p. 263.

65. Id., *Recherche de la vérité*, II, 5.

66. André Vergez, *Faute et liberté*, Paris, 1969, p. 248-250.

67. Malebranche, *Éclaircissemnts*, 8e éclaircissement.

68. Leibniz, *Essais de théodicée*, I, 20.

69. Id., *Remarques sur le livre de l'origine du mal, publié depuis peu en Angleterre*, Paris, Garnier-Flammarion, 1969, p. 395.

70. Id., *Discours métaphysique*, XXX.

71. Id., *Essais de théodicée*, I, 91.

72. *Ibid.*, II, 113.

73. Id., *Remarques sur le livre...*, *op. cit.*, p. 397.

74. *Ibid.*, p. 397-398.

75. *Ibid.*, p. 399.

76. *Ibid.*, p. 402.

77. Id., *Essais de théodicée*, I, 94.

78. Antonio de Leon Pinelo, *El Paraiso en el Nuevo Mundo*, éd. 1943, t. II, p. 373.

79. Jean Delumeau, *Une histoire du paradis. Le jardin des délices*, Paris, 1992, p. 149.

80. Bartholomé de Las Casas, *Coleccion de tratados*, Buenos Aires, 1927, p. 7.

81. Cité par Peter Fryer, *Staying Power : The History of Black People in Britain*, Londres, 1984, p. 137.

82. Cité par A. Padgen, *The Fall of Natural Man : The American Indian and the Origins of Ethnology*, Cambridge, 1986, p. 38.

83. Sur ces questions, voir Jacques Roger, *Les Sciences de la vie dans la pensée française au XVIIIe siècle*, Paris, Albin Michel, 1993.

84. Johann Sperlingen, *Tractatus physicus de formatione hominis in utero*, Wittenberg, 1641, p. 64.

85. Daniel Sennert, *Hypomnemata physica*, Franfort, 1636.

86. Cité par Jacques Roger, *op. cit.*, p. 207.

87. Antonio Vallisneri, *Opere fisico-mediche*, Venise, 1733, t. I, p. 315.

88. Cité *ibid.*, p. 309.

89. *Ibid.*

90. *Ibid.*, p. 312.

91. *Ibid.*

92. *Op. cit.*, p. 219, n. 331.

93. D. Le Clerc, *Historia naturalis et medica latorum lumbricorum*, Genève, 1715, p. 366.

94. *Réponse à la lettre de M. Guillaume de Houppeville... de la génération de l'homme par le moyen des œufs*, Rouen, 1675, p. 56.

95. Claude Brunet, *Le Progrès de la médecine, contenant un recueil de tout ce qui s'observe de singulier par rapport à sa théorie et à sa pratique*, Paris, 1698, p. 67.

96. Jan Swammerdam, *Histoire générale des insectes*, Utrecht, 1669, p. 47.

97. Jacques Roger, *op. cit.*, p. 385.

98. K. Kirkconnell, *Celestial Cycle*, New York, 1967, p. 541-639.

99. John Milton, *Le Paradis perdu*, III, 96-128.

100. *Ibid.*, IX, 952-960.

101. *Ibid.*, X, 743-746.

102. *Ibid.*, X, 989-992.

103. *Ibid.*, X, 999-1002.

104. Sur ces questions, voir Jean Delumeau, *Une histoire du paradis, op. cit.*

105. John Salked, *A Treatise of Paradise*, Londres, 1617, p. 228.

106. Agostino Inveges, *Historia sacra paradisi terrestri*, 1649, p. 285. Cité par Jean Delumeau, *Une histoire de paradis, op. cit.*, p. 240.

107. Cité par Jean Delumeau, *Une histoire de paradis, op. cit.*, p. 261.

108. John Salked, *op. cit.*, p. 131.

109. *Ibid.*, p. 181.

110. Agostino Inveges, *op. cit.*, p. 166.

111. P. Poiret, *Vie continuée de Mlle Bourignon*, in *Œuvres de Mlle Bourignon*, 19 vol., Amsterdam, 1679-1686, t. II, p. 316.

CHAPITRE VI : Adam sous le feu des Lumières

1. Ernst Cassirer, *Die Philosophie der Aufklärung*, Tübingen, 1932, trad. franç., *La Philosophie des Lumières*, Paris, 1970, p. 159.

2. Gilles Lipovetsky, *Le Crépuscule du devoir. L'éthique indolore des nouveaux temps démocratiques*, Paris, 1992, p. 25.

3. Alphonse de Ligori, *Œuvres complètes*, Paris, 1836, p. 118 sq.

4. François Lamy, *Traité de la connaissance de soi-même*, Paris, 1694-1698.

5. Abbé Mésenguy, *Exposition de la doctrine chrétienne*, 6 vol., Utrecht, 1744.

6. Cité par J. Galien, *Lettres théologiques touchant l'état de pure nature*, Avignon, 1745, p. 17.

7. *Ibid.*, p. 17.

8. Daniel Gilbert, *Histoire de Calejava*, 1700, p. 249.

9. Cité par J. Ehrard, *L'Idée de nature en France dans la première moitié du XVIIIe siècle*, Paris, Albin Michel, 1994, p. 448.

10. Bernard Plongeron, *Théologie et politique au siècle des Lumières (1770-1820)*, Paris, 1973, p. 320.

11. Michèle Duchet, *Anthropologie et histoire au siècle des Lumières*, Paris, 1971, p. 10.

12. Léon Poliakov, *Le Mythe aryen*, Paris, 1971, p. 133.

13. Lesser, *Théologie des insectes*, IIIe partie, chap. IV et V, trad. franç., 1740.

14. Abbé Pluche, *Le Spectacle de la nature*, t. III, p. 527.

15. Pierre Bayle, *Dictionnaire historique et critique*, 1696-1697, art. « Manichéen ».

16. Id., *Réponses aux questions d'un provincial*, in *Œuvres diverses*, La Haye, 1737, III, p. 664.

17. Id., *Dictionnaire...*, art. « Pauliciens ».

18. Id., *Réponses...*, III, p. 662.

19. Id., *Dictionnaire...*, art. « Pauliciens ».

20. Id., *Réponses...*, III, p. 664.

21. Id., *Dictionnaire...*, art. « Pauliciens ».

22. *Ibid.*, art. « Origène ».

23. Id., *Réponses...*, III, p. 661.

24. Id., *Œuvres diverses, op. cit.*, IV, p. 57.

25. *Ibid.*, III, p. 654.

26. *Ibid.*, IV, p. 75.

27. Id., *Réponses..., op. cit.*, III, p. 66.

28. Id., *Œuvres diverses, op. cit.*, IV, p. 19.

29. Élisabeth Labrousse, *Pierre Bayle*, Paris, Albin Michel, 1996, p. 370.

30. Cité *ibid.*, p. 396-397.

31. Pierre Bayle, *Réponses..., op. cit.*, III, p. 384.

32. John Locke, *Traité du gouvernement civil*, VI, 57.

33. Dom Deschamps, *Le Vrai Système*, Paris, Droz, 1939, p. 155.

34. Herder, *Idées sur la philosophie de l'histoire*, trad. Quinet, Paris, 1834.

35. William Worthington, *The Scripture-Theory of the Earth, throughout all its Revolutions, and all the Periods of its Existence, from the Creation, to the Final Renovation of all Things*, 1773. Passage cité par E.L. Tuveson, *Millenium and Utopia. A Study in the Background of the Idea of Progress*, University of California Press, 1949, p. 145.

36. Joseph Priestley, *Lectures on History and General Policy*, Birmingham, 1788, p. 82.

37. Jean-Jacques Rousseau, *Lettre à Christophe de Beaumont*, in *Œuvres complètes*, Hachette, 1864, t. II, p. 336.

38. *Ibid.*

39. *Ibid.*, p. 337.

40. *Ibid.*

41. Lessing, éd. Rilla, t. VII, p. 818.

42. Emmanuel Kant, *La Religion dans les limites de la simple raison*, 1793, trad. J. Gibelin, Paris, Vrin, 1965, p. 61.

43. Id., *Conjectures sur les débuts de l'histoire humaine*, 1786, Paris, Garnier-Flammarion, 1990, p. 148-149.

44. *Ibid.*, p. 149-151.
45. *Ibid.*, p. 153.
46. *Ibid.*, p. 154.
47. Id., *La Religion...*, *op. cit.*, p. 53.
48. *Ibid.*, p. 64-65.
49. « La philosophie kantienne représente donc la tentative la plus radicale d'introduire la notion populaire de péché au sens fort, c'est-à-dire d'un libre arbitre coupable, dans un système éthique [...]. Kant ne parvient à présenter cette attitude morale sous la forme d'un système philosophique qu'au prix d'une contradiction radicale au cœur même de la notion de liberté. Faire place au péché, c'est renverser tout l'édifice de la morale philosophique traditionnelle. À l'idée de finalité immanente qui présente la vie morale comme l'épanouissement de notre être – et réduit logiquement le mal à l'état d'un échec involontaire –, il faut substituer la notion de devoir, dont la transcendance énigmatique est l'exacte réplique du libre arbitre transcendant (par lequel nous disons oui ou non, au-delà de tout motif déterminant, à l'exigence de la loi). Encore faut-il que ce devoir n'ait aucun contenu : le moindre contenu supposerait en effet l'idée d'un bien à atteindre, d'une finalité à réaliser, c'est-à-dire de quelque tendance de notre être qu'il nous appartiendrait d'épanouir ; or, réaliser une tendance, s'accomplir soi-même dans le bien, c'est encore rechercher un bonheur, ce qui tuerait le devoir (car il est absurde d'ordonner à l'homme de faire ce qu'il veut lui-même profondément !) et le péché (car nul ne peut vouloir, en toute conscience, ce qui est opposé à sa fin naturelle). » André Vergez, *Faute et liberté*, Paris, 1969, p. 306.
50. Voltaire, *Dictionnaire philosophique*, Garnier-Flammarion, 1964, p. 310.
51. *Ibid.*, p. 311.
52. Id., *Lettres*, Pléiade, t. III, p. 106-107.
53. Id., *Le monde comme il va*, Pléiade, p. 87-88.
54. Id., *Dictionnaire philosophique*, art. « Adam ».
55. Id., *L'A.B.C.*, in *Dialogues*, Garnier, p. 297.
56. Id., *Les Questions de Zapata*, in *Mélanges*, Pléiade, p. 963.
57. Id., *Examen de Milord Bolingbroke, ibid.*, p. 1032.
58. Id., *Instruction du gardien des Capucins de Raguse à frère Pediculoso partant pour la Terre sainte, ibid.*, p. 1284.
59. Diderot, *Correspondance*, 6 novembre 1760.
60. Id., *Œuvres esthétiques*, Vernière, p. 699.
61. La Mettrie, *L'Homme-machine*, Folio, 1999, p. 213-214.
62. Id., *Anti-Sénèque*, in *Œuvres*, Berlin, 1796, t. II, p. 163.
63. Marquis de Sade, *La Nouvelle Justine*, chap. IX
64. Id., *Œuvres complètes*, Paris, Cercle du livre précieux, 1964, t. VII, p. 46.
65. Pierre Klossowski, *Sade mon prochain*, Paris, Seuil, 1947, p. 100-103. « Il est impossible de ne pas reconnaître tout l'antique système de la gnose manichéenne, jusqu'aux visions d'un Basilide, d'un Valentin, d'un Marcion, conception contraire à toute idée de progrès, qui oppose Sade radicalement à tout son siècle, qui le dresse contre Voltaire, Rousseau, Saint-Just, Robespierre, qui le rapproche de Joseph de Maistre et de Baudelaire. L'Être suprême en méchanceté de Saint-Fond a tous les traits du démiurge de Marcion. »
66. Sade, *Œuvres complètes, op. cit.*, t. VIII, p. 386.
67. *Ibid.*, t. VIII, p. 383.
68. David Hume, *The Natural History of Religion*, sect. XV.

69. H. Bolingbroke, *Works*, éd. H.G. Bohn, 4 vol., Londres, 1962, t. II, p. 207.

70. Ernst Cassirer, *op. cit.*, p. 174-175.

71. J. Ehrard, *L'Idée de nature en France dans la première moitié du XVIIIe siècle*, Paris, Albin Michel, 1994, p. 350.

72. P. Brumoy, *Les Passions*, Paris, 1741.

73. Buffon, *De la nature*, IX, p. 173.

74. Cité par Michèle Duchet, *op. cit.*, p. 116.

75. Michèle Duchet, *op. cit.*, p. 64.

76. Maupertuis, *Essai sur la formation des corps organisés*, XLIV.

77. Id., *Dissertation sur le nègre blanc*, 2e partie, chap. VI.

78. Cité par Jacques Roger, *Les Sciences de la vie dans la pensée française au XVIIIe siècle*, Paris, Albin Michel, 1993, p. 513.

79. Jean Rostand, « Les grands problèmes de la biologie », in *Histoire générale des sciences*, t. II, Paris, 1969, p. 610.

CHAPITRE VII : Adam, Darwin et Hegel

1. Joseph de Maistre, *Les Soirées de Saint-Pétersbourg*, 5e éd., Lyon, 1845, p. 80.

2. *Ibid.*, p. 79.

3. *Ibid.*, p. 73.

4. André Canivez, « Les traditionalistes », in *Histoire de la philosophie*, Encyclopédie de la Pléiade, t. III, p. 70.

5. Yves de La Brière, « La guerre et la doctrine catholique », *Études*, octobre-novembre 1914, p. 202.

6. *Ibid.*, p. 205. Sur ce sujet, voir Georges Minois, *L'Église et la guerre*, Paris, Fayard, 1994, p. 351-380.

7. Norman Hampson, *Le Siècle des Lumières*, Paris, Seuil, 1972, p. 233.

8. Louis de Bonald, *Théorie du pouvoir*, p. 22-25, cité par J. Bastier, « La Bible et la réaction. Louis de Bonald », in *Le Siècle des Lumières et la Bible*, sous la dir. d'Y. Belaval et D. Bourel, Paris, 1986.

9. Félicité de Lamennais, *Essai d'une philosophie*, t. II, Paris, 1840, p. 60-61.

10. *Ibid.*, p. 58-59.

11. *Ibid.*, p. 63.

12. *Ibid.*, p. 74.

13. *La Tribune sacrée écho du monde catholique*, Paris, 1886, p. 315.

14. *Ibid.*, p. 499.

15. *Ibid.*, p. 541.

16. *Ibid.*, p. 555.

17. *Ibid.*, p. 603.

18. *Ibid.*

19. *Ibid.*, p. 604-605.

20. *Ibid.*, p. 607.

21. *Ibid.*

22. Voir en particulier : G.L. Mosse, *Toward the Final Solution : A History of European Racism*, Londres, 1978 ; Léon Poliakov, *The Aryan Myth : A History of Racist and Nationalist Ideas in Europe*, New York, 1971 ; D.T. Goldberg, *Racist Culture : Philosophy and the Politics of Meaning*, Oxford, 1993.

23. D.T. Golberg, *Racist Culture, op. cit.*, p. 28.
24. David Hume, *Selected Essays*, « Of national characters », Oxford University Press, 1993, n. 120, p. 360.
25. Anthony Barker, *The African Link : British Attitudes to the Negro in the Era of the Atlantic Slave Trade, 1550-1807*, Londres, 1978, p. 157.
26. Kenan Malik, *The Meaning of Race. Race, History and Culture in Western Society*, Macmillan Press, 1996, p. 62.
27. *Ibid.*, p. 70.
28. Joseph de Maistre, cité *ibid.*, p. 266.
29. Cité in D. Bradshaw (éd.), *The Hidden Huxley : Contempt and Compassion for the Masses*, Londres, 1994, p. XX.
30. Gustave Le Bon, *The Psychology of Peoples*, New York, 1894, p. 29 et 43.
31. *Les Questions controversées de l'histoire et de la science*, Bruxelles-Paris, 1894, p. 26.
32. Nathalie Richard, « La fabrique du précurseur », in *Des sciences contre l'homme*, Paris, Autrement, 1993, t. I, p. 72.
33. *Ibid.*, p. 74.
34. Abel Hovelacque, cité *ibid.*, p. 78.
35. New York, 1961.
36. Nathalie Richard, *op. cit.*, p. 64-65.
37. Karl Vogt, *Leçons sur l'homme, sa place dans la création et dans l'histoire de la terre*, Paris, 1865, p. 22.
38. Louis-Pierre Gratiolet, *Mémoire sur les plis cérébraux de l'homme et des primates*, Paris, 1854, p. 68.
39. Paul Broca, *Bulletin de la Société d'anthropologie de Paris*, 1860, p. 294.
40. C. Royer, *Journal des économistes*, t. 27, 1872, p. 322.
41. Pierre-Simon Ballanche, *Œuvres*, t. IV, p. 387.
42. Id., *Prolégomènes*, in *Œuvres*, t. IV, p. 79.
43. Id., *Orphée*, in *Œuvres*, t. VI, p. 166.
44. Id., *La Ville des expiations et autres textes*, Presses Universitaires de Lyon, 1981, p. 113-114.
45. Paul Bénichou, *Le Temps des prophètes. Doctrines de l'âge romantique*, Paris, 1977, p. 103.
46. Antoine Faivre, « La philosophie de la nature dans le romantisme allemand », in *Histoire de la philosophie*, sous la dir. d'Y. Belaval, Pléiade, t. III, Paris, 1974, p. 21.
47. Voir à ce sujet Jérôme Porée, *Le Mal. Homme coupable, homme souffrant*, Paris, 2000, p. 49-50.
48. Friedrich Schleiermacher, *La Foi chrétienne*, trad. D. Tissot, Paris, 1920, t. I, p. 166-167.
49. Charles Renouvier, *Le Personnalisme*, Paris, 1903, p. 63.
50. Octave Hamelin, *Essai sur les éléments principaux de la représentation*, Paris, 1907, p. 502-503.
51. Charles Fourier, *Théorie des quatre mouvements et des destinées générales*, in *Œuvres*, Paris, 1966, t. I, p. 100.
52. Bakounine, *Œuvres*, Paris, Stock, 1895-1913, t. III, p. 79.
53. Karl Marx, *Le Capital*, I, trad. Roy, III, 169.
54. Roger Smith, *History of the Human Sciences*, Londres, 1997, p. 545.
55. John Stuart Mill, *Utilitarianism*, in *On Liberty and Other Essays*, Oxford University Press, 1998, p. 148.
56. David Strauss, *Glaubenslehre*, II, p. 52.

57. M. Janet, cité par J.-M.-L. Monsabré, *Exposition du dogme catholique*, Paris, 1889, p. 381-382.
58. Ernest Renan, *Feuilles détachées*, in *Œuvres complètes*, Paris, Calmann-Lévy, t. II, 1948, p. 1150.
59. Jean Baubérot, *La Morale laïque contre l'ordre moral*, Paris, 1997, p. 93.
60. *Ibid.*, p. 119.
61. *Ibid.*, p. 146-147.
62. Cité *ibid.*, p. 325.
63. Pour A. Pichot, cette notion d'hérédité reste cependant aujourd'hui même assez floue : « L'actuelle notion d'hérédité est complexe, mal définie et passablement "truquée", utilisée tantôt dans un sens, tantôt dans un autre, à la faveur d'une ambiguïté que les biologistes se gardent bien d'éclaircir » (« Hérédité et évolution. L'inné et l'acquis en biologie », *Esprit*, juin 1996, n° 222, p. 25).
64. Roger Smith, *op. cit.*, p. 393.
65. Cité par N.L. Stepan, « Race and gender : the role of analogy in science », *Isis*, 77, 1986, p. 269.
66. Jean-Paul Thomas, *Les Fondements de l'eugénisme*, Paris, 1995, p. 14.
67. Cité par F. Roussel, « L'eugénisme : analyse terminée, analyse interminable », *Esprit*, n° 222, juin 1996, p. 38.
68. Cité par A. Chase, *The Legacy of Malthus. The Social Costs of the New Scientific Racism*, Chicago, 1980, p. 127.
69. Cité par F. Roussel, art. cit.
70. Alfred Marshall, *The Economics of Industry*, Londres, 1881, p. 31.
71. Georges Minois, *L'Église et la science. Histoire d'un malentendu*, t. II, Paris, 1991, p. 226-231.
72. James Orr, *God's Image in Man and its Defacement in the Light of Modern Denials*, Londres, 1905, p. 235-240.
73. D.N. Livingstone, *Darwin's Forgotten Defenders*, Édimbourg, 1987, p. 115.
74. Bertrand Russell, *Science and Religion*, Gallimard, 1971, p. 52.
75. *Livre de Mormon*, 2 Nephti 2, 22-25.
76. G. Golding, *Le Procès du singe. La Bible contre Darwin*, Bruxelles, Complexe, 1982.
77. Denis Frayssinous, *Défense du christianisme ou Conférences sur la religion*, Lyon, 1882, t. I, p. 293.
78. Goulven Laurent, « Les catholiques face à la géologie et à la paléontologie de 1800 à 1880 », in *Christianisme et science*, Paris, 1989, p. 79.
79. D. Moulinet « constate avec satisfaction que la science ne contredit pas cette donnée » dans « L'œuvre des six jours dans le catéchisme de persévérance de J. Gaume », in *L'Église face aux sciences du Moyen Âge au XXe siècle*, Paris, 1991, p. 128.
80. Cité par Goulven Laurent, art. cit., p. 91. En 1851, l'abbé Maupied déplore la montée de « principes scientifiques les plus déplorables, acceptés comme des vérités ; tel que, par exemple, le principe panthéiste de la transformation des espèces animales et végétales ; principe qui nie directement la création des espèces, et dont la conséquence rigoureuse fait naître l'espèce humaine d'une huître ou d'une éponge, en passant par le singe ».
81. Régis Ladous, « Adam, le singe et le prêtre. La question des origines et de l'évolution biologique de l'homme dans les catéchismes français (1850-1950) », in *Christianisme et science, op. cit.*, p. 105.
82. Cité *ibid.*, p. 130.
83. *Ibid.*, p. 107.

84. *Ibid.*, p. 109.
85. *Ibid.*, p. 110.
86. P. Lagrange, « Hexameron », *Revue biblique*, 1896, p. 393.
87. Mgr Pie, *Œuvres*, t. II, homélie du 8 décembre 1854.
88. *L'Ami du clergé*, nᵒ 48, 25 novembre 1880, p. 566.
89. J.-M.-L. Monsabré, *Conférences de Notre-Dame de Paris. Exposition du dogme catholique*, Carême 1877, Paris, 1889, p. 57-114.
90. *Ibid.*, p. 102.
91. *Ibid.*, p. 115-166.
92. *Ibid.*, p. 138.
93. *Ibid.*, p. 147-148.
94. *Ibid.*, p. 167-230.
95. *Ibid.*, p. 178.
96. *Ibid.*, p. 225.
97. *Ibid.* p. 349.
98. *Ibid.*, p. 355-356.
99. Hegel, *Leçons sur la philosophie de l'histoire*, Paris, Vrin, 1937, p. 104-105.
100. Id., *Leçons sur la philosophie de la religion*, Paris, Vrin, 1959, p. 27.
101. *Ibid.*, p. 26.
102. Id., *Philosophie de l'histoire*, I, 104.
103. Id., *Encyclopédie*, § 24.
104. Schopenhauer, *Le Monde comme volonté et comme représentation*, trad. A. Burdeau, Paris, PUF, 1992, livre IV, 70, p. 508.
105. *Ibid.*, p. 507.
106. *Ibid.*, I, IV, 56.
107. Kierkegaard, *Journal*, t. III, p. 206.
108. *Ibid.*, II, 237.
109. *Ibid.*, V, p. 358.
110. Simone Weil, *La Pesanteur et la grâce*, Paris, 1948, p. 36.
111. Charles Péguy, *Note conjointe sur M. Descartes*, in *Œuvres en prose*, Gallimard, Pléiade, p. 1385.
112. Friedrich Nietzsche, *L'Antéchrist*, nᵒ 48.
113. *Ibid.*, nᵒ 49. Nietzsche répète cette idée dans plusieurs morceaux publiés comme *Fragments posthumes*. Voir en particulier *Fragments posthumes*, Paris, Gallimard, 1976, p. 45-46.
114. Id., *La Généalogie de la morale*, 3ᵉ dissertation : « Quel est le sens des idéaux ascétiques ? », nᵒ 16 ; 2ᵉ dissertation, nᵒ 8.
115. Id., *La Volonté de puissance*, I, § 318.
116. Id., *Œuvres posthumes*, trad. Bolle, fragment 86.

CHAPITRE VIII : Les avatars du péché originel

1. New York, 1953, trad. franç., Paris, Denoël, 1959. Les citations se réfèrent à cette édition.
2. *Ibid.*, p. 51.
3. *Ibid.*, p. 91 et 94.
4. *Ibid.*, p. 55.
5. *Ibid.*, p. 51.
6. *Ibid.*, p. 38.

7. *Ibid.*, p. 100.

8. Richard Rubinstein, *The Cunning of History*, Londres, 1978, p. 91 et 95.

9. Paul Guilluy, « Sciences humaines et péché de l'humanité », in *La Culpabilité fondamentale. Péché originel et anthropologie moderne*, sous la dir. de Paul Guilluy, Lille, 1975, p. 169.

10. *Ibid.*, p. 170.

11. E.O. Wilson, *On Human Nature*, Cambridge (Mass.), 1978, p. 167.

12. Claude Heddebaut, « Biologie et péché originel », in *La Culpabilité fondamentale, op. cit.*, p. 163.

13. G.G. Simpson, *The Meaning of Evolution*, Londres, 1931, p. 140.

14. Jerry Fodor, « The big idea : can there be a science of mind ? », *Times Literary Supplement*, 3 juillet 1992 ; S.P. Stich, « Consciousness revived : John Searle and the critic of cognitive science », *Times Literary Supplement*, 5 mars 1993 ; R. Smith, *The Fontana History of Human Sciences*, Londres, 1997, chap. 20, § V, « Cognitive psychology », p. 832-842.

15. André Vergez, *Faute et liberté*, Paris, 1969, p. 472.

16. Albert Bayet, *La Morale de la science*, Paris, 1947, p. 97.

17. André Vergez, *op. cit.*, p. 480-481.

18. Jean-Paul Sartre, *L'Être et le néant*, Paris, Gallimard, 1943, p. 546-547.

19. Id., *Les Mouches*, Paris, 1943, p. 134.

20. Id., *Kierkegaard vivant*, Paris, Idées, 1966, p. 59.

21. Pierre Grelot, *Péché originel et rédemption à partir de l'épître aux Romains. Essai théologique*, Paris, 1973, p. 180.

22. Martin Heidegger, in *Kierkegaard vivant, op. cit.*, p. 50.

23. Martin Heidegger, *Sein und Zeit*, 1929, p. 179-180.

24. Henri Bergson, *Les Deux Sources de la morale et de la religion*, Paris, 1932, p. 1.

25. René Le Senne, *Le Devoir*, Paris, 1930.

26. Raymond Corbey, « Freud et le sauvage », in *Des sciences contre l'homme*, Paris, Autrement, 1993, t. II, p. 102.

27. Sigmund Freud, *Totem et tabou*, 1913, éd. Payot, 1965, p. 219.

28. *Ibid.*, p. 230.

29. Claude Lévi-Strauss, *Les Structures élémentaires de la parenté*, Paris, 1949, p. 609.

30. Henri-Charles Tauxe, *Freud et le besoin religieux*, Lausanne, 1974, p. 163-164.

31. Carl Jung, *Ma vie*, Paris, Gallimard, 1961, p. 58.

32. Id., *Réponses à Job*, trad. franç., Paris, 1952, p. 43.

33. Marie Balmary, *La Divine Origine*, Paris, 1993, p. 122.

34. Paul Ricœur, *Le Conflit des interprétations. Essais d'herméneutique*, Paris, 1969, p. 280.

35. *Ibid.*, p. 291.

36. *Ibid.*, p. 313.

37. *Ibid.*, p. 425.

38. G. Séailles, *Les Affirmations de la conscience moderne*, Paris, 1903, p. 70.

39. Édouard Leroy, *Dogme et critique*, Paris, 1904, p. 270.

40. Joseph Turmel, *Histoire des dogmes*, Paris, 1931, p. 8-9.

41. *Ibid.*, p. 281.

42. *Ibid.*, p. 282-283.

43. Eugen Drewermann, *La Peur et la faute*, t. I, Paris, 1992, p. 80.

44. Id., *L'Évangile de Marc. Images de la rédemption*, Paris, 1993, p. 12.

45. *Ibid.*, p. 11.

46. Voir les réactions outrées à la suite de la publication du *Christianisme va-t-il mourir ?*, Paris, 1977.

47. Jean Delumeau, *Ce que je crois*, Paris, 1985, p. 73.

48. Maïmonide, *Guide des égarés*, I, 2.

49. Georges Steiner, *Le Transport de A.H.*, Paris, 1981.

50. *Lumière et vie*, t. XXVI, janvier-mars 1977, n° 131, p. 57-90. Approche matérialiste du récit de la chute.

51. *Ibid.*, p. 59.

52. *Ibid.*, p. 63.

53. Jacques Arnould, « Dire la création après Darwin », *Revue des sciences philosophiques et théologiques*, t. 82, avril 1998, p. 281.

54. Charles Baumgartner, *Le Péché originel*, Paris, 1969, p. 57.

55. Jean-Pierre Jossua, *Lectures en écho, journal théologique*, Paris, 1976, p. 153.

56. Christian Duquoc, « Péché originel et transformations théologiques », *Lumière et vie*, n° 131, p. 42.

57. Jean Ladrière, « Le rôle de la notion de finalité dans une cosmologie philosophique », *Revue philosophique de Louvain*, 67, 1969, p. 180.

58. Bernard Pottier, « Interpréter le péché originel sur les traces de G. Fessard », *Nouvelle Revue théologique*, t. 111, n° 6, novembre-décembre 1989.

59. Christian Duquoc, art. cit., p. 53.

60. *Ibid.*, p. 49. Le croyant est invité à une relecture constante de sa foi : « Le croyant peut donc librement croire en l'acte de création divine, cela ne change en rien l'apparente absurdité du monde et des structures, des processus, des causes ou des lois qu'il y observe et y décèle. Il relit à la lumière de la foi et de la révélation les événements qui constituent le vivant et son histoire pour dire qu'ils prennent sens, tels qu'ils apparaissent, dans le cadre de la relation de Dieu avec ses créatures » (Jacques Arnould, art. cit., p. 288). Dieu lui-même n'est plus ce qu'il était : « Dieu n'a pas de place phénoménologiquement repérable en ce monde, puisqu'il est de l'ordre du sens, c'est-à-dire de l'ordre d'un déchiffrement de liberté » (Pierre-Jean Labarrière, *Dieu aujourd'hui. Cheminement rationnel. Décision de liberté*, Paris, 1977, p. 117).

61. Bernard Pottier, art.cit.

62. Hermann Gunkel, *Genesis übersetzt und erklärt*, Göttingen, 1901.

63. H. Junker, *Die biblische Urgeschichte*, 1932 ; P. Humbert, *Étude sur le récit du paradis et de la chute dans la Genèse*, 1940.

64. R. Malevez, « La pensée d'Emile Brunner sur l'homme et son péché, son conflit avec la pensée de Karl Barth », *Recherches de science religieuse*, 1947, p. 407-453.

65. Pierre Teilhard de Chardin, *Note sur le péché originel*, cité par Émile Rideau, *La Pensée du père Teilhard de Chardin*, Paris, 1965, p. 405.

66. Id., *Christologie et évolution*, 1933, cité par Émile Rideau, *op. cit.*, p. 406-407.

67. Id., *Introduction au christianisme*, cité par Émile Rideau, *op. cit.*, p. 405.

68. Id., *Christologie et évolution*, cité par Émile Rideau, *op. cit.*, p. 407.

69. Jean Danielou, *Au commencement, Genèse I-IX*, Paris, 1963, p. 76.

70. « Je n'ose me scandaliser de cette coalescence, qui met confusément dans les péchés personnels quelque ratification volontaire d'une déchéance de nature, et dans la faute originelle même quelque anticipation de la série des péchés personnels qu'elle inaugure. Sans revenir à la thèse de Catharin, on imaginerait peut-être une théorie séparant moins qu'on ne le fait d'ordinaire

péché originel et péchés actuels. » Lettre du 3 juillet 1934, citée par Émile Rideau, *op. cit.*, p. 409.

71. *Ibid.*
72. Pierre Teilhard de Chardin, *Le Milieu divin*, p. 117.
73. Id., *Le Phénomène humain*, p. 347.
74. *Ibid.*, p. 285.
75. Id., *L'Activation de l'énergie*, p. 321.
76. Id., *Œuvres*, I, p. 322.
77. Émile Rideau, *op. cit.*, p. 347.
78. Daniel Dennett, *Darwin's Dangerous Idea. Evolution and the Meaning of Life*, Penguin, 1996, p. 320.
79. Pierre Teilhard de Chardin, lettre du 29 décembre 1919.
80. Xavier Sallantin, *Le monde n'est pas malade, il enfante*, Paris, 1989.
81. *Ibid.*, p. 78.
82. *Ibid.*, p. 95.
83. *Ibid.*, p. 109-110.
84. P. Schoonenberg, *L'Homme et le péché*, Tours, 1967, p. 253.
85. P. Schoonenberg et E. Gutwenger, « Die Erbsünde und das Konzil von Trient », *Zeits. kath. Th.*, 89, 1967.
86. A. Hulsbosch, *De Schepping Gods. Schepping, zonde en verlossing in het evolutionistische wereldbeeld*, Roermond en Maaseik, 1963, p. 33.
87. Z. Alszeghy et M. Flick, « Il peccato originale in prospettiva personalistica », *Gregoriana*, 46, 1965.
88. Franco Festorazzi, *La Biblia e il problema delle origini*, Brescia, 1966.
89. B. Van Onna, « Questions sur l'état originel à la lumière du problème de l'évolution » ; K. Rahner, « Péché originel et évolution », *Concilium*, 26, 1966.
90. Gaston Fessard, *La Dialectique des Exercices spirituels de saint Ignace*, 2 vol., Paris, 1956 et 1966, p. 93.
91. *Ibid.*
92. Pierre Grelot, *Péché originel et rédemption à partir de l'Épître aux Romains. Essai théologique*, Paris, 1973, p. 151.
93. J.P. Mackey, « Original sin and polygenism : the state of the question », *Irish Theol. Ques.*, 34, 1967.
94. G. Blandino, *Peccato originale e poligenismo*, Forli, 1967, p. 24.
95. E. Gutwenger, « Die Erbsünde und das Konzil von Trient », *Zeits. kath. Th.*, 89, 1967.
96. K. Condon, « The biblical doctrine of original sin », *Irish Theol. Ques.*, 34, 1967.
97. A. Chazelle, « Mortalité ou immortalité corporelle du premier homme créé par Dieu ? », *Nouvelle Revue théologique*, 99, 1967.
98. Henri Rondet, *Le Péché originel dans la tradition patristique et théologique*, Paris, 1967, p. 316.
99. *Ibid.*
100. *Ibid.*, p. 320-321.
101. *Ibid.*, p. 325.
102. Pierre Grelot, « Réflexions sur le problème du péché originel », *Nouvelle Revue théologique*, 89, 1967, p. 481.
103. Id., *Péché originel et rédemption...*, *op. cit.*, p. 141.
104. *Ibid.*, p. 147.
105. J. Scharbert, *Prolegomena eines Alttestamentlers zur Erbsündenlehre*, Fribourg, 1968.

106. P. Burke, « Man without Christ : an approach to hereditary sin », *Theological Studies*, 29, 1968.

107. André-Marie Dubarle, « Bulletin de théologie : le péché originel, recherches récentes et orientations nouvelles », *Revue des sciences philosophiques et théologiques*, t. LIII, n° 1, janvier 1969, p. 110.

108. Alfred Vanneste, *Le Dogme du péché originel*, Louvain-Paris, 1971, p. 148.

109. *Ibid.*, p. 156.

110. Hans Küng, *Christ sein*, Munich, 1974.

111. Walter Kasper, *Jesus der Christus*, Mayence, 1975, p. 240.

112. Jacques Bur, *Le Péché originel*, Paris, 1988.

113. Bernard Pottier, « Interpréter le péché originel sur les traces de G. Fessard », *Nouvelle Revue théologique*, t. 111, n° 6, novembre-décembre 1989, p. 816.

114. *Ibid.*, p. 819.

115. Louis Renwart, « Péché d'Adam, péché du monde », *Nouvelle Revue théologique*, t. 113, n° 4, juillet 1991, p. 542.

116. Adolphe Gesché, *Le Mal*, Paris, Cerf, 1993, p. 38.

117. *Ibid.*, p. 128.

118. Louis Panier, *Le Péché originel*, Paris, 1996, p. 135.

119. *Ibid.*, p. 131.

120. *Ibid.* p. 85.

121. *Ibid.*, p. 86.

122. *Ibid.*, p. 96.

123. *Ibid.*, p. 97.

124. *Ibid.*, p. 146.

125. « La doctrine du péché originel affirme qu'il n'y a pas à proprement parler d'"espèce" humaine, mais un "genre" humain (selon la formulation d'Augustin). L'humanité se transmet, mais pas comme un "contenu biologique" ni comme un "code génétique" dans la mesure où aucun humain, comme sujet, ne peut être identifié purement et simplement au produit de la génération [...] ; toutefois, il n'y a d'humain qu'inscrit dans la génération où il trouve place et où il fait "hiatus" : telle est l'énigme de la filiation. Je fais l'hypothèse que la doctrine du péché originel parle très exactement de cela. Il y a "genre humain" parce qu'à chaque naissance d'humain, l'humanité est mise en cause si la vérité du sujet, en sa singularité inouïe, en appelle à une autre "cause" que la conformité aux traits qui font la définition de la "nature humaine". » *Ibid.*, p. 141.

126. Marcel Neusch, « Le péché originel. Son irréductible vérité », *Nouvelle Revue théologique*, t. 118, n° 2, mars 1996, p. 245.

127. *Ibid.*

128. *Ibid.*, p. 246.

129. *Ibid.*, p. 253.

130. Jacques Arnould, « Dire la création après Darwin », *Revue des sciences philosophiques et théologiques*, t. 82, avril 1998, p. 292.

131. *Esprit et Vie*, 110ᵉ année, 5 et 19 avril 2000. L'auteur avait déjà publié dans le *Bulletin de littérature ecclésiastique*, 97, 1996, « Que peut-on dire du péché originel à la lumière des connaissances sur l'origine de l'humanité ? Péché originel, péché d'Adam et péché du monde ».

132. Jean-Michel Maldamé, « Mieux dire le péché originel... », *op. cit.*, p. 8-9.

133. *Ibid.*, p. 14.

134. *Ibid.*, p. 8.

CHAPITRE IX : De l'Adam biblique à l'Adam eugénique

1. Émile-Marie Janvier, *Conférences de Notre-Dame de Paris. Exposition de la morale catholique*, t. V, Carême 1907, Paris, 1910, p. 138-139.

2. *Ibid.*, p. 142.

3. *Ibid.*, p. 176-177.

4. *Ibid.*, p. 189.

5. *Ibid.*, p. 192.

6. *Ibid.*, p. 194.

7. P. Lagrange, « L'innocence et le péché », *Revue biblique*, 1897, p. 350.

8. Cité par Henri Rondet, *Le Péché originel dans la tradition patristique et théologique*, Paris, 1967, p. 268.

9. *Ibid.*, p. 268-269.

10. *Ibid.*, p. 269.

11. Régis Ladous, « Adam, le singe et le prêtre. La question des origines et de l'évolution biologique de l'homme dans les catéchismes français (1850-1950) », in *Christianisme et science*, Paris, 1989, p. 136.

12. *Dictionnaire apologétique de la foi catholique*, t. IV, col. 1846.

13. Cité par Henri Rondet, *op. cit.*, p. 282.

14. Salet et Lafont, *L'Évolution régressive*, Paris, 1943, p. 64.

15. *Ibid.*, p. 60. Voir à ce sujet M. Delsol, « Arguments chrétiens et d'origine chrétienne contre l'évolution biologique », in *Christianisme et science, op. cit.*, p. 147-165.

16. *L'Ami du clergé*, 1908, p. 106-107.

17. *Ibid.*, 1897, p. 109.

18. *Ibid.*, 1900, p. 1079.

19. *Ibid.*, 1901, p. 553.

20. *Ibid.*, p. 274.

21. *Ibid.*, p. 1175.

22. *Ibid.*, 1904, p. 228.

23. *Ibid.*, 1922, p. 289.

24. *Ibid.*, p. 696.

25. *Ibid.*, p. 724.

26. *Ibid.*, 1924, p. 424.

27. *Ibid.*, p. 425. La réponse cite également Bellarmin, qui écrit dans le *De amissione gratiae sive de statu peccati*, livre III, chap. 5, p. 313 du tome V de l'édition Vivès : « En effet, il a pu commencer dans l'homme par simple irréflexion et inconsidération. Son premier acte ne fut pas : "Je ne veux pas obéir à Dieu", mais après l'audition des paroles du diable : "Vous serez comme des dieux, sachant le bien et le mal", ils commencèrent à réfléchir en eux-mêmes qu'il est beau de ne pas dépendre d'un autre, ils se délectèrent dans leur propre puissance, et s'y complurent ; tout occupés de ces pensées, de ces désirs, ils n'élevèrent pas leur âme vers Dieu, et ne pensèrent pas que cela ne pouvait se faire et ne leur convenait pas ; ainsi, peu à peu, se repliant sur eux-mêmes et se détournant de Dieu, ils commencèrent à être aveuglés, à croire aux paroles de Satan, à mépriser les ordres et les menaces de Dieu. »

28. M. Lesêtre, *Revue pratique d'apologétique*, 1906, p. 33-34.

29. *L'Ami du clergé*, 1924, p. 426.

30. *Ibid.*, p. 128.

31. *Ibid.*, 1925, p. 374.

32. *Ibid.*, p. 612.

33. Encyclique *Humani generis*, commentaire dans le *Cahier de la Nouvelle Revue théologique*, Casterman, VIII, 1951, p. 89.

34. Henri Rondet, *op. cit.*, p. 288.

35. Cité par M.-M. Labourdette, *Le Péché originel et les origines de l'homme*, Paris, 1953, p. 157.

36. *Ibid.*, p. 156-157.

37. *Ibid.*, p. 156.

38. *Ibid.*, p. 159.

39. *Ibid.*, p. 161-162.

40. *Ibid.*, p. 171.

41. *Ibid.*, p. 173-174.

42. *Ibid.*, p. 1.

43. *Ibid.*, p. 94.

44. *Ibid.*, p. 135.

45. A. Chapelle, « Méditations sur nos "premiers parents" », *Nouvelle Revue théologique*, t. 112, n° 5, septembre 1990, p. 715.

46. *Documents pontificaux de Paul VI*, Saint-Maurice, Saint-Augustin, Saint-Maurice, t. V.

47. *Gaudium et spes*, 13, 1.

48. *Apostolicam actuositatem*, 7.

49. *Gaudium et spes*, 22, 2.

50. *Lumen gentium*, 2.

51. *Documentation catholique*, t. 63, n° 1476, 7-21 août 1966, col. 1348.

52. *Ibid.*, col. 1350.

53. Louis Panier, *Le Péché originel*, Paris, 1996, p. 19-21.

54. *Catéchisme de l'Église catholique*, 389.

55. *Ibid.*, 390.

56. *Ibid.*, 395.

57. *Ibid.*, 404.

58. *Ibid.*, 412.

59. *Documentation catholique*, n° 1519, juin 1968, col. 1108.

60. *Ibid.*, col. 1109.

61. *Ibid.*, n° 1530, décembre 1968, col. 2152.

62. *Ibid.*, n° 1488, février 1967, col. 334.

63. *Catéchisme pour adultes*, Paris, 1991, § 118.

64. *Ibid.*, § 120.

65. *Ibid.*, § 122.

66. *Ibid.*, § 394.

67. *Ibid.*, § 122.

68. Jean-Marie Lustiger, *Le Choix de Dieu*, Paris, 1987, p. 361.

69. Cité par Marcel Neusch, « Le péché originel. Son irréductible vérité », *Nouvelle Revue théologique*, t. 118, n° 2, mars 1996, p. 244.

70. C. Dumont, « La prédication du péché originel », *Nouvelle Revue théologique*, t. 83, 1961, p. 123.

71. *Ibid.*, p. 116.

72. *Ibid.*, p. 130.

73. *Ibid.*, p. 133.

74. « Le péché originel dans la catéchèse. Évolution et orientations actuelles », *Lumière et vie*, t. 26, janvier-mars 1977, n° 131, p. 19.

75. *Ibid.*, p. 20.

76. Cité *ibid.*

77. *Ibid.*, p. 23.

78. *Ibid.*, p. 26.

79. *Ibid.*, p. 30.

80. *Aujourd'hui 6e. Orientations pour l'animateur*, Paris, consortium des éditeurs du catéchisme national, 1971, p. 104.

81. Art. cit., p. 32.

82. René Lavocat, « Réflexions d'un paléontologiste sur l'état originel de l'humanité et le péché originel », *Nouvelle Revue théologique*, juin 1967, p. 600.

83. Maurice Clavel, *Ce que je crois*, Paris, 1975.

84. *Ibid.*, p. 192-193.

85. Pierre Chaunu, *Du Big Bang à l'enfant*, Paris, 1987, p. 66.

86. *Ibid.*, p. 63.

87. Jean-Louis Schlegel, « Intellectuels catholiques : silences contraints, silences voulus », *Esprit*, n° 262, mars-avril 2000, p. 93.

88. Sous-titre du livre de Gilles Lipovetsky, *Le Crépuscule du devoir*, Paris, 1992.

89. Dominique Bourg, « Bioéthique : faut-il avoir peur ? », *Esprit*, n° 171, mai 1991

90. *Ibid.*, p. 27.

91. Jean-Paul Thomas, *Misère de la bioéthique. Pour une morale contre les apprentis sorciers*, Paris, 1990, p. 103.

92. Eberhard Schockenhoff, « L'homme comme la brebis ? Réflexions éthiques et théologiques sur l'usage de la technologie génétique », *Concilium*, 275, 1998, p. 114.

93. Marciano Vidal, « Le clonage : réalité technique et valeur éthique », *Concilium*, 275, 1998.

94. Eberhard Schockenhoff, art. cit., p. 120.

95. Marciano Vidal, art. cit., p. 140-141.

96. A. Fagot-Largeault, « Respect du patrimoine génétique et respect de la personne », *Esprit*, n° 171, mai 1991, p. 42-51.

97. P. Verspieren, « Le clonage humain et ses avatars », *Études*, novembre 1998.

98. A.R. Jonsen, « The confessor as experienced physician : casuistry and clinical ethics », in *Religious Methods and Resources in Bioethics*, Kluver Academic Publishers Netherlands, 1994.

99. Paul Valadier, « La casuistique », *Études*, novembre 2000.

100. *Revue des sciences religieuses*, t. 74, n° 1, juin 2000, « Bioéthique et christianisme ».

101. H. Doucet, « La théologie et le développement de la bioéthique américaine », *Revue des sciences religieuses*, janvier 2000, p. 16.

102. *Ibid.* Voir aussi L.S. Cahill, « Can theology have a role in public bioethical discourse ? », *Hastings Center Discourse. A Special Supplement*, 20, juillet-août 1990.

103. Cité par Silvio Marcus-Helmons, « La réflexion bioéthique et la Commission des épiscopats de la Communauté européenne », *Revue des sciences religieuses*, juin 2000, p. 25.

104. G. Hottois, « Demande et refus d'un contrôle éthique de la science : une analyse et une réflexion philosophique », in *Comités d'éthique à travers le monde*, Paris, 1991, p. 88-89.

105. Henri Wattiaux, « Belgique : la bioéthique en débats », *Revue des sciences religieuses*, juin 2000, p. 53.

106. Olivier de Dinechin, « L'Église et la bioéthique en France », *ibid.*

107. Denis Müller, « Théologie et bioéthique : une perspective protestante », *ibid.*, p. 83.

108. Marie-Jo Thiel, « Le défi d'une éthique systématique pour la théologie », *ibid.*, p. 96.

109. *Ibid.*, p. 99.

110. « De la gnose au principe responsabilité. Entretien avec Hans Jonas », *Esprit*, n° 171, mai 1991, p. 14.

111. Chantal Delsol, *Le Souci contemporain*, Bruxelles, 1996.

112. Alain Ehrenberg, *L'Individu incertain*, Paris, 1995.

113. Pierre-Olivier Monteil, *Portrait du zappeur*, Genève, 1994.

114. Jean Baubérot, *La Morale laïque contre l'ordre moral*, Paris, 1997, p. 332.

115. Enquête BVA pour le magazine *Psychologies*, mai 2000.

116. Pascal Bruckner, *L'Euphorie perpétuelle. Essai sur le devoir de bonheur*, Paris, 2000.

117. Interview pour le magazine *Psychologies*, n° 186, mai 2000, p. 111.

118. Gilles Lipovetsky, *Le Crépuscule du devoir*, Paris, 1992, p. 18.

119. *Ibid.*, p. 19.

120. Marcel Boisot, *La Morale, cette imposture*, Paris, 1999, p. 213.

121. François Jacob, « Éloge du darwinisme », *Magazine littéraire*, mars 1999, p. 21.

122. Yvon Quiniou, « Darwin et la morale », *ibid.*, p. 50.

123. Jacques Monod, « De la relation logique entre connaissance et valeurs », in *Responsabilité biologique*, Paris, 1974, p. 23.

124. Jacques Monod, *Le Hasard et la nécessité*, Paris, 1970, p. 224. La même opinion est exprimée par E. Wilson, *L'Humaine Nature. Essai de sociobiologie*, trad. franç., 1979.

125. Claude Blanckaert, « La science de l'homme entre humanité et inhumanité », in *Des sciences contre l'homme*, Paris, 1993, t. I, p. 44.

126. *Ibid.*, p. 45-46. L'ouvrage mentionné est *History, Humanity and Evolution. Essays for John C. Greene*, Cambridge University Press, 1989, p. 37.

127. H.T. Engelhardt, *Bioethics and Secular Humanism : The Search for a Common Morality*, Londres-Philadelphie, 1991.

128. Marie-Jo Thiel, « Le défi d'une éthique systémique pour la théologie », *Revue des sciences religieuses*, t. 74, n° 1, janvier 2000.

129. Gilles Lipovetsky, *op. cit.*, p. 235.

130. Projet « grand singe » de David Pearson, *New Scientist*, 1998.

131. Gilles Lipovetsky, *op. cit.*, p. 223.

132. Michel Albert, « Un monde écartelé », *Le Débat*, n° 67, novembre-décembre 1991.

133. Interview dans *Ouest-France*, 27 décembre 2000.

134. Rapporté dans *Courrier international*, n° 529-530, 31 décembre 2000-3 janvier 2001, p. 58. Ce numéro contient un dossier consacré à « L'homme-dieu ».

135. D. Mieth, « Bioéthique en Allemagne », *Revue des sciences religieuses*, t. 74, n° 1, janvier 2000, p. 65.

136. *Ibid.*, p. 65.

137. Alexis Carrel, *L'Homme, cet inconnu*, Paris, 1935, p. 364.

138. C'est ce qu'écrit encore en 1971 B.F. Skinner, *Beyond Freedom and Dignity*, New York, p. 180 : « Si notre culture continue à considérer que la liberté et la dignité sont les valeurs principales, au lieu de la survie, alors il est possible qu'une autre culture prenne le dessus dans le futur. »

139. Alexis Carrel, *op. cit.*, p. 359 et 333.

140. Alain Drouard, « Alexis Carrel et l'eugénisme », in *Des sciences contre l'homme*, Paris, 1993, t. II, p. 43. En fait, admet Alain Drouard, « les deux

seules mesures eugéniques effectives à mentionner au titre de la Fondation sont le certificat prénuptial et le carnet de santé scolaire. Encore faut-il préciser, au sujet du certificat prénuptial, que la Fondation n'a fait qu'appuyer un projet dont elle n'a pas eu l'initiative et qui reprenait une proposition ancienne datant du règne de Louis-Philippe ».

141. Robert Badinter, « Les droits de l'homme face aux progrès de la médecine, de la biologie et de la biochimie », *Le Débat*, n° 36, septembre 1985, p. 4-5.

142. « L'"effet Testard" trois ans après. Entretien avec Jacques Testard », *Esprit*, n° 156, novembre 1989, p. 54.

143. Jean-Marie Lustiger, « La tentation néo-païenne », *Le Monde*, 15 mai 1987.

144. Pierre Lévy, « Contribution au débat sur éthique et biologie », *Esprit*, n° 97, janvier 1985, p. 13.

145. *Courrier international*, n° 529-530, 21 décembre 2000-3 janvier 2001, p. 56.

146. Pierre-André Taguieff, « L'eugénisme, objet de phobie idéologique », *Esprit*, n° 156, novembre 1989, p. 114.

147. « La bioéthique en panne ? », *Esprit*, n° 156, novembre 1989, p. 51.

148. M. Blac, « Peut-on défendre l'eugénisme ? », *Esprit*, n° 192, juin 1993.

149. André Grjebine, *Un monde sans dieux. Plaidoyer pour une société ouverte*, Paris, 1998, p. 251.

INDEX DES NOMS DE PERSONNES

Pottier, Bernard : 323-324, 337.
Prévost, abbé : 237.
Price, Daniel : 191.
Priesley, Joseph : 221, 236, 239.
Pritchard, James Cowles : 270.
Prométhée : 16, 30, 286, 373, 392.
Prosper, saint : 81.
Prudence, saint : 62.
Prudentio de Sandoval : 110.
Puech, Henri-Charles : 30, 31, 53.
Pufendorf, Samuel : 175, 176, 237.

Quesnel : 142.
Quetelet, L.-A.-J. : 263.
Quevedo : 163.
Quinet, chanoine : 348, 349.
Quiniou, Yvon : 385.

Raban Maur : 82.
Rahner, Karl : 332.
Raynal, abbé : 253.
Régnaud, abbé : 279, 280.
Régnier de Graaf : 197.
Reimarius : 236.
Reinach, Salomon : 19.
Raleigh, Walter : 192.
Renan, Ernest : 266.
Renouvier, Charles : 260.
Renwart, L. : 338.
Richard, cardinal : 315.
Richard, Nathalie : 256.
Ricœur, Paul : 33, 55, 65, 80, 311-313.
Rideau, Émile : 329.
Ripley, William : 254.
Robert de Colletorto (de Hereford) : 105.
Robespierre : 142.
Robinet, Jean-Baptiste Charles : 242.
Rogers, Carl : 302.
Romain, saint : 64.
Rondet, Henri : 28, 45, 68, 334, 335, 357.
Roosevelt, Theodore : 274.
Rostand, Jean : 243.

Rousseau, Jean-Jacques : 167, 209, 210, 215, 221-223, 240, 246, 250, 262.
Royer, Clémence : 273.
Rubinstein, Richard : 299.
Rudebeck : 178.

Sade, marquis de : 230-234, 247.
Sadolet : 145.
Saint-Fond : 233.
Saint-Pé, oratorien : 118.
Salked, John : 205-207.
Sallantin, Xavier : 329, 330.
Salmeron : 145, 148.
Sangnier, Marc : 351.
Sapor : 53.
Sarpi : 130.
Sartre, Jean-Paul : 11, 55, 303-305, 319.
Savonarole : 94.
Scaliger, Joseph-Juste : 178.
Schaftesbury : 235, 238.
Scharbert, J. : 336.
Scheler, Max : 300.
Schelling : 210, 220, 259.
Schlegel, Jean-Louis : 373.
Schleiermacher, Friedrich : 259, 354.
Schlomo Eliachoff, Tabbi : 321.
Schneewiind, J.B. : 174, 175.
Schockenhoff, Eberhard : 375.
Schoonenberg, père : 331, 332.
Schopenhauer : 30, 287, 288-291.
Scipion : 18.
Scopes, John : 277.
Séailles, G. : 311.
Searle, John : 302.
Sebastian de Covarrubias : 111.
Seeberg, Reinhold : 314.
Semler : 236.
Senault, oratorien : 165.
Sennert, Daniel : 194.
Seripando, général des Augustins : 129, 134.
Sertillanges, père : 276, 281.
Seth : 26, 31, 37, 40, 52.
Sévère, patriarche d'Antioche : 83.

TABLE

TABLE   439

Imprimé en France
FRHW010311240822
31840FR00012B/140